Stadtplanung 1
Zur Ordnung der Siedlungsstruktur

VERÖFFENTLICHUNGEN
DER AKADEMIE FÜR RAUMFORSCHUNG UND LANDESPLANUNG

Forschungs- und Sitzungsberichte
Band 85
Stadtplanung 1

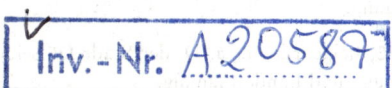

Zur Ordnung der Siedlungsstruktur

Forschungsbericht des Ausschusses
„Stadtplanung" der Akademie für Raumforschung
und Landesplanung

Inv.-Nr. A 20589

Geographisches Institut
der Universität Kiel
ausgesonderte Dublette

GEBRÜDER JÄNECKE VERLAG · HANNOVER · 1974

Zu den Autoren dieses Bandes

Gerd Albers, Prof. Dr.-Ing., 54, Lehrstuhl für Städtebau, Orts- und Regionalplanung der Technischen Universität München, Ordentliches Mitglied der Akademie für Raumforschung und Landesplanung.

Klaus Borchard, Dipl.-Ing., 35, Regierungsbaumeister, Wiss. Assistent am Lehrstuhl für Städtebau, Orts- und Regionalplanung der Technischen Universität München.

Peter Breitling, Dr.-Ing., 42, Oberingenieur im Institut für Städtebau, Raumordnung und Landesplanung der Technischen Universität München.

Max Guther, Prof. Dipl.-Ing., 65, Lehrstuhl für Städtebau und Siedlungswesen der Technischen Hochschule Darmstadt.

Heinz Weyl, Prof. Dipl.-Ing., 58, Beigeordneter des Verbandes Großraum Hannover, Ordentliches Mitglied der Akademie für Raumforschung und Landesplanung.

Erika Spiegel, Prof. Dr. phil., 49, Lehrstuhl für Soziologische Grundlagen der Raumplanung in der Abteilung Raumplanung der Universität Dortmund, Korrespondierendes Mitglied der Akademie für Raumforschung und Landesplanung.

Olaf Sievert, Prof. Dr. rer. pol., 40, Direktor des Institutus für empirische Wirtschaftsforschung an der Universität des Saarlandes, Korrespondierendes Mitglied der Akademie für Raumforschung und Landesplanung.

Gottfried Müller, Prof. Dr. rer. pol., 64, Lehrstuhl für Raumforschung, Raumordnung und Landesplanung der Technischen Universität München, Ordentliches Mitglied der Akademie für Raumforschung und Landesplanung.

Werner Lendholt, Prof. Dipl.-Gärtner, 61, Direktor des Instituts für Grünplanung und Gartenarchitektur der Technischen Universität Hannover, Korrespondierendes Mitglied der Akademie für Raumforschung und Landesplanung.

Friedrich Tamms, Prof. Dr. h. c., 70, Beigeordneter a. D. der Stadt Düsseldorf, Ordentliches Mitglied der Akademie für Raumforschung und Landesplanung.

Karlheinz Schaechterle, Prof. Dipl.-Ing., 52, Vorstand des Instituts für Verkehrsplanung und Verkehrswesen der Technischen Universität München, Korrespondierendes Mitglied der Akademie für Raumforschung und Landesplanung.

Walter Böhlk, Dipl.-Ing., 40, berufsmäßiger Stadtrat in Erlangen, z. Z. der Abfassung des Beitrages Oberbaurat i. d. Baubehörde Hamburg.

ISBN 3 7792 5074 8

Alle Rechte vorbehalten · Gebrüder Jänecke Verlag Hannover · 1974
Gesamtherstellung: Druckerei Gustav Piepenbrink OHG, Hannover
Auslieferung durch den Verlag

INHALTSVERZEICHNIS

		Seite
	Vorwort	VII
Gerd Albers, München	Modellvorstellungen zur Siedlungsstruktur in ihrer geschichtlichen Entwicklung	1
Klaus Borchard, München	Der Flächenbedarf der Siedlung	35
Peter Breitling, München	Siedlungselemente und ihre Größenordnungen	51
Gerd Albers, München, unter Mitarbeit von Max Guther, Darmstadt	Grundsätze und Modellvorstellungen für die strukturelle Ordnung des Verdichtungsraumes	69
Heinz Weyl, Hannover	Grundsätze und Modellvorstellungen für den Verdichtungsraum: Modell Hannover	91
Erika Spiegel, Dortmund	Stadtstruktur und Gesellschaft	111
Olaf Sievert, Saarbrücken	Zur Bedeutung wirtschaftlicher Ansprüche an die Planung der Siedlungsstruktur	127
Gottfried Müller, München	Der Einfluß landesplanerischer Ziele und Verfahren auf die Siedlungsstruktur (Wechselbeziehungen Bundes-, Länder- und Regionalstruktur)	139
Werner Lendholt, Hannover	Funktionen der städtischen Freiräume	161
Friedrich Tamms, Düsseldorf	Aussagen des Buchanan-Reports und des Berichts der deutschen Sachverständigenkommission zur Stadtstruktur	185
Karlheinz Schaechterle, München	Verkehrssysteme als Elemente der Siedlungsstruktur	197
Walter Böhlk, Hamburg	Mathematische Modelle in der Stadtplanung	255

Mitglieder des Forschungsausschusses „Stadtplanung"

Prof. Dr. Gerd Albers, München, Vorsitzender
Dipl.-Ing. K.-D. Möhlmann, Geschäftsführer
Dipl.-Ing. W. Böhlk, Hamburg
Prof. Dr. C. Farenholtz, Stuttgart
Prof. Dr. E. Gassner, Bonn
Prof. Dipl.-Ing. F. Gunkel, Berlin
Prof. Dipl.-Ing. M. Guther, Darmstadt
Prof. Dipl.-Ing. W. Lendholt, Hannover
Prof. Dr. G. Müller, München
Prof. Dipl.-Ing. W. Pflug, Aachen
Prof. Dipl.-Ing. K. Schaechterle, München
Prof. Dr. O. Sievert, Saarbrücken
Prof. Dr. E. Spiegel, Dortmund
Prof. Dipl.-Ing. F. Tamms, Düsseldorf
Prof. Dipl.-Ing. H. Weyl, Hannover
Dipl.-Ing. U. Zech, München

Der Forschungsausschuß stellt sich als Ganzes seine Aufgaben und Themen und diskutiert die einzelnen Beiträge mit den Autoren. Die wissenschaftliche Verantwortung für jeden Beitrag trägt der Autor allein.

Vorwort

Der vorliegende Sammelband ist aus der Arbeit des Forschungsausschusses „Stadtplanung" der Akademie für Raumforschung und Landesplanung erwachsen. Ihm liegt die Absicht zugrunde, einen Überblick über den heutigen Stand der Überlegungen zur räumlichen Strukturplanung in Stadt und Land zu vermitteln und damit einen Ansatz zur weiteren Vertiefung dieses Problembereiches zu bieten. Als räumliche Strukturplanung ist dabei diejenige Planungsebene gemeint, in der die Standorte für unterschiedliche menschliche Lebens- und Tätigkeitsbereiche und für die dazu erforderlichen Infrastruktureinrichtungen festgelegt werden. Diese Ebene liegt einerseits zwischen derjenigen, auf der die Ziele der Landesplanung und Raumordnung fixiert werden, und andererseits derjenigen der dreidimensionalen Gestaltanweisung; sie vereinigt Elemente des gemeindlichen Flächennutzungsplanes und des Regionalplanes.

In der ersten Hälfte unseres Jahrhunderts hat es zahlreiche fachliche Beiträge zu diesem Thema gegeben. Seit der Jahrhundertmitte ist ihre Zahl merklich zurückgegangen — offenkundig unter dem Eindruck der steigenden Komplexität der Materie, die es immer weniger zu erlauben scheint, dieses Thema in wenige feste Regeln und Modelle zu fassen.

Andererseits ist die Dringlichkeit klarer Zielvorstellungen während der letzten Jahrzehnte in mindestens dem gleichen Maße gewachsen. Immer deutlicher ist die räumliche Planung als notwendiges Mittel zur Ordnung des menschlichen Zusammenlebens erkannt worden; immer klarer hat sich herausgestellt, daß gerade auf dem Gebiete der Siedlungsstruktur der Markt, das freie Spiel der Kräfte, eine solche Ordnung nicht herbeizuführen vermag. Korrekturen und Steuerungsmaßnahmen lassen sich aber nur dann sinnvoll vornehmen, wenn eine Zielvorstellung besteht, die sich auf eine Konzeption der optimalen Raumstruktur stützt. Andernfalls bleiben die Eingriffe partikular, unkoordiniert, vielfach sogar gegenläufig. Koordination allein ist nicht genug; wenn sie wirksam sein soll — d. h.: wenn es einen Maßstab für Prioritäten geben soll —, dann bedarf es eines Zielsystems oder doch einer allgemeinen Zielvorstellung als Richtschnur.

Das aber erfordert Zusammenwirken zwischen den verschiedenen Disziplinen, Einblick in Wechselbeziehungen zwischen Wissen und Handeln, erfordert den Einsatz wissenschaftlicher Methoden zur Vorbereitung, zur Erleichterung der Entscheidung. Diese Notwendigkeit, heute klarer als je zuvor gesehen, besteht auf den verschiedensten Gebieten; in der räumlichen Planung ist dieses Dilemma von Handlungszwang und Streben nach sicheren wissenschaftlichen Grundlagen sehr frühzeitig sichtbar geworden.

Mit diesem Sammelband wird der Versuch unternommen, eine Reihe von Aussagen über den heutigen Stand der Überlegungen zur Stadtstruktur aus dem Blickwinkel verschiedener Disziplinen zusammenzufassen. Dabei konnte es von vornherein nicht um ein geschlossenes Bild gehen, sondern eher um die Herausarbeitung einiger wichtiger Gesichtspunkte. Dem Forschungsausschuß lag gleichwohl an einer einigermaßen ausgewogenen Verteilung der Schwerpunkte; das ist nicht vollständig gelungen, weil infolge zu starker beruflicher Beanspruchung einzelner Ausschußmitglieder gewisse in der gemeinsamen Arbeit erörterte Teilbereiche nicht abschließend bearbeitet werden konnten. Andererseits ist ein großer Teil der Arbeiten bereits im Jahre 1971 abgeschlossen worden, so daß eine weitere Verzögerung der Veröffentlichungen untunlich schien.

Die vorliegenden Untersuchungen beschränken sich nicht nur auf analytische Aussagen, so wichtig sie als Voraussetzungen für die Planung sind; das Thema kommt nicht ohne heuristische Ansätze aus, deren Gültigkeit nicht bewiesen, sondern allenfalls erprobt werden kann. Gleichwohl ist es auch in diesem Bereich, der lange Zeit überwiegend als Feld der schöpferischen Intuition gesehen wurde, erforderlich, die Grundlagen rationalen Handelns zu verbreitern. Dieser Aufgabe vor allem ist der vorliegende Sammelband gewidmet.

München, Frühjahr 1973

Gerd Albers

Modellvorstellungen zur Siedlungsstruktur in ihrer geschichtlichen Entwicklung

von

Gerd Albers, München

I. Vorbemerkung *)

Im Rahmen des vorliegenden Sammelbandes, der in erster Linie auf die Erhellung der gegenwärtigen Situation und der aktuellen Probleme gerichtet ist, hat diese Studie nur eine begrenzte Aufgabe. So unerläßlich für das Verständnis der heutigen Lage eine Beschäftigung mit der Entwicklung ist, die zu ihr geführt hat, so wenig kann es hier um eine im enzyklopädischen Sinne vollständige Darstellung gehen. Es ist also nicht Aufgabe der vorliegenden Untersuchung, Stadt- und Siedlungsmodelle der Vergangenheit für alle in Betracht kommenden Zeitabschnitte mit gleicher Intensität zu durchleuchten. Das Ziel ist vielmehr bescheidener: es soll den geschichtlichen Wurzeln jener Planungskonzepte nachgespürt werden, die im Städtebau des 20. Jahrhunderts eine Rolle gespielt haben oder noch spielen. Was zu dieser Zeit bereits von den gesellschaftlichen und den technischen Realitäten überholt war, wird demgegenüber nur gestreift werden können.

Die entscheidende Zäsur bildet hier — wie bei so vielen anderen Aspekten unserer Entwicklung — die industrielle Revolution. Erst mit ihr sind diejenigen Nutzungskategorien des städtischen Gefüges aufgetaucht, die heute die Grundelemente städtebaulicher Strukturmodelle darzustellen pflegen: Wohnstätten, Arbeitsstätten, zentrale Einrichtungen, Freiflächen. Warum daraus erst viel später — um die Wende vom 19. zum 20. Jahrhundert — Planungskategorien von rechtlicher und sachlicher Bedeutung wurden, wird noch zu erörtern sein.

---

*) Die Literatur über die historische Entwicklung städtebaulicher Strukturmodelle ist nicht umfangreich. Hervorzuheben ist die Schrift von T. REINER: „The Place of the Ideal Community in Urban Planning", Philadelphia, 1963, die einen systematischen Vergleich solcher Vorschläge enthält. Ergänzendes Material, wenn auch weniger systematisch verarbeitet, findet sich bei H. SCHOOF: „Idealstädte und Stadtmodelle als theoretische Planungskonzepte", Karlsruhe, 1965. Einen guten Überblick über die wichtigsten Vorschläge zwischen 1880 und etwa 1930 vermittelt W. OSTROWSKI: „L'urbanisme contemporain", Paris, 1968. Auch R. WURZER („Über die funktionelle Gliederung des Stadtkörpers", in: Raumplanungsseminare 1962, 1963, 1964, Schriftenreihe des Instituts für Städtebau, Raumplanung u. Raumordnung an der Technischen Hochschule Wien, Bd. 4, Wien 1967) faßt die Entwicklungsgeschichte knapp und übersichtlich zusammen. Eine sehr lesenswerte, umfassend angelegte kritische Diskussion städtebaulicher Strukturvorstellungen und ihrer Beziehung zur Gesellschaftsordnung enthält das Buch von PAUL und PERCIVAL GOODMAN: „Communitas", Chicago, 1947.

Die Bauwerke der vorindustriellen Gesellschaft — von öffentlichen Gebäuden abgesehen — vereinten in aller Regel noch Wohn- und Arbeitsstätten unter einem Dach oder doch in unmittelbarer räumlicher Nachbarschaft. Das gilt sowohl für den ländlichen Raum als auch für die Stadt, deren bauliches Gefüge darum weit homogener war als das der heutigen Stadt. Gleichwohl war es nicht undifferenziert: Soziale Schichtungen zeichneten sich ebenso wie die Standorte verschiedener Berufsgruppen im Stadtgefüge ab; das Grundprinzip der Arbeitsteiligkeit, Daseinsgrundlage der Industriegesellschaft, schlug sich bereits in der Struktur der vorindustriellen Stadt nieder.

Wieweit solchen Strukturen ein umfassender Ordnungsgedanke zugrundelag, hat die stadtbaugeschichtliche Literatur in ähnlicher Weise beschäftigt wie die Frage nach der bewußten Komposition von Straßen- und Platzräumen mittelalterlicher Städte. Die Unterscheidung zwischen „gegründeten" und „gewachsenen" Städten geht auf solche Untersuchungen zurück; diese Differenzierung stützt sich im wesentlichen auf die ablesbare Rationalität des Stadtgrundrisses. So tragen Rottweil, Freudenstadt, Mannheim, Karlsruhe eindeutig das Signum der gegründeten Stadt. Gleichwohl ist diese Antithese etwas künstlich, wenn sie als Zweiteilung gemeint ist. Es gibt eine Fülle von Mischformen, und fast alle „gewachsenen" Städte in Europa enthalten Elemente der „Gründung" und „Planung", wenn auch meist in vielfacher Überlagerung.

Soweit sich in der vorindustriellen Zeit Ordnungsgedanken für das Stadtgefüge verfolgen lassen, die sich bis zu Modellvorstellungen konkretisieren — der hippodamische Straßenraster, die Idealstädte der Renaissance, die geometrischen Ordnungen des landesfürstlichen Städtebaues —, beschränken sie sich im wesentlichen auf Straßensysteme, also auf einen Infrastrukturrahmen, der mit relativ homogenen Elementen gefüllt wird. Das gilt natürlich nicht uneingeschränkt; einzelne qualitativ ausgezeichnete Elemente — wie Kirche, Schloß oder Rathaus — sind häufig auch durch ihren Standort innerhalb eines solchen Rahmens deutlich hervorgehoben. Teilweise ist das Straßennetz sogar unmittelbar auf sie bezogen, wie bei Dürers Idealstadt oder in Karlsruhe — weniger zwingend in Mannheim — auf das Schloß. In anderen Fällen sind, wie GEBHARD in seiner Untersuchung über die Stadtgrundrisse von Dinkelsbühl, Nördlingen, Rothenburg und Donauwörth[1] nachgewiesen hat, solche besonderen Elemente — das Rathaus etwa oder das Kornhaus — in subtiler Weise spezifischen Punkten des Straßennetzes zugeordnet. Ob man auch bei solchen „informellen", also nicht geometrisch bestimmten Anordnungen das Wirken genereller, gleichsam allgemeinverbindlicher Ordnungsvorstellungen voraussetzen kann oder ob es sich jeweils um aus der örtlichen Situation entwickelte Einzellösungen handelt, mag hier dahingestellt bleiben. Mit der Renaissance indessen mehren sich eindeutige Zeugnisse für einen ausgeprägten Ordnungswillen, wie zahlreiche landesfürstliche Gründungen — Karlshafen an der Weser oder Friedrichstadt in Schleswig-Holstein — belegen. Aus diesem Geiste ist auch eines der wenigen schriftlichen Dokumente des Städtebaues im 18. Jahrhundert erwachsen, das Buch des im damals dänischen Altona wirkenden JOH. PETER WILLEBRAND mit dem eindrucksvollen Titel: „Grundriß einer schönen Stadt, in Absicht ihrer Anlage und Einrichtung zur Bequemlichkeit, zum Vergnügen, zum Anwachs und zur Erhaltung ihrer Einwohner nach bekannten Mustern entworfen"[2].

Allerdings täuscht der Begriff „Grundriß" im Titel insofern, als über den physischen Stadtgrundriß kaum mehr ausgesagt wird, als „daß ihrer Natur nach eine Stadt, welche in der Ründe liegt, allem Ansehen nach für die Bewohner bequemer sein muß, als eine ins

---

[1] H. GEBHARD: System, Element und Struktur in Kerngebieten alter Städte. Stuttgart 1969.
[2] J. P. WILLEBRAND: Grundriß einer schönen Stadt... Hamburg 1775.

Gevierte oder in der Länge erbaute Stadt"; außerdem erwähnt der Verfasser die „Regel, daß die Gassen einer Stadt einem durchgehauenen Thiergarten ähnlich sehen müssen, dessen Hauptwege alle auf einen großen regelmäßigen Mittelplatz zu führen pflegen"[3]).

Ausführlich beschäftigt sich WILLEBRAND mit den Straßen und Wegen zur Stadt und in den Vorstädten, wobei er so fortschrittliche Vorschläge macht wie die Einrichtung von Einbahnstraßen oder von getrennten Fußwegen, gesichert „gegen Eintritt des Viehes und der Reuter". Das Schwergewicht der Ausführungen liegt bei den Einrichtungen von öffentlicher Bedeutung, angefangen von den „Hauptgebäuden" wie Rathaus, Kirchen und Schulen über die „öffentlichen Ergötzlichkeiten" wie Schauspiel, Konzert und Billard-Häuser bis zu den „Bequemlichkeits-Anstalten", unter die der Verfasser beispielsweise Post- und Fuhranstalten und Garküchen rechnet. Auch die ausführliche Auseinandersetzung mit den Maßnahmen, die zur Förderung der Industrieansiedlung in Betracht kommen, zeigt, daß das Interesse des Verfassers vor allem dem gilt, was man heute als administrative Maßnahmen zur Stärkung der Wirtschaftskraft und der Attraktivität bezeichnen würde.

II. Die frühindustrielle Siedlungsstruktur

Die industrielle Revolution setzt der Vorherrschaft des homogenen Grundelementes der vorindustriellen Stadt — des Bürgerhauses, in dem sich Wohn- und Arbeitsstätte unter einem Dach vereinen — ein Ende. Die neuen Arbeitsstätten sprengten den Maßstab, ihre Trennung von den Wohnstätten ergab sich zwangsläufig. Man mag darüber spekulieren, wieweit der Hochkapitalismus diese Tendenz verstärkt hat und wieweit in ihr ein Symptom der „Entfremdung" zu sehen ist. Jedenfalls zeigt ein Blick auf die Siedlungskonzepte der utopischen Sozialisten, auf Robert Owens Siedlungselemente mit ihrer Mischung von landwirtschaftlicher und industrieller Tätigkeit, auf Fouriers „Phalanstère" wie auf Godins „Familistère", daß hier ein andersartiger Versuch gemacht wird — gleichsam eine Extrapolation des traditionellen, Wohn- und Arbeitsstätte in sich vereinenden Hauses in einen erheblich größeren Maßstab hinein. Indessen bleibt diese Vorstellung praktisch ohne Einfluß auf die Siedlungsentwicklung des 19. Jahrhunderts. Die Stadt der Jahrhundertmitte braucht zur Funktionsfähigkeit Straßenbau und Abwasserbeseitigung, und so sind auch noch die umfangreichen Bebauungspläne der zweiten Hälfte des Jahrhunderts — wie Hobrechts Plan für Berlin — durchweg Straßenpläne, allenfalls angereichert mit einigen Platzelementen, die meist dem großen Vorbild der Zeit, dem Paris Haussmanns, entlehnt sind. Nutzungsart und Nutzungsmaß spielen keine Rolle, und auch die Hervorhebung von Standorten öffentlicher Gebäude im Straßenplan hat keinen strukturell-funktionellen Bezug, sondern soll Blickpunkte für Straßenperspektiven liefern. Die Fachdiskussion wird beherrscht von der Erörterung der relativen Vor- und Nachteile verschiedener Straßensysteme; die Nutzung der Flächen hinter den Straßenfluchtlinien wird dem freien Spiel der Kräfte überlassen. Man erwartet, daß auch hier der Boden zum besten Wirt geht und daß damit der Rationalität der Stadtstruktur der beste Dienst erwiesen wird. So ist es kennzeichnend, daß noch in den Diagrammen, mit denen MÖHRING, EBERSTADT und PETERSEN im Jahre 1910 ihren Wettbewerbsentwurf für Berlin erläuterten[4]), die Stadtfläche zwar nicht ganz homogen dargestellt ist, aber in ihren Schraffurstufen offenkundig nur eine generelle Aussage über die nach außen abnehmende Dichte

---

[3]) A. a. O., S. 127.
[4]) R. EBERSTADT, B. MÖHRING und R. PETERSEN: Groß-Berlin. Ein Programm für die Planung der neuzeitlichen Großstadt. Berlin 1910.

enthalten soll. Damit ist in der Tat eine Wachstums- und Strukturgesetzlichkeit der konzentrischen Stadt angedeutet, die mit ihrer nach außen abnehmenden Nutzungsintensität eine deutliche Analogie zu den THÜNENschen Ringen aufweist[5]). Vielleicht ist es der stärkeren Überlagerung dieser Gesetzlichkeiten durch die historisch gewachsene Substanz der alten Städte, vielleicht aber auch nur dem unterschiedlichen Blickwinkel der Wissenschaft zuzuschreiben, daß die ersten Versuche zur theoretischen Durchdringung des Stadtwachstums und der Stadtstruktur nicht in Europa, sondern in den Vereinigten Staaten unternommen wurden — allerdings erst in unserem Jahrhundert. So sieht BURGESS die Stadtstruktur als ein Gefüge konzentrischer Ringe, deren unterschiedliche Nutzung durch die nach außen abfallende Standortgunst bedingt ist. Dies Modell ist jedoch nicht statisch konzipiert; es trägt vielmehr dem Stadtwachstum Rechnung, indem es den Verdrängungsprozeß wirtschaftlich schwächerer Nutzungen durch wirtschaftlich stärkere vom Zentrum her erläutert. Burgess liefert damit zugleich eine Theorie der Slumbildung: die „Übergangszone" zwischen zentralen Nutzungen und umgebenden Wohnnutzungen leitet ihre Ertragserwartungen bereits aus der künftigen City-Nutzung ab, für die es ganz unerheblich ist, ob die alte Wohnsubstanz pfleglich behandelt wird oder nicht; darin liegt der Anreiz zur Verwahrlosung unter gleichzeitiger wirtschaftlicher Ausbeutung[6]).

HOYT geht dagegen von einem ganz anderen Ansatz aus: nach seiner Theorie führt das Stadtwachstum zu einer sektoralen Differenzierung in dem Sinne, daß die verschiedenen Nutzungen sich im Regelfalle stadtauswärts ausdehnen, so daß sich etwa in eine Richtung die Gewerbegebiete, in eine andere die bevorzugten Wohngebiete und wieder in andere Richtungen die Wohngebiete anderer Bevölkerungsgruppen erstrecken[7]).

Die Wirklichkeit der amerikanischen Städte läßt erkennen, daß in jeder konkreten Situation diese beiden theoretisch isolierten Tendenzen am Werke sind, wenn auch jeweils in unterschiedlicher Kombination. Dabei dürfte in der Regel die Ausprägung der konzentrischen Ringe überwiegen.

Diesen empirisch abgeleiteten Modellen steht in Deutschland eine Anzahl normativer Ansätze zur Darstellung der Stadtstruktur gegenüber, die offenbar erstmalig um die Jahrhundertwende zu modellartigen Konzepten zusammengeschlossen werden. Vorher bleibt es in der Regel bei partiellen Aussagen — so etwa bei LOTZE in seiner „Geschichte der Ästhetik in Deutschland", bei BRUCH in seiner Kritik des Berliner Bebauungsplans und bei der Gräfin DOHNA („Arminius") in ihrem Buch über die Wohnungsnot in den Großstädten, in dem sich allerdings zugleich die Forderung nach einer „gesunden Theorie über die Architektur der Großstädte sowie der Städte überhaupt" findet[8]).

LOTZE sieht die Bauten der Großstadt vorwiegend als „Geschäftsraum oder als Herberge einer veränderlichen Bevölkerung, die nicht hier verlangen kann, ihre individuelle Eigenart in äußerlicher Erscheinung vollständig auszuleben". Dementsprechend sollten „auch die Bauwerke auf individuelle Selbständigkeit verzichten und Schönheit nur durch die malerischen und imposanten Massenwirkungen suchen, welche die künstlerisch erfundene Anordnung der im einzelnen gleichartigen hervorbringen kann... An einzelnen

---

[5]) J. H. v. THÜNEN: Der isolierte Staat in Beziehung auf Landwirtschaft und Nationalökonomie. Jena 1930.
[6]) E. W. BURGESS: The Growth of the City. In: Park, R. E., E. W. Burgess und R. D. McKenzie: The City. Chicago 1925.
[7]) H. HOYT: The Structure and Growth of Residential Neighborhoods in American Cities. 1939.
[8]) ARMINIUS: Die Großstädte in ihrer Wohnungsnot und die Grundlagen einer durchgreifenden Abhilfe. Leipzig 1874, S. 10.

wohlverteilten Brennpunkten müßten die monumentalen Bauwerke stehen...; diese Plätze würden zu verbinden sein durch Gebäudereihen und Straßen, die... in ihrer uniformen Erscheinung die massenhaft zusammengefaßte Lebenskraft und Regsamkeit der Bevölkerung versinnlichten..." [9]).

Gegenüber diesem ästhetischen Ansatz entwickelt BRUCH eine Reihe funktioneller und struktureller Vorschläge, die seinen klaren Blick für die Probleme des Großstadtwachstums belegen und erst Jahrzehnte später ihren festen Platz in der städtebaulichen Diskussion fanden. So wendet er sich gegen das, was ihm als übermäßige Zentralisierung Berlins erscheint; statt dessen möchte er die einzelnen Gemeinden im Sinne von „Trabanten" — dies ist vermutlich die erste Verwendung dieses Begriffs im städtebaulichen Zusammenhang — entwickelt sehen. Zugleich wendet er sich gegen die im Bebauungsplan vorgesehenen großen Plätze — frei gelassene Blockgeviert — und fordert statt dessen einerseits viele kleine Stadtplätze und andererseits größere Grünzüge gleichsam als Teile der freien Landschaft: „Wiesen mit Baum- und Buschgruppen"[10]).

Auch in dem umfassender angelegten, in erster Linie sozialpolitisch motivierten Buch der Gräfin Dohna bezieht sich der wichtigste Beitrag zur Stadtstruktur auf die Grünflächenpolitik. Hier taucht — lange vor HOWARD — die Forderung nach einem dauernd zu sichernden Grüngürtel auf, der in einer Breite von einer halben preußischen Meile, also fast vier Kilometern, die kompakte Stadt umfassen sollte. Nur zu einem Fünftel für bestimmte Zwecke — in erster Linie öffentliche Einrichtungen und Arbeitnehmerwohnungen — bebaubar, sollte dieser Ring vor allem der Erholung dienen[11]).

III. Erste Ansätze zu struktureller Ordnung

In der städtebaulichen Wirklichkeit finden die Vorschläge von BRUCH und ARMINIUS zunächst keinen Niederschlag. Auch die ersten Fachbücher über städtebauliche Fragen — von BAUMEISTER, SITTE und STÜBBEN[12]) — enthalten noch keine Auseinandersetzung mit der Stadtstruktur in ihrer Gesamtheit; offenbar erscheint es noch als ein zu weitgehender — und von daher ohnehin zum Scheitern verurteilter — Eingriff in die Kräfte der Entwicklung, für sie einen Gesamtrahmen festzulegen.

Der fachliche Konsensus der Zeit läßt sich mit einiger Klarheit aus einigen Beschlüssen und Resolutionen ablesen, die von städtebaulich interessierten Vereinigungen verabschiedet werden. So heißt es in den 1874 auf der Versammlung des „Verbandes Deutscher Architekten- und Ingenieur-Vereine" beschlossenen „Grundzügen für Stadterweiterungen nach technischen, wirtschaftlichen und polizeilichen Beziehungen" zu dem hier behandelten Thema[13]):

1. Die Projektierung von Stadterweiterungen besteht wesentlich in der Feststellung der Grundzüge aller Verkehrsmittel: Straßen, Pferdebahnen, Dampfbahnen, Kanäle, die systematisch und deshalb in einer beträchtlichen Ausdehnung zu behandeln sind.

---
[9]) H. LOTZE: Geschichte der Ästhetik in Deutschland. Stuttgart 1868, S. 548 f.
[10]) E. BRUCH: Die Zukunft Berlins und der Bebauungsplan. In: Deutsche Bauzeitung 4 (1870).
[11]) A. a. O.
[12]) R. BAUMEISTER: Stadterweiterungen in technischer, baupolizeilicher und wirtschaftlicher Beziehung. Berlin 1876. — C. SITTE: Der Städte-Bau nach seinen künstlerischen Grundsätzen. Wien 1889. — J. STÜBBEN: Der Städtebau. Darmstadt 1890.
[13]) Zitiert bei STÜBBEN, a. a. O., 3. Auflage 1924, S. 699 f.

2. Das Straßennetz soll zunächst nur die Hauptlinien enthalten... Die untergeordnete Teilung ist jeweils nach dem Bedürfnis der näheren Zukunft vorzunehmen oder der Privattätigkeit zu überlassen.
3. Die Gruppierung verschiedenartiger Stadtteile soll durch geeignete Wahl der Situation und sonstiger charakteristischer Merkmale herbeigeführt werden, zwangsweise nur durch sanitarische Vorschriften über Gewerbe.

Dieser dritte Grundsatz allerdings wird in der Folgezeit in zunehmendem Maße durch die spürbaren Unzuträglichkeiten in Frage gestellt, die sich aus der engen räumlichen Nachbarschaft verschiedenster Nutzungen ergeben. Man erkennt, daß es allein mit der räumlichen Absonderung gefährlicher Betriebe, wie sie die Reichsgewerbeordnung vorschrieb, nicht getan ist und daß weitergehende Lenkungsmittel erforderlich sind. Die Antwort auf diese Problematik wird in der Staffelbauordnung gesehen, einer Vorschrift, die verschiedene Baugebietskategorien auszuweisen erlaubt, welche sich durch Differenzierung nach Art und Maß der Nutzung voneinander abheben. Es handelt sich dabei um Ortssatzungen, die neben den Fluchtliniengesetzen gelten; die gemeinsame Anwendung beider Vorschriften ergibt das, was man heute einen qualifizierten Bebauungsplan nennen würde.

Im letzten Jahrzehnt des 19. Jahrhunderts beginnen sich solche Staffelbauordnungen durchzusetzen; in den 1895 beschlossenen „Leitsätzen des Deutschen Vereins für öffentliche Gesundheitspflege über Maßnahmen zur Herbeiführung eines gesundheitlich zweckmäßigen Ausbaues der Städte" wird nach einer Erörterung der Bodenspekulation und der Grundstücksausschlachtung mit ihren für das Wohnen nachteiligen sozialen und gesundheitlichen Folgen dazu festgestellt: „Zu den Maßregeln, welche geeignet sind, diesen Mißständen in Zukunft entgegenzutreten, gehört die baupolizeiliche Anordnung, daß in den äußeren Teilen der Stadt weniger hoch und weniger dicht gebaut werde als in der Innenstadt... Bei der Abstufung der Bauordnung sind nach Maßgabe des voraussichtlichen Bedarfs und der örtlichen Verhältnisse auch solche Bezirke abzusondern, in welchen

a) nur die offene Bauweise gestattet wird,
b) der Bau und Betrieb von Fabriken und anderen lästigen gewerblichen Anstalten untersagt ist,
c) der Bau und Betrieb von Fabriken begünstigt wird"[14].

Hier wie bei den meisten anderen zeitgenössischen Aussagen liegt einer solchen Differenzierung noch keine andere Modellvorstellung zugrunde als die eines konzentrischen und kompakten, in seiner Dichte nach außen abnehmenden Stadtkörpers, wie ihn die tatsächliche Entwicklung nahezulegen schien. Gewiß hatte diese Stadt schon damals den Maßstab des Fußgängers überschritten, aber man hatte sich daran gewöhnt, die Verkehrslinien dem Stadtwachstum folgen zu lassen. Nur vereinzelt wurde der gegenteilige Weg propagiert: die Stadtform den Verkehrsmitteln anzupassen. CHAMBLESS' „Roadtown"[15] — die Stadt als Bündel von Reihenhausschlangen, durch deren Keller die Schnellbahn fährt — ist ein etwas skurriler, SORIA Y MATAS weitaus früher konzipierte „Ciudad lineal" ein viel realistischerer Ansatz zu solcher Strukturveränderung. Aus dem Blickwinkel der Gegenwart mag es allerdings verwunderlich scheinen, daß Soria y Mata seine auf die Straßenbahn orientierte Bandstadt nicht radial vom Stadtkern her, sondern im Sinne eines weiten Kreisbogens um die vorhandene Stadt herum entwickelt hat; vermutlich schlug sich darin eben jene Vorstellung des Grüngürtels nieder, die um die Jahr-

---

[14]) Zitiert bei STÜBBEN, a. a. O., S. 704 f.
[15]) E. CHAMBLESS: Roadtown. New York 1910.

hundertwende zunehmend Anhänger gewann. Wenn Soria y Matas Gedanken auch nur zu einem kleinen Teil im Vorfeld Madrids verwirklicht wurden und im übrigen ohne unmittelbare Nachfolge blieben, so gebührt ihm doch das Verdienst, einen neuen Gedanken entwickelt zu haben, der erst Jahrzehnte später wieder aufgegriffen und vervollkommnet wurde[16]).

In einem anderen Sinne weicht THEODOR FRITSCH mit seiner Schrift „Die Stadt der Zukunft" von den gängigen Vorstellungen ab: er entwickelt ein Modell einerseits für die Verteilung differenzierter Nutzungen im Stadtgefüge, andererseits für die Steuerung des Stadtwachstums, das, wie schon erwähnt, gerade für die konzentrisch angelegte Stadt besondere Probleme schuf[17]).

FRITSCH bleibt im Grunde der konzentrischen Anordnung treu, nur will er sie sektoral entwickeln und dem Wachstum durch ständige Vergrößerung des Sektors bis hin zum vollen Kreis Rechnung tragen. Aufschlußreich ist die Reihenfolge seiner Zonen: Das Zentrum nehmen repräsentative öffentliche Gebäude, in Grün gebettet, ein; ihm folgt das Villenviertel für die reichen Bürger, dann die Zone mittleren bürgerlichen Wohlstandes, weiter die Arbeiterviertel und die Bereiche des Handwerks und der industriellen Betriebe, in denen auch der Bahnhof liegen soll. Das Zentrum ist also nicht funktionell, sondern allein repräsentativ verstanden; man fühlt sich an Lotzes Formulierung von den „monumentalen Bauwerken" erinnert, die „die ewigen idealen Aufgaben der Kultur verherrlichen". Erwähnenswert ist die Tatsache, daß Fritsch sein Grundmodell in einer Reihe von Skizzen abwandelt, deren eine das Prinzip keilförmig von außen in die Stadt eindringender Freiflächen darstellt — mehr als ein Jahrzehnt, ehe sich dieser Gedanke beim Wettbewerb für Groß-Berlin Bahn bricht.

Appelliert Fritsch vor allem an das Bedürfnis nach Ordnung innerhalb des städtischen Gefüges, ohne sich ausführlicher mit Fragen der Stadtgröße auseinanderzusetzen, so geht es HOWARD in seiner einflußreichen Schrift „To-Morrow — a Peaceful Path to Real Reform" in erster Linie um die Stadtgröße, um die „Vereinigung der Vorzüge von Stadt und Land" durch eine Lenkung der Verstädterungskräfte in Stadtneugründungen begrenzter Größe[18]). In diesem Gedanken — und nicht in der angedeuteten diagrammatischen Stadtstruktur, die ja auch bei den beiden Gründungen Letchworth und Welwyn verlassen wurde — liegt wohl die Wirkung des Vorschlags begründet; die Etikettierung als „Gartenstadt" — zu ihrer Zeit zweifellos werbewirksam — hat allerdings bald zu Mißverständnissen geführt, die der weiteren Entwicklung im Wege standen. Immerhin sind die „New Towns" um London direkte Nachfahren des von Howard propagierten regionalen Strukturkonzepts, das eine Anzahl von Trabantenstädten von je 30 000 Einwohnern im Umkreis einer (wenn auch nur knapp doppelt so großen) Kernstadt zeigte.

Das Strukturmodell der „Gartenstadt" selbst weist zwar die geschlossene konzentrische Form auf, die charakteristisch für die abstrahierende Darstellung der Stadt in jener Zeit ist, weicht aber in einem wesentlichen Punkte von der üblichen Abstufung von innen nach außen ab: in der Konzeption einer ringförmigen Zone zentraler Einrichtungen, an die nach innen wie nach außen Wohngebiete angrenzen. Fast könnte man von einer in sich ringförmig geschlossenen „Bandstadt" sprechen, an deren Wohnzonen sich nach innen das Stadtzentrum in einem Park — wie bei Fritsch mit repräsentativem Anspruch —, nach außen die Arbeitsstätten anschließen, während in der Mitte des Bandes die zentralen

---

[16]) A. SORIA Y MATA: Madrid Remendado y Madrid Nuevo. In: El Progresso, 6. März 1882.
[17]) TH. FRITSCH: Die Stadt der Zukunft. Leipzig 1896.
[18]) E. HOWARD: To-Morrow. London 1898.

Einrichtungen der unteren Stufe liegen. Howard nimmt mit seinen sechs zwischen den Radialstraßen gelegenen und damit von Durchgangsverkehr freien „wards" das in den zwanziger Jahren entwickelte Prinzip der Nachbarschaftseinheit in gewissem Sinne vorweg. Aus seinen Angaben über die Grundstücksgrößen läßt sich ein Durchschnittswert für die Nettowohndichte von 227 Einwohnern je ha ermitteln, die in den dichtesten Bereichen auf knapp 300 E/ha ansteigen kann.

In zwei wesentlichen Punkten geht Howard von Annahmen aus, die durchaus den Gepflogenheiten und dem Geist der Zeit zuwiderlaufen: einmal soll der gesamte Grund und Boden im kommunalen Eigentum verbleiben, und zum anderen soll dem Wachstumsbedürfnis einer solchen Stadt über die vorgeplante Begrenzung hinaus kein Raum gegeben, sondern statt dessen eine weitere Trabantenstadt gegründet werden. Dieses Wachstum in „Quantensprüngen" ist Bestandteil der meisten späteren Modellvorstellungen; es vermittelt zwischen dem Streben nach einem geordneten Zustand einerseits und der Realität des prozessualen Ablaufs andererseits.

IV. Modellvorstellungen des frühen 20. Jahrhunderts

Die kompakte Großstadt des 19. Jahrhunderts findet zunächst nur noch wenige Nachfolger im Strukturmodell. Zu den bemerkenswertesten Beispielen gehört LE CORBUSIERS „Ville contemporaine" aus dem Jahre 1922 mit einem stark verdichteten Hochhauskern. Als Strukturkonzept ist das von ihm vorgeschlagene Modell mit seinem geometrisch-formalistisch entwickelten Straßennetz („In Freiheit neigt der Mensch zur reinen Geometrie")[19] und seinem räumlich weit abgesetzten Industriegebiet wenig ergiebig, zumal auch über die Standorte zentraler Einrichtungen kaum Aussagen gemacht werden.

Eine gewisse Parallele dazu läßt sich noch in Hilberseimers Großstadtmodell aus dem Jahre 1927 erkennen, das allerdings sein Verfasser selbst später als Irrweg bezeichnet hat[20]. Weit überwiegend hat sich um diese Zeit jedoch bereits die Vorstellung eines durch Grünflächen gegliederten Stadtgrundrisses durchgesetzt, seit dieses Prinzip im Wettbewerb für Groß-Berlin besondere Anerkennung gefunden hatte[21]. Ein typisches Beispiel für ein solches konzentrisches Modell mit nach außen abnehmender Nutzungsintensität stammt von PAUL WOLF aus dem Jahre 1919[22]; ähnlich ist HEILIGENTHALS Konzept einer Stadt mit dicht bebauter, ringförmig begrenzter Kernzone, über die hinaus dann nach Art von Speichen eines Rades mehrere Baubereiche geringerer Dichte hinausreichen, jeweils auf eine mittig liegende Straßenbahnlinie bezogen — eine Überlagerung des konzentrischen Modells mit dem Bandstadtgedanken. Einer dieser Arme ist als Industriegebiet vorgesehen; das Ganze ist ringförmig von den Rieselfeldern der Stadt eingeschlossen[23].

Der strenge Bandstadtgedanke hat nach Soria y Mata in dem Russen MILJUTIN einen Protagonisten gefunden; sein Planungskonzept für Stalingrad ist gleichsam ein „klassisches" Modell des Städtebaues. Vom Flußufer ausgehend, gliedert sich die Stadt in parallele bandförmige Zonen: Park, Wohnzone, Trenngrün mit Hauptverkehrsstraße, Arbeitsstätten, Eisenbahn, freie Landschaft. Kurze Wege zur Arbeitsstätte und zum Uferpark sind die positiven Seiten für den Bewohner; allerdings fehlt jeder hervorgehobene

---

[19] LE CORBUSIER: Städtebau. Stuttgart 1919, S. 22.
[20] L. HILBERSEIMER: Entfaltung einer Planungsidee. Frankfurt a. M. / Berlin 1963, S. 22.
[21] R. EBERSTADT, B. MÖHRING und R. PETERSEN, a. a. O.
[22] P. WOLF: Städtebau. Leipzig 1919.
[23] R. HEILIGENTHAL: Deutscher Städtebau. Heidelberg 1921.

Standort für zentrale Einrichtungen. Man wird auch daran zweifeln können, ob eine am Großschiffahrtsweg gelegene Stadt wirklich auf Arbeitsstätten am Wasser verzichten kann — aber das ist eine Einzelheit, die dem Grundgedanken der Bandstadt keinen Abbruch tun könnte.

Eine radikalere Tendenz dieser Zeit — nach dem Ersten Weltkrieg in Deutschland vor allem von BRUNO TAUT propagiert[24]) — betrachtet die Auflösung der Städte als sinnvolles Planungsziel; dieser Gedanke mit seinem utopischen Unterton läßt sich schon vorher mehrfach außerhalb der Fachliteratur — so bei PETER KROPOTKIN und bei HERBERT GEORGE WELLS — nachweisen[25]). Auch wer solchen radikalen Vorstellungen der „Disurbanisten" nicht folgt, sieht offenbar in der Größenbegrenzung und Gliederung der Großstadt einen Weg, ihren Übeln wirksam zu begegnen. Ein frühes, in vieler Hinsicht sehr subjektives Beispiel dafür ist Gloedens Vorschlag der Aufgliederung der Großstadt in eine Reihe von Teilstädten, die er jeweils verschiedenen Berufsgruppen vorbehalten sehen möchte[26]). Sieht man von dieser reichlich eigenartigen Vorstellung ab — sie verrät wenig Einsicht in das Wesen der arbeitsteiligen Gesellschaft —, so könnte eine Gliederung der Großstadt in Einheiten von jeweils etwa 100 000 Einwohnern durchaus diskutabel sein; ähnliche Vorstellungen gewinnen in den zwanziger Jahren zunehmend an Boden.

V. Modellvorstellungen des mittleren 20. Jahrhunderts

Vielleicht das kennzeichnendste Element, das die späten zwanziger Jahre bis hin zu den fünfzigern weitgehend beherrscht, ist das Modell der Nachbarschaftseinheit als Gliederungselement der großen Stadt. Seiner Entwicklungsgeschichte kann hier nicht im einzelnen nachgegangen werden; seine Wurzeln liegen sowohl in Europa (in Deutschland reichen sie bis zu Henrici und Hercher zurück[27])) als auch in den Vereinigten Staaten, wo er durch soziologische Forschungen gefördert und durch das Planungselement des „Superblocks", des vom Durchgangsverkehr befreiten Wohnbereichs, ergänzt wurde[28]). Dabei überlagerten sich sozialpolitische Motivationen — Schaffung kleinerer Gemeinschaften innerhalb der Anonymität der Großstadt — mit den funktionellen Erwägungen der Abstimmung auf Schuleinzugsbereiche und auf Ladenversorgung in Fußwegentfernung.

Man könnte die Nachbarschaftseinheit als ersten Niederschlag einer Beschäftigung mit den zentralen Einrichtungen im Städtebau interpretieren, nachdem zuvor anfangs lediglich der Bezug von Bauflächen und Freiflächen, später auch der von Wohnflächen und Arbeitsflächen im Mittelpunkt des städtebaulichen Interesses gestanden hatte.

---

[24]) B. TAUT: Alpine Architektur. Hagen i. W. 1919.
[25]) P. KROPOTKIN: Landwirtschaft, Industrie und Handwerk. Berlin 1904. — H. G. WELLS: Anticipations. London 1901.
[26]) E. GLOEDEN: Die Inflation der Großstädte und ihre Heilungsmöglichkeit. Berlin 1923.
[27]) K. HENRICI: Beiträge zur praktischen Ästhetik im Städtebau. München o. J., S. 77. — L. HERCHER: Großstadterweiterungen. Göttingen 1904, S. 32 ff. — In diesen Zusammenhang gehört der Hinweis, daß seitdem das Streben nach Aufgliederung der Großstadt in kleinere Einheiten, von einer großen Anzahl von Fachleuten aufgegriffen, zum festen Bestandteil der städtebaulichen Grundsätze wird. Hervorzuheben sind als Beiträge dazu:
E. FASSBENDER: Städtebaukunde. Leipzig und Wien 1912. — F. SCHUMACHER: Kulturpolitik. Jena 1920. — K. A. HOEPFNER: Grundbegriffe des Städtebaues. Berlin 1921. — TH. FISCHER: Die Stadt. In: Wissenschaftliche Vortragsreihe, TH München 1928.
[28]) C. PERRY: The Neighborhood Unit. In: Regional Survey of New York, Bd. 7, New York 1929.

Die Kombination dieses Gliederungsgedankens mit dem Grundkonzept der Bandstadt ist das Thema der späteren Arbeiten HILBERSEIMERS. Durch die Auflösung des homogenen Wohnbandes in Nachbarschaftseinheiten und Zuordnung entsprechender Gemeinschaftseinrichtungen gelangte er zu einem strengen Schema, das außer den kurzen Wegen zu Arbeitsstätten und Freiflächen auch die Erreichbarkeit der Schulen ohne Straßenüberquerung sicherte. In einer Fülle verschiedenartigster Kombinationen der gleichen Grundelemente hat Hilberseimer die umfassende Anwendbarkeit seines Prinzips zu verdeutlichen versucht[29]. Allerdings bot sein Konzept keinen Ansatzpunkt zur Anordnung von zentralen Einrichtungen einer über die Nachbarschaftseinheit hinausreichenden Größenordnung.

Gerade die Auseinandersetzung mit den Erfordernissen zentraler Einrichtungen auf unterschiedlichen Maßstabsebenen führt indessen zu einem neuen Grundmodell, das in verschiedenen Abwandlungen ausgearbeitet wird — dem Modell einer gegliederten und in ihren Einzelelementen auf ein hierarchisches Zentrensystem bezogenen Stadt. GASTON BARDET hat dazu Beiträge geleistet[30]; die britischen „Neuen Städte" der ersten Welle, wie etwa CRAWLEY und HARLOW, sind typische Beispiele dafür, und das bei GÖDERITZ, RAINER und HOFFMANN veröffentlichte Stadtschema entspricht dem gleichen Grundgedanken[31]. Schon vorher hatte CULEMANN ein auf dem gleichen System aufgebautes Modell vorgeschlagen, dessen formale Ausprägung — mit den asymmetrisch verschobenen Achsen — indessen willkürlich wirkt[32].

Dieser Gedanke der hierarchischen Stufung zentraler Einrichtungen unter Zugrundelegung derjenigen Bevölkerungszahlen, die eine zweckmäßige Nutzung und Auslastung der jeweiligen Einrichtung sichert, kann einerseits als Fortführung des funktionellen Ansatzes der Nachbarschaftseinheit gelten; andererseits weist er unmittelbare Beziehungen zu dem Grundprinzip der zentralörtlichen Gliederung im größeren Raum auf, wie sie erstmalig 1933 von CHRISTALLER untersucht wurde[33]. Daß die jeweiligen Einzugsbereiche dabei auch räumlich durch deutliche Zäsuren in der Bebauung getrennt werden, ist logisch kein zwingendes Erfordernis, sondern Niederschlag des Strebens nach Überschaubarkeit und Aufgliederung der Großstadt, das die erste Jahrhunderthälfte beherrschte. Auch das Trabantenstadtmodell — seit HOWARD mehrfach, teils mit leichten Abwandlungen, neu vorgetragen[34] — ist letzten Endes nur eine Spielart solcher Zentrenstufung, bei der die Trennzonen zwischen den „Stadtteilen" besonders groß geworden sind.

In deutlichem Gegensatz zu diesem Typus der „gegliederten und aufgelockerten Stadt" stehen die Grundkonzeptionen für die beiden britischen neuen Städte Cumbernauld und Hook — die letztere nicht ausgeführt —, die auf eine weitgehende Zusammenfassung der zentralen Einrichtungen und auf eine entsprechend kompakte Stadtstruktur hin angelegt wurden. Es liegt auf der Hand, daß der Anwendung dieses Prinzips Grenzen aus der Größenordnung der Stadt erwachsen; die für Hook vorgesehene Zahl von 100 000 Einwohnern dürfte für ein kompaktes Stadtkonzept kaum ohne Schaden nennenswert überschritten werden können[35].

---

[29] L. HILBERSEIMER, a. a. O.
[30] G. BARDET: Mission de l'urbanisme. Paris 1949.
[31] J. GÖDERITZ, H. HOFFMANN, R. RAINER: Die gegliederte und aufgelockerte Stadt. Tübingen 1957.
[32] C. CULEMANN: Funktion und Form in der Stadtgestaltung. Bremen 1956.
[33] W. CHRISTALLER: Die zentralen Orte in Süddeutschland. Jena 1933.
[34] R. UNWIN: Town Planning in Practice. London 1909. — C. B. PURDOM: The Building of Satellite Towns. London 1926. — ELIEL SAARINEN: The City. New York 1943.
[35] LONDON COUNTY COUNCIL: The Planning of a New Town: London 1961.

Zu den verbreitetsten Modellvorstellungen für den größeren Agglomerationsraum gehört die Verknüpfung verschiedener — u. U. auch funktionell differenzierter — Bandstadtelemente untereinander durch ein Zentrum oder zumindest durch eine zentrale Zone. Wir sahen, daß man schon Heiligenthals Modell in diese Kategorien einrechnen könnte; zu den späteren Ausprägungen dieses Gedankens gehört der MARS-Plan für London ebenso dazu wie das Stadtdiagramm Reichows[36]). Die beiden wesentlichen Grundformen solcher Anordnungen sind einmal die radiale — man könnte vom Stern- oder Speichensystem sprechen — und zum anderen die auf eine Querachse bezogene Parallelanordnung, als „Kammsystem" oder „Doppelkammsystem" bezeichnet. Für die letztgenannte Kategorie stellt das Modell von J. L. SERT ein besonders prägnantes Beispiel dar[37]). Während sich für dieses System allerdings kaum Beispiele in der Realität finden lassen, hat das Sternsystem die Entwicklungskonzepte mehrerer großer Städte geprägt oder doch zumindest zeitweilig maßgeblich beeinflußt. Erinnert sei an den „Fingerplan" für Kopenhagen, an die Hamburger „Aufbauachsen" und an das aus verschiedenen Alternativen ausgewählte Konzept für die amerikanische Bundeshauptstadt Washington. Auch das Regionalstadtmodell von HILLEBRECHT[38]) gehört letztlich in diese Grundkategorie.

Den ausgeprägten Sternmodellen haftet das Problem der Verkehrsverdichtung im Zentrum an, das um so brennender wird, je mehr auf Querverbindungen außerhalb des Zentrums verzichtet und — wie bei Reichow — ein Verästelungssystem bevorzugt wird. Das andere Extrem liegt in einem gleichmäßigen Straßenraster, der allerdings — ähnlich wie die Bandstadt — keinen unmittelbaren Ansatz für einen zentralen Standort bietet; das Kamm- und das Doppelkammsystem können insofern als Übergänge zwischen Stern und Raster angesehen werden. Als einprägsamstes Beispiel für eine solche Rasterstruktur kann LE CORBUSIERS Entwurf für die Hauptstadt des Pandschab, Chandigarh, gelten[39]). Eine Überlagerung schließlich dieses Rastersystems mit der Bandstruktur stellt das in den letzten Jahren von Buchanan vorgeschlagene System des „gerichteten Rasters" dar, das allerdings seine Hauptstraßen sowohl nach der Bedeutung als auch nach der Funktion — Bedienung von Industrie und Zentren einerseits, von öffentlichen Einrichtungen andererseits — differenziert[40]).

Endlich bleibt noch ein Vorschlag zu erwähnen, der nicht mehr eigentlich unter die Stadtmodelle gerechnet werden kann, weil er die Auflösung der Stadt in das Land hinein voraussetzt: die „Broadacre City" von FRANK LLOYD WWRIGHT, die auf eine Dichte von zweieinhalb Personen je ha angelegt ist. Dieser Vorschlag muß wohl einerseits unter dem Vorzeichen der traditionellen amerikanischen Stadtfeindlichkeit, andererseits unter dem der Weiträumigkeit Amerikas gesehen werden; auf die europäische Diskussion blieb er ohne ernsthaften Einfluß[41]).

---

[36]) M. FRY: Fine Building. London 1936. H. B. REICHOW: Organische Stadtbaukunst. Braunschweig 1948.
[37]) J. L. SERT: Human Scale in City Planning. In: Paul Zucker (Hrsg.): New Architecture and City Planning, New York 1944.
[38]) R. HILLEBRECHT: Städtebau und Stadtentwicklung. In: Archiv für Kommunalwissenschaften, 1/1962.
[39]) LE CORBUSIER: Œuvre complète 1952—57. Zürich 1957, S. 50 ff.
[40]) C. BUCHANAN and Partners: South Hampshire Study. London 1966 (Zusammenfassung in: Stadtbauwelt 1969, S. 35 ff.).
[41]) F. L. WRIGHT: When Democracy Builds. Chicago 1945 (deutsch: „Usonien", Berlin 1950).

VI. Zur systematischen Ordnung der Modellvorstellungen

Sucht man die dargestellten Vorschläge in einen systematischen Zusammenhang zu bringen, so könnte man alle Modelle in einige große Gruppen einordnen, die sich letzten Endes auf die Grundelemente von Punkt, Band und Fläche reduzieren lassen. Diese Elemente — am deutlichsten ausgeprägt in den Prototypen der massierten konzentrischen Stadt, der reinen Bandstadt und der homogenen Flächensiedlung, die allerdings kaum noch die Bezeichnung Stadt verdient — können nun wiederum auf verschiedene Weise in sich differenziert und miteinander kombiniert werden. Das beigefügte Diagramm soll die Einordnung der einzelnen Modelltypen erleichtern und ihre Herkunft verdeutlichen; es erhebt keinen Anspruch auf systematische Abgeschlossenheit. Es zeigt, daß sich aus dem konzentrischen System neben der punktförmigen Ballung das Trabantensystem und die Agglomeration gestufter Zentren ableiten lassen. Im Übergangsbereich zum Bandsystem finden wir die kompakte Stadt mit bandförmiger Zentralzone — entsprechend dem Entwurf für Hook, sowie die auf einen zentralen Punkt oder eine zentrale Zone ausgerichteten Bänder nach Art des Stern- oder Kammsystems. Dem abstrakten Modell der reinen, zentrumslosen Bandstadt, dem wir in der Wirklichkeit nicht begegnen, kommt der Vorschlag für Brasilia wohl noch am nächsten: ein Band mit einem mittig angeordneten Zentralbereich. Mit der Anordnung paralleler Bänder auf eine Zentralzone hin — also dem Kammsystem — nähert sich die Bandstadt bereits dem Konzept des flächendeckenden Rasters; auch der „gerichtete Raster" liegt noch im Übergangsbereich zwischen beiden Grundmodellen. Auch zwischen Fläche und Punkt gibt es einen Übergangsbereich, der beispielsweise durch das Modell von Gloeden mit seiner flächenhaften Anhäufung von einzelnen Siedlungselementen markiert wird.

Aber es wäre sicher unzureichend, wollte man hinter den drei Grundansätzen von Punkt, Band und Fläche nichts anderes sehen als die Anwendung unterschiedlicher geometrischer Elemente. Die konzentrische Siedlungsstruktur, erwachsen aus dem traditionellen Stadtkonzept, verdankt ihre Abwandlungen in Richtung auf das Satellitensystem und die Hierarchie gegliederter Zentren der Sorge vor übermäßiger Ballung, die nicht nur den Verlust des menschlichen Maßstabes, sondern auch eine Einbuße an leicht zugänglichen öffentlichen Einrichtungen im Gefolge haben mußte. Auf die Parallele zur Struktur der zentralen Orte im ländlichen Raum wurde bereits hingewiesen.

Die Anziehungskraft des Bandstadtkonzeptes beruht einerseits auf der Möglichkeit, den Siedlungsraum fast beliebig auszudehnen, ohne den gleichen Problemen ausgesetzt zu sein wie bei einer ringförmigen Erweiterung der Stadt. Dem entspricht die Tatsache, daß die technische Infrastruktur in ihren wesentlichen Elementen bandförmig ist und deshalb durch eine bandförmige Siedlungsstruktur optimal ausgenutzt zu werden verspricht. Hinzu kommt weiterhin der einfach scheinende Bezug von Wohnstätte zur Arbeitsstätte einerseits, zum Freiraum andererseits.

Das Konzept der flächenhaften Besiedlung schließlich geht in seiner extremen Ausprägung von der utopischen Vorstellung ubiquitärer Verfügbarkeit von Infrastruktur und Produktionsmöglichkeiten aus. In seinen differenzierteren Formen — dem Raster — entspricht es dem Streben nach einer flexibleren, weniger determinierten Nutzung der einzelnen Flächenelemente; wieweit dies Streben erfüllbar ist, muß vorerst dahingestellt bleiben.

Sucht man zusammenfassend den Absichten und Motivationen nachzugehen, die bei der Konstruktion der dargelegten Modelle Pate gestanden haben, so lassen sich vereinfachend einige große Kategorien herausschälen.

Das ist einmal der Infrastrukturbezug — der Grundgedanke, Straßen, Versorgungsleitungen und öffentliche Einrichtungen in einer Weise zu disponieren, daß ein möglichst günstiges Verhältnis von Aufwand zu Erfolg herbeigeführt wird. Diese Vorstellung läßt sich sowohl bei der Suche nach der geeigneten physischen Form der Stadt wie auch bei der Wahl ihrer Größenordnung — oder der Größe ihrer Gliederungselemente — nachweisen.

Im Zusammenhang damit steht der Zuordnungsbezug — das Bemühen, den Wohnungen einerseits die zur Erholung notwendigen Freiflächen, andererseits die erforderlichen Arbeitsstätten und schließlich die Standorte zentraler Nutzungen in möglichst günstiger Entfernung zuzuordnen.

Weiter könnte man von einem Wachstumsbezug sprechen, also von dem Versuch, die Modelle so anzuordnen, daß sie nicht allein statisch funktionsfähig, sondern auch erweiterbar und veränderbar sind. Dieser Bezug kommt auf verschiedene Weise zum Ausdruck: bei der Gartenstadt gerade durch die abschließende Fixierung des Trabanten, dessen Wachstumstendenzen dann an anderer Stelle aufzufangen sind; bei der Bandstadt dagegen durch die nahezu beliebige Addierbarkeit. Dieser Wachstumsbezug — der in einer gewissen Relation zur Infrastrukturausstattung steht — ist allerdings nicht in allen Modellen nachweisbar.

Schließlich könnte man von einem sozialen Motivationsbereich sprechen, der verschiedene, zum Teil sogar gegenläufige Komponenten erkennen läßt. So verband sich mit dem Konzept der Nachbarschaftseinheit als Gliederungselement weithin die Vorstellung, mit der Förderung der Gemeinschaftsbildung auf dieser Ebene einem menschlichen Grundbedürfnis entgegenzukommen, ja sogar eine neue, bürgernahe Basis für die politische Willensbildung gewinnen zu können. Auf der anderen Seite steht der Gedanke, das vielfältige Angebot der Stadt zur Erweiterung der Wahlfreiheit für jeden Stadtbewohner nutzbar zu machen, also auf strenge Zuordnung verschiedener Nutzungen innerhalb eng begrenzter Bereiche zu verzichten. Diesen Fragen wird an anderer Stelle noch nachzugehen sein. Sie machen deutlich, wie eng städtebauliche Strukturvorstellungen mit der jeweils vorherrschenden Sicht der menschlichen Bedürfnisse und der für sie gültigen Prioritäten verknüpft sind.

VII. Beispiele von Strukturplänen

Nachstehend sind einige entwicklungsgeschichtlich wichtige Strukturpläne — teils auf Stadtneugründungen, teils auf abstrakte Modellvorstellungen bezogen — zusammengestellt. Sie wurden im Interesse besserer Vergleichbarkeit auf einheitliche Signaturen umgezeichnet und dabei z. T. vereinfacht. Wegen der sehr unterschiedlichen Größenordnungen wurde auf eine Vereinheitlichung des Maßstabs verzichtet; er ergibt sich jeweils aus der dargestellten Meßstrecke.

Der Begleittext nimmt in knapper Form auf die strukturellen Grundgedanken, die Nutzungsverteilung, das Verkehrssystem und die wichtigsten Aussagen über Größenordnung und Dichte Bezug.

Die Reihenfolge ist nicht chronologisch, sondern — im Sinne des Diagramms zur Systematisierung verschiedenartiger Strukturmodelle — an den verschiedenen Grundtypen orientiert: Konzentrisches System, Bandstruktur und Flächenraster.

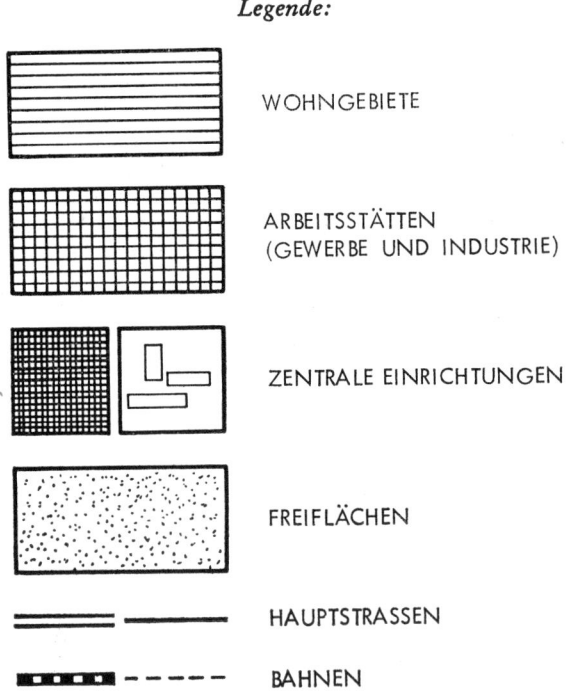

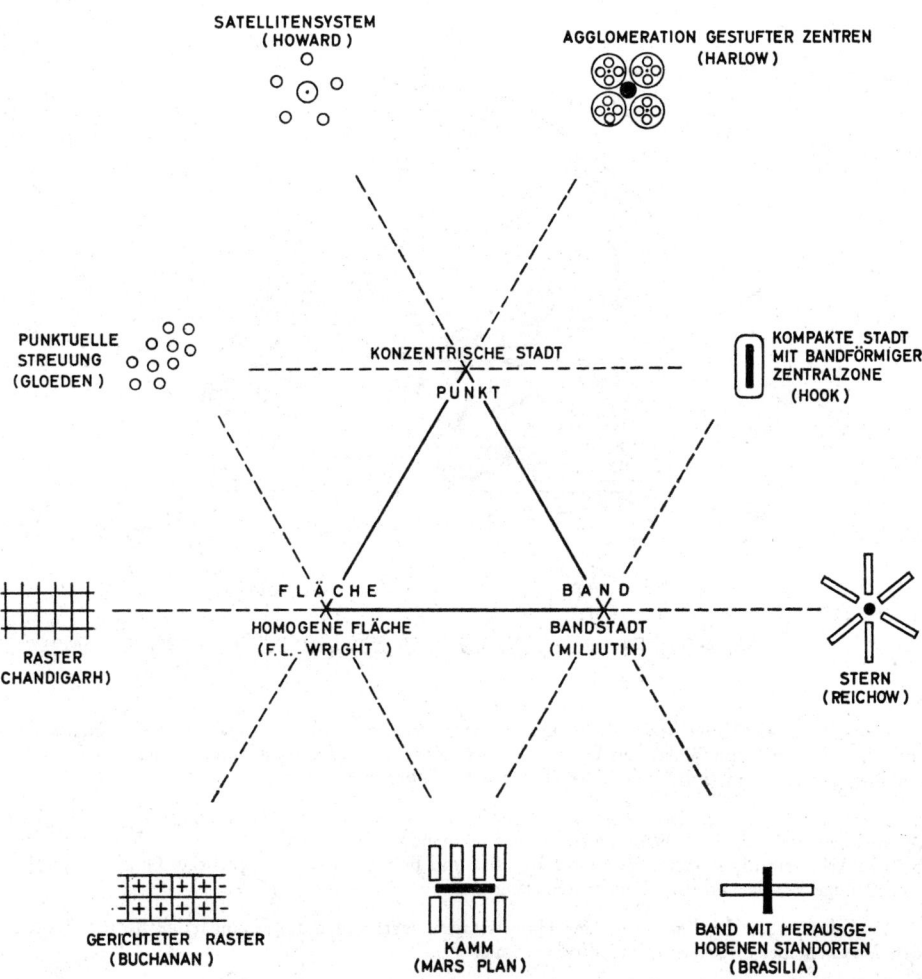

Zu Abb. 1 bis 19: Typologie der Strukturmodelle

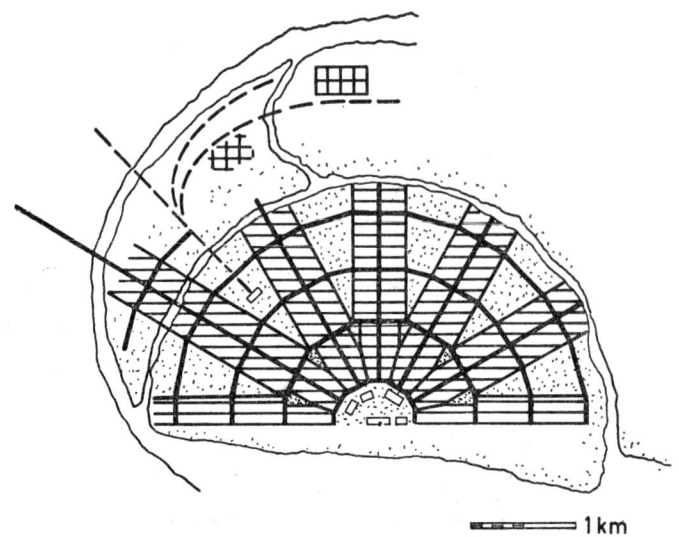

Abb. 1: TH. FRITSCH: *„Die Stadt der Zukunft", Leipzig 1896*

Grundgedanke: Konzentrisches Ordnungssystem, das sektoral fortschreitend ausgefüllt werden soll. Auf diesem Grundgedanken basieren verschiedene Planvarianten, unter denen der Verfasser der hier dargestellten (mit Freiflächensektoren) den Vorzug gibt.

Nutzungsverteilung: Konzentrische Anordnung ringförmiger Nutzungszonen; in der Mitte öffentliche Gebäude, dann Wohnzonen mit abnehmender „Vornehmheit" und zunehmender Dichte bis zu „Arbeiterwohngebieten"; außen Bahnhöfe und Fabriken. Kein eigentliches Geschäftszentrum. Keilförmige Freiflächen ins Radialsystem eingeordnet.

Verkehrssystem: Radialschema der Hauptstraßen, verknüpft durch ringartige Straßenzüge. In den Maschen meist rechtwinklige Blocksysteme.

Größenordnung und Dichte: Keine Angaben.

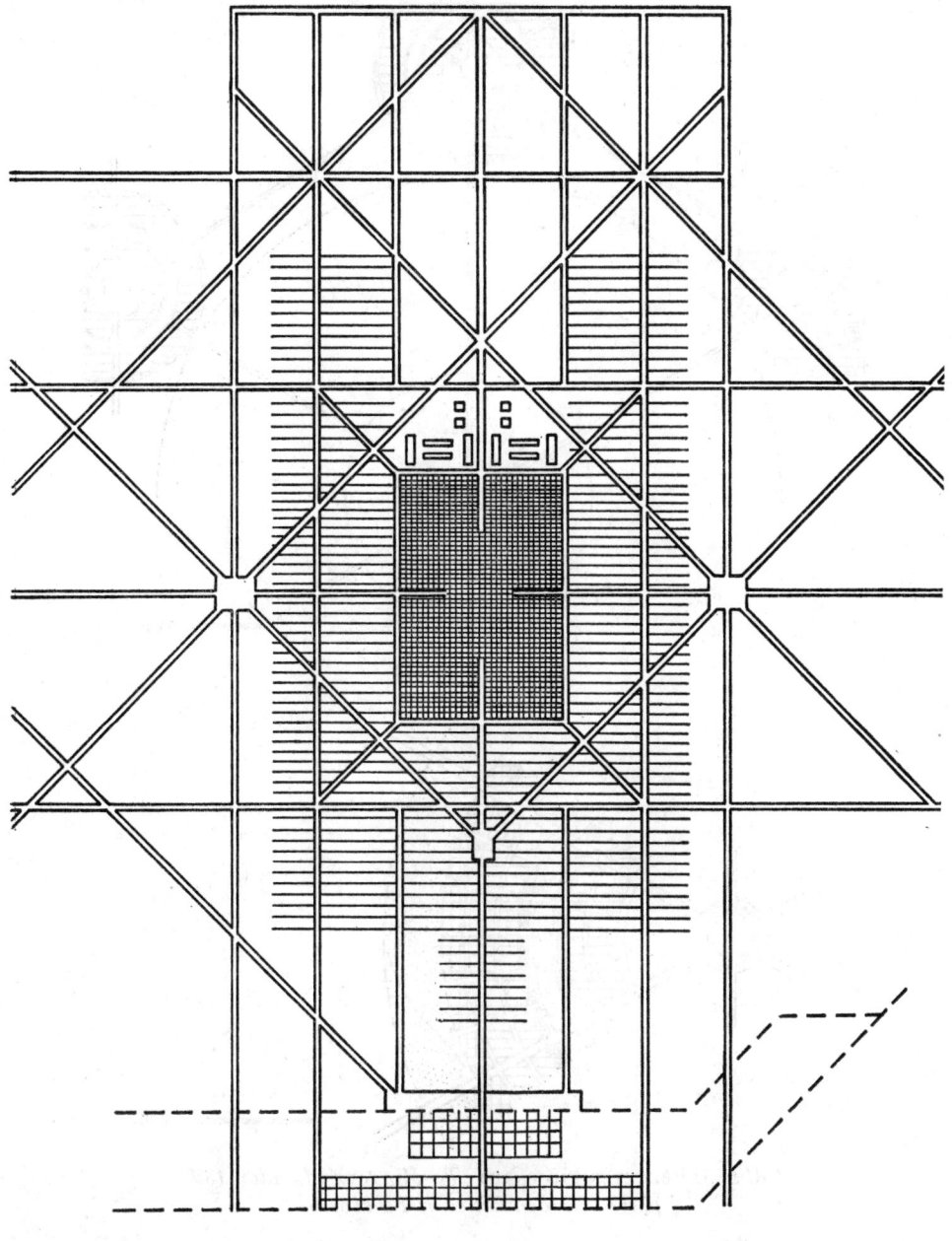

Abb. 2: LE CORBUSIER: „*Urbanisme*", Paris 1924

Grundgedanke: Kompakte Stadtanlage mit geometrischer Grundstruktur und betonter Verdichtung.

Nutzungsverteilung: Zentralzone hoher Dichte mit teils geschäftlich, teils zum Wohnen genutzten Hochhäusern; umgebende Wohngebiete im Mittelhochbau. Fläche für öffentliche Gebäude im Anschluß an die Zentralzone, Industriegebiet räumlich abgesetzt.

Verkehrssystem: Geometrisch-formalistisches Straßensystem mit rechtwinkligem und Diagonalraster. Trennung der Verkehrsarten in verschiedene Ebenen.

Größenordnung und Dichte: Einwohnerzahl 3 000 000; Nettowohndichte im Kern bis 3000 Einwohner/ha, in den umliegenden Wohngebieten um 300.

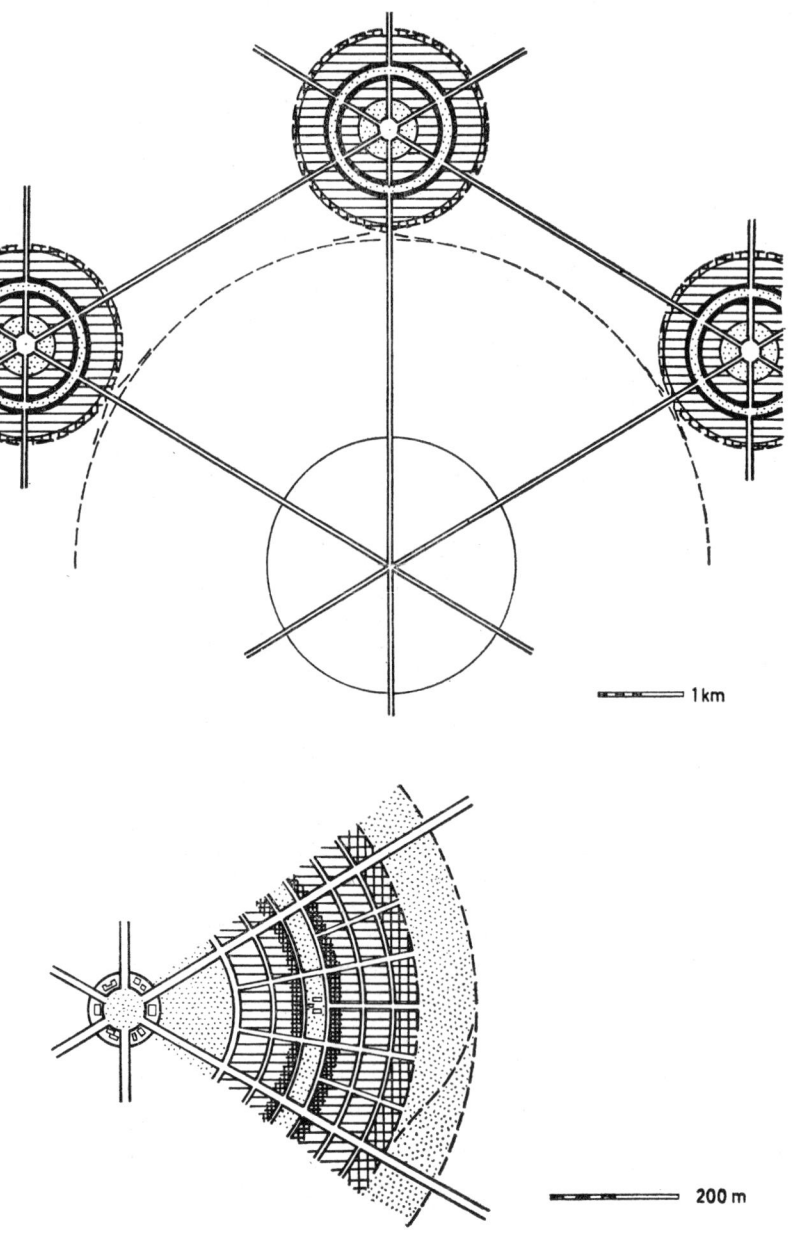

Abb. 3: Ebenezer Howard: „*To-Morrow*", London 1898
(später „*Garden Cities of To-Morrow*")

Grundgedanke: Aus dem Ziel, dem ungeordneten Stadtwachstum zu begegnen, erwächst einerseits das regionalplanerische Prinzip der Gründung neuer „Trabanten"-Städte, räumlich getrennt von der Kernstadt, andererseits der Grundsatz, die Größe der einzelnen neuen Stadt streng zu begrenzen.

Nutzungsverteilung: Konzentrische Stadtanlage mit Park und öffentlichen Gebäuden in der Mitte, die durch eine Ringbahn erschlossenen Arbeitsstätten an der Peripherie. Dazwischen ein Ring von Wohngebieten, in „Wards" gegliedert und in einer mittleren Zone mit Läden und Schulen ausgestattet. Außerhalb der Stadt ein auf die Dauer rechtlich gesicherter Grüngürtel, der neben landwirtschaftlichen auch stadtbezogene Nutzungen enthält.

Verkehrssystem: Radial- und Ringstraßenschema mit einigen besonders herausgehobenen Straßenzügen. Bahnverbindung mit der Zentralstadt und mit anderen Trabanten.

Größenordnung und Dichte: 30 000 Einwohner in der Stadt, 2000 im zugeordneten Grüngürtel. 75 E/ha Bruttosiedlungsfläche ohne Grüngürtel, 225 E/ha Nettowohnbauland.

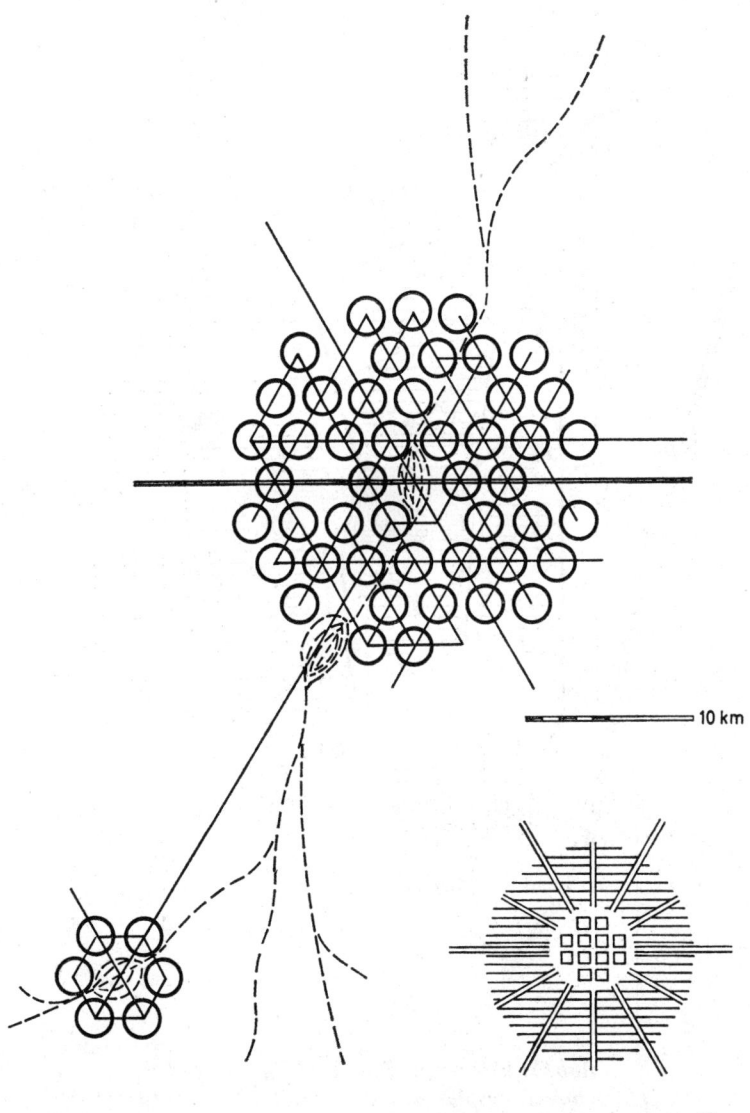

Abb. 4: ERICH GLOEDEN: „*Die Inflation der Großstädte und ihre Heilungsmöglichkeit*",
Berlin 1923

Grundgedanke: Aufgliederung der Großstadt in eine große Anzahl von Stadtzellen, die jeweils unterschiedlichen Funktionen dienen und einander ergänzen.

Nutzungsverteilung: Im Zentrum jeder Zelle befinden sich Arbeitsstätten oder zentrale Einrichtungen; die umgebende Wohnzone nimmt die zugehörigen Wohnungen auf. Nutzungsschwerpunkte der Zellen folgen in räumlicher Verteilung keinem erkennbaren Prinzip.

Verkehrssystem: Straßenzüge, von denen einzelne stärker herausgehoben sind, verbinden die Kernbereiche der Zellen untereinander.

Gößenordnung und Dichte: 100 000 Einwohner je Stadtzelle; danach errechnete Bruttowohndichte um 300 E/ha.

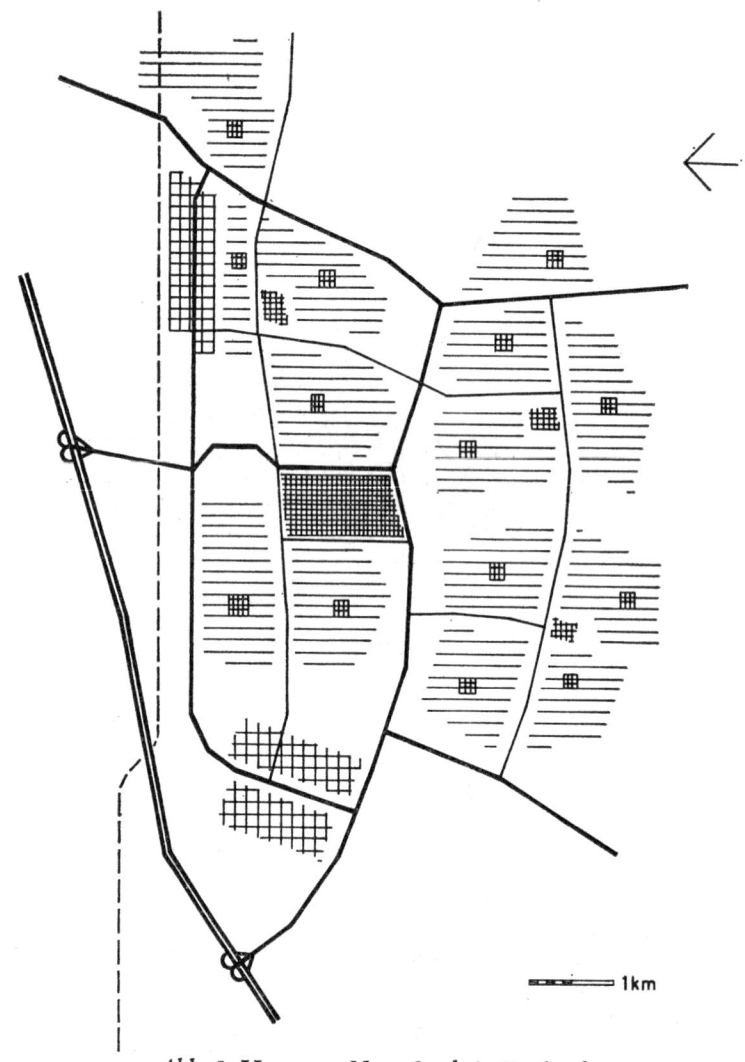

Abb. 5: HARLOW: *Neue Stadt in England*
(Flächennutzungsplan von FREDERICK GIBBERD *1947)*

Grundgedanke: Aus hierarchisch gestuften Teilen aufgebautes, räumlich klar gegliedertes Stadtgefüge mit großzügiger Flächenbemessung.

Nutzungsverteilung: Nachbarschaftseinheiten auf Schuleinzugsbereiche bezogen, gruppieren sich jeweils zu Stadtteilen mit Ladenzentren und Höheren Schulen. Das Hauptzentrum liegt räumlich streng getrennt in der Mitte, sonstige Arbeitsstätten in eigenen Bereichen am Rand. Großzügige Freiflächen trennen die Baugebiete.

Verkehrssystem: Weitmaschiges Netz von anbaufrei in Grünflächen zwischen den Stadtteilen geführten Hauptverkehrsstraßen, in die Haupterschließungsstraßen der Stadtteile — zwischen Nachbarschaftseinheiten geführt — eingehängt sind. Erschließungssystem in Nachbarschaften verhindert Durchgangsverkehr.

Größenordnung und Dichte: Zunächst auf 80 000 Einwohner bemessen (Zielzahl später erhöht); Nachbarschaftseinheiten mit 5000 und 10 000 Einwohnern. Bruttosiedlungsdichte rd. 33 E/ha, Nettowohndichte 125 E/ha.

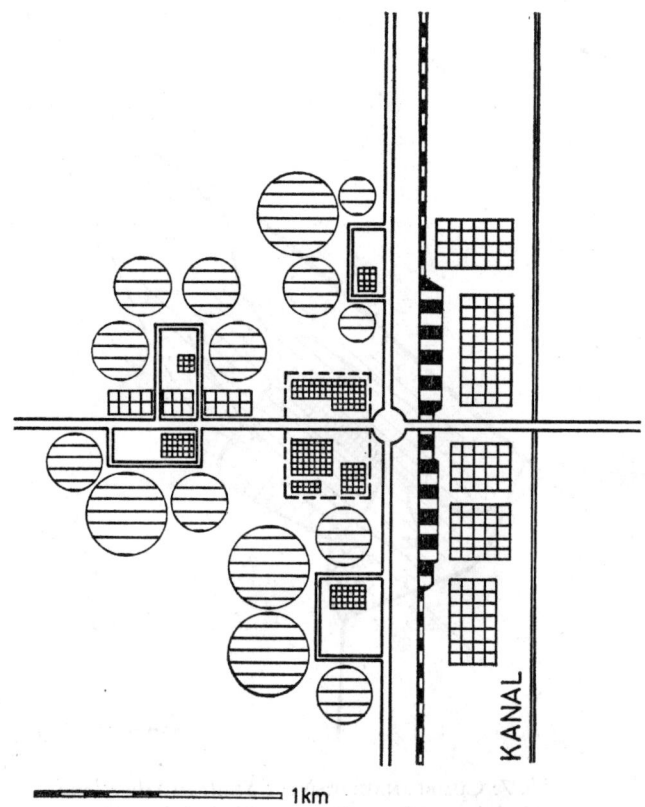

Abb. 6: J. GÖDERITZ, R. RAINER, H. HOFFMANN: „*Die gegliederte und aufgelockerte Stadt*", *Tübingen 1957*

Grundgedanke: Aus hierarchisch gestuften Teilen aufgebautes, räumlich klar gegliedertes Stadtgefüge. Die Darstellung bezieht sich zwar nur auf eine „Stadtzelle", doch sind auch höhere Gliederungsstufen ins Auge gefaßt (s.u.).

Nutzungsverteilung: Die um das Zentrum der Stadtzelle gruppierten Nachbarschaften gliedern sich ihrerseits in traubenförmig um das Nachbarschaftszentrum angeordnete Wohnbereiche. Arbeitsstätten im wesentlichen räumlich zusamengefaßt am Rand der Stadt. Trennung durch großzügige Freiflächen.

Verkehrssystem: Reduzierung auf das Schema eines anbaufreien Straßenkreuzes, an das Nachbarschaften über Straßenschleifen angeschlossen sind.

Größenordnung und Dichte: Ausgehend von 4 E/Whg. werden vorgeschlagen für den Wohnbereich 1000 E, die Nachbarschaft 4 – 6000 E, die Stadtzelle rund 16 000 E und den Stadtbezirk rund 48 000 E. Empfohlene Dichte 40 – 60 Whg/ha Nettowohnbauland, also rund 200 E/ha. Bruttofläche einer Nachbarschaft von 4000 E auf dieser Grundlage rund 30 ha.

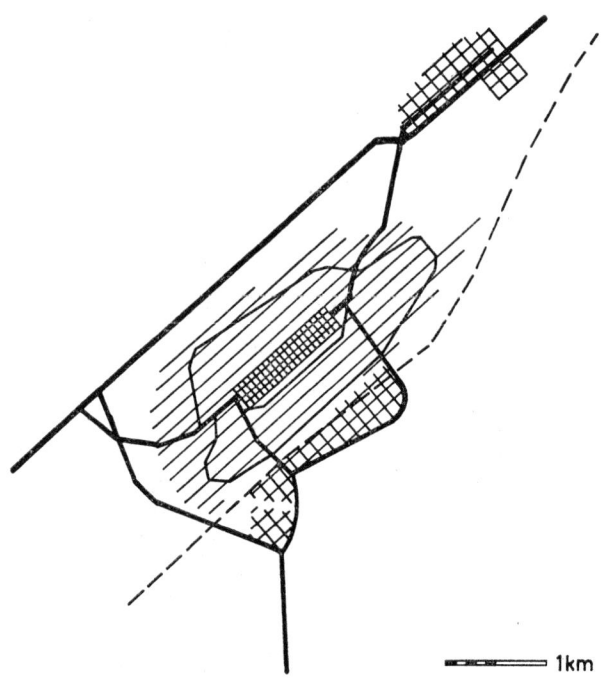

Abb. 7: Cumbernauld: *Neue Stadt in Schottland*
(Chefplaner Hugh Wilson; *Planung um 1960)*

Grundgedanke: Kompakte Stadtanlage, deren Grundform zwar durch die Topographie mitbedingt ist, aber im wesentlichen auf das Streben nach enger räumlicher Beziehung von Zentrum und Wohnbereichen zurückgeht.

Nutzungsverteilung: Bandförmige Zentralzone, allseits dicht von Wohnbebauung umgeben, die in sich nicht ablesbar untergliedert ist. Arbeitsstätten in zwei Industriegebieten außerhalb der Kernstadt, ebenso die Spiel- und Sportflächen.

Verkehrssystem: Weitmaschiges Netz, anbaufrei und kreuzungsfrei, für Fernverkehr und Verbindung Zentrum — Industriegebiete. Ringförmige Haupterschließung für Wohngebiete.

Größenordnung und Dichte: Angestrebte Gesamtbevölkerung 70 000 E, davon 50 000 in der Kernstadt. Nettowohndichte (einschließlich Straßenlandanteil gem. britischer Statistik) 200 E/ha. Bruttosiedlungsdichte 68 E/ha (147 qm/E).

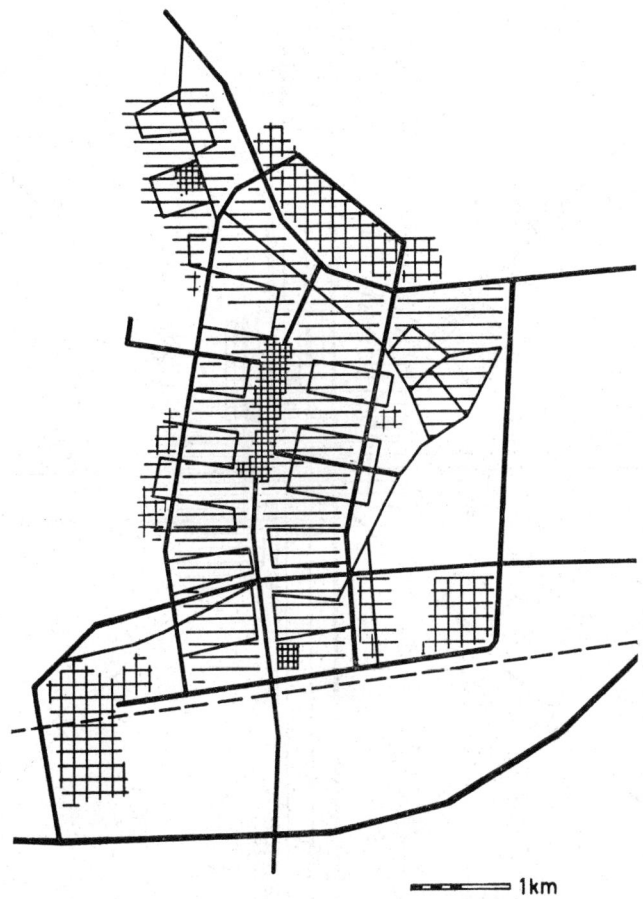

Abb. 8: Hook: *Unausgeführte Neuplanung in England
(London County Council; Planung um 1960)*

Grundgedanke: Konsequente Durchbildung einer auf eine bandförmige Zone zentraler Nutzungen (ein „lineares Zentrum") bezogenen Stadtanlage.

Nutzungsverteilung: Bandförmige Zentralzone, allseits dicht von Wohnbebauung umgeben, die in sich nicht ablesbar untergliedert ist. Außerhalb dieses Bereichs einzelne Wohngebiete geringerer Dichte mit eigenen Nebenzentren. Drei größere Industriegebiete am Stadtrand, kleinere Arbeitsstättenbereiche in unmittelbarer Nähe der Wohngebiete. Freiflächen überwiegend am Rand des Stadtgebietes.

Verkehrssystem: Ringförmige anbaufreie Hauptverkehrsstraße mit Erschließungsschleifen für die Wohngebiete. Durchmesserstraße zur Zentrumserschließung. Buslinien auf Hauptverkehrsstraßen über Zentrum.

Größenordnung und Dichte: Vorgesehene Gesamtbevölkerung 100 000 E. Nettowohndichte (einschließlich Straßenlandanteil gem. britischer Statistik) von 250 E/ha (18 %oder Bevölkerung) über 175 E/ha (45 %) bis 100 E/ha (37 %). Bruttosiedlungsdichte 38 E/ha (260 qm/E).

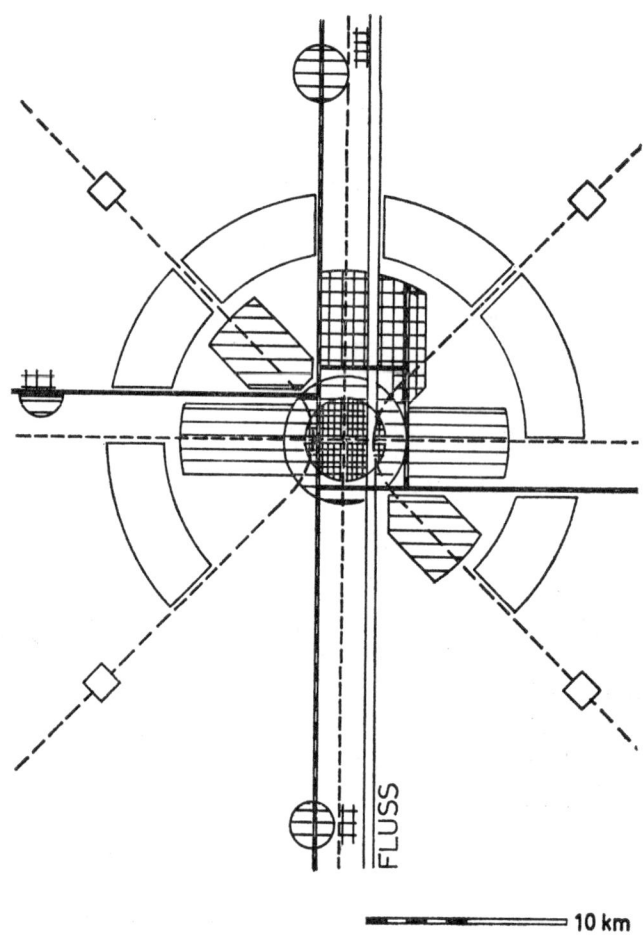

Abb. 9: ROMAN HEILIGENTHAL: *„Deutscher Städtebau", Heidelberg 1921*

Grundgedanke: Stadtanlage mit ausgeprägtem Kern und sternförmig angeordneten äußeren Baugebieten, die in sich bandartig ausgebildet sind.

Nutzungsverteilung: Kompaktes Zentrum, von einem dichten Wohngebietsring (Hochbauzone) umgeben. Die äußeren Baugebiete überwiegend als Wohngebiete (Flachbauzonen) ausgewiesen; ein (etwa 20 qkm großes) Industriegebiet. Dazwischen keilförmige Freiflächen. Der umschließende Dreiviertelring stellt Rieselfelder dar.

Verkehrssystem: Fernbahnen und Fluß erschließen den Stadtkern tangential. Radiale Schienenverkehrsmittel — im Kern z. T. tangential geführt — erschließen die äußeren Baugebiete.

Größenordnung und Dichte: Keine Angaben.

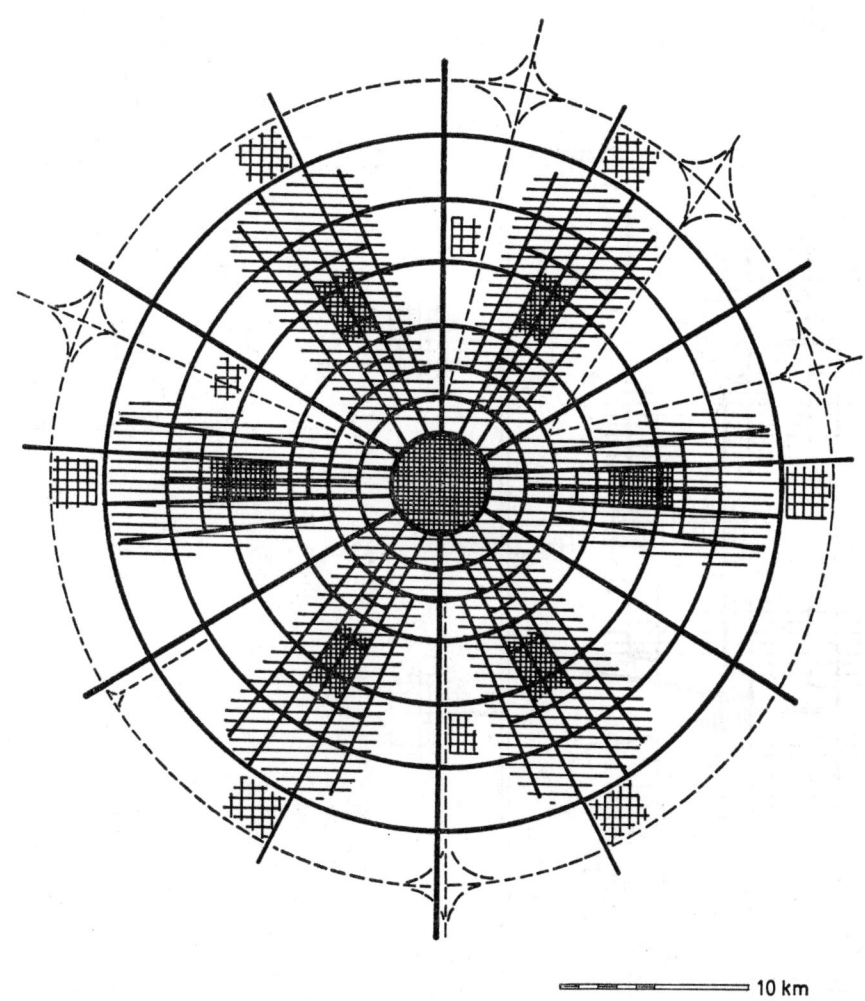

Abb. 10: S. E. Sanders, A. I. Rabuck: *„New City Patterns"* New York 1946

Grundgedanke: Konzentrische Anlage, durch große Grünkeile zu einem Sternsystem mit je einem Nebenzentrum in den „Strahlen" umgebildet.

Nutzungsverteilung: Hauptzentrum im Mittelpunkt des Systems, umgeben von Wohnbebauung zunächst in kontinuierlichem Ring, dann in sechs durch radiale Grünflächen voneinander getrennte Stadtteile gegliedert, in deren Mitte je ein Nebenzentrum liegt. Gewerbe und Industrie teils am äußeren Rand dieser Stadtteile, teils in den Grünkeilen dazwischen.

Verkehrssystem: Schematisches System aus Radial- und Ringstraßen, innerhalb der Stadtteile an ein Rastersystem angenähert. Ringbahn und Stichstrecken ins Stadtinnere.

Größenordnung und Dichte: Abnehmende Dichte von den Zentren zur Peripherie. Stadtteile in Nachbarschaften unterteilt. Gesamteinwohnerzahl: 3 000 000.

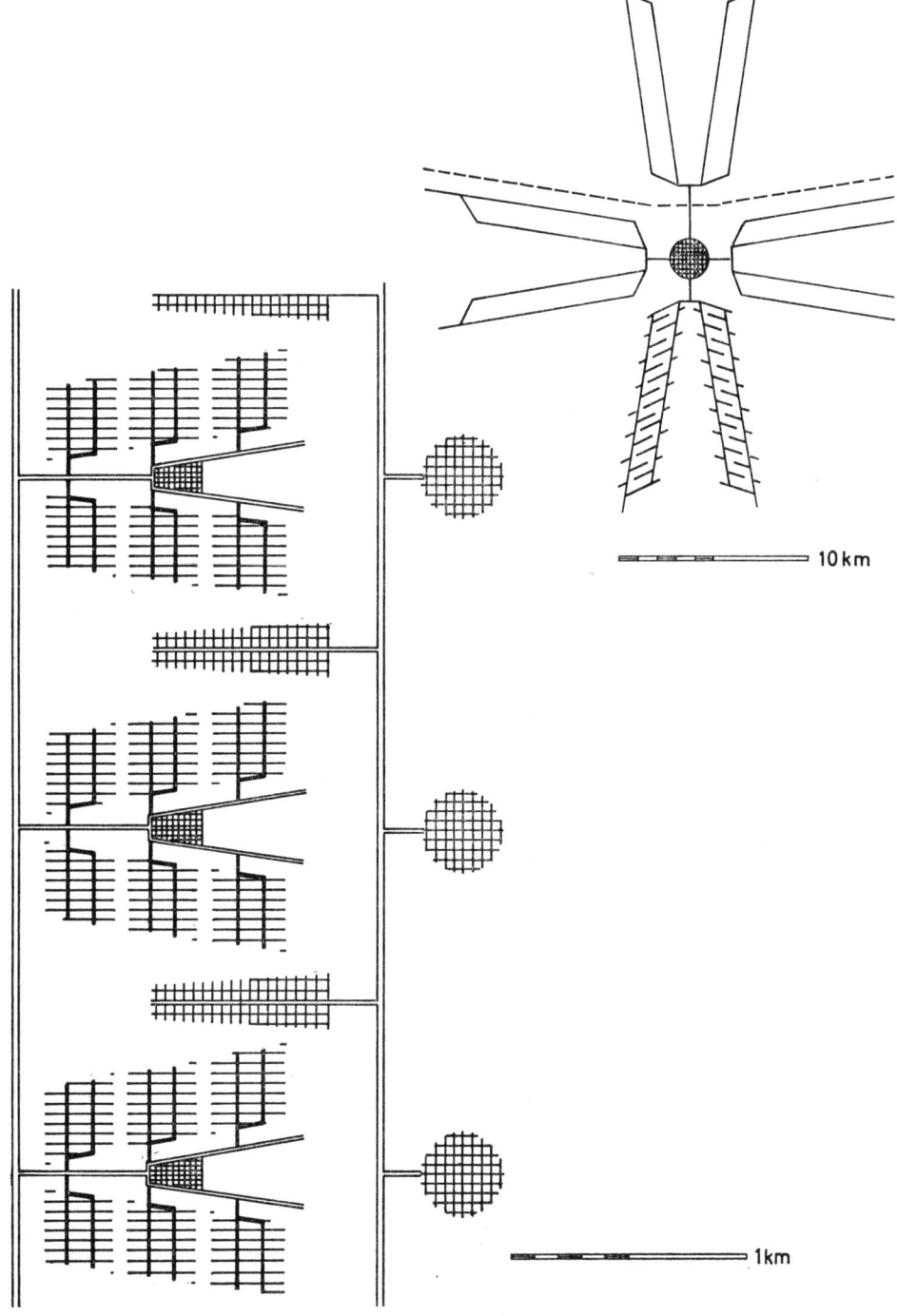

Ab. 11: H. B. REICHOW: *„Organische Stadtbaukunst", Braunschweig 1948*

Grundgedanke: Sternförmige Stadtanlage aus um ein Zentrum gruppierten bandartigen Siedlungsstreifen, innerhalb derer Wohn- und Arbeitsflächen einander zugeordnet sind.

Nutzungsverteilung: Zentrale Nutzungen im Kern; sonstige Arbeitsstätten in den Siedlungsbändern, teils mit Wohngebieten verzahnt, teils weiter abgesetzt (nach Störungsgrad). Siedlungsbezogene Freiflächen meist innerhalb der Bänder.

Verkehrssystem: Rein radiales Verkehrssystem nach dem Verästelungsprinzip; nur die beiden Hauptstraßen jedes Siedlungsverbandes, die jeweils Arbeits- und Wohnstätten getrennt erschließen, sind doppelt miteinander verknüpft.

Größenordnung und Dichte: Keine Angaben über Gesamtgröße und Dichte. Drei Gliederungsstufen: Siedlungszelle (1 000 bis 1 500 E), Nachbarschaft und Stadtbezirk.

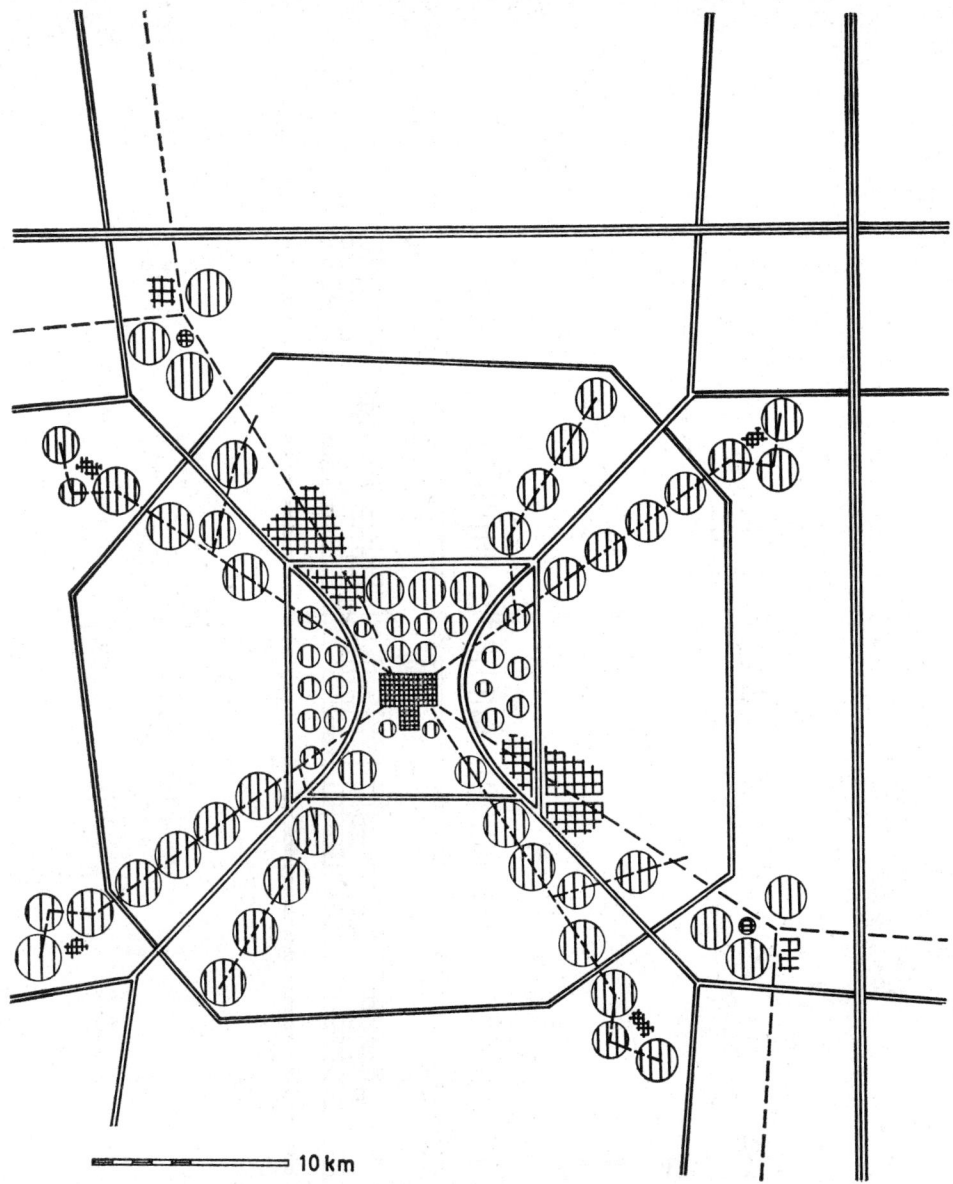

Abb. 12: R. Hillebrecht: „*Städtebau und Stadtentwicklung*",
Archiv für Kommunalwissenschaften 1962

Grundgedanke: Konzentrische Anlage, außerhalb des mehr flächenhaften inneren Bereiches in Sternform übergehend; Nebenzentren am Endpunkt der Strahlen.

Nutzungsverteilung: Zentrum der Stadtregion umgeben von Wohngebieten hoher Dichte; in den Sternstrahlen Wohngebiete mittlerer Dichte am Schienenweg aufgereiht, z. T. in enger Zuordnung zu Gewerbe- und Industriegebieten. In den Nebenzentren wiederum kleine Kerngebiete, umgeben von stärker verdichteten Wohngebieten. Weiter außen (in etwa 40 km Entfernung) selbständige zentrale Orte.

Zwischen den Baugebieten Freiflächen für öffentliche Zwecke; zwischen den Sternstrahlen land- und forstwirtschaftlich genutzte Flächen.

Verkehrssystem: Radiales Schnellbahnsystem mit Verästelungen, im Stadtkern unterirdisch. Hauptverkehrsstraßen anbaufrei, in kernnahen Bereichen als Tangenten zwischen den Stadtteilen, außen als Radialen nahe den Sternstrahlen.

Größenordnung und Dichte: 1-2 Millionen Einwohner. Grundelement der Gliederung: Stadtbezirk mit 30 000 E. Drei Dichtestufen der Wohnflächen: 450 E/ha netto, 350 E/ha netto, 250 E/ha netto.

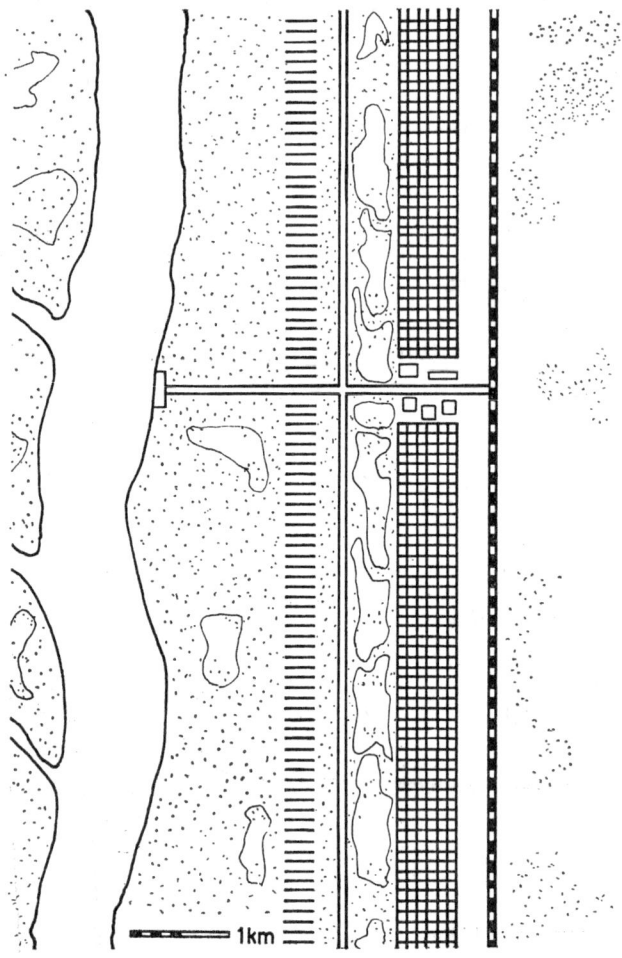

Abb. 13: N. A. Miljutin: *Diagramm für Stalingrad, 1930*

Grundgedanke: Bandförmige Siedlungszone entlang eines Verkehrsbandes mit direkter Zuordnung von Arbeitsstätten einerseits, freier Landschaft andererseits zu den Wohngebieten.

Nutzungsverteilung: Eine Hauptverkehrsstraße, von einer abschirmenden Grünzone begleitet, trennt das Band der Wohnstätten von dem der Arbeitsstätten, das von der Eisenbahnstrecke begrenzt wird. Jenseits der Wohngebiete Freiflächen.

Verkehrssystem: Parallele Verkehrsbänder von Schnellstraße und Eisenbahn.

Größenordnung und Dichte: Keine Aussage.

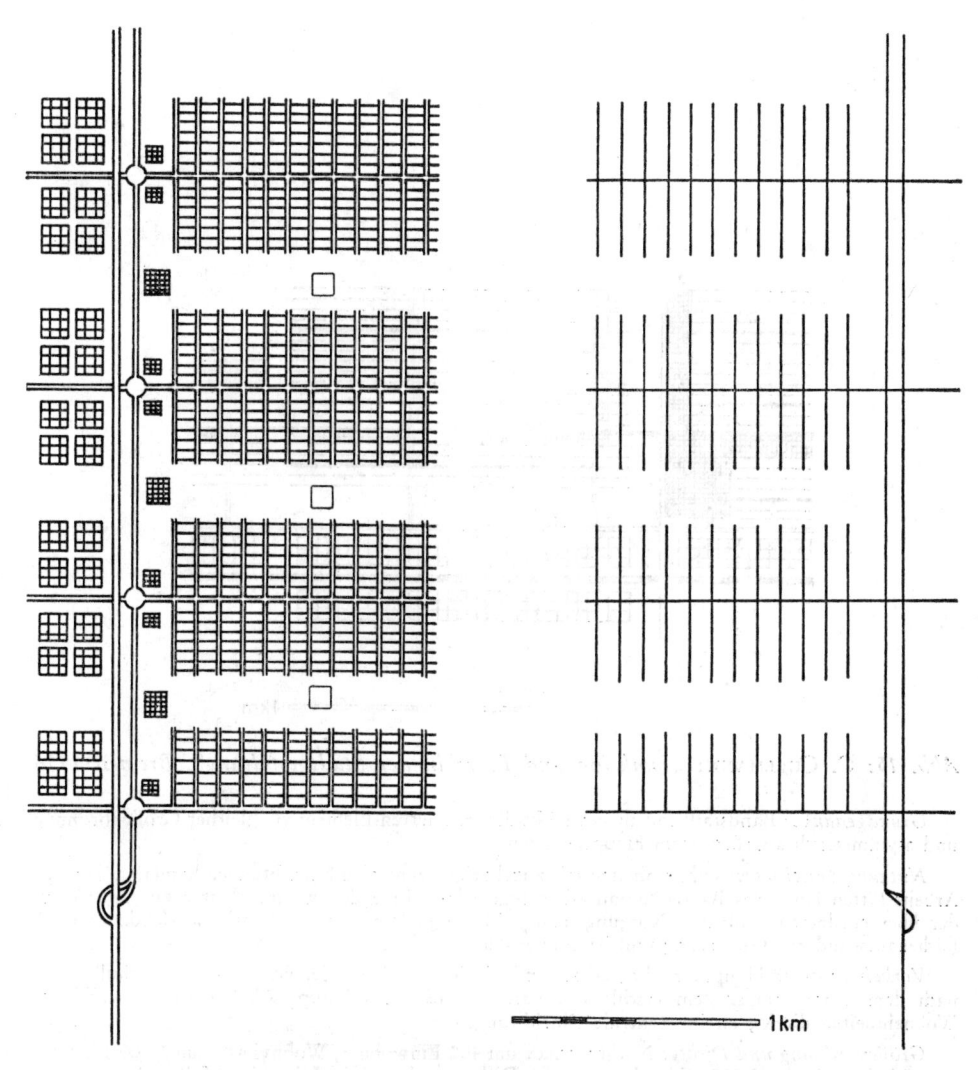

Abb. 14: L. HILBERSEIMER: „*The Ney City*", Chicago 1944

Grundgedanke: Bandförmige Siedlungszone entlang einer Verkehrsstraße, in Nachbarschaften gegliedert. Nur bei störenden Betrieben isolierte Wohngebiete in Luv der Hauptwindrichtung.

Nutzungsverteilung: Am Verkehrsband auf der einen Seite die Arbeitsstätten, auf der anderen zunächst zentrale Einrichtungen geschäftlichen und administrativen Charakters für die NachbarschaY, dahinter das Wohngebiet, dahinter freie Landschaft; öffentliche Freiflächen — in ihnen Schulen — als Gliederungselemente zwischen Nachbarschaften. Für Großstädte Anordnung mehrerer solcher Bänder, meist parallel zueinander.

Verkehrssystem: Hauptverkehrsband mit Schnellstraße und örtlichem Verteiler, von diesem Wohngebiete und Arbeitsstätten nach dem Verästelungsprinzip erschlossen.

Größenordnung und Dichte: Keine präzisen Angaben. Flachbau bevorzugt.

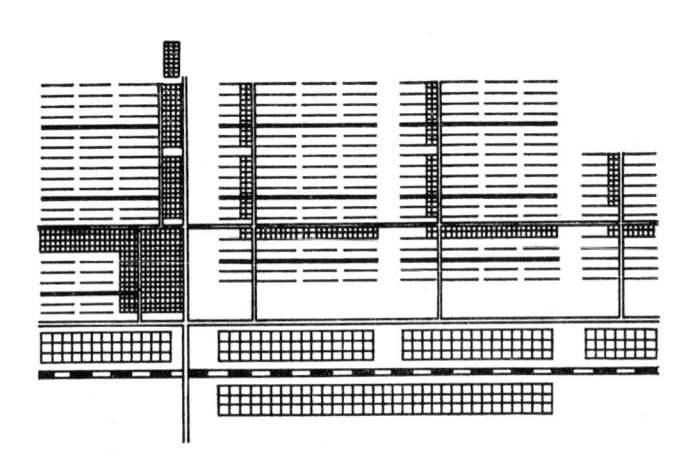

Abb. 15: C. CULEMANN: *„Funktion und Form in der Stadtgestaltung",* Bremen 1956

Grundgedanke: Bandstadt mit in sich leicht differenzierten Elementen gleicher Größenordnung und asymmetrisch angeordnetem Hauptzentrum.

Nutzungsverteilung: Wohneinheiten mit zugehörigen zentralen Einrichtungen bandartig gereiht; Arbeitsstätten längs des Bandes unmittelbar zugeordnet. Eine der Wohneinheiten zur Aufnahme der übergeordneten zentralen Nutzungen abweichend proportioniert. Relativ bescheidener Freiflächenaufwand zur Gliederung und Trennung der Baugebiete.

Verkehrssystem: Hauptverkehrsverband mit Schiene und Straße, von dieser die Schulbezirke nach dem Verästelungssystem erschlossen. Parallelstraße zum Hauptverkehrsverband verbindet Wohneinheiten direkt, an ihr zentrale Einrichtungen.

Größenordnung und Dichte: Nachbarschaft um 400 Einwohner, Wohnviertel um 1 500 Einwohner, Schulbezirk um 5 000 Einwohner. Keine Dichteangabe außer Hinweis auf Bevorzugung des Flachbaues.

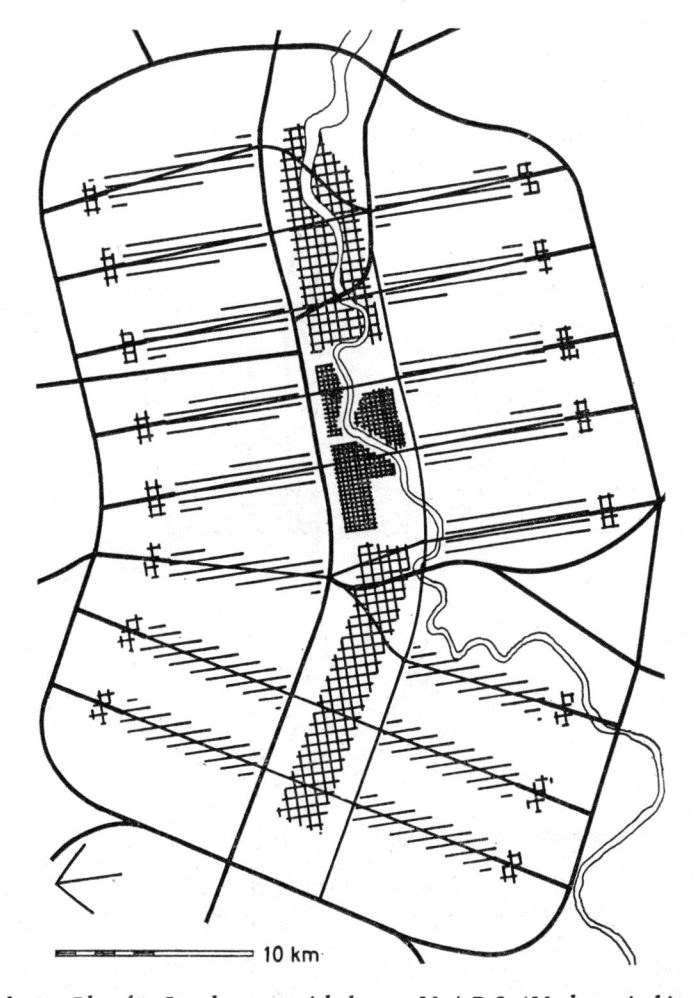

*Abb. 16: Plan für London, entwickelt von M.A.R.S. (Modern Architects'
Research Society);* M. FRY: „Fine Building", London 1936

Grundgedanke: Doppelkammsystem, dessen Mittelachse Arbeitsstätten und die zentralen Einrichtungen der Metropole aufnimmt.

Nutzungsverteilung: An den zentralen Regierungs-, Verwaltungs- und Geschäftsbereich (im wesentlichen City of Westminster und City of London) schließen nach Westen (Hafen) und Osten die Hauptarbeitsstättengebiete an. Die „Zinken" des Kamms nehmen Wohngebiete beiderseits von Schnellbahnlinien auf; an ihren äußeren Enden befinden sich jeweils weitere Arbeitsstätten. Zwischen den Wohnbändern weite Grünbänder, die auch die öffentlichen Freiflächen in sich aufnehmen.

Verkehrssystem: Schnellbahnen und Hauptverkehrsstraßen beiderseits des zentralen Arbeitsstättenbereichs und inmitten der Wohnbänder; außen durch einen Verkehrsring aufgefangen.

Größenordnung und Dichte: Konzipiert für Groß-London, also etwa 10 000 000 Einwohner.

Innerhalb der Wohngebiete Gliederung in Stadteinheiten von etwa 50 000 Einwohnern, die wiederum in Nachbarschaftseinheiten von etwa 6 000 Einwohnern unterteilt sind. Dichtesteigerung gegenüber bestehender Situation durch intensivere Wohnnutzung (weitgehend Mittelhoch- und Hochbau anstatt Flachbau).

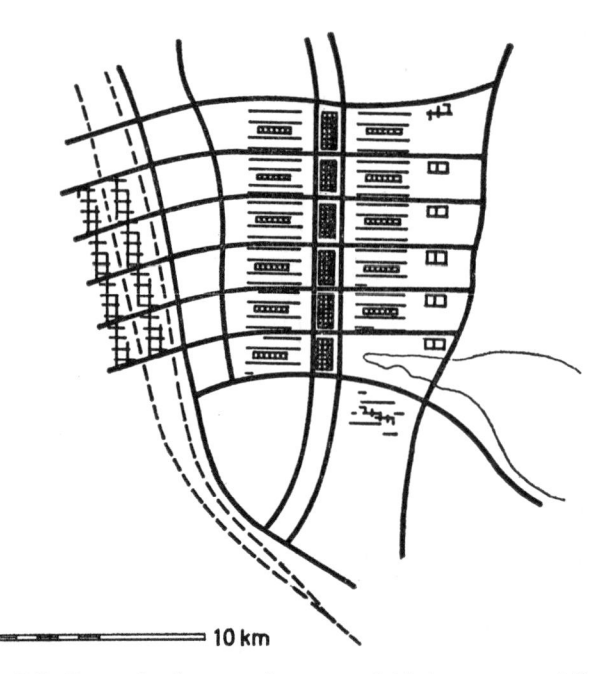

Abb. 17: J. L. SERT: *Stadtentwurf 1944, nach* T. A. REINER: *„The Place of the Ideal Community in Urban Planning",* Philadelphia 1963

Grundgedanke: Bandförmige Gesamtstruktur nach dem Doppelkammsystem, aus gleichartigen Einheiten aufgebaut, die in sich Wohnungen, Arbeitsstätten und zentrale Einrichtungen enthalten.

Nutzungsverteilung: Beiderseits einer bandförmigen Zentralzone sind die Wohngebiete angeordnet, deren Grundelemente (townships) wiederum jeweils ein eigenes „lineares Zentrum" aufweisen. Gewerbliche Arbeitsstätten teils den Wohneinheiten zugeordnet, teils in größerer Entfernung großflächig zusammengefaßt. Freiflächen als Gliederungselemente zwischen den Nutzungszonen.

Verkehrssystem: Anbaufreies Hauptstraßennetz mit zwei Straßen beiderseits der Zentralzone als „Rückgrat" und Querachsen zwischen den Wohneinheiten. Übergang vom Band zum Raster.

Größenordnung und Dichte: „Townships" mit je 50 - 70 000 Einwohnern; weitere Unterteilung in Nachbarschaftseinheiten von 5 - 11 000 Einwohnern. Dichte mit etwa 200 - 300 Einwohnern je ha Wohnbauland ablesbar.

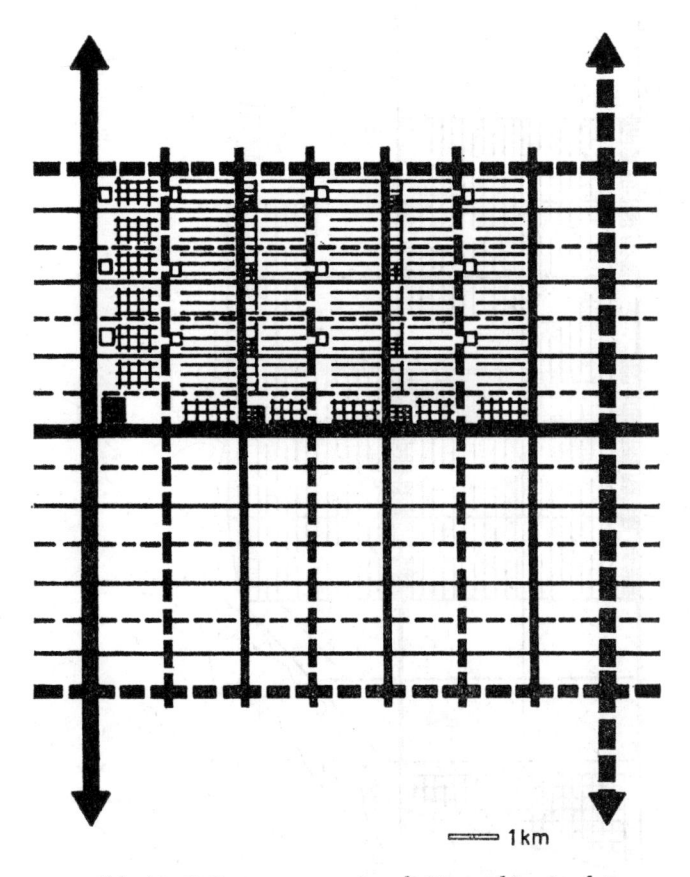

Abb. 18: C. Buchanan: „*South Hampshire Study*"

Grundgedanke: Bandstadt ohne starre Bindung an eine Verkehrsachse; mehr Standortfreiheit durch Rasternetz funktionsdifferenzierter Straßen.

Nutzungsverteilung: Innerhalb des Rasters weitgehend flexibel mit der Maßgabe, daß von den Hauptquerstraßen abwechselnd eine die Standorte für Arbeitsstätten und kommerzielle Einrichtungen, die andere die für Gemeinbedarfseinrichtungen aller Art erschließt.

Verkehrssystem: Rastersystem mit Bündelung der Hauptverkehrsstraßen in Längsrichtung des Bandes.

Größenordnung und Dichte: Aufnahmefähigkeit weitgehend flexibel. Bruttosiedlungsdichte etwa 37 Einwohner/ha.

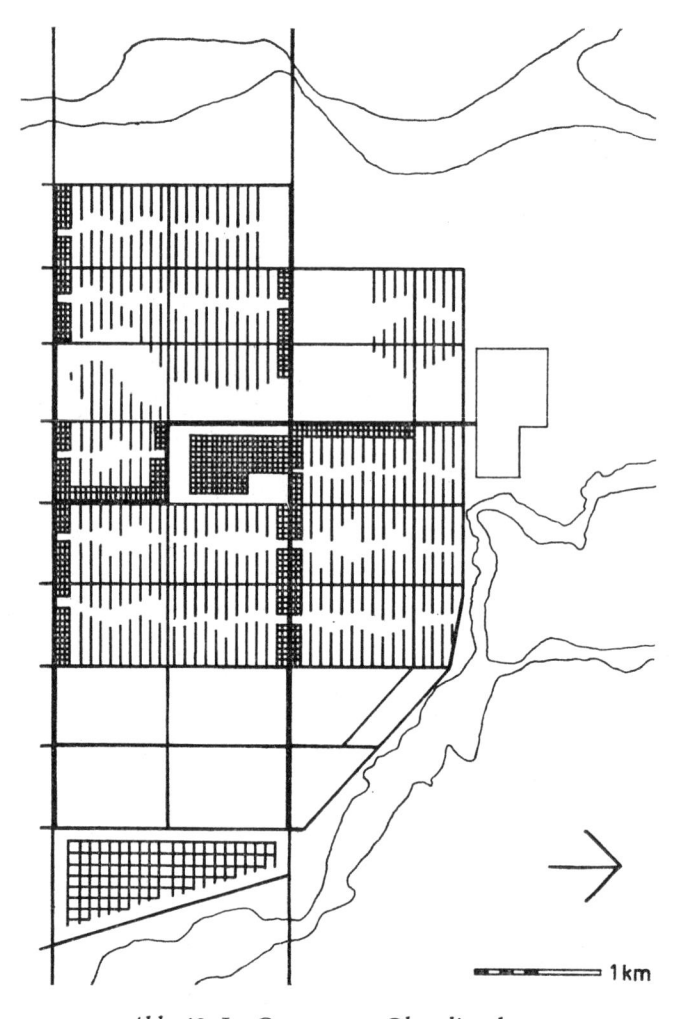

Abb. 19: LE CORBUSIER: *Chandigarh 1957*

Grundgedanke: Stadtgefüge aus rechtwinkligen, addierbaren Zellen überwiegend gleichartiger Struktur. Einzelne Sondernutzungen außerhalb.

Nutzungsverteilung: Eine Zelle nimmt übergeordnete zentrale Nutzungen auf, für die zusätzliche Standorte an den Hauptstraßen ausgewiesen sind. Die übrigen Zellen dienen der Wohnnutzung und den unmittelbar zugeordneten Einrichtungen. Ein zusammenhängendes System paralleler Freiflächen durchzieht die Zellen in der Längsrichtung. Das Regierungszentrum und ein großes Industriegebiet in Randlage außerhalb des Zellenrasters.

Verkehrssystem: Rechtwinkliger Raster der Hauptverkehrsstraßen ohne ausgeprägte Differenzierung.

Größenordnung und Dichte: Einwohnerzahl auf 150 000 konzipiert. Zelle mit jeweils 15 000 Einwohnern. Drei Dichtestufen: 75, 150, 200 Einwohner/ha.

Der Flächenbedarf der Siedlung

von

Klaus Borchard, München

I. Vorbemerkung

Im Rahmen des vorliegenden Sammelbandes verfolgt diese Studie das Ziel, neben den allgemeinen Aussagen zur Strukturplanung Einblicke in die quantitativen Zusammenhänge zu geben. Wenn auch an anderer Stelle dieses Sammelbandes*) zutreffend bemerkt wird, daß sich Obergrenzen für die optimale Größe eines von Siedlungstätigkeit beanspruchten Raumes wissenschaftlich wohl kaum begründen lassen, so schließt dies freilich nicht aus, daß sich innerhalb der einzelnen Kategorien des städtischen Flächengefüges, für die Mehrzahl der Strukturelemente bestimmte raumbezogene Ansprüche deutlicher fassen oder festlegen lassen, deren Voraussetzungen, Einflußfaktoren und Entwicklungstendenzen mehr oder weniger überschaubar sind.

Um der großen Vielfalt unterschiedlicher Definitionen dieser einzelnen Flächenkategorien zu begegnen und gleichzeitig ein gewisses Maß an Vergleichbarkeit der Flächenbedarfswerte mit anderen Daten zu gewährleisten, wird die in umseitiger Abbildung dargestellte funktionelle Gliederung des Siedlungsgebietes vorangestellt.

II. Der Bedarf an besiedelter Fläche

Über die Höhe des Flächenanteils an besiedelter Fläche weist die städtebauliche Literatur entsprechend den jeweils unterschiedlichen Verhältnissen einen erheblichen Spielraum etwa zwischen 80 und 450 qm je Einwohner auf; Mittelwerte lassen sich jedoch bei Flächenanteilen zwischen etwa 140 und 250 qm je Einwohner feststellen. Hiervon entfallen in auffallender Übereinstimmung etwa 90 bis 120 qm auf die Nichtwohnnutzungen, so daß der Schluß naheliegt, daß gegenwärtig in diesem Bereich — zumindest bei bestimmten Stadtgrößen — ein gemeinsames Flächenmaximum kaum überschritten wird und daß folglich die Unterschiede in den Flächenanteilen für die besiedelte Fläche in erster Linie auf den unterschiedlichen Flächenkonsum im Bereich der Wohnnutzungen zurückzuführen sind. Innerhalb der Nichtwohnnutzungen weist insbesondere der Anteil an Gewerbe- und Industrieflächen, der stark von der wirtschaftlichen Struktur eines Raumes bestimmt wird, die größten Unterschiede auf. Aber auch die Anteile an Gemeinbedarfs-, Verkehrs- und Versorgungsflächen, die im allgemeinen von den gesellschaftlichen Ansprüchen an das Niveau dieser Leistungen und auch von technischen, wirtschaftlichen und

---

*) GERD ALBERS und MAX GUTHER: Grundsätze und Modellvorstellungen für die strukturelle Ordnung des Verdichtungsraums.

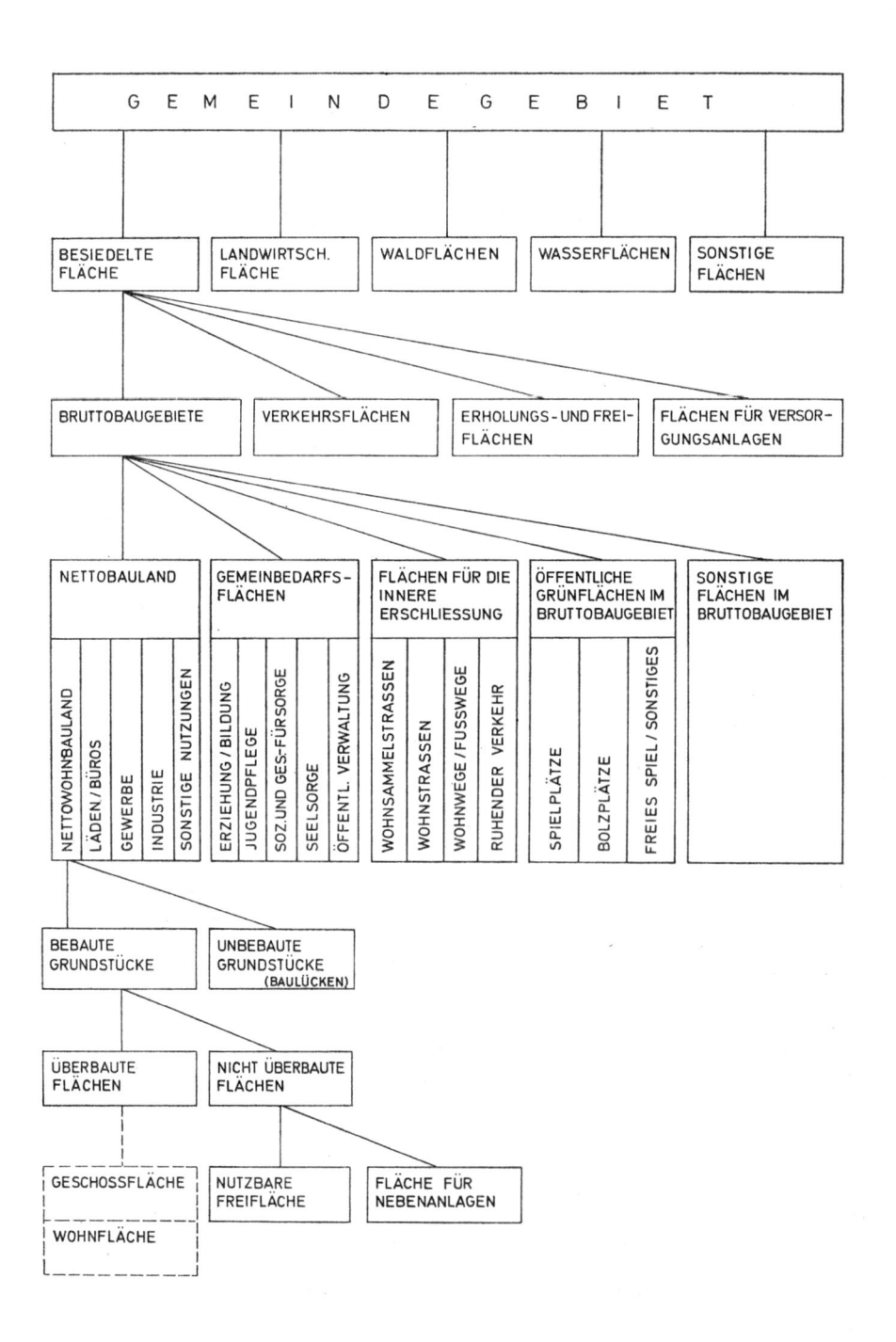

```
                          GEMEINDEGEBIET
                                │
        ┌───────────────┬───────┼───────┬───────────────┐
   BESIEDELTE      LANDWIRTSCH.  WALDFLÄCHEN  WASSERFLÄCHEN  SONSTIGE
   FLÄCHE          FLÄCHE                                    FLÄCHEN

   ┌────────────┬──────────────┬──────────────┐
 BRUTTOBAUGEBIETE  VERKEHRSFLÄCHEN  ERHOLUNGS- UND FREI-  FLÄCHEN FÜR VERSOR-
                                    FLÄCHEN              GUNGSANLAGEN

   ┌───────────┬──────────────┬──────────────┬──────────────┐
 NETTOBAULAND  GEMEINBEDARFS-  FLÄCHEN FÜR DIE  ÖFFENTLICHE         SONSTIGE
               FLÄCHEN         INNERE           GRÜNFLÄCHEN IM      FLÄCHEN IM
                               ERSCHLIESSUNG    BRUTTOBAUGEBIET     BRUTTOBAUGEBIET
```

NETTOBAULAND: NETTOWOHNBAULAND | LÄDEN/BÜROS | GEWERBE | INDUSTRIE | SONSTIGE NUTZUNGEN

GEMEINBEDARFSFLÄCHEN: ERZIEHUNG/BILDUNG | JUGENDPFLEGE | SOZ. UND GES.-FÜRSORGE | SEELSORGE | ÖFFENTL. VERWALTUNG

FLÄCHEN FÜR DIE INNERE ERSCHLIESSUNG: WOHNSAMMELSTRASSEN | WOHNSTRASSEN | WOHNWEGE/FUSSWEGE | RUHENDER VERKEHR

ÖFFENTLICHE GRÜNFLÄCHEN IM BRUTTOBAUGEBIET: SPIELPLÄTZE | BOLZPLÄTZE | FREIES SPIEL/SONSTIGES

```
   NETTOWOHNBAULAND
        │
   ┌────┴─────┐
 BEBAUTE    UNBEBAUTE
 GRUNDSTÜCKE GRUNDSTÜCKE
             (BAULÜCKEN)
   │
 ┌─┴──────────┐
 ÜBERBAUTE  NICHT ÜBERBAUTE
 FLÄCHEN    FLÄCHEN
   │          │
 ┌─┴────┐   ┌──┴────────┐
 GESCHOSSFLÄCHE  NUTZBARE    FLÄCHE FÜR
 WOHNFLÄCHE      FREIFLÄCHE  NEBENANLAGEN
```

funktionellen Überlegungen abhängen, sowie der Freiflächenanteil, dessen Umfang mit objektiven Maßstäben ebenfalls schwer zu erfassen ist, unterliegen stärkeren Schwankungen.

Nähere Untersuchungen zu diesem Thema[1]) verdeutlichen, daß seit der Jahrhundertwende der Anteil an besiedelter Fläche je Einwohner ständig gestiegen ist und daß er insbesondere mit sinkender Gemeindegröße zunimmt. Hierbei steigt nach Auswertung der statistischen Angaben für deutsche Städte der Anteil an bebauter Fläche je Einwohner mit abnehmender Gemeindegröße auffallend stark vor allen anderen Nutzungen an, während die Verkehrsflächen nur einen geringen Zuwachs und die Grün- und Freiflächen eher einen leichten Rückgang erfahren. Dies dürfte im wesentlichen auf den geringeren Wohndichten und dem größeren Freiraum in kleineren Gemeinden beruhen. Ähnliche Ergebnisse enthalten Untersuchungen aus der Schweiz, aus den USA, aus Großbritannien, Frankreich, Schweden und Dänemark, auf die hier im einzelnen nicht eingegangen werden kann.

Für das Ansteigen der Flächenanteile an der besiedelten Fläche sind sowohl das rapide Anwachsen der städtischen Bevölkerung als auch die infolge des höheren Lebensstandards immer noch weiter anwachsenden Raumansprüche innerhalb der einzelnen Flächenkategorien als ausschlaggebende Faktoren zu nennen, wobei man allerdings im allgemeinen dem ersten dieser Faktoren bislang die größere Bedeutung beizumessen pflegte. Welchen Einfluß jedoch gerade die gestiegenen Raumansprüche auf die Höhe des Flächenbedarfs an besiedelter Fläche ausüben, zeigt eine Auswertung der entsprechenden Statistiken der letzten zehn Jahre für mehrere Großstädte der Bundesrepublik. Danach läßt sich der Anstieg des Flächenverbrauchs im Durchschnitt zu etwa 55 bis 60 % aus der Bevölkerungszunahme und zu etwa 40 bis 45 % aus den gestiegenen Raumansprüchen erklären. Ähnliche Zahlen ermittelte LINDMANN[2]) für die schwedische Stadt Göteborg, in der von 1900 bis 1959 nur 51 % des Zuwachses durch die Bevölkerungszunahme, 49 % aber durch den Anstieg des Flächenverbrauchs bedingt waren. Für einen Bereich, der von 70 % der städtischen Bevölkerung Schwedens bewohnt ist, jedoch nur 12 % des städtisch besiedelten Raumes ausmacht, hat GODLUND[3]) von 1900 (bzw. 1910) bis 1960 die Zunahme der besiedelten Flächen zu 25 bis 30 % aufgrund des Bevölkerungszuwachses und zu 70 bis 75 % aufgrund der ständig wachsenden Raumansprüche festgestellt.

Als einer der Hauptgründe für diesen in allen Industrienationen zu beobachtenden Anstieg der Raumansprüche gilt die allgemeine Expansion des Bruttosozialproduktes. Es liegt daher nahe, über Prognosen des städtischen Bevölkerungswachstums und der Entwicklung des Bruttosozialprodukts den in einem bestimmten Zeitraum zu erwartenden Umfang des Flächenbedarfs abzuschätzen. Tatsächlich hat GODLUND[3]) für Schweden von 1950—

---

[1]) Z. B.: G. ALBERS: Der Dichtebegriff in Städtebau und Landesplanung. In: Die Gliederung des Stadtgebiets, Veröffentlichungen der Akademie für Raumforschung und Landesplanung, Forschungs- und Sitzungsberichte, Bd. 42, Hannover 1968, S. 185—197. — H. BARTHOLOMEW: Land Uses in American Cities. Cambridge 1955. — K. BORCHARD: Orientierungswerte für die städtebauliche Planung. Hrsg.: Institut für Städtebau und Wohnungswesen der Deutschen Akademie für Städtebau und Landesplanung, München 1968. — G. LINDMANN, F. ISACHSEN und P. BREDSDORFF: Der wachsende Raumbedarf in der Stadtregion. Hrsg.: Internationaler Verband für Wohnungswesen, Städtebau und Raumordnung, Den Haag 1965. — P. A. STONE: The Impact of Urban Development on the Use of Land and other Resources. In: Journal of the Town Planning Institute 47, London 1961, S. 128—134.

[2]) G. LINDMANN u. a.: Förändringar inom utrymmesstandarden: svensk stadsbebyggelse, Plan 6, Stockholm 1963 (zit. in 1; S. 5).

[3]) S. GODLUND: Investigation of urban settlements. Göteborg 1965, unveröff. Mskr., zit. in LINDMANN u. a. (vgl. 1, S. 7).

1960 einen jährlichen Anstieg des städtischen Flächenbedarfs im gleichen Ausmaß festgestellt, in dem auch das Bruttosozialprodukt gewachsen ist. Von 1960 bis 1980 prognostizierte er aufgrund dieser Feststellung bei einer durchschnittlichen jährlichen Zunahme des Bruttosozialprodukts um 4 % und der städtischen Bevölkerung um 1, 25 % einen jährlichen Anstieg des Bedarfs an besiedelter Fläche um 5,25 %. Vergleiche mit amerikanischen Daten weisen auf eine deutliche Konvergenz dieser Wachstumsindices hin.

Für den engeren Bereich der Wohnflächen hat übrigens KOLLER[4]) 1965 eine auf ähnlichen Hypothesen beruhende Vorausschätzung aufgestellt, auf die hier jedoch nicht weiter eingegangen werden kann.

Wollte man in Anwendung dieser Erkenntnisse eine Prognose für den Bedarf an besiedelter Fläche in der Bundesrepublik wagen, so müßte man — gleichbleibende Zuwachsraten des Bruttosozialprodukts und der städtischen Bevölkerung voraussetzend — bis zum Jahr 2000 etwa mit einer Verdoppelung an besiedelter Stadtfläche rechnen. Selbst bei Beachtung des konditionalen Charakters derartiger Prognosen lassen sich hier doch Entwicklungen erkennen, die unter bestimmten Prämissen durchaus eintreten könnten und einer frühzeitigen Lenkung bedürften, insbesondere dann, wenn eine weitere Expansion des Sozialprodukts als eines der wichtigsten wirtschaftspolitischen Ziele gilt. Es „besteht die Gefahr, daß heute ‚billige Agglomerationen' eines Tages zu ‚teuren Ballungen' werden, wenn die steigende Nachfrage nach Grundflächen durch Flächenumwidmungen befriedigt werden muß"[5]).

Indessen steigt der Raumkonsum innerhalb der einzelnen Kategorien des städtischen Flächengefüges keineswegs immer parallel zum Gesamtwachstum der besiedelten Fläche. Um zu einigermaßen fundierten Vorstellungen über die Raumansprüche für die unterschiedlichen Nutzungen zu gelangen, muß den Einzelflächen und ihrer Beziehung auf die Einwohnerzahlen hier weiter nachgegangen werden.

1. Flächen für Wohnnutzungen

Der Flächenbedarf für Wohnnutzungen wird im wesentlichen bestimmt durch das Ausmaß der Ansprüche, die von den Bewohnern oder Haushalten an die Wohnungen und ihre nähere Umgebung gestellt werden. Dabei kommt der in allen Industrieländern zu beobachtenden Zunahme der Haushaltszahlen bei gleichzeitiger Abnahme der Haushaltsgrößen besondere Bedeutung zu. So hat im Bereich der Bundesrepublik innerhalb der letzten 20 Jahre die Gesamtzahl aller Haushalte relativ rascher als die Bevölkerung zugenommen, wobei aber gleichzeitig auch der Anteil der Haushalte mit vier und mehr Personen seit 1950 von mehr als einem Drittel auf nurmehr etwa ein Viertel zurückgegangen ist, während im gleichen Zeitraum der Anteil der Einpersonenhaushalte von zunächst etwa 19 % auf rund 25 % gestiegen ist. Dabei hat sich die Anzahl der Personen je Haushalt von 3 auf 2,7 verringert. Weitere Aufschlüsse vermittelt die Betrachtung dieser Entwicklung in Gemeinden verschiedener Größe. In der Regel steigt mit zunehmender Gemeindegröße auch der Anteil der Ein- und Zweipersonenhaushalte sprunghaft an. Schon in den Städten mit 100 000 und mehr Einwohnern sind durchschnittlich fast 12 % mehr Einpersonenhaushalte festzustellen als in Städten und Gemeinden bis zu 20 000 Einwohnern, während der Anteil der Haushalte mit 4 und mehr Personen in dieser Größenklasse

---

[4]) P. KOLLER: Zur Entwicklung des Verhältnisses von Wohn- bzw. Wohn-Geschoßfläche zur Wohnbevölkerung..., vervielf. Mskr., TU Berlin 1965.
[5]) D. MARX: Infrastruktureinrichtungen im Ruhrgebiet. Schriftenreihe Siedlungsverband Ruhrkohlenbezirk Nr. 19, Essen 1968, S. 13.

um rund 14 %/o höher liegt als in den Großstädten. Dennoch gibt es Großstädte (z. B. Hannover 1967), in denen diese Tendenz zur Abnahme der Haushaltsgrößen nicht so deutlich in Erscheinung tritt und die innerhalb ihrer Größenklasse noch unter den Anteilswerten des Bundesdurchschnitts liegen. Bemerkenswert ist in diesem Zusammenhang auch die Erwartung, daß schon in den nächsten zwei bis drei Jahren nahezu 70 % aller Einpersonenhaushalte und mehr als 45 % aller Zweipersonenhaushalte von Nichterwerbstätigen, insbesondere von alten Leuten, bewohnt werden (Prognos). Zur Verteilung der Haushaltsgrößen über das Stadtgebiet kann hier nur generell bemerkt werden, daß die Haushaltsgrößen — insbesondere bei zunehmender Gemeindegröße — mit wachsender Entfernung von der City zunehmen; während also die kleinen Haushalte fast immer überdurchschnittlich stark in den Stadtkernen vertreten sind, liegen die größeren Haushalte mit ihrem höheren Flächenbedarf meist in den ausgesprochenen Wohngebieten außerhalb des Stadtkerns. Die gleiche Beobachtung kann man natürlich auch bei der Verteilung der Wohnungsgrößen machen.

Die Gründe für die starke Zunahme der Kleinhaushalte können im Rahmen dieses Themas nicht diskutiert werden. Mit Sicherheit darf angenommen werden, daß der Anteil der Einpersonenhaushalte noch sehr viel rascher wachsen würde, wenn die Bereitstellung entsprechender Wohnungen mit der Nachfrage Schritt halten könnte. Einige ausländische Untersuchungen scheinen diese Erwartungen zu belegen. Andererseits bedürfte es noch gründlicherer Nachforschungen darüber, inwieweit unsere Wohnungsverhältnisse mit Ursache etwa für die Trennung der Generationen und damit zur verstärkten Bildung kleiner Haushalte sind.

Mit der Zunahme der Zahl der Haushalte stieg auch die Zahl der Wohnungen. Dabei fällt jedoch auf, daß entgegen der Entwicklung der Haushaltsstruktur der Anteil der Wohnungen mit 5 und mehr Räumen (jeweils einschließlich Küche) an den Neubauwohnungen in der Zeit von 1952 bis 1965 von 9 % auf über 36 % und derjenige der Vierraumwohnungen von etwa 28 % auf 39 % gestiegen ist, während der Anteil der Dreiraumwohnungen von über 47 % auf rund 17 % und derjenige der Ein- und Zweiraumwohnungen von ca. 16 % auf fast 8 % gesunken ist. Würde man die Ergebnisse der Volkszählung von 1961 zugrunde legen, so hätte der Bedarf an Ein- und Zweiraumwohnungen schon 1961 bei ca. 15 %, derjenige an Fünfraumwohnungen aber nicht über 18 bis 20 % gelegen.

Die Gründe für diese Entwicklung sind übrigens nicht, wie gelegentlich unterstellt wird, ausschließlich sozialpolitischer und wohnungswirtschaftlicher Natur. Wenn auch die staatliche Wohnungsbauförderung maßgeblich zur Struktur des Wohnungsgemenges beigetragen hat, so dürfen dennoch nicht insbesondere die auf Grund des steigenden Lebensstandards immer noch wachsenden Ansprüche an die Wohnfläche übersehen werden. So stand einer Zunahme der durchschnittlichen Wohnfläche pro Neubauwohnung in den Jahren 1952 bis 1965 von rund 55 qm auf rund 80 qm ein Rückgang in der durchschnittlichen Belegung von 4,6 auf 3,16 Bewohner je Wohnung und ein Anstieg der Wohnfläche (Geschoßfläche) je Bewohner von rund 12 qm (15 qm) auf rund 24,50 qm (29 qm) gegenüber, womit sich diese Flächenangaben allerdings innerhalb der Grenzen der entsprechenden Wohnungsbauförderungsbestimmungen halten.

Der Rückgang der Wohnungsbelegungsziffer, die übrigens in den westdeutschen Großstädten noch um durchschnittlich etwa 15 % unter dem Wert für das Bundesgebiet liegt, kann auch in allen anderen Industrienationen nachgewiesen werden. Die der deutschen weit vorauseilende Entwicklung in den skandinavischen Ländern läßt jedoch die Erwartung zu, daß die Wohnungsbelegungsziffer kaum unter 2,5 absinken wird.

Gleichzeitig mit der Verringerung der Wohnungsbelegung ist aus den statistischen Unterlagen auch ein stetiger Rückgang der Wohnraumbelegung feststellbar, wenn man von den Einbrüchen der Kriegs- und Krisenjahre absieht (die meisten Statistiken geben die Wohnungsgrößen nach den leichter erfaßbaren Raumzahlen, nicht nach den Wohnflächen an). In den Jahren von 1950 bis 1960, der Zeit des stärksten Wiederaufbaus, betrug die jährliche Abnahme durchschnittlich 2,4 % im gesamten Bundesgebiet, 2,0 bis 2,2 % in den Großstädten; diese Werte dürften annähernd auch zwischen 1960 und 1970 erreicht worden sein. Aus der geringeren Abnahme in den Großstädten darf übrigens nicht auf eine quantitativ schlechtere Wohnraumversorgung der Großstadtbevölkerung geschlossen werden, da die Belegungsziffer im Bundesdurchschnitt mit 0,87 Personen je Wohnraum (1956 noch 1,0, 1950 sogar 1,2) immer noch über derjenigen der meisten Großstädte lag. Aus europäischen Ländern liegen ähnliche Werte vor, die trotz möglicherweise unterschiedlicher Erfassungsmethoden hier zum Vergleich herangezogen werden sollen. So nahm nach AHLBERG[6]) seit der Jahrhundertwende in Stockholm die Wohnraumbelegungsziffer durchschnittlich um jährlich 0,84 % ab: belegten 1900 noch ca. 1,48 Personen einen Wohnraum, so waren es 1962 nur mehr 0,71. Für das Jahr 2000 rechnet man unter der Voraussetzung einer ungestörten wirtschaftlichen Entwicklung mit 0,45 Personen je Wohnraum und unter Berücksichtigung der bis dahin erwarteten Bevölkerungszunahme mit einer Vermehrung des Wohnungsbestandes auf das 2½fache. Auch in der Bundesrepublik darf bei weiterer ungestörter wirtschaftlicher Entwicklung mit einem Absinken der Wohnraumbelegung gerechnet werden. Allerdings wird dieser Rückgang wohl hinter dem der fünfziger Jahre (Wiederaufbau und Nachholbedarf für über 13 Millionen Flüchtlinge) zurückbleiben, da bei einer ohnehin niedrigen Wohnraumbelegung schon geringe weitere Abnahmen unverhältnismäßig höher werdende Zunahmen der Wohnflächen zur Voraussetzung haben. Die Kurve drüfte also auch für die Bundesrepublik einen immer flacheren Verlauf nehmen und 1980 etwa einen Wert um 0,55 schneiden, was gleichzeitig eine Vermehrung des gegenwärtigen Wohnungsbestandes um mindestens ein Viertel bedeuten würde (außer den rund zwei Millionen Wohnungen, die bis 1980 wegen Überalterung ersetzt werden müßten). Gegen das Jahr 2000 könnte eine durchschnittliche Belegung von 0,5 Personen je Wohnraum erreicht sein.

Wie bereits erwähnt, ist analog zur Abnahme der Wohnungs- und Wohnraumbelegungsziffern ein beträchtlicher Anstieg des Wohn- und Geschoßflächenkonsums festzustellen, für den die bereits genannten Faktoren in ähnlichem Umfang verantwortlich sind, der aber auch eine deutliche normative Komponente hat. Schon in der Zeit zwischen den beiden Kriegen wurde verschiedentlich — so in der Charta von Athen — ein Geschoßflächenanteil von etwa 20 qm je Einwohner als angemessen bezeichnet. Daraus ergab sich bei einer als Höchstmaß vertretbar erscheinenden Nettowohndichte von 500 Einwohnern je ha die noch in der Baunutzungsverordnung von 1962 niedergelegte Obergrenze für die Geschoßflächenzahl in Wohngebieten mit 1,0. Schon in den Bauordnungen der fünfziger Jahre für Hamburg und Mainz ging man indessen von einem Geschoßflächenanteil von etwa 22 qm je Einwohner bzw. dessen reziproken Wert, der Nettowohndichte, von etwa 450 Einwohnern je ha bei einer Geschoßflächenzahl von 1,0 aus. Im Bereich des sozialen Wohnungsbaus sind gegenwärtig Geschoßflächenanteile zwischen 28 und 30 qm je Einwohner, im Bereich des freifinanzierten Wohnungsbaus zwischen 30 und 35 qm, zunehmend auch bis über 40 qm je Einwohner üblich, so daß die Nettowohndichten bei einer Geschoßflächenzahl von 1,0 bis zu Größenordnungen zwischen 360 und 340 Einwohnern je ha bei Sozialwohnungen und zwischen 340 und 285 bis unter 250 Einwohner

---

[6]) C. F. AHLBERG, zit. in LINDMANN u. a. (vgl. 1, S. 20).

je ha im freifinanzierten Wohnungsbau absinken. Die Novellierung der Baunutzungsverordnung 1968 hat dieser Entwicklung insoweit Rechnung getragen, als mit der Anhebung der Obergrenzen für das zulässige Maß der baulichen Nutzung auch geringfügig höhere Dichten möglich werden. Zu den in einigen Ländern bis zur Jahrhundertwende vorausgesagten Geschoßflächenanteilen von bis zu 50 und mehr qm je Einwohner muß hier bemerkt werden, daß dieser Anstieg angesichts der allgemein beängstigend schrumpfenden Raumreserven in den Städten wohl nur im Zusammenhang mit einer weiteren Zunahme der Zweitwohnungen außerhalb der Städte gesehen werden kann.

Der für Wohnnutzungen erforderliche Flächenanteil je Einwohner enthält neben dem Geschoßflächen- bzw. Grundflächenanteil (= Geschoßflächenanteil : Stockwerkzahl) auch einen (Wohngrundstücks-)Freiflächenanteil, für den in der städtebaulichen Literatur unterschiedliche Werte zwischen etwa 7 und 52 qm je Einwohner genannt werden. Gebräuchliche Mittelwerte dürften dagegen in dem Bereich zwischen 10 und 15 qm je Einwohner liegen. In diesem Zusammenhang muß darauf hingewiesen werden, daß sich der Freiflächenanteil je Einwohner mit jeder Erhöhung des Geschoßflächenanteils (bei gleichbleibender Geschoßflächenzahl und gleichbleibender Geschoßzahl) in gleichem Maße erhöht, so daß hier eine deutliche Diskrepanz in der Erfüllung der Bedürfnisse sichtbar wird: „Wer in seiner Wohnung großzügige räumliche Verhältnisse besitzt, verfügt zugleich über einen entsprechend höheren Freiflächenanteil als der beengter Wohnende, obwohl dieser gerade wegen seines knappen Wohnflächenanteils der Freifläche um das Gebäude dringender bedarf" (ALBERS)[7]. Bei gleichbleibender Geschoßflächenzahl, aber zunehmender Geschoßzahl erhöht sich der Freiflächenanteil ebenfalls, allerdings in einer hyperbolischen Funktion: So bleibt bei üblichen Vergleichsverhältnissen der gesamte Gewinn an Freifläche etwa zwischen dem 5. und 10. Geschoß noch unter demjenigen, der bereits beim Übergang von der 3- zur 4-geschossigen Bauweise erreicht wird.

Schließlich lassen sich bei Einhaltung von Mindestgebäudeabständen im Interesse ausreichender Belichtung und Besonnung (zu Beginn der zwanziger Jahre das Anderthalbfache, später das Doppelte der Gebäudehöhe) nur dann höhere Dichten erreichen, wenn die Gebäudetiefe steigt. Allerdings sind der Gebäudetiefe vom Nutzwert der Flächen im Gebäudeinneren her enge Grenzen gesetzt, so daß mit einem Anstieg des Geschoßflächenanteils je Einwohner nicht unbedingt auch der Wohnwert steigen muß. Eine nähere Untersuchung der für die Entwicklung des Geschoßflächenbedarfs nicht uninteressanten qualitativen Aspekte muß hier jedoch unterbleiben.

Grundflächen- und Freiflächenanteil ergeben zusammen den Anteil an Nettowohnbauland, der in der städtebaulichen Literatur zwischen 15 und 170 qm, im Mittel aber je nach dem Einfluß der erwähnten Faktoren zwischen 30 und 75 qm je Einwohner liegt.

Faßt man das Nettowohnbauland mit dem Nettobauland für Läden, Büros, Gewerbe und Industrie, den unmittelbar zugeordneten Flächen für die innere Erschließung, den Flächen für Gemeinbedarfseinrichtungen und den zugeordneten Grünflächen zusammen, so erhält man das Bruttobaugebiet, für das die Werte zwischen 25 und 170 qm, im Mittel immer noch zwischen etwa 50 und 110 qm je Einwohner streuen.

2. Flächen für Nutzung durch Arbeitsstätten des sekundären und tertiären Bereichs

Wie im Bereich der Wohnnutzungen läßt sich auch für die Flächen, die hauptsächlich durch Arbeitsstätten genutzt werden, ein stetiger Anstieg des Flächenbedarfs feststellen,

---

[7] G. ALBERS: Wohndichte und Geschoßflächenzahl. In: Stadtbauwelt, Heft 1, Berlin 1964, S. 46.

der oft noch über dem für Wohnnutzungen liegt. Pro Arbeitsplatz kann im üblichen Bereich von einem Flächenbedarf von etwa 25 bis 80 qm je Beschäftigten in der Industrie und von etwa 15 bis 25 qm im Dienstleistungssektor (bei Großraumbüros zwischen 8 und 15 qm) ausgegangen werden. Allerdings lassen diese Werte nur eine ungefähre Größenvorstellung zu, da die Verhältnisse nicht nur von Branche zu Branche, sondern auch noch innerhalb der Branchen von Betrieb zu Betrieb völlig anders liegen können und sich auch die flächenbezogenen Auswirkungen der zunehmenden Rationalisierung und Automation noch keineswegs übersehen lassen. So konnten von 1950 bis 1960 infolge von Rationalisierungs- und Automatisierungsmaßnahmen etwa 6,8 % der Arbeitskräfte und von 1960 bis 1968 durchschnittlich 5 % im Jahr eingespart werden. Prognosen bis 1980 sehen einen jährlichen Rückgang von durchschnittlich 4,4 % voraus, so daß bis 1980 mehr als 10 Millionen Menschen ihre wirtschaftliche Tätigkeit ändern müßten oder, sofern die damit erforderlichen Anpassungsvorgänge nicht sozial abgesichert oder erleichtert werden, arbeitslos würden.

Anzeichen deuten darauf hin, daß mit der zunehmenden Substitution von Arbeitskräften durch Maschinen auch der Flächenbedarf je Beschäftigten im sekundären Bereich gegenwärtig noch steigt, während er im tertiären Bereich seit etwa zehn Jahren eher zu stagnieren scheint. Indessen nimmt der Anteil der im tertiären Bereich Beschäftigten ständig zu (1966 im Bundesdurchschnitt rd. 40 %, in Hamburg aber schon 60 % der Beschäftigten), so daß sich auch hieraus ein beachtlicher Zuwachs des Flächenbedarfs für tertiäre Nutzungen feststellen läßt, wobei jedoch nicht übersehen werden darf, daß diese Flächen nicht nur auf die im Stadtgebiet zu bedienenden Einwohner, sondern auch auf das Umland zu beziehen sind. Fragt man nur nach dem Flächenbedarf für einen hinlänglich überschaubaren Bereich, der je Einwohner erforderlich ist, so könnten grobe Mittelwerte nach der Formel Flächenbedarf je Beschäftigter x Anteil der städtischen Berufstätigen an der Gesamtbevölkerung (etwa 40—50 %) x Anteil der im spezifischen Bereich Beschäftigten (je nach der örtlichen Situation zwischen 40 und 60 % im sekundären und zwischen 60 und 40 % im tertiären Bereich — der primäre Bereich ist in diesem Zusammenhang ohne Interesse —) gefunden werden.

Die Mittelwerte liegen für den sekundären Bereich mithin zwischen 10 und 25 qm, für den tertiären Bereich im allgemeinen zwischen 2,5 und 8 qm Nettobauland je Einwohner. Zur Höhe des unterschiedlichen Flächenbedarfs je Beschäftigten innerhalb der einzelnen Branchen kann hier nur auf die einschlägige Literatur verwiesen werden[8]. Mit der zu erwartenden weiteren Zunahme der Beschäftigtenzahlen im tertiären und der entsprechenden Abnahme im sekundären Sektor darf aber bei den Flächen für Arbeitsstätten insgesamt ein geringeres Wachstum als etwa während der ersten Hälfte unseres Jahrhunderts vorausgesagt werden, da der Flächenbedarf je Beschäftigten im tertiären Sektor geringer als der im sekundären Bereich ist.

Gegenwärtig sinkt auch innerhalb des sekundären Bereichs der Anteil der in der standortabhängigen Industrie Beschäftigten, der 1950 noch 44 % ausmachte, immer mehr ab (1965 schon 35 %, für 1980 werden 30 % erwartet), während sich der Anteil der in der standortunabhängigen Industrie Beschäftigten entsprechend erhöht. Für die Standortwahl dieser Industrien spielen neben der Wohnortwahl der Arbeitnehmer und deren Bestreben nach weiterer Qualifikation zunehmend die Ausstattung mit technischer und sozia-

---

[8]) Z. B.: L. Bak: Het industriele terringebruik in Nederland. Hrsg.: Rijksdienst vor het Nationale Plan, Publikation Nr. 13, 's-Gravenhage 1961. — Debrunner und Blankart: Industrieplanung — Die Verhältnisse in der Stadt Zürich als Beispiel. In: Bauen und Wohnen, München 1959, S. 154—169.

ler Infrastruktur und die Expansionsmöglichkeiten eine entscheidende Rolle, was wiederum nicht ohne Konsequenzen auf den allgemeinen Flächenbedarf bleiben kann.

Deutliche, wenn auch den Gesamtflächenkonsum weniger stark bestimmende Wandlungen im Flächenbedarf sind seit einiger Zeit auch im Handwerks- und Einzelhandelsbereich festzustellen. Allerdings gelten hier neben den Beschäftigtenzahlen insbesondere auch die Kundenzahlen und die Höhe des Umsatzes je qm Verkaufsfläche (der vor wenigen Jahren verschiedentlich noch mit wenigstens 500 DM je qm bei Mindestladengrößen von 200 bis 300 qm angegeben wurde) als wesentliche Betriebsfaktoren. Daneben üben Größe und Struktur der Einzugsbereiche, die unterschiedlichen Konsum- und Kaufgewohnheiten, die Abstände zu Nachbarzentren etc. weitere entscheidende Einflüsse aus, auf die hier nur generell hingewiesen sein kann. Es liegt auf der Hand, daß in diesem Bereich jeder Flächenbedarfswert nur als ziemlich grober Dimensionierungsanhalt gesehen werden kann; so finden sich mitunter in der relevanten Literatur Mittelwerte zwischen 2,50 und 6,50 qm Nettobauland je Einwohner, in denen für Tagesbedarfsläden Mittelwerte zwischen 0,70 und 1,20 qm je Einwohner, für Läden und Werkstattläden für den Wochenbedarf wie für den langfristigen Bedarf jeweils zwischen 0,50 und etwa 1,80 qm je Einwohner enthalten sind, die hier nur mit allen Vorbehalten wiedergegeben werden können. Die wenigen exakten Ansätze zur Flächenbedarfsermittlung, die bisher in diesem Bereich vorgestellt worden sind, gehen dagegen von einer mehr oder minder umfassenden Systematisierung möglichst aller quantifizierbaren Einflußfaktoren aus, wobei besonders auf die Arbeiten von TIETZ[9]), LANGEL[10]) und LEGRADY[11]) hingewiesen sein soll.

Für Globalrechnungen mag indessen die Feststellung genügen, daß nach den bisherigen Erfahrungen der gesamte Flächenbedarf für Einzelhandels- und Handwerksbetriebe etwa linear zum Pro-Kopf-Einkommen der Stadtbevölkerung wächst. Legt man also einen jährlichen Anstieg des Sozialprodukts von 3 % zugrunde, so wird man innerhalb der nächsten zehn Jahre mit einem zusätzlichen Geschäftsflächenbedarf von etwa 35 % rechnen müssen.

3. Flächen für Gemeinbedarfseinrichtungen

Mit steigendem Wohlstand gehen in allen Industrienationen auch erhöhte individuelle und gesellschaftliche Ansprüche an das Niveau der Gemeinschaftseinrichtungen einher, die sich in erster Linie auf Bildungs- und Freizeiteinrichtungen und auf karitative Einrichtungen konzentrieren. Der Charakter dieser fast durchwegs von der Gemeinschaft zu erstellenden und zu unterhaltenden Einrichtungen bringt es mit sich, daß über die Höhe des Flächenbedarfs hier weit mehr normative Aussagen vorhanden sind als etwa im Bereich der Nutzungen für Wohn- und Arbeitsstätten.

Von dem Flächenbedarf für Gemeinbedarfseinrichtungen, für den Mittelwerte zwischen 8 und 13 qm je Einwohner genannt werden, entfällt der größte Anteil mit durchschnittlich 4,5 bis 6 qm je Einwohner auf die Erziehungs- und Bildungseinrichtungen. Verschiedene Anzeichen deuten darauf hin, daß auch der Flächenanteil je Schüler, für den bisher 25 qm als Normgröße galten (DIN 180 31), zunehmen wird. Nach dem von der

---

[9]) B. TIETZ: Die Standort- und Geschäftsflächenplanung im Einzelhandel. Rüschlikon-Zürich 1969 (Schriftenreihe des Gottlieb-Duttweiler-Instituts, Nr. 42).
[10]) S. LANGEL: Marktanalyse, Standort- und Geschäftsflächenbestimmung. In: Gewerbeplanung im Städtebau, Hrsg.: Institut Gewerbebetriebe im Städtebau, Köln 1966, S. 18—30.
[11]) Planungsgrundlagen Einkaufszentren, Teil I: Dimensionierung — Berechnungsmethode, bearbeitet von A. LÉGRADY und H. ROHRER, Nürnberg 1966 (Schriftenreihe des Städtebauinstituts Nürnberg, H. 6).

Bildungskommission des Deutschen Bildungsrates 1970 vorgelegten „Strukturplan für das Bildungswesen" könnte in fünf Jahren das zehnte Schuljahr für alle Schüler verwirklicht werden. Bis 1980 könnten Kindergartenplätze für 75 % der Drei- und Vierjährigen zur Verfügung gestellt sein. Durch eine gleichzeitige Reform der Grundschule könnten bis 1980 die Voraussetzungen geschaffen werden, das gesetzliche Einschulungsalter von sechs auf fünf Jahre herabzusetzen. Die bisherige Grundschule wäre dann durch einen Primärbereich, der vier (ggf. sechs) Schülerjahrgänge in den jeweils zweijährigen Eingangs-, Grund- und ggf. Orientierungsstufen umfassen würde, zu ersetzen. Das 5. bis 10. Schuljahr sollte künftig die Sekundarstufe I umfassen, dessen qualifizierter Abschluß — das Abitur I — die differenzierten und qualifizierten Bildungsgänge der Sekundärstufe II eröffnen könnte. In diese Sekundarstufe II sollten von den bisherigen Bildungseinrichtungen die Berufsschulen, Berufsaufbauschulen und Berufsfachschulen, die Fachschulen, höheren Fachschulen und Fachoberschulen sowie die gymnasialen Oberstufen aufgehen (in dieser gymnasialen Oberstufe würde das Abitur II abgelegt, das zwar den Zugang zum Hochschulbereich, nicht aber zu einem beliebigen Studiengebiet eröffnen könnte). Aber auch innerhalb der heutigen Ausbildungsstufen stehen Änderungen — wie z. B. die erhebliche Herabsetzung der Klassenfrequenzen oder sogar der Übergang vom Klassen- auf ein Kursgruppensystem — mit einigem Einfluß auf den Flächenbedarf bevor. Auch das stetige Anwachsen des Anteils der Schüler, die weiterführende Schulen besuchen, ist hier zu nennen. Während 1960 noch fast 75 % aller Jugendlichen die Hauptschule besuchten, sind es jetzt nur noch etwas mehr als 60 %. Sollte der jetzige Trend anhalten, wird in absehbarer Zeit nur noch die Hälfte aller Jugendlichen eine Hauptschule, die andere Hälfte bereits eine weiterführende Schule besuchen. Gleichzeitig wird sich auch die Zahl der Volksschulanfänger (nach einer geringeren Abnahme infolge des zu erwartenden leichten Geburtenrückgangs bis 1980) bis zum Jahre 2000 stark erhöhen, so daß es zu diesem Zeitpunkt voraussichtlich 30 % mehr Volksschulanfänger geben dürfte als heute.

Es liegt auf der Hand, daß angesichts der zu erwartenden Entwicklungen an dieser Stelle die Wiedergabe von Anhaltswerten lediglich noch der Verdeutlichung heute üblicher Größenordnungen dienen kann. So findet man bei den gegenwärtigen Schulsystemen Mittelwerte, die für Volksschulen (Grund- und Hauptschulen) zwischen 2 und 3 qm, für Oberschulen und Gymnasien um 0,50 qm und für Sonderschulen zwischen 0,10 und 0,15 qm je Einwohner liegen. Dabei wird bei Grundschülern im allgemeinen mit einem Anteil von etwa 6 bis 7 %, bei Hauptschülern von etwa 3 bis 4 %, bei Gymnasiasten und Oberschülern von etwa 1,8 bis 2 % und bei Sonderschülern von etwa 0,3 bis 0,5 % an der Gesamtbevölkerung ausgegangen. Der absolute Flächenbedarf wird üblicherweise nach dem jeweils gewählten Schultyp und der Anzahl der Schüler innerhalb eines durch gewisse Mindestentfernungen fixierten Einzugsbereiches ermittelt (für eine 18 bis 20klassige zweizügige Volksschule werden so beispielsweise bei 30 bis 35 Schülern je Klasse für einen Einzugsbereich von ca. 6000 Einwohnern innerhalb von 800 bis 1200 m Fußwegentfernung etwa 1,8 ha und mit Schulsportplatz etwa 2,5 ha Gesamtfläche angegeben). Zu den optimalen Größen der Einwohnerbereiche sei insbesondere auf die Untersuchungen WAGENERs[12]) verwiesen.

Bei den Kindergärten bzw. Kindertagesheimen, für die heute gebräuchliche Mittelwerte zwischen 0,20 und 0,50 qm je Einwohner liegen (Flächenbedarf je Kind 50 bis 60 qm bei einem gegenwärtig noch üblichen Anteil von 1,2 bis 1,5 % Kindergartenbesu-

---

[12]) F. WAGENER: Neubau der Verwaltung. Schriftenreihe der Hochschule Speyer Bd. 41, Berlin 1969, S. 328—504. — E. BEHRENDT: Städtebauliche Richtzahlen für gesellschaftliche Einrichtungen. Berlin (Ost) 1960.

chern an der Gesamtbevölkerung), wird sich — trotz zunehmender Berufstätigkeit der Mütter — die steigende Nachfrage nach Kindergarten- und Vorschulplätzen in den nächsten zehn Jahren zunächst nur geringfügig auf den Gesamtflächenbedarf auswirken, deutlicher aber wohl mit der erwarteten stärkeren Zunahme des Anteils der unter Fünfjährigen an der Gesamtbevölkerung zwischen 1980 (1,59 %) und 2000 (1,69 %). Ähnliches dürfte auf Jugend- und Freizeitheime zutreffen, deren Flächenbedarf sehr stark von den örtlichen Verhältnissen und dem Benutzerkreis abhängt.

Auch bei den Einrichtungen der Sozial- und Gesundheitsfürsorge läßt sich ein leichter Flächenanstieg bemerken, der insbesondere mit dem wachsenden Wohlstand und den damit verbundenen höheren qualitativen und quantitativen Ansprüchen an diese Einrichtungen des Gemeinwohls, mit der gestiegenen Lebenserwartung und mit dem früheren Ende der Erwerbstätigkeit zusammenhängen dürfte. Neben Gemeindepflegestationen, Alten- und Rentnerwohnungen sowie Alters- und Pflegeheimen, die für 7 bis 10 % der 65jährigen oder 4,5 % der Gesamtbevölkerung erforderlich sind und für deren Flächenbedarf heute Mittelwerte zwischen 0,50 und 1 qm je Einwohner genannt werden, kommt hier den Krankenhäusern besondere Bedeutung zu. Ihr Flächenbedarf wird üblicherweise nach Größe und Bevölkerungsstruktur des Einzugsbereichs, dem steigenden Bedarf an „allgemeinen Betten" (gegenwärtig etwa 6 bis 10 Betten auf 1000 Einwohner) oder an „Spezialbetten" (etwa 3 bis 4 Betten auf 1000 Einwohner) und dem Flächenbedarf pro Bett (100 bis 150 qm) bemessen. Die erforderliche Zahl an Krankenbetten hängt außer von der zu versorgenden Einwohnerzahl auch von der jährlichen durchschnittlichen Krankenfallhäufigkeit (zur Zeit etwa 115 Krankenfälle auf 1000 Einwohner), der mittleren Verweildauer (für Akutkrankenhäuser gegenwärtig etwa 20 Tage) und dem Ausnutzungsgrad der Betten (etwa 85—90 %) ab. Die Krankenhausgrößen schwanken zwischen 250 bis 350 Betten in der Normalversorgung, 600 bis 800 Betten in der Zentralversorgung und etwa 1000 bis 1500 Betten in Großkliniken.

Dem geringen Einfluß des Flächenbedarfs für Seelsorgeeinrichtungen (im Mittel 0,5 bis 0,7 qm je Einwohner), für Einrichtungen der öffentlichen Verwaltung (im Mittel 0,8 bis 1,1 qm je Einwohner) und für kulturelle Einrichtungen (im Mittel 0,6 bis 0,8 qm je Einwohner) auf den Gesamtflächenbedarf braucht hier nicht weiter nachgegangen zu werden.

4. Freiflächen

Mit dem Wachstum der verfügbaren Einkommen für Freizeitkonsum, der Verkürzung der Arbeitszeiten, der weiterhin zunehmenden Konzentrierung der Bevölkerung in städtisch besiedelten Räumen und ihrer bei fortschreitender Motorisierung noch wachsenden Mobilität läßt sich eine wesentliche Zunahme aller Freizeit- und Urlaubsaktivitäten erwarten (in den USA bis 2000 z. B. eine Verdreifachung gegenüber 1960). Diesen Ansprüchen wird allerdings größtenteils außerhalb der hier zur Diskussion stehenden besiedelten Fläche Raum zu geben sein. Indessen ist auch innerhalb des städtisch besiedelten Bereichs bei zunehmender Stadtgröße mit einem langsam steigenden Flächenbedarf für innerstädtische Erholungs- und Freizeitflächen, die für die kurzzeitige Erholung und besonders auch für sozial schwache Bevölkerungsgruppen und alte Menschen von großer Bedeutung sind, zu rechnen. Daneben spielen allgemeine stadthygienische und stadtgliedernde Funktionen eine gewisse Rolle. Je nach den spezifischen örtlichen Verhältnissen weisen hier die Flächenbedarfswerte starke Schwankungen zwischen 10 und 115 qm je Einwohner auf. Durchschnittswerte liegen im allgemeinen zwischen 28 und 35 qm je Einwohner, in denen für öffentliche Anlagen, Parks und Grünzüge 8 bis 20 qm, für Sportplätze 6 qm, für Freibäder 2 qm, für Friedhöfe 3,50 bis 5 qm und für Kleingärten 10 bis 17 qm je Einwohner enthalten sind. Bei Parks und Grünzügen üben selbstverständlich die örtlichen Gegebenheiten — insbesondere die Entfernung und Zugänglichkeit von überörtlichen Erholungsbereichen — einen wesentlichen Einfluß auf die Dimensionierung aus. Bei Friedhöfen sind neben den Entfernungen zu bereits vorhandenen Anlagen und der Größe des Einzugsbereichs auch die unterschiedlichen Bestattungsgebräuche, Grabarten und Grabflächen, die Sterblichkeitsziffer (0,8 bis 1,4 %) und die Belegungsdauer (etwa 20 bis 35 Jahre bei Reihengräbern, 50 bis 60 Jahre bei Wahlgräbern) zu beachten. Übliche Friedhofsgrößen liegen etwa bei 20 ha[13]).

Der Bedarf an Kleingärten (400 bis 500 qm Bruttogrundstücksfläche) wird im wesentlichen von der sozialen Zusammensetzung der Bevölkerung und dem Anteil der Geschoßwohnungen bestimmt. In der Nachfrage nach Kleingärten lassen sich auch deutliche Unterschiede zwischen einzelnen Bundesländern feststellen. Folgt man Hamburger Angaben, so liegt unter Annahme eines Geschoßwohnungsanteils von 20 %, einer Nettowohndichte von 90 Einwohnern je ha und einer Geschoßflächenzahl von 1,0 der Flächenbedarf für Kleingärten bei ca. 3 jm je Einwohner. Bei einer ausschließlichen Geschoßbebauung mit einer Geschoßflächenzahl von 1,0 und bei einer Nettowohndichte gegen 450 Einwohner je ha erhöht sich dieser Flächenbedarf auf ca. 15 qm je Einwohner. In den letzten Jahren führte die Hinwendung zur reinen Hobbygärtnerei vielfach auch zu einer Verringerung der Grundstücksgrößen bis gegen 350 qm je Kleingarten.

Den Wohngebieten direkt zugeordnet sind die im Bruttobaugebiet liegenden öffentlichen Grünflächen mit einem Flächenbedarf von durchschnittlich ca. 3 bis 4 qm je Einwohner, wobei hier nach den Richtlinien des Goldenen Plans auf Spielplätze für Kinder von 7 bis 12 Jahren 1 qm und auf Spiel- und Bolzplätze für Jugendliche von 13 bis 17 Jahren 1,50 qm je Einwohner entfallen. Für die Spielplätze für Kleinkinder kann mit einem Flächenbedarf von 1 qm je Einwohner gerechnet werden, der jedoch auf den (Wohngrundstücks-)Freiflächen innerhalb des Nettowohnbaulands zu befriedigen ist.

5. Verkehrsflächen

Von allen Faktoren, die zur Erhöhung des Flächenbedarfs beitragen, kommt dem modernen Verkehr die größte Bedeutung zu. Gleichwohl lassen sich gerade in diesem Bereich kaum definitive Aussagen zum Flächenbedarf machen, der neben der allgemeinen Verkehrsentwicklung entscheidend von den örtlichen Gegebenheiten — insbesondere der topographischen Situation, dem gegebenen Verkehrsnetz, den Wohndichten und der baulichen und wirtschaftlichen Struktur — abhängt. Lediglich zur allgemeinen Orientierung über die durchschnittliche Größenordnung dieses Flächenanteils sei hier der in verschiedenen Untersuchungen genannte Mittelwert von etwa 25 bis 35 qm je Einwohner an allgemeinen Verkehrsflächen einschließlich Parkierungsflächen und von etwa 7 bis 15 qm je Einwohner für die innere Erschließung des Nettobaulands angegeben.

Die Entwicklung der Motorisierung, die in den USA der mittel- und westeuropäischen um 20 bis 30 Jahre vorauseilt, hat bisher noch keinen Sättigungspunkt erreicht, nicht einmal in den USA. „Es ist damit zu rechnen, daß der derzeitige Motorisierungsstand der USA in der BRD um 1990 erreicht werden wird; bis dahin wird sich somit der gegenwärtige Kraftwagenbestand und damit der Kraftverkehr auf den deutschen Straßen mehr

---

[13]) W. LENDHOLT: Friedhöfe. In: Handwörterbuch d. Raumforschung u. Raumordnung, 2. Aufl. Hrsg.: Akademie für Raumforschung und Landesplanung, Hannover 1970, Bd. I, Sp. 856—864.

als verdoppeln"[14]). Mit der weiteren Motorisierung kann also auf eine beträchtliche Zunahme sowohl des primären Flächenbedarfs für Anlagen des fließenden und ruhenden Verkehrs sowie für begleitende Schutzflächen als auch des sekundären Flächenbedarfs an besiedelter Fläche, der aus den erweiterten Möglichkeiten zur Überwindung größerer Distanzen für immer mehr Menschen resultiert, geschlossen werden. Genauere Angaben über die Größenordnung des zu erwartenden Flächenbedarfs sind hier indessen nicht möglich, sie wären rein spekulativer Natur. Auch die Bemühungen, über naheliegende Beziehungen etwa zwischen der Entwicklung des Bruttosozialprodukts oder der Konsumausgaben, der Transportleistungen im Personen- oder Güterverkehr und des Flächenzuwachses weitere Aufschlüsse zu gewinnen, brachten bisher mehr oder weniger allgemeine Bestätigungen für die zunehmende Bedeutung des Verkehrs.

Allerdings darf nicht übersehen werden, daß mit einer verstärkten Förderung des öffentlichen Nahverkehrs und begleitenden restriktiven Maßnahmen im Bereich des Individualverkehrs zumindest eine erhebliche Verlangsamung im Flächenverbrauch für Verkehrsanlagen eintreten könnte. Die theoretische Beförderungskapazität eines vollbesetzten Straßenbahnzuges entspricht in Spitzenstunden beispielsweise der Transportleistung von 225 mit durchschnittlich 1,2 Personen besetzten Privatwagen, wobei hier der Flächenbedarf je Person beim Privatwagen mit 12,50 qm erheblich über dem bei Straßenbahnbenutzung von 0,84 qm liegt. Anderseits könnte aus einer weiteren Abwanderung des Gütertransports vom Schienen- auf den Straßenverkehr eine zusätzliche Flächenbeanspruchung erwartet werden. Sie würde nach globalen Schätzungen bis zum Fünffachen der bei Bahntransport üblichen Flächenbeanspruchung steigen. Der Flächenbedarf für Anlagen des öffentlichen Nahverkehrs wird — soweit er innerhalb der besiedelten Fläche und nicht unterirdisch befriedigt werden muß — trotz der zunehmenden Bedeutung dieses Verkehrsbereichs nur geringfügig steigen. Gegenwärtig kann hier ein durchschnittlicher Flächenbedarf zwischen 5 und 10 qm je Einwohner, der jedoch sehr stark von den örtlichen Verhältnissen abhängt, angesetzt werden.

Der Flächenbedarf von Flugplätzen ist in der Regel auf größere Agglomerationen zu beziehen. Als Gesamtfläche werden je nach Startbahnlänge zwischen etwa 320 und 450 ha, bei Großflughäfen (Köln-Bonn, Frankfurt) auch 1000 ha angegeben.

6. Versorgungsflächen

Die Flächenangaben für Versorgungsanlagen schwanken im allgemeinen zwischen 3 und 6 qm, erreichen mitunter aber auch 15 und mehr qm je Einwohner. Während der Flächenbedarf für die städtischen Gas-, Elektrizitäts- und Wasserwerke trotz des wachsenden Bedarfs an Wasser und Energie mit der Einführung größerer Verbundsysteme — abgesehen von einer nur geringfügigen Zunahme von Schutzflächen bei Freileitungen — nicht weiter gestiegen ist, wird für Anlagen der Müllbeseitigung (heute um 0,5 bis 1,0 und mehr qm je Einwohner) mit einem noch nicht abzuschätzenden Mehrbedarf zu rechnen sein. Dieser Mehrbedarf hängt in erster Linie mit dem wachsenden Anfall von Hausmüll (in der BRD 1969 rund 60 Mill. cbm, für 1976 werden bereits 90 Mill. cbm geschätzt) und an Industriemüll (1966 ca. 15 Mill. cbm) zusammen. Für die nächste Zukunft erwartet das Bundesgesundheitsministerium eine jährliche Zunahme an Haus- und Industriemüll (einschließlich Bauschutt und Altautos) um 5 bis 10 %, was eine Verdop-

---

[14]) R. HOFFMANN: Straßenverkehr. In: Handwörterbuch der Raumforschung und Raumordnung, 2. Aufl. Hrsg.: Akademie für Raumforschung und Landesplanung, Hannover 1970, Bd. III, Sp. 3306—3325.

pelung innerhalb der nächsten 7 bis 14 Jahre bedeuten würde. Gegenwärtig fallen jährlich mindestens 1 cbm je Einwohner an Haus- und Industriemüll an, von denen nach neueren Angaben[15]) 80 % abgelagert, 19 % verwertet oder verbrannt und 1 % kompostiert werden (dabei entsprechen allerdings nur 10 % der etwa 50 000 Mülldeponien den aus boden- und seuchenhygienischer Sicht zu stellenden Anforderungen). Anlagen für die Verschrottung von Autowracks (1969 über 900 000 Altautos, 1975 rechnet man mit 1,4 Millionen) fehlen bisher. Allein die Einführung der „Einwegflasche" dürfte etwa zum Vierzigfachen des Glasanteils beitragen, der schon jetzt in der Zusammensetzung des Hausmülls 8 bis 10 % des Gewichts einnimmt.

Diese wenigen Hinweise verdeutlichen bereits, daß sowohl bei Mülldeponien als auch bei Müllverwertungsanlagen mit einem erheblichen Flächenmehrbedarf gerechnet werden muß. Aufgrund betriebswirtschaftlicher Überlegungen kommt WAGENER[16]) zu optimalen Einzugsbereichen für geordnete Deponien von 100 000 bis 300 000, für Kompostierungsanlagen von mindestens 100 000 und für Verbrennungsanlagen von 250 000 bis 5 Millionen Einwohnern.

Mit der wachsenden Dringlichkeit einer verstärkten Abwasserreinigung muß auch hier mit einer weiteren Zunahme des Flächenbedarfs gerechnet werden, der gegenwärtig noch zwischen 0,5 und 3 qm je Einwohner bei einem Mindesteinzugsbereich von 10 000 Einwohnern liegen dürfte.

III. Zusammenfassung

Als Ergebnis der vorliegenden Untersuchung kann generalisierend gesagt werden, daß die Stadtplanung innerhalb der nächsten 30 bis 40 Jahre eine beträchtliche Zunahme der Raumbedürfnisse und eine dementsprechende weitere Inanspruchnahme der Landschaft in ihre Dispositionen einbeziehen muß. Auch wenn die angesichts der immer schneller schrumpfenden Raumreserven verstärkt einsetzenden öffentlichen Bemühungen um ein besseres Verhältnis zwischen den Wünschen nach Weiträumigkeit der Lebensumwelt einerseits und der Notwendigkeit einer stärkeren Konzentration aller raumbezogenen Bedürfnisse andererseits von Erfolg gekrönt wären, muß doch in diesem Zeitraum bei Eintreten der genannten Prämissen mit einer Zunahme des städtisch besiedelten Raumes auf etwa das Doppelte des heutigen Umfangs gerechnet werden. Indessen liegt nahe, daß eine Planung, die sich als Entwicklungsplanung versteht und der langfristigen Daseinsvorsorge verpflichtet fühlt, neben der unumgänglichen Bereitstellung neuer Flächen für die verschiedenen Nutzungen ihr Bemühen — wo immer möglich — verstärkt darauf richten muß, dem Zustandekommen der hier prognostizierten Fakten entgegenzuwirken, bevor diese ihre determinierende Kraft entfalten und dann nur noch unter meist großen Anstrengungen bekämpft werden können[17]).

Als ein weiteres Ergebnis dieser Untersuchung muß festgestellt werden, daß sich bei dem überwiegenden Teil der Flächenbedürfnisse physische Voraussetzungen, wirtschaftliche, technische sowie funktionelle Zusammenhänge und fast immer auch soziale Wertvorstellungen in einer Art und Weise überlagern, die nur teilweise eine klare Umsetzung

---

[15]) K. Fuss: Abfallbeseitigung und Raumordnung. In: Informationsbriefe für Raumordnung. Hrsg.: Der Bundesminister des Innern, Stuttgart 1969, R. 6.5.3.
[16]) F. WAGENER: Neubau der Verwaltung ..., a. a. O., S. 436 f.
[17]) Vgl. G. ALBERS: Demographische Fakten als Determinanten und Konsequenzen der Stadtplanung. In: Bevölkerungsverteilung und Raumordnung, Veröffentlichungen der Akademie für Raumforschung und Landesplanung, Forschungs- und Sitzungsberichte, Bd. 58, Hannover 1970, S. 64 f.

in quantifizierbare Forderungen gestattet. Auch wenn es im menschlichen Bereich niemals vollständig determinierbare Abläufe geben wird, wird die Planung doch der Ergebnisse einer weitaus gründlicheren Erforschung der Zusammenhänge von Gesellschaft und Umwelt bedürfen. Von den Wegen, die hierzu im Rahmen der Flächenbedarfsforschung beschritten werden, scheinen diejenigen, die eine differenzierte Systematik der quantifizierbaren Flächenfaktoren angehen, die exaktesten und aussichtsreichsten zu sein[18]).

---

[18]) In diese Richtung zielt die nach Abschluß dieses Beitrags in der Schriftenreihe „Städtebauliche Forschung" des Bundesministers für Städtebau und Wohnungswesen veröffentlichte Forschungsarbeit „Funktionelle Erfordernisse zentraler Einrichtungen als Bestimmungsgröße von Siedlungs- und Stadteinheiten in Abhängigkeit von Größenordnung und Zuordnung", Bonn 1972 (Forschungsbeauftragter Prof. F. SPENGELIN).

Siedlungselemente und ihre Größenordnungen

von

Peter Breitling, München

I. Zum Begriff Siedlungselement

Menschliche Ansiedlungen und insbesondere die städtischen Agglomerationen, denen das Hauptinteresse der Untersuchungen über Konzepte der Siedlungsstruktur gilt, sind Gebilde, deren Teile nur aus dem Ganzen heraus zu verstehen sind, dem sie angehören. Im Gegensatz zum einfachen Aggregat und zur Summe, deren einzelne Teile sich beliebig miteinander vertauschen lassen, sind für die Struktur der Siedlungen bestimmte Beziehungen jedes Einzelteiles zu allen anderen Teilen und zum Ganzen kennzeichnend.

In der Geographie werden nach Hottes[1]) unter Siedlungselementen die „physiognomisch bedeutsamen Kennzeichen und Merkmale der Außenarchitektur einer Siedlung und ihrer Gebäude" verstanden. In der räumlichen Planung wird der Begriff weiter gefaßt und bezeichnet Teile oder Glieder komplexer Siedlungsgebilde, deren Art, Größe und Organisation die Struktur des Gebildes höherer Stufe bestimmt (Gliederungselement).

Zwischen Siedlungselementen in dem genannten Sinne und anderen Strukturkomponenten gibt es keine scharfe begriffliche Abgrenzung; so können zum Beispiel Komponenten der Funktion bzw. Nutzung oder genetische Merkmale als Siedlungselemente angesehen werden. Auch der Übergang zwischen Struktur- und Gestaltelementen ist durchaus fließend. In der amerikanischen städtebaulichen Fachliteratur werden beispielsweise Fragen der Perzeption von Elementen der Stadtgestalt häufig unter Überschriften wie „Urban structure" oder „Structuring the city"[2]) behandelt. Es ist nicht anzunehmen, daß es in absehbarer Zukunft zu einer einheitlichen und klaren Begriffsbildung auf diesem Gebiete kommt, da die Auffassungen über die Anforderungen an die Stadtstruktur sich sehr im Fluß befinden und die wissenschaftliche Durchdringung dieses Fragenkomplexes trotz einer langen Tradition in der Beschäftigung mit dem Themenkreis der Stadtgliederung erst in jüngster Zeit begonnen hat.

II. Kategorien der Siedlungselemente

Die Siedlungselemente lassen sich auf drei Grundkategorien zurückführen, aus denen alle Elemente höherer Ordnung gebildet werden, und zwar

---

[1]) Karlheinz Hottes: Siedlungsstruktur, geographische Grundlagen. In: Handwörterbuch der Raumforschung und Raumordnung, hrsg. von der Akademie für Raumforschung und Landesplanung, 2. Auflage, Hannover 1970, Sp. 2907.
[2]) So z. B. bei Donald Appleyard: Styles and Methods of Structuring a City. In: Environment and Behavior, Vol. II, No. 1, 1970, S. 100 ff.

1. Flächenelemente[3]),
2. lineare Elemente und
3. Zentral- oder Fokuselemente.

Alle Einheiten, gleich welcher Größenordnung, bilden bereits Mosaiks oder Netze aus den genannten Grundelementen. Die Einheiten können entweder als weithin homogene Flächeneinheiten auftreten oder als Komplexe. Das nächstliegende Beispiel für eine homogene Flächeneinheit ist die Wohngruppe oder das reine Wohngebiet; das bekannteste Beispiel für einen Komplex ist die Volksschul- oder „Nachbarschafts"-Einheit[4]), in der neben den Wohnbauflächen nicht nur ein gewisses Maß an öffentlichen Freiflächen, sondern auch Gemeinbedarfseinrichtungen unterer Stufe enthalten sind (siehe Tabelle 1).

Tabelle 1: *Kategorien der Siedlungselemente*

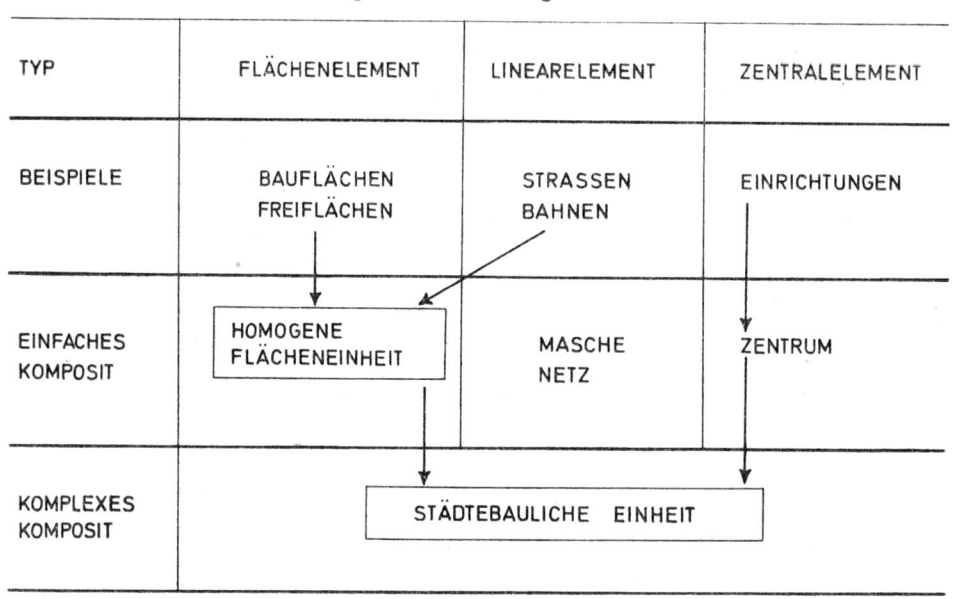

TYP	FLÄCHENELEMENT	LINEARELEMENT	ZENTRALELEMENT
BEISPIELE	BAUFLÄCHEN FREIFLÄCHEN	STRASSEN BAHNEN	EINRICHTUNGEN
EINFACHES KOMPOSIT	HOMOGENE FLÄCHENEINHEIT	MASCHE NETZ	ZENTRUM
KOMPLEXES KOMPOSIT		STÄDTEBAULICHE EINHEIT	

III. Forschungs- und ideengeschichtlicher Abriß

Der Stellenwert der Gliederungsfrage in den Modellvorstellungen zur Siedlungsstruktur wurde schon in ALBERS Beitrag über die geschichtliche Entwicklung angesprochen; es erscheint jedoch angebracht, diesen Überblick durch einige Anmerkungen unter dem speziellen Aspekt der Siedlungselemente zu ergänzen.

---

[3]) HORST FEHRE: Allgemeine Gesichtspunkte zur bezirklichen Verwaltungsgliederung. In: Die Gliederung des Stadtgebietes, Forschungs- und Sitzungsberichte der Akademie für Raumforschung und Landesplanung, Bd. 42, Hannover 1968.

[4]) Seit in soziologischen Untersuchungen vor allem von KLAGES (Der Nachbarschaftsgedanke und die nachbarliche Wirklichkeit in der Gemeinde Köln 1958) nachgewiesen wurde, daß sich nachbarschaftliche Beziehungen nur auf sehr kleine Bereiche erstrecken, wird der ursprünglich sehr gängige Begriff Nachbarschaftseinheit kaum mehr benutzt; auch von Volksschuleinheiten wird nur noch selten gesprochen, ohne daß sich indessen eine neue Bezeichnung für die Einheit in der Größenordnung 5000 bis 6000 Einwohner durchgesetzt hätte.

Wenn man den Begriff der städtebaulichen Theorie weit auslegt, so läßt sich die theoretische Beschäftigung mit der Frage nach Art und Größenordnung der Siedlungselemente bis in die 70er Jahre des 19. Jahrhunderts zurückverfolgen. Das Interesse an dieser Frage beruhte fast ausschließlich auf dem Unbehagen an der stürmischen Stadtentwicklung im Zuge der ersten industriellen Revolution, die sich durch einfache Anlagerung von Stadterweiterungsgebieten an das Weichbild der bestehenden Städte vollzog und in einigen Fällen riesige und sehr uniforme Vorstädte ohne erkennbare Gliederung entstehen ließ[5]).

Die Forschungsgeschichte zum Thema der Siedlungselemente ist bis in die neueste Zeit hinein eine Geschichte des Versuches, die großen Agglomerationen durch Schaffung überschaubarer Bereiche zu gliedern. Als Elemente wurden um 1870 die Baublöcke erwähnt, in den 90er Jahren dann zum ersten Male Zonen, zunächst stets in Form von Ringen oder Sektoren[6]). Erst um die Jahrhundertwende wurde der Gliederungsgedanke zu einem Konzept ausgebaut. Die schon bei BRUCH[7]) geforderte „soziale Gruppenbildung" fand nun ein funktionelles Gegenstück durch die Ausstattung der Einheiten mit den für die Bevölkerung notwendigen Einrichtungen[8]).

Es lassen sich zwei große Gruppen in den Vorschlägen zur Bildung von Gliederungseinheiten erkennen: einmal der von HOWARD propagierte Gedanke der Entlastung der Großstädte durch die Bildung völlig selbständiger, mit der „Mutterstadt" nur sehr lose verbundener „Gartenstädte", die als Trabanten- oder Satellitenstädte bis in die 60er Jahre hinein eine sehr bedeutende Rolle spielten[9]), und zum anderen das von PERRY 1928 zum ersten Male publizierte Neighborhood Unit-Konzept[10]).

Im städtebaulichen Konzept der Nachbarschaftseinheit erlangte der Gedanke der Stadtgliederung seine klarste und in den Grundzügen bis heute gültige Ausprägung.

Als Bestimmungsfaktoren für die Bemessung und Formung der Nachbarschaftseinheit führte Perry die folgenden Grundforderungen an:
— Die Größe der Einheit wird vom Einzugsbereich der Schule bestimmt. Der Schulweg soll vom entferntesten Punkt nicht über $^1/_4$ Meile (400 m) betragen.
— Die Einheit soll vom Durchgangsverkehr völlig frei sein.
— Die Einheit soll mit eigenem Einkaufsbereich und eigenen Erholungsmöglichkeiten versorgt sein.

ELISABETH PFEIL sieht in PERRYS Gedanken eine Stütze für die Befürworter der Großstadt. Sie schrieb 1950 in ihrem Werk „Großstadtforschung":

„Mit der Nachbarschaftseinheit kann in der Großstadt das geschaffen werden, was die Großstadtfeinde durch Dezentralisation erreichen wollen. Mit ihr wird das Problem der Stadtgröße zu einem zweitrangigen"[11]).

---

[5]) Besonders eindringlich wurde diese Entwicklung von WERNER HEGEMANN geschildert und kritisiert (Das steinerne Berlin, Geschichte der größten Mietskasernenstadt der Welt, Berlin 1930).
[6]) THEODOR FRITSCH: Die Stadt der Zukunft. Leipzig 1897.
[7]) ERNST BRUCH: Berlins bauliche Zukunft und der Bebauungsplan. In: Deutsche Bauzeitschrift 1870, Nr. 9 ff.
[8]) EBENEZER HOWARD: Tomorrow, a peaceful Path to real Reform. London 1898; LUDWIG HERCHER: Großstadterweiterungen. Göttingen 1904.
[9]) Sehr ausführlich dargestellt in „Studien zum Problem der Trabantenstadt". Forschungs- und Sitzungsberichte der Akademie für Raumforschung und Landesplanung, Bd. XXVI, Hannover 1965; Zusammenfassung bei PETER BREITLING: Trabantenstadt. In: Handwörterbuch der Raumforschung und Raumordnung, a. a. O.
[10]) CLARENCE ARTHUR PERRY: The Neighborhood-Unit-Plan. In: Regional Survey of New York and its Environs, Band 7, New York 1929.
[11]) ELISABETH PFEIL: Großstadtforschung, Bremen-Horn 1950, S. 126.

Gedanken und Vorschläge zur Stadtgliederung und zur Einzelausbildung der Siedlungselemente bewegten sich bis in die jüngste Vergangenheit ausschließlich im Rahmen der beiden genannten Grundkonzeptionen:
— Dezentralisation durch Bildung von Trabanten und
— Strukturierung durch Schaffung möglichst selbständiger Einheiten innerhalb der Agglomeration.

Gegen Ende der sechziger Jahre erfolgten eine Reihe von Anstößen zu einer neuen Betrachtungsweise, die zum Teil auf den bekannten Vorschlägen aufbauen, ihnen jedoch eine neue Deutung und Begründung geben, zum Teil aber auch gar neue Denkansätze darstellen.
— COLIN BUCHANAN[12]) versuchte einen neuen Ansatz für die Bemessung von Einheiten aus dem Gesichtspunkt der Umweltqualität (Environmental quality) — insbesondere der Verkehrsberuhigung — zu gewinnen.
— KEVIN LYNCH und LLOYD RODWIN publizierten eine „Theory of Urban Form"[13]), in der das Stadtgefüge als Komplex von „Adapted Spaces" und „Flow Systems" erklärt wird.
— BOLESLAW MALISZ begründete mit seiner Schwellentheorie[14]) eine Forschungsrichtung, die nach wirtschaftlichen Optima bzw. Obergrenzen für die Stadtgröße und für die Größe von Zuwachseinheiten sucht.
— Auch von der Verwaltungswissenschaft wird die Frage eingehend untersucht, welche Schwellenwerte sich aus dem Gesichtswinkel einer effektiven Verwaltung für die Einzugsbereiche bestimmten Dienste und Einrichtungen ergeben. Vor allem F. WAGENER[15]) hat dazu sehr viel Material zusammengetragen.

Gemeinsames Kennzeichen der erwähnten Ansätze wie auch aller übrigen neueren Publikationen zur Frage der Stadtgliederung und zur Form und Größe einzelner Siedlungselemente ist eine möglichst weitgehende „Entideologisierung" dieses Themas.

Während die älteren Arbeiten oft von einem starken sozialen Engagement beeinflußt sind und den gemeinschaftsbildenden Charakter eigenständiger Einheiten betonen, stehen heute Fragen der wirtschaftlichen Versorgung der Stadtbevölkerung mit Einrichtungen und Leistungen sowie Gesichtspunkte des Umweltschutzes im Vordergrund. Unter den „Umweltgesichtspunkten" dominieren solche der Freihaltung bestimmter Bereiche vom motorisierten Verkehr oder mindestens vom Durchgangsverkehr. Diese Entwicklung fällt zeitlich zusammen mit einer auffallend starken Betonung aller Fragen der Bandstruktur in Raumforschung und Raumordnung[16]). Die Interdependenzen zwischen den einzelnen städtebaulichen Einheiten — welcher Größenordnung auch immer — die gegenüber Fragen der „ausgewogenen Lebensgemeinschaft" oder „Selbständigkeit" jahrelang im Hintergrund gestanden hatten, nehmen in der aktuellen Diskussion einen immer breiteren Raum ein. Diese Tendenz zur Zusammenschau und zur gründlicheren Untersuchung der

---

[12]) COLIN BUCHANAN: Traffic in Towns. London 1963.
[13]) KEVIN LYNCH und LLOYD RODWIN: A Theory of urban Form. In: Journal of the American Institute of Planners, 1958, S. 201—214.
[14]) BOLESLAW MALISZ: Die Schwellentheorie und ihre Bedeutung für die Stadtplanung. In: Stadtbauwelt 19/1968, S. 1416 ff.
[15]) FRIDO WAGENER: Neubau der Verwaltung. Schriftenreihe der Hochschule Speyer, Bd. 41, Berlin 1969.
[16]) Siehe WOLFGANG ISTEL: Bandstruktur. In: Handwörterbuch der Raumforschung und Raumordnung, a. a. O.

— nicht nur verkehrlichen — Wechselbeziehungen zwischen einzelnen Einheiten hat sich bereits in den Zielkatalogen der Gebietskörperschaften zur räumlichen Planung niedergeschlagen[17].

Der Versuch, die Diskussion über optimale Größenordnungen von Siedlungselementen von normativen Aussagen möglichst freizuhalten und sich einerseits auf quantifizierbare oder empirisch belegbare Bestimmungsfaktoren zu beschränken, andererseits auf noch nicht absehbare Trends zu verweisen, hat zu einer Unsicherheit geführt, die eine Standortbestimmung fast unmöglich macht. Früher eindeutig erscheinende Parameter werden in Frage gestellt oder verworfen, an ihre Stelle treten nach oben, unten oder nach beiden Richtungen offene Spannen, welche die Orientierung erschweren.

Die nachfolgenden Zusammenstellungen von Bestimmungsfaktoren sind unter diesen Vorzeichen zu sehen.

IV. Bestimmungsfaktoren [18]

Fast alle Aussagen über Bedürfnisse oder Anforderungen, zu deren optimaler Befriedigung die räumliche Struktur der Besiedlung beitragen kann, sind auch für die Frage der Siedlungselemente von Bedeutung.

Bei dem Versuch, aus diesen Anforderungen oder Zielen konkrete Bestimmungsfaktoren für die Ausbildung von Siedlungselementen zu gewinnen, zeigt sich eine ausgeprägte Ambivalenz fast aller Ziele. Die folgende kurze Zusammenstellung macht dies deutlich.

Optimale Versorgung der Bevölkerung umfaßt Forderungen wie:
  möglichst kurze Entfernungen zu den Einrichtungen und Diensten;
  größtmögliche Vielfalt von privaten und öffentlichen Diensten und Einrichtungen;
  möglichst hoher Standard der angebotenen Leistungen;
  bequeme Erreichbarkeit von wohngebietsnahen Arbeitsplätzen.

Optimale Wohnumwelt umfaßt Forderungen wie:
  Vermeidung von Störungen,
  gute Zugänglichkeit des Wohnplatzes,
  bequeme Erreichbarkeit,
  lebendige Zentralbereiche,
  Gefahrlosigkeit der Wohnumgebung, insbesondere für Kinder,
  Wahlmöglichkeiten bei der Haus- bzw. Wohnform.

Die für die optimale Versorgung gleich bedeutsamen Forderungen nach möglichst guter Erreichbarkeit der Einrichtungen auf der einen Seite, diejenige nach einer für hochwertige Ausstattung der betreffenden Einrichtung erstrebenswerten Größenordnung auf der anderen, sind beispielsweise nicht auf einen Nenner zu bringen. Zwar läßt sich der Spielraum, wie noch zu zeigen sein wird, beträchtlich erweitern, wenn man die Variablen Dichte und Form mit in die Überlegungen einbezieht, der Zwang zu einer Abwägung der Prioritäten bleibt jedoch bestehen.

---

[17] Nach FRIDO WAGENER (Ziele der Stadtentwicklung nach Plänen der Länder. Göttingen 1971) ist die Forderung nach „Haltestellengerechtigkeit" der Stadtstruktur das am häufigsten in offiziellen Dokumenten genannte Planungsziel für den Verdichtungsraum.

[18] Die Forschungsarbeit „Funktionelle Erfordernisse zentraler Einrichtungen als Bestimmungsgröße von Siedlungs- und Stadteinheiten in Abhängigkeit von Größenordnung und Zuordnung", herausgegeben vom Bundesministerium für Städtebau und Wohnungswesen, Bonn 1972, erschien erst etwa ein Jahr nach Abschluß des vorliegenden Beitrags.

Für die gegensätzlichen Grundforderungen, auf die sich die meisten Bestimmungsfaktoren zurückführen lassen, sind nur schwer adäquate Bezeichnungen zu finden. Sie entsprechen etwa den beiden Grundmaßstäben Effektivität (Technische Maßstäbe) und Integrationswert (politische Maßstäbe), die WAGENER für die Bewertung von Verwaltungseinheiten benutzt[19]). Bei sehr grober Vereinfachung könnte man die Begriffe Wirtschaftlichkeit und Umweltqualität zur Charakterisierung heranziehen.

1. Versorgungseinrichtungen

Wichtigster Gesichtspunkt für die Größenbemessung städtebaulicher Einheiten ist der Einzugsbereich der Gemeinbedarfseinrichtungen und privaten Dienste. Welche Größenordnungen von Siedlungselementen sich daraus ableiten lassen, zeigt Tabelle 2[20]).

Trotz der starken Streuung der festgestellten bzw. postulierten Tragfähigkeitsgrenzen sind deutlich mehrere Bereiche übereinstimmender Einzugsbereichsgrößen zu erkennen:

1. 1 500 bis 2 000 EW,
2. 5 000 bis 6 000 EW,
3. 10 000 bis 12 000 EW,
4. 30 000 bis 40 000 EW.

Die ermittelten Werte beruhen auf der Auswertung zahlreicher zum Teil empirischer, zum Teil theoretisch normativer Untersuchungen. In den Modellrechnungen[21]) ist eine deutliche Tendenz zu noch größeren Einzugsbereichen zu erkennen.

2. Erreichbarkeit

Der bei weitem am häufigsten genannte Bestimmungsfaktor für die Bidung von städtebaulichen Einheiten ist die Forderung, daß für alle Bewohner der Einheit alle Einrichtungen zur Deckung des täglichen Bedarfs bequem zu Fuß zu erreichen sein sollen. Zuverlässige Angaben über die „Unlustschwellen" für die Fußgängerentfernung gibt es bisher noch nicht. Der am häufigsten genannte Wert ist 10 Minuten.

Nach OEDING[22]) beträgt die durchschnittliche Fußgängergeschwindigkeit für zielgerichteten Verkehr (etwa zum Arbeitsplatz oder zur Haltestelle eines öffentlichen Verkehrsmittels) bei Freizügigkeit (kein Gedränge) 6 km/h, bei stärkerem Gegenverkehr 5,4 km/h; geht man von einem Durchschnitt von 5 km/h und einem Umwegfaktor von

---

[19]) FRIDO WAGENER in: Neubau der Verwaltung, a. a. O.
[20]) Die Angaben stammen aus den folgenden Quellen: KLAUS BORCHARD: Orientierungswerte für die städtebauliche Planung, hrsg. vom Institut für Städtebau und Wohnungswesen der Deutschen Akademie für Städtebau und Landesplanung, München 1968. — Datensammlung zur Orts-, Regional- und Landesplanung, hrsg. vom städtebaulichen Institut der Universität Stuttgart, als Manuskript gedruckt, Stuttgart 1969. — Materialien zu Städtebau und Regionalplanung, hrsg. vom Lehrstuhl für Städtebau-, Orts- und Regionalplanung der Technischen Universität München, als Manuskript gedruckt, München 1970. — DETLEF MARX: Infrastruktureinrichtungen im Ruhrgebiet, Schriftenreihe des Siedlungsverbandes Ruhrkohlenbezirk, Essen 1968. — PETER BREITLING: Die Untergliederung von Stadtteilen nach planerischen Gesichtspunkten. In: Die Gliederung des Stadtgebiets, a. a. O. — Daten zur Raumplanung, Zahlen-Richtwerte-Übersichten, hrsg. von der Akademie für Raumforschung und Landesplanung, Hannover 1969. — Die sehr zahlreichen Primärquellen sind ausnahmslos in den aufgeführten Datensammlungen aufgeführt.
[21]) So zum Beispiel bei WAGENER: Neubau der Verwaltung, a. a. O.
[22]) DETLEF OEDING: Verkehrsbelastung und Dimensionierung von Gehwegen und anderen Anlagen des Fußgängerverkehrs. In: Straßenbau und Straßenverkehrstechnik, H. 22, hrsg vom Bundesministerium für Verkehr, Abt. Straßenbau, Bonn 1963.

Tabelle 2:

Einrichtungen	Einwohner →
	100 – 200 – 300 – 400 – 500 – 1 000 – 2 000 – 3 000 – 4 000 – 5 000 – 10 000 – 20 000 – 30 000 – 40 000 – 50 000 – 100 000 – 200 000
Zentralkrankenhaus	
Mülldeponie	
Müllkompostierung	
Berufsfeuerwehr	
Theater	
Konzertsaal	
Stadthalle	
Schlachthof	
Bezirkskrankenhaus	
Realschule	
Kaufhaus	
Wochenmarkt	
Gymnasium	
S-Bahnhof	
Hallenbad	
Kläranlage	
Bezirkssportanlage	
Sonderschule	
Mehrzweckhalle	
Freibad	
Einkaufszentrum[20])	
Café	
2 Supermärkte	
Altenheim	
U-Bahnhof	
Jugendheim	
Kino	
Bücherei-Zweigstelle	
Bankfiliale	
Kindertagesstätte	
Postamt	
Heizkraftwerk	
1 Supermarkt	
Bolzplatz	
Polizeiposten	
Gastwirtschaft	
zweizügige Grundschule	
kleine Ladengruppe	
Kirche	
Straßenbahnhaltestelle	
Bushaltestelle	
Turnhalle	
Zahnarzt	
einzügige Grundschule	
einzeln. Lebensmittelgesch.	
Arzt	
Kindergarten	
Kinderspielplatz	

57

25 %[23]) aus, so beträgt die zumutbare Entfernung vom Rand einer Siedlungseinheit bis zur Gemeinbedarfszone ca. 660 m. Eine völlig kreisrunde Siedlungszelle könnte unter diesen Voraussetzungen auf einer Fläche von *ca. 140 ha* ausreichende Erreichbarkeit bieten (Lage aller Gemeinbedarfseinrichtungen im Zentrum angenommen). Geht man von der ebenfalls häufig vorkommenden 500-m-Schwelle aus, so läge die Maximalgröße der Einheit bei *ca. 80 ha*.

Als angemessene Entfernungen zu verschiedenen Einrichtungen werden folgende Werte angegeben[24]):

Kleinkinderspielplatz	100 m [24a]),
Kinderspielplatz	500 m,
Kindergarten	300 — 500 m,
Grundschule	400 — 800 m,
Hauptschule	700 — 1200 m; max. 2000 m[25]),
Haltestellen öffentl. Verkehrsmittel	500 — 800 m,
Kirchen	500 — 750 m.

3. Verkehrsanschluß

Eines der am häufigsten genannten Ziele der räumlichen Planung ist die Schaffung einer Struktur der Verdichtungsräume, die den wirtschaftlichen Einsatz von öffentlichen Verkehrsmitteln — insbesondere schienengebundenen Massenverkehrsmitteln — erlaubt. Daraus läßt sich die Forderung ableiten, daß auch in dem Siedlungselement, das man „Nahverkehrseinheit" nennen könnte, die vom Fußgänger bequem zu bewältigende Entfernung den Maßstab setzt. Für die räumliche Ausdehnung des Elements gelten damit die gleichen Forderungen, wie sie sich aus der Erreichbarkeit aller Einrichtungen des täglichen Bedarfs ergeben. Die Obergrenzen der Einwohnerzahl von Nahverkehrseinheiten hängen vom Pendleraufkommen in der Spitzenstunde ab. Eine grobe Übersicht gibt Tabelle 3[26]). Deutlich zu erkennen ist eine Übereinstimmung der Größenordnung für die „U-Bahneinheit" mit derjenigen für die Hauptschulen und Ladenzentren (s. Tab. 2). Die Angaben können nur als Faustwerte angesehen werden, da die Gestaltung der öffentlichen Verkehrsnetze sehr stark von örtlichen Gegebenheiten und Bedingungen bestimmt wird.

Aussagen über die Größe und Form städtebaulicher Einheiten aus der Frage der Zugänglichkeit für den Individualverkehr und dem Straßennetz ergeben sich nur unter der Voraussetzung, daß die Einheit völlig vom Durchgangsverkehr freigehalten werden soll. Damit wird für die Bemessung die Kapazität der tangentialen Sammelstraßen maßgebend. Die auf diese Weise ermittelte Einheitsgröße kann unter günstigen Bedingungen auch bei hohem Pendleraufkommen bis zu 9000 Einwohnern betragen, sie wird jedoch

---

[23]) Dieser Wert gilt für den ungünstigen Fall eines rechtwinkligen Straßenrasters mit mittelgroßen Blöcken nach Central Lancashire, Study for a City, a. a. O.
[24]) Aus den in Anmerkung 20 angegebenen Quellen, außerdem WOLFGANG HARTENSTEIN: Öffentlicher Verkehr und Öffentlichkeit. In: Stadtbauwelt 7 (1965), S. 574 und: Die kommunalen Verkehrsprobleme in der Bundesrepublik Deutschland, ein Sachverständigenbericht, Essen 1965, S. 163; sowie WAGENER: Ziele der Stadtentwicklung, a. a. O.
[24a]) Absolute Entfernungsangaben erscheinen nicht sehr sinnvoll und finden sich nur sehr vereinzelt. Meist lautet die Forderung, daß der Kleinkinderspielplatz in Sicht- und Rufweite der Wohnungen liegen soll.
[25]) Entfernungsschwelle für den Schulbuseinsatz nach Schulentwicklungsplan Baden-Württemberg.
[26]) Nach PETER BREITLING: Die Untergliederung von Stadtteilen nach planerischen Gesichtspunkten. In: Die Gliederung des Stadtgebietes, a. a. O.

nach BUCHANAN in den meisten Fällen wesentlich unter dieser Größenordnung liegen und erst recht unter derjenigen, die sich aus den Tragfähigkeitsgesichtspunkten für die Ladenausstattung ergeben. Konsequenz aus diesen Überlegungen ist eine Gliederungshierarchie, die 2—3 von außen erschlossene Einheiten unterer Stufe zu einer Einheit höherer Stufe zusammenfügt.

Hätte jede der kleinen Einheiten ihre zentrale Zone in Mittellage, so wäre die Verknüpfung dieser Kleinzentren durch Linien öffentlicher Verkehrsmittel in der Normalebene — deren Haltestellen für den Benutzer in der Richtung des sonstigen „Wegegefälles"[27]) liegen sollen — ohne unerwünschte Schnitte durch die Einheiten sehr schwierig. Man müßte entweder eine Buslinie allen Windungen der internen Zugangsstraßen folgen lassen, was eine sehr umständliche und damit langsame Bedienung ergäbe, oder eine besondere Trasse für Busse mit schlanker Linienführung vorsehen, die den Nachteil hätte,

Tabelle 3: *Größe des Einzugsbereichs von Linien und Haltestellen öffentlicher Nahverkehrsmittel*

	Bus	Straßenbahn	Stadt-schnellbahn	Vorortbahn
Stundenkapazität	10 000	18 000	20 000	40 000
Einwohner im Einfluß-bereich der Linie	50 000 (83 000)	90 000 (150 000)	100 000 (167 000)	200 000 (330 000)
Zahl der Haltestellen je Linie	25	25	15	10
Einwohner je Haltestelle	2 000 3 300	3 600 6 500	6 700 11 000	20 000 33 000

daß sie zu viel unerwünschten Verkehr anzieht und damit den erwähnten mißlichen Schnitt erzeugt. Bei der Zusammenfügung mehrerer Untereinheiten mit Randzentren werden diese Nachteile vermieden. Das Zentrum kann in diesem Fall gut an die Verkehrsstränge angeschlossen werden und bildet so nicht nur den Bereich größter Anziehungskraft für den Fußgänger, sondern gleichzeitig den Bereich der höchsten Verkehrsgunst. Damit bietet es günstige Standortvoraussetzungen für die anzusiedelnden Einzelhandelsbetriebe. Die Vorteile der geschilderten Kombination zweier Einheiten (vgl. Abb. 1) lassen sich allerdings nur dann voll ausschöpfen, wenn der zwischen den Zentrumsteilen verlaufende Verkehrsstrang mit einer zweiten Ebene für den Fußgänger überbrückt wird.

Die zumutbare Fußgängerentfernung zwischen Rand und Kern einer kleinen Einheit von 5—6000 Einwohnern wird auch bei einer Randlage ihrer zentralen Zone überschritten, sofern die Bruttodichte in der Zelle nicht zu niedrig ($\geq$ 100 E/ha) liegt.

4. Überlagerung von Beziehungen

Eine lange Zeit unterbewerteter, ja fast vergessener Bestimmungsfaktor für die Siedlungselemente ist die Überlagerung von Beziehungen. Zwar hatte GÖDERITZ schon in den

---

[27]) So bezeichnet z. B. bei ERICH BODZENTA, NORBERT GREINACHER und L. GROND: Regionalplanung in der Kirche. Mainz 1965.

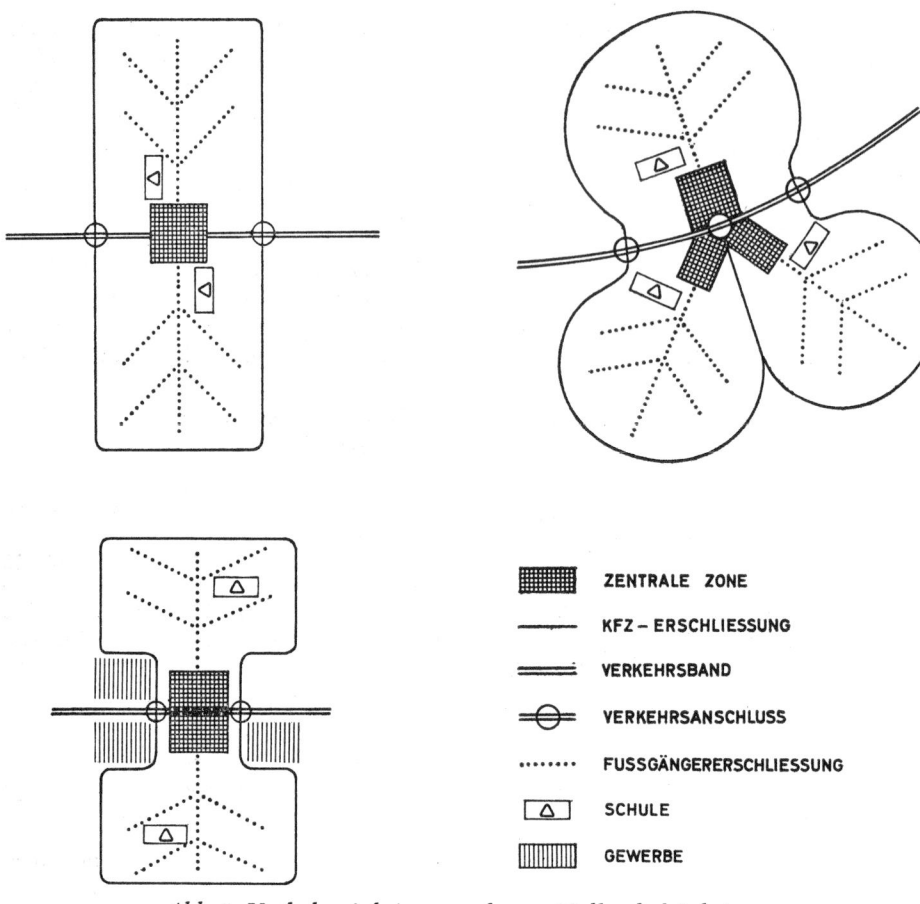

| ZENTRALE ZONE
--- KFZ – ERSCHLIESSUNG
═ VERKEHRSBAND
⊖ VERKEHRSANSCHLUSS
.... FUSSGÄNGERERSCHLIESSUNG
△ SCHULE
||||| GEWERBE

Abb. 1: Verkehrseinheit aus mehreren Volksschuleinheiten

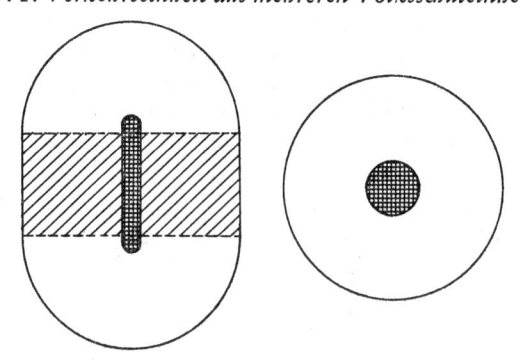

//// GEWINN AN EINZUGSBEREICH DURCH STRECKUNG DES ZENTRUMS

Abb. 2: Langgestreckte Siedlungszelle nach Anmerkung 31

fünfziger Jahren darauf hingewiesen[28]), daß ein klares Richtungsgefälle in den Siedlungszellen angestrebt werden müsse. Dieser Gedanke fand jedoch damals weder in Idealstadtmodellen, noch bei städtebaulichen Wettbewerben einen Niederschlag.

Die Sozialwissenschaften haben sich seit Anfang der sechziger Jahre in zunehmendem Maße des Problems der Wechselwirkungen zwischen dem Stadtbewohner und seiner räumlichen Umwelt angenommen. Aus den Ergebnissen dieser „Wirkungsforschung" wurde die Forderung nach Lebendigkeit, Vielfalt und Unverwechselbarkeit der städtischen Umwelt abgeleitet[29]). Diese Eigenschaften sieht man als die Voraussetzung dafür an, daß sich emotionale Bindungen an das Wohnquartier entwickeln und Bereiche städtischer Öffentlichkeit schon auf der Ebene einzelner Siedlungselemente bilden können.

Konsequenzen aus dieser Strömung für die räumliche Ausgestaltung von Siedlungszellen wurden zum ersten Male von LUCIUS BURCKHARDT gezogen[30]). Er wies darauf hin, daß bei den Untergliederungseinheiten großer Agglomerationen der Bündelung und Überlagerung von Fußwegebeziehungen eine überragende Rolle zukomme. Wegen des nur bescheidenen Kommunikationsbedürfnisses innerhab der Einheiten sei bei der Anordnung von Gemeinbedarfseinrichtungen eine möglichst weitgehende „Überlagerung der Existenzorte" anzustreben. Konkret ergibt sich daraus die schon im vorhergehenden Abschnitt erwähnte Forderung, daß die von BURCKHARDT so genannte „kollektive Zone" der Siedlungseinheiten ausmittig angeordnet werden muß, so daß die Fußwegebeziehungen nicht sternförmig in ihr münden, sodern in Form eines Straußes oder Besens.

Gleichzeitig läßt sich bei Anwendung dieses Grundsatzes die Größe der Einheiten beträchtlich steigern.

Der besenförmigen Überlagerung entspricht eine leicht bandförmig gestreckte Form der „kollektiven Zone" weit mehr als eine kompakte kreisförmige oder quadratische.

Diese Längsausdehnung des Zentrums wiederum ergibt die Möglichkeit, die Siedlungszelle insgesamt zu strecken und damit zu vergrößern: ein Gesichtspunkt, der bei dem Konzept der neuen Stadt Hook in Hampshire eine große Rolle gespielt hat[31]).

Nimmt man an, daß der Tagesbedarf der Haushalte zu etwa 75 % innerhalb der Siedlungseinheiten unterer Stufe gedeckt wird und legt man einen Bedarf von 0,75 qm Ladengeschoßfläche pro Einwohner und ein Verhältnis Ladengeschoßfläche zu Ladenfrontlänge von 1 : 10 zugrunde[32]), so ergibt sich ein Verhältnis von 75 m einseitiger Ladenfront pro 1000 Einwohner.

Eine Volksschuleinheit von 6000 Einwohnern könnte also bereits eine Doppelfront von ungefähr 200 m tragen, ein Stadtviertel[33]) mit 12 000 Einwohnern bereits eine solche von 400—450 m.

---

[28]) Materialien zu den Vorlesungen aus Städtebau von Prof. JOHANNES GÖDERITZ, hrsg. vom Lehrstuhl für Städtebau, Wohnungswesen und Landesplanung, als Manuskript gedruckt, Braunschweig 1958.
[29]) Quellenangaben dazu bei PETER BREITLING: Der Einfluß sozialer, wirtschaftlicher, rechtlicher und gestalterischer Gesichtspunkte auf Hausform und Bauweise. Ein Beitrag zur systematischen Kritik von Wohnbebauungen. Dissertation Braunschweig 1967.
[30]) BURCKHARDT entwickelte seine Gedanken in der Erläuterung eines Entwicklungsgutachtens für Hamburg-Bergstedt, auszugsweise veröffentlicht in Werk 1962/3, S. XXIX.
[31]) The Planning of a New Town, Data and Design based on a Study for a New Town of 100 000 at Hook Hampshire. London 1961.
[32]) Alle Werte nach KLAUS BORCHARD: Orientierungswerte für die städtebauliche Planung, a. a. O.
[33]) Stadtviertel wurde vom Arbeitskreis Stadtgliederung a. a. O. als Bezeichnung für ein Siedlungselement vorgeschlagen, in der sich „Hauptschuleinheit", „Wirtschaftseinheit" (Ladeneinzugsbereich) „Nahverkehrseinheit" und statistischer Bezirk decken.

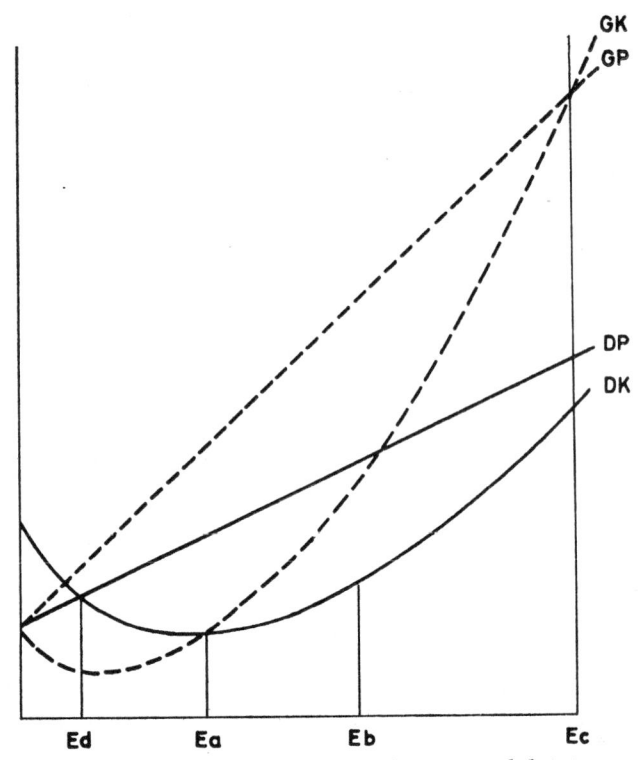

Abb. 3: Beziehungen zwischen Einwohnerwachstum, Produktivität und Kosten nach ALONSO *(GK Grenzkosten, GP Grenzprodukt, DP durchsch. BIP/E, DK durchschn. Kosten/E)*

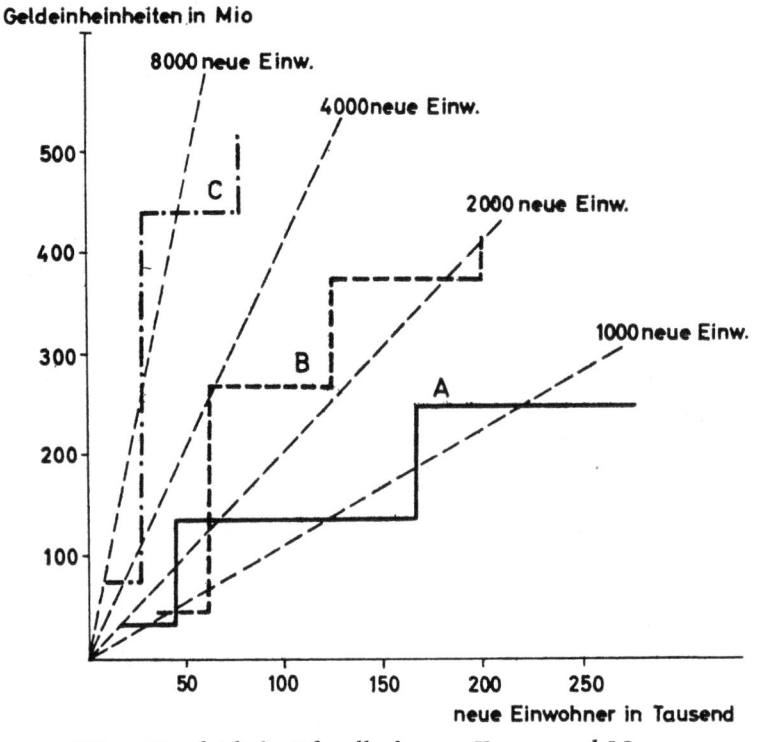

Abb. 4: Vergleich der Schwellenkosten. Kurven nach MALISZ.

Auf das Beispiel eines Stadtviertels mit einer Bruttowohndichte von 100 Einwohnern/ha und 500 m Entfernung von der kollektiven Zone angewendet, würde dies bedeuten, daß statt 8000 Einwohnern 12 000 Einwohner untergebracht werden können, bei einer Bruttodichte von 150 (E/ha) 18 000 Einwohner anstelle von 12 000.

5. Gesamtwirtschaftlichkeit

Keine für Modellvorstellungen auswertbaren Ergebnisse hat bisher die Forschung über die Wechselbeziehungen zwischen Stadtgröße, Produktivität und social costs erbracht. MALISZ[34]) und einige sowjetische Autoren[35]) sehen bei etwa 400 000 bis 500 000 EW Gesamtstadtgröße eine Schwelle jenseits derer die Kostenerhöhung für die Infrastrukturaufwendungen die Agglomerationsvorteile übersteigt. ALONSO, der neben den angelsächsischen auch sowjetische Quellen ausgewertet hat, stellt jedoch fest, daß zwar sehr viel von exzessiver Größe und Dichte gesprochen werde, daß aber nirgendwo Kriterien für die Definition des Übermaßes angegeben seien[36]). Die allgemeine Leitlinie aus der Sicht der Nationalökonomie charakterisiert ALONSO folgendermaßen:

Die Kategorien „groß und klein müssen aus dem Siedlungszusammenhang heraus beurteilt werden: Es kann durchaus angebracht sein, in einem Verdichtungsraum kleine Elemente zu fördern, während man bei isolierter Lage möglichst große Einheiten anstreben sollte"[37]).

Der größte Zuwachs und die schnellste Entwicklung seien in den polynuklearen Conurbationen zu verzeichnen. Bei einer Politik der Förderung eng verknüpfter, mittelgroßer Städte sei es möglich, die Agglomerationsvorteile zu erhalten, ohne die Größennachteile in Kauf nehmen zu müssen.

Es bleibt zu hoffen, daß durch weitere Untersuchungen der Regionalwissenschaft die festgestellten Beziehungen (s. Abb. 3 und 4) zwischen Wachstum, Produktivität und Kosten zu quantifizierten Orientierungshilfen ausgebaut werden können.

V. Zur Hierarchie der Siedlungselemente

Unter den Modellvorstellungen für die Siedlungsstruktur finden sich zwar einige Vorschläge, in denen die Gliederung der Gesamtagglomeration keine oder nur eine sehr untergeordnete Rolle spielt (siehe Beitrag ALBERS). Sowohl die Analyse der bestehenden Städte und Verdichtungsräume als auch die Literatur zur Theorie der Strukturplanung liefern jedoch zahlreiche Belege für Vorhandensein und Notwendigkeit einer hierarchischen Stadtgliederung. Die von HOLLMANN[38]) als Grundlage für die statistische Bezirksgliederung vorgeschlagene Hierarchie, die auf den Untersuchungsergebnissen des Arbeitskreises Stadtgliederung aufbaut, erweist sich als geeignet, alle aufgrund von Erreichbarkeits-, Versorgungs- und Überlagerungsgesichtspunkten ermittelten Größenschwellen mindestens ungefähr abzudecken (siehe Tabelle 4).

---

[34]) B. MALISZ: Die Schwellentheorie, a. a. O.
[35]) Zitiert nach ALONSO, a. a. O.
[36]) WILLIAM ALONSO: The Economics of Urban Size, Center for Planning and Development Research. University of California. Working Paper 138, S. 17.
[37]) ALONSO, a. a. O., S. 27.
[38]) HEINZ HOLLMANN: Die hierarchische Gliederung des Stadtgebietes, Ergebnis der Untersuchungen des Arbeitskreises „Stadtgliederung". In: Die Gliederung des Stadtgebietes, a. a. O.

Tabelle 4:

Kategorie	Umgriff	Einwohnerzahl
Verwaltungsbezirk	—	über 100 000
Stadtteil	15 Min (1000 m) Fußweg zur kollektiven Zone	30 bis 50 000
Stadtviertel (Statistischer Bezirk, Ortsteil)	10 Min (660 m) Fußweg zur kollektiven Zone = 130 ha	10 bis 15 000
Volksschuleinheit (Nachbarschaftseinheit, Verkehrsbezirk)	5—10 Min (500 m) Fußweg zur kollektiven Zone = 80 ha	5 bis 6 000
Wohngruppe (Stimmbezirk, Zelle)	ca. 15 ha	1 bis 2 000

Als wichtigsteElemente im System der Stadtgliederung erscheinen zum einen das Stadtviertel, das die gesamte Grundausstattung an Diensten und Einrichtungen des täglichen Bedarfs zu tragen vermag, zum anderen der Stadtteil, dessen Mindesteinwohnerzahl von 30 000 für viele Gemeinbedarfseinrichtungen höherer Ordnung die notwendige Tragfähigkeitsschwelle bildet.

Während für das Stadtviertel eine klare Obergrenze der Flächenausdehnung durch die für den Fußgänger bequem zu bewältigende Entfernung gegeben ist — über die gewisse Erfahrungswerte vorliegen —, ist die räumliche Begrenzung des Stadtteils nur aufgrund mehr oder weniger willkürlicher Setzungen möglich. In der britischen Planungsliteratur wird als Grenzwert 1000 m Entfernung vom Rand des „Districts" bis zum Zentrum, bzw. 15 Min Fußwegezeit angegeben[39]), dieser Sollwert entspricht genau der Forderung des Nordrhein-Westfalen-Programms für die Siedlungsschwerpunkte[40]).

VI. Zur Dichtefrage

Die Diskussion um die Bemessung der Siedlungseinheiten wird in den letzten Jahren fast völlig von der Fragestellung beherrscht, bei welcher Größenordnung des Einzugsbereichs einer öffentlichen oder privaten Einrichtung diese optimal ausgelegt und wirtschaftlich betrieben werden kann. Die Frage der Dichte in den jeweiligen Einzugsbereichen ist dagegen sehr stark in den Hintergrund getreten — eine Tendenz, die nicht ohne Probleme ist. Zwar läßt sich durchaus eine iSedlungsstruktur denken, bei der die Versorgung der Bevölkerung im wesentlichen über völlig wohngebietsunabhängige, mit dem privaten Kraftfahrzeug zu erreichende Gemeinbedarfseinrichtungen oder -zonen bewerkstelligt wird; bisher wurde jedoch anscheinend noch nie der Versuch unternommen, das Verkehrs-

---

[39]) Central Lancashire, Study for a City, consultants new town designation proposals. London 1967, S. 54.
[40]) Nordrhein-Westfalen-Programm 1975, hrsg. von der Landesregierung NRW, Düsseldorf 1970, S. 82.

Tabelle 5: *Beziehungen zwischen Einwohnerzahl, Entfernung vom Zentrum und Bruttowohndichte in Städtebaulichen Einheiten*

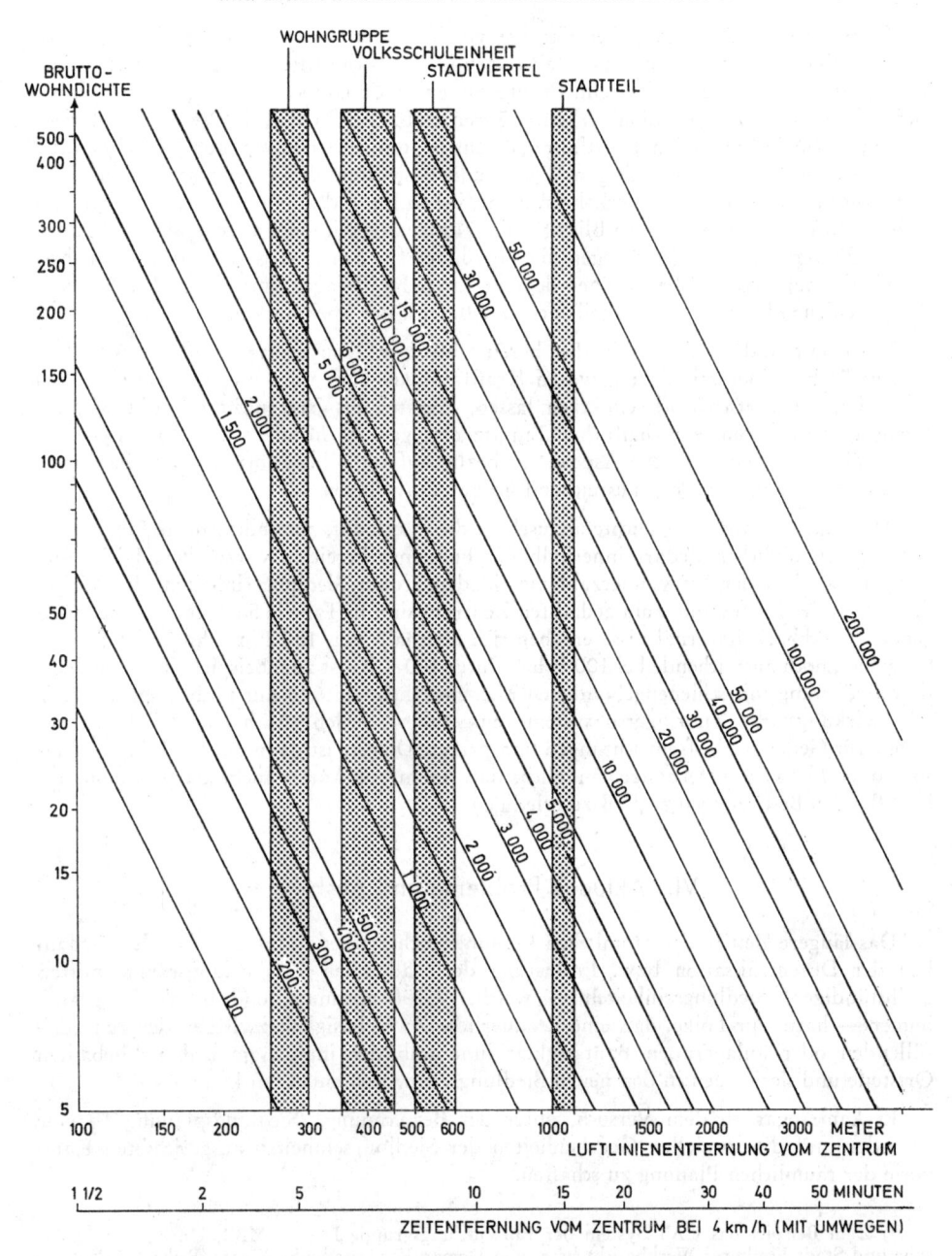

Wenn zwei Variable gegeben sind, kann die dritte im Nomogramm abgelesen werden. Alle Maßstäbe logarithmisch.

bedürfnis einer solchen Siedlungsstruktur demjenigen einer hierarchisch gegliederten gegenüberzustellen.

Auch ohne daß Zahlenangaben darüber vorliegen, läßt sich mit Sicherheit sagen, daß die mit abnehmender Dichte stark ansteigende durchschnittliche Entfernung zwischen Wohnplatz und Gemeinbedarfseinrichtung zu einer Zunahme der Verkehrsbedürfnisse und insbesondere des Individualverkehrs führen muß. Die Chance, das Verkehrsbedürfnis statt mit dem individuellen Kraftfahrzeug durch „umweltfreundlichere" Verkehrsmittel zu befriedigen, dürfte bei niedrigen Wohn- und Besiedlungsdichten nur sehr gering sein. Die Hoffnung auf neuartige Verkehrssysteme, deren Entwicklung und Einsatz von vielen Seiten gefordert wird, sollte den Blick für die Notwendigkeit einer angemessenen Verdichtung nicht verstellen. Bis jetzt liegen die Vorschläge für den Einsatz neuartiger Verkehrsmittel, die auch die Fläche in einer dem privaten Kraftwagen entsprechenden Art und Weise bedienen können, größtenteils noch im Bereich der Spekulation.

Nachweise dafür, daß sich die bereits bis zur Konstruktionsreife entwickelten Systeme[41]) bei einer mit dem privaten Kraftfahrzeug auch nur entfernt vergleichbaren Verfügbarkeit wirtschaftlich einsetzen lassen, konnten bis jetzt nicht erbracht werden. Wenn aber für ihren wirtschaftlichen Einsatz eine gewisse Mindestdichte Voraussetzung ist, ergäben sie keinerlei neue Aspekte in bezug auf die Gliederung des Stadtgebiets in „Nahverkehrseinheiten" mit ausreichend großer Einwohnerzahl.

Als angemessen ist eine Dichte anzusehen, die es erlaubt, zumindesten die Einrichtungen für den täglichen Bedarf innerhalb des Fußgängerbereiches vorzusehen. Die Beziehungen zwischen der Einwohnerzahl verschieden großer Siedlungseinheiten, der Wohndichte und der Entfernung zum gedachten Zentrum sind in Tabelle 5 dargestellt. Befriedigende Erreichbarkeitsverhältnisse ergeben sich oberhalb von 150 Einwohnern/ha Bruttobaugebiet, noch ausreichende bei 100 E/ha. Unter 100 E/ha ist zum Beispiel eine wirtschaftliche Bedienung mit schienengebundenen Massenverkehrsmitteln nur noch möglich, wenn sehr wirkungsvolle Zubringersubsysteme eingeführt werden. Auch eine wirtschaftliche Größe für Gemeinbedarfseinrichtungen und private Dienste ist dann nur bei Inkaufnahme so großer Fußwegeentfernungen möglich, daß kaum ein Anreiz mehr dazu besteht, die betreffenden Besorgungen zu Fuß zu erledigen.

VII. Aktuelle Probleme und Ausblick

Das längere Zeit in der räumlichen Planung vorherrschende Interesse für den Gedanken der Dezentralisation bzw. Entlastung der städtischen Verdichtungsräume mittels „selbständiger" Siedlungseinheiten — welcher Größenordnung und Bezeichnung auch immer — hatte zur Folge, daß eine bedauerliche Zweigleisigkeit zwischen der rein auffüllenden oder anlagernden Bautätigkeit innerhalb der im Zusammenhang bebauten Ortsteile und derjenigen in den neuen Siedlungselementen entstehen konnte.

Es kam sogar zu dem Versuch, unter der Bezeichnung „Siedlungsplanung"[42]) eine besondere auf die speziellen Gegebenheiten der Siedlungseinheiten ausgerichteten Kategorie der räumlichen Planung zu schaffen.

---

[41]) Zum Beispiel das CAT-System der Entwicklungsgruppe Demag MBB, Universität Karlsruhe und Stadt Freiburg; Werkbericht hrsg. von Demag Fördertechnik, Wetter, Ruhr 1971.
[42]) Handbuch für Siedlungsplanung, Hamburger Schriften zum Bau-, Wohnungs- und Siedlungswesen, H. 37, hrsg. von der Baubehörde Hamburg, Hamburg 1962.

Die Bemühungen um eine aktive Entwicklungsplanung anstelle der überkommenden Anpassungsplanung blieben fast ausschließlich auf „Entlastungstrabanten", Satelliten- oder „Parkstädte" größeren Zuschnitts beschränkt, während die Auffüllung und Abrundung der wenig strukturierten flächenhaften Erweiterungsgebiete nicht in gleichem Maße vorangetrieben wurde.

In diesen Gebieten beschränkte sich die Planung zumeist auf eine „development control" im Rahmen übergeleiteter alter Ortsbau- oder Fluchtlinienpläne oder auf Steuerung mittels unverbindlicher Empfehlungen.

Bezeichnenderweise sind die gegenüber dem Bundesbaugesetz verbesserten Handhaben des Städtebauförderungsgesetzes zur Flächenbeschaffung für Wohnbau und Gemeinbedarf auf eben jene Maßnahmen größeren Zuschnitts beschränkt geblieben, während die innere Stadterweiterung, die sich durch die kleingeteilte Investitionstätigkeit in Individualbaugebieten vollzieht, nach wie vor mit dem unzureichenden Rechtsinstrumentarium des Bundesbaugesetzes gelenkt werden muß, in dem das wesentliche Pendant zur Baulandausweisung fehlt, nämlich der Zwang zur sofortigen Baulandnutzung durch eine wie auch immer geartete Baupflicht.

Dies hat besonders dort sehr ungünstige Auswirkungen, wo die Zuwächse so gering sind, daß die städtebauliche Ordnung überhaupt nur durch die Abrundung und Stärkung bereits vorhandener Siedlungseinheiten geschehen kann, also insbesondere in den Klein- und Mittelstädten und im ländlichen Raum.

Ungelöst sind nach wie vor alle Fragen, die mit der „Angemessenheit" von Größen, Dichten, Entfernungen, Gemengen etc. zusammenhängen.

Diese Unsicherheit birgt die Gefahr einer Unterbewertung aller Kriterien für Integrationswert, Umweltqualität, Gestaltwert und ähnliche schwer quantifizierbare Nutzenelemente in sich, so daß bei den Überlegungen zur Wirtschaftlichkeit im kleinen wie im größeren Rahmen stets nach Gesichtspunkten der Kosten- bzw. Aufwandsminderung entschieden wird.

Nur wenn es gelingt, bessere Beurteilungsmaßstäbe für diese Angemessenheit zu finden, kann die Weiterentwicklung des Bau- und Planungsrechts zu einer besseren Ausgestaltung der Siedlungselemente und damit zur Verbesserung der Struktur unserer Verdichtungsräume führen.

Grundsätze und Modellvorstellungen für die strukturelle Ordnung des Verdichtungsraums

von

Gerd Albers, München, unter Mitarbeit von Max Guther, Darmstadt

I. Einführung

Eine Untersuchung der heute für die Ordnung der Verdichtungsräume in Betracht kommenden Grundsätze und Modellvorstellungen wird bei aller Berücksichtigung der Kontinuität in der städtebaulichen Entwicklung zunächst von der Tatsache ausgehen müssen, daß sich Interpretation und Bewertung der räumlichen Planung seit der Jahrhundertmitte entscheidend gewandelt haben[1]. Die Vorstellung des Städtebaues als eines schöpferischen Gestaltungsaktes, mit dem zugleich die Koordination der im Raum wirkenden Kräfte zu einem harmonischen Gesamtkonzept geleistet würde, ist ersetzt worden durch die Einsicht, daß es sich hier um einen Auswahlvorgang zwischen Alternativen handelt, die im Widerstreit der beteiligten Interessen sehr unterschiedliche Bewertungen erfahren können und keineswegs in allen Punkten objektiver Abwägung zugänglich sind. Planungskonzepte sind also Entwürfe zur Ordnung des menschlichen Zusammenlebens, ihre Bewertung hängt maßgeblich ab von den Zielvorstellungen, die solchem Zusammenleben zugrundeliegen. Diese Zusammenhänge müssen deshalb in die Erörterung einbezogen werden.

Dabei wird zugleich deutlich, daß alle diejenigen Grundsätze und Modellvorstellungen außer Ansatz bleiben müssen, denen offenkundig unrealistische Zielvorgaben zugrundeliegen und die durch die gegenwärtigen gesellschaftlichen, wirtschaftlichen und technischen Voraussetzungen überholt sind. So gehen zahlreiche städtebauliche Überlegungen der letzten anderthalb Jahrhunderte auf das Streben zurück, den Unterschied von Stadt und Land durch die Integration von Landwirtschaft und Industrie — etwa im Sinne alternierender Tätigkeiten der Bevölkerung — zu überwinden. Es liegt auf der Hand, daß die damit implizierte Abkehr von der arbeitsteiligen Gesellschaft romantische Züge trägt und nur um den Preis einer völligen Umwertung der heutigen Maßstäbe verwirklicht werden könnte[2]. Eine weitere Einschränkung der Betrachtung ergibt sich durch den Ausschluß von Vorstellungen, die sich auf die ungeprüfte Extrapolation heutiger technischer Trends oder auf Annahmen künftiger Möglichkeiten stützen, für deren Verwirklichung keine Belege vorliegen — zumal solche städtebaulichen Utopien meist ohnehin auf die Präzisierung von Strukturvorschlägen verzichten.

---

[1]) Vgl. G. Albers: Über das Wesen der räumlichen Planung. Stadtbauwelt 1969, S. 10 ff.
[2]) Hierzu eine breite Literatur von den utopischen Sozialisten bis zu P. Kropotkin: Landwirtschaft, Industrie, Handwerk. Berlin 1904, und F. L. Wright: Usonien. Berlin 1950.

Es geht also hier um eine systematische Klärung derjenigen Strukturmodelle, die geeignet erscheinen, die Bedürfnisse der industriellen Gesellschaft besser zu erfüllen, als es die Allokation der Nutzungen allein durch den Markt vermöchte. Mit „Struktur" ist hier die Verteilung von räumlichen Nutzungsbereichen bestimmter Prägungen und sie verbindenden Infrastrukturelementen gemeint. Unterschiedliche räumliche Nutzungsbereiche ergeben sich aus der differenzierten Ausstattung mit baulichen und sonstigen Einrichtungen im Hinblick auf die sozialen, ökonomischen und kulturellen Bedürfnisse der Bevölkerung; man könnte also auch von der Herrichtung solcher Bereiche für unterschiedliche menschliche Tätigkeiten sprechen. Neben diese räumlichen Bereiche treten als notwendige Ergänzung die Systeme, die sie untereinander verknüpfen und zum Transport von Menschen, Gütern, Energie und Nachrichten dienen; in der amerikanischen Planungsterminologie ist dafür der Oberbegriff der „Fließsysteme" geprägt worden[3]).

Wendet man diese allgemeine Definition der Struktur auf konkrete Planungsräume an, so zeigt sich, daß unterschiedlichen Maßstabsebenen auch eine verschiedenartige Ausprägung der Strukturelemente entsprechen muß. Auf der Ebene der Raumordnung gelten Verdichtungsräume und Agrarräume, Entwicklungsschwerpunkte und Entwicklungsachsen als derartige Strukturelemente, wobei die Entwicklungsachsen zugleich den Verlauf der wichtigsten Transportlinien kennzeichnen. Die Strukturplanung der Gemeinde erfordert demgegenüber weitergehende Nutzungsdifferenzierungen nach Art der in der Baunutzungsverordnung aufgeführten Kategorien sowie die Disposition einer Vielfalt verzweigter „Fließsysteme" — vor allem für Verkehr, Abwasser und Energie.

Im Übergangsbereich zwischen diesen sehr konkreten Planaussagen und den relativ abstrakten, verbal und meist diagrammatisch dargestellten Planungen von Raumordnung und Landesplanung liegt die Regionalplanung. Ihre Intensität, ihre Arbeitsweise und ihre Einwirkungsmöglichkeit sind gegenwärtig noch recht unterschiedlich. Im Verdichtungsraum, vor allem in Stadtregionen, wird ihre Koordinierungsaufgabe gewichtiger, ihre Planaussage deshalb flächenbezogener sein müssen als in anderen Räumen. So nähern sich ihre Strukturelemente denen des Flächennutzungsplanes nach dem Bundesbaugesetz. Allerdings muß ihre Darstellung nach Art und räumlicher Abgrenzung genereller sein, während andererseits Strukturzusammenhänge deutlich zu machen sind, die aus dem üblichen Flächennutzungsplan nicht hervorzugehen pflegen. Diese Betrachtungsebene der Stadtregion entspricht dem gestellten Thema am besten; sie wird deshalb den weiteren Ausführungen zugrundezulegen sein.

II. Allgemeine Ziele städtebaulicher Ordnung

1. Zur Problematik von Zielformulierungen

Wenn der Gesetzgeber im Bundesbaugesetz den Auftrag gegeben hat, die städtebauliche Entwicklung in Stadt und Land zu ordnen und zu diesem Zwecke die bauliche und sonstige Nutzung der Grundstücke durch Bauleitpläne vorzubereiten und zu leiten, so ist damit implizit ausgesagt, daß der Markt diese Ordnung nicht zu leisten vermag. Damit wird auf einen Selbstregelungsmechanismus verzichtet; die an seine Stelle tretende planmäßige Ordnung kann aber nicht wertneutral sein, selbst wenn sie sich nur als Beseitigung

---

[3]) K. Lynch und L. Rodwin: A Theory of Urban Form. In: Journal of the American Institute of Planners, XXIV, 1958, S. 201 ff.

von Mißständen verstünde[4]). In wachsendem Maße wird die Notwendigkeit erkannt, über solche Beseitigung von Mißständen oder Engpässen hinaus allgemeineren Zielvorstellungen zu folgen.

Nun sind Ziele, denen die Siedlungsstruktur zu dienen hat, offenkundig politischer Natur, das heißt Bekundungen eines gemeinschaftlichen Willens zur Ordnung des Zusammenlebens im Raum. Sie gehören demnach der Natur der Sache nach in die Gesetze. Daß sie dort gegenüber den Verfahrensregelungen nur geringen Raum einnehmen, hängt einerseits mit den eingangs angedeuteten Veränderungen im Wesen der Planung zusammen, liegt aber andererseits auch in der Tatsache begründet, daß sich die Planung nicht lückenlos in das klassische Modell der Gewaltenteilung einordnen läßt. Daraus erklärt sich die sehr allgemeine Formulierung solcher Ziele im Sinne von „Leerformeln", die der Ausfüllung bedürfen. So fordert das Bundesbaugesetz die Ausrichtung der Bauleitpläne auf die „sozialen und kulturellen Bedürfnisse der Bevölkerung, ihre Sicherheit und Gesundheit". Ähnlich allgemein ist im Raumordnungsgesetz als Ziel formuliert, „das Bundesgebiet in seiner allgemeinen Struktur einer Entwicklung zuzuführen, die der freien Entfaltung der Persönlichkeit in der Gemeinschaft am besten dient".

Gewiß spricht einiges dafür, in Gesetzestexten auf eine weitergehende Konkretisierung von Zielen zu verzichten; auf diese Weise können Praxis und Rechtsprechung bei der inhaltlichen Ausfüllung solcher Begriffe Veränderungen im Zeitablauf Rechnung tragen, ohne daß deshalb das Gesetz selbst novelliert werden müßte. Indessen stellt sich die Frage, ob solche Ausfüllung jeweils nur im konkreten Einzelfalle möglich ist oder ob sich nicht auch unterhalb dieser globalen Zielformulierungen Regeln finden lassen, die eine gewisse Allgemeingültigkeit besitzen. Anders ausgedrückt: Läßt sich eine räumliche Struktur genauer umreißen, die der freien Entfaltung der Persönlichkeit in der Gemeinschaft am besten dient — oder die ihr zumindest besser dient als andere Strukturen, die als Planungsmodelle in Betracht kommen könnten?

Es mag übertrieben sein, wollte man diesen Fragenkomplex als eine Art Niemandsland zwischen dem gesellschaftspolitischen Oberziel und den ad-hoc-Entscheidungen der Regierungen und Verwaltungen — oder, auf anderer Ebene, zwischen dem Politiker und dem Planer — bezeichnen, aber er ist ohne Zweifel bisher von der Theorie nicht hinreichend durchdrungen worden. Konkrete und allgemeinverbindliche Aussagen über raumbezogene Grundsätze und Zielvorstellungen lassen sich im Grunde erst wieder auf einer Ebene nachweisen, die der baulichen Verwirklichung erheblich näher ist: etwa in der Baunutzungsverordnung oder in technischen Normen wie den „Richtlinien für den Ausbau von Stadtstraßen". Indessen darf man sich durch den scheinbar technischen Charakter solcher Bestimmungen nicht täuschen lassen; letzten Endes geht es auch hier weniger um wissenschaftlich beweisbare Zusammenhänge als um das Bemühen, in bestimmten Teilbereichen das festzusetzen, was im Interesse der sozialen Bedürfnisse der Bevölkerung, ihrer Sicherheit und Gesundheit erforderlich erscheint.

2. Gesetzesaussagen über raumbezogene Ziele

Über die im vorigen Abschnitt aufgeführten allgemeinen Zielformulierungen hinaus enthält vor allem das Raumordnungsgesetz eine relativ weitgehende konkrete Darstellung von Teilzielen in Gestalt der Raumordnungsgrundsätze. Sie lassen sich sinngemäß

---

[4]) Dies ist mit dem Begriff „disjointed incrementalism" gemeint. Vgl. D. BRAYBROOKE und C. LINDBLOM: A Strategy of Decision. Glencoe, Ill. 1963.

auch auf Einzelräume anwenden und bilden damit einen gewissen Rahmen für die konkrete Planung. Weiter kann ihre Wirkung schon deshalb kaum reichen, weil es sich nicht um ein in sich abgestimmtes Zielsystem, sondern um einen Katalog von Teilzielen handelt. Diese müssen nicht notwendigerweise miteinander harmonieren — und sie tun es in der Regel auch nicht —; Prioritäten für ihre Abgleichung gehen indessen aus dem Gesetz nicht hervor.

Noch allgemeiner bleibt das — allerdings auch fünf Jahre zuvor verabschiedete — Bundesbaugesetz. Seine Liste von Einzelzielen — in § 1, Abs. 5 — bezieht sich auf die Bedürfnisse verschiedener Institutionen, Sektoren und Funktionen der Gesellschaft, bei deren Auswahl weniger eine umfassende Systematik als das Gewicht der im Parlament vertretenen Interessen den Ausschlag gegeben haben dürfte. Der Katalogcharakter tritt hier noch deutlicher hervor als im Raumordnungsgesetz; die Konfliktmöglichkeiten zwischen den Teilzielen sind noch offenkundiger. Unter diesen Umständen läßt sich aus dem genannten Absatz nur wenig Gewinn für die Abklärung städtebaulicher Zielvorstellungen ziehen.

3. Ziele der Landesplanung

Einen höheren Konkretisierungsgrad als den gesetzlicher Vorschriften weisen die Programme und Pläne auf, in denen die Ziele der Landesplanung formuliert werden. Analysiert man indessen die sehr gründliche und aufschlußreiche Zusammenstellung solcher Ziele, die WAGENER kürzlich vorgenommen hat[5]), so ergibt sich, daß die große Mehrzahl der Aussagen keine unmittelbaren Rückschlüsse auf die räumliche Disposition zuläßt — etwa Ausstattungsnormen für verschiedene Zentren, Bezugnahmen auf „angemessene" oder „zumutbare" Entfernungen oder die Forderung, eine Zersiedelung der Landschaft zu vermeiden.

Wenig mehr als ein Achtel der von WAGENER zusammengestellten 467 Zielformulierungen läßt sich unmittelbar als Handlungsanweisung für die Strukturplanung interpretieren. Davon bezieht sich ein gutes Viertel auf die Gesamtdisposition von Bauflächen und Freiflächen, ein knappes Viertel auf Fragen der Dichte und der Größenordnung von Strukturelementen und etwa die Hälfte auf die Anordnung und gegenseitige Zuordnung verschiedener Nutzungselemente. Die zahlreichsten Beiträge zu diesen Themen liefern Hamburg — hier sind verständlicherweise auch die konkretesten Angaben zu finden — und Nordrhein-Westfalen mit je einem Fünftel der von insgesamt 12 Gebietskörperschaften und der Ministerkonferenz für Raumordnung stammenden Aussagen.

Aus der Summe dieser Aussagen ergibt sich ein einigermaßen zusammenhängendes Gesamtbild, das allerdings nur in Teilbereichen scharf konturiert ist. Als mögliche Grundform der Baubereiche gegenüber den Freiräumen taucht sowohl ein System radialer Achsen als auch eine Gruppierung von Entlastungsstädten in größerem Abstand auf: die Freiflächen dazwischen sollen gesichert und mit dem städtischen Grünflächennetz verknüpft werden; eine klare Abgrenzung der Bauflächen gegen die Landschaft wird gefordert.

An Zahlen für Dichte und Größenordnung werden 30 qm Bruttogeschoßfläche je Einwohner für das Wohnen, anzustrebende Bruttodichten zwischen 60 und 100 E/ha genannt. Verdichtungszonen um Haltestellen des öffentlichen Nahverkehrs werden übereinstimmend gefordert; Nordrhein-Westfalen strebt hierfür 40 000 Einwohner in 1000 m Umkreis an, während Hamburg einen Radius von 600 m und eine maximale S-Bahn-Reisezeit von 45 Minuten fixiert.

---

[5]) F. WAGENER: Ziele der Stadtentwicklung nach Plänen der Länder. Göttingen 1971.

Bezüglich der Nutzungsstruktur besteht weitgehende Einigkeit über die Notwendigkeit eines polyzentrischen Systems, über die Situierung von Bildungseinrichtungen und anderen öffentlichen Einrichtungen in den Nahverkehrsachsen und über die Erhaltung oder Schaffung von Wohnungen in Kernstädten. Bezüglich der Mischung oder Trennung von Wohn- und Arbeitsstätten sind die Aussagen weniger eindeutig; es überwiegen aber die Hinweise auf Trennung aus Immissionsgründen und auf die Zusammenfassung von Arbeitsstätten im Interesse der Fühlungsvorteile und der Auswahlmöglichkeit für die Bewohner.

III. Ansprüche an die Siedlungsstruktur als Konsequenzen aus den allgemeinen Zielvorstellungen

Aus den vorangegangenen Ausführungen ergibt sich, daß Gesetzestexte und allgemeine politische Erklärungen zwar gewisse Anhaltspunkte zu geben vermögen, daß Landesentwicklungsprogramme und ähnliche Zielformulierungen in einzelnen Punkten zu konkreteren Aussagen gelangen, daß aber von dort bis zu präzisen strukturellen Vorstellungen noch eine erhebliche Spanne liegt.

Sucht man diese Spanne zu überbrücken, so bietet sich der Weg an, die alternativen Strukturkonzepte, die den politischen Zielen Rechnung tragen, nach technisch-wirtschaftlichen Gesichtspunkten zu vergleichen und auf dieser Grundlage zu entscheiden.

Gewiß ist es möglich — oft sogar wahrscheinlich —, daß solche Alternativen nicht alle Komponenten des Zielbündels, die Teilziele, gleichmäßig erfüllen und daß die politische Entscheidung durch diese Variablen bestimmt wird. Sieht man davon zunächst ab, so ist das Kriterium der Wirtschaftlichkeit, umfassend definiert als Verhältnis von Aufwand zu Erfolg, tatsächlich eine nützliche Entscheidungsgrundlage. Allerdings ist es dazu erforderlich, alle wichtigen Aspekte ins Blickfeld zu bekommen, also einen gesamtwirtschaftlichen — vielleicht trifft „sozialwirtschaftlich" das Anliegen noch besser — Überblick zu gewinnen. Das setzt indessen eine Quantifizierung der Einzelaspekte voraus, die nicht auf jedem Gebiete ohne weiteres erreichbar ist. Es leuchtet ein, daß schon die Transformation aller Kostenfaktoren bis hin zur Umweltbelastung und zur Minderung der Wohnqualität erheblichen Schwierigkeiten begegnet; diese steigern sich noch bei der Abschätzung des sozialen Nutzens. Als weiteres Problem kommt hinzu, daß Kosten und Nutzen von Planungsmaßnahmen verschiedene Gruppen der Bevölkerung auf ganz unterschiedliche Weise betreffen können[6]); dies muß hier zunächst außer acht bleiben. Festzuhalten ist indessen, daß das Bemühen um Wirtschaftlichkeit ein Wesenszug jeder planenden Vorausschau ist und daß hier zumindest eines der Kriterien für die Auswahl zwischen Alternativen liegt.

Auf den städtebaulichen Entwurf bezogen bedeutet Wirtschaftlichkeit zunächst ein günstiges Verhältnis der Leistungsfähigkeit des Gesamtgefüges zu den öffentlichen Aufwendungen; nur diese schlagen sich unmittelbar im öffentlichen Haushalt nieder. Allerdings wird schon im Bereich der Verkehrsaufwendungen deutlich, daß man damit nur einen Teil erfaßt; ihm müßten die den Privaten erwachsenden Verkehrsaufwendungen zugeschlagen werden, wenn man verschiedene Alternativen wirklich umfassend vergleichen will. An-

---

[6]) Eine Weiterentwicklung des Kosten-Nutzen-Ansatzes in diesem Sinne bei M. HILL: A Goals-Achievement Matrix for Evaluating Alternative Plans. In: Journal of the American Institute of Planners, 1968, S. 19 ff.

dererseits wird man schwerlich von der öffentlichen Hand erwarten können, daß sie sich ohne weiteres zur gesamtwirtschaftlich besten Lösung bekennt, wenn diese etwa durch hohe Aufwendungen im öffentlichen Bereich gekennzeichnet ist, ohne daß es möglich ist, die Privaten zu Gegenleistungen für die ihnen zuwachsenden Ersparnisse heranzuziehen. Hier liegt eine der Wurzeln für die Auseinandersetzungen zwischen öffentlichem Nahverkehr und Individualverkehr.

Gewiß läßt sich der Infrastrukturaufwand für verschiedenartige städtebauliche Lösungen in groben Zügen vergleichen; vor allem über verschiedene Systeme zur Erschließung von Baugebieten mit Straßen und Versorgungsleitungen gibt es zahlreiche Studien. Das genügt indessen nicht für einen umfassenden Vergleich; hierzu müßte man auch die Abläufe der Verkehrs- und Versorgungsvorgänge überblicken. Deren Simulation ist zwar unter vereinfachenden Annahmen möglich, aber bisher immer noch langwierig und teuer, selbst wenn man nur wenige Grundsatzlösungen vergleichen will. Ein größeres Hindernis für eine vergleichende Bewertung liegt darin, daß eine Minimierung der Verkehrsvorgänge und der Verkehrsaufwendungen als Qualitätskriterium dann untauglich ist, wenn man damit gleichzeitig eine weitgehende Einschränkung der Erreichbarkeit verschiedenartiger Arbeitsstätten und Zentren für die Bewohner in Kauf nehmen muß. An dieser Stelle werden die Schwierigkeiten eines quantitativen Vergleichs zwischen Kosten — erhöhter Infrastrukturaufwand — und Nutzen — erweiterte Wahlfreiheit — besonders deutlich.

Das Element der Wirtschaftlichkeit hat schon früh bei einer Kernfrage der Stadtplanung eine Rolle gespielt — bei der Beurteilung der absoluten Größe des Verdichtungsraumes. Daß die große Ballung von einer gewissen — allerdings nie präzise belegten — Schwelle ab unwirtschaftlich würde, ist häufig behauptet worden; daß erhöhten Aufwendungen der öffentlichen Hand auch erhöhte Leistungen gegenüberstehen, die auch den Umlandgemeinden mit geringeren Aufwendungen je Einwohner zugute kommen, ist erst allmählich klarer erkannt worden. Nach dem heutigen Stand der Diskussion erscheint es zweifelhaft, ob es für eine Begrenzung der absoluten Größe eines Verdichtungsraumes eine wissenschaftliche — etwa ökonomische — Begründung geben könnte[7]). Das schließt natürlich nicht aus, daß aus örtlicher Sicht eine derartige Begrenzung von Fall zu Fall erforderlich werden kann, um etwa landschaftliche Qualitäten zu erhalten, die sonst gefährdet wären, aber absolute Normen sind weder für die Einwohnerzahl noch für die Flächenausdehnung erkennbar. Setzt man diese beiden Werte in Beziehung, so ergibt sich ein Dichtewert, der einen gewissen Eindruck von der Raumbeanspruchung vermittelt, ohne allerdings sichere qualitative Rückschlüsse zu erlauben[8]). Man wird die Dichte vielmehr immer im Zusammenhang mit dem Aufwand an materieller Infrastruktur im weiteren Sinne — also sowohl für Bauwerke als auch für Verkehrseinrichtungen — sehen müssen. „Überlastung" eines Raumes wäre demnach als Mißverhältnis von Raumbeanspruchung und Infrastruktur zu definieren; absolute Dichtewerte können zum Überlastungsbegriff höchstens insofern einen Beitrag leisten, als bei sehr hohen Dichten über größere zusammenhängende Flächen hinweg der Aufwand für eine angemessene Infrastruktur unverhältnismäßig hoch werden kann. Wo hier die Schwellenwerte im einzelnen liegen, wäre allerdings noch zu erforschen.

---

[7]) W. ALONSO: The Economics of Urban Size, Center for Planning and Development Research. University of California, Working Paper 138.

[8]) So war im ersten Regierungsentwurf zum Raumordnungsgesetz vorgesehen, daß der dort erwähnte „überlastete Verdichtungsraum" durch das Kriterium der Bevölkerungsdichte bestimmt werden sollte.

Überlastung in diesem Zusammenhang bedeutet indessen mehr als nur ein technisches Mißverhältnis; auf unsere Zielvorstellungen bezogen bedeutet Überlastung eines Raumes, daß die Ansprüche seiner Bewohner auf freie Entfaltungsmöglichkeit nicht mehr erfüllbar sind. Diese Ansprüche gehen in die verschiedensten Richtungen: eine angemessene Wohnumwelt unter Berücksichtigung der sich wandelnden Bedürfnisse der Familien, gesicherte Arbeitsplätze möglichst vielfältiger Art, um Aufstiegsmöglichkeiten für den einzelnen und wirtschaftliche Stabilität für das Gemeinwesen zu gewährleisten, Bildungsmöglichkeiten für Kinder, Jugendliche und Erwachsene in erreichbarer Entfernung, ein hohes Niveau von Einkaufsmöglichkeiten für Güter des täglichen Bedarfs und solche höherer Stufen, Erholungsgelegenheiten und Vergnügungsmöglichkeiten in angemessener Entfernung und ein leistungsfähiges Verkehrs- und Versorgungssystem.

Es liegt auf der Hand, daß die Raumplanung allein die Erfüllung dieser Ansprüche nicht zu sichern vermag. Bildungspolitik, Wohnungswirtschaft, Steuerstruktur und viele andere Faktoren haben in Teilbereichen weit größeren Einfluß darauf. Gleichwohl hat jeder dieser Komplexe offenkundig einen raumbezogenen Aspekt. Mehr noch: Der Raum stellt eine der Ebenen dar — etwa neben der des Haushaltsvolumens —, auf denen solche Ansprüche miteinander in Einklang gebracht werden müssen. Wohnstandorte, Arbeitsplätze, Erholungsbereiche sowie Zentren für Einkauf und Dienstleistungen, Bildung und Kommunikation stellen offenbar Raumnutzungskategorien dar, die unterschiedlichen Anforderungen genügen müssen und von daher verschiedene Ausprägung erfordern. Mit ihrer Anordnung, dem Grad ihrer Mischung und Durchdringung, der Qualität des sie verbindenden Verkehrsnetzes, sind wesentliche Voraussetzungen für jene Bedürfniserfüllung angedeutet, denen die räumliche Planung dienen soll.

Über diese eher funktionellen Erwägungen hinaus reicht die Frage nach der angemessenen politischen Gliederung, die es dem Bürger erlaubt, in den ihn betreffenden Fragen seiner engeren und weiteren Umwelt mitzuwirken. Auch aus solchen Erwägungen könnten Kriterien für die absolute Größe eines Verdichtungsraumes wie auch für seine sinnvolle Untergliederung erwachsen. Die Verwaltungsreform hat sich bisher überwiegend auf das Zusammenfassen von Gemeinden mit geringer Leistungsfähigkeit oder mit ausgeprägten Verflechtungen beschränkt und damit zentralisierend gewirkt; es gibt Anzeichen dafür, daß jedenfalls in einigen Verdichtungsräumen die Frage nach einem gewissen Maß an Dezentralisation der politischen Entscheidungsinstanzen zunehmend Beachtung findet.

IV. Elemente der Siedlungsstruktur

An anderer Stelle dieses Bandes wird die Entwicklung städtebaulicher Strukturmodelle dargestellt und daraus eine gewisse Typologie abgeleitet[9]). In unserem Zusammenhang gilt es, diese Typologie noch einmal auf die gegenwärtigen Bedürfnisse hin zu prüfen. Dabei ist zunächst zu klären, welches die Elemente sind, die sich für die Darstellung solcher Modelle am besten eignen. Eingangs wurde bereits auf die grundlegende Unterteilung in funktionsdifferenzierte Flächen einerseits, Fließsysteme andererseits hingewiesen und ihre spezifische Ausprägung auf den verschiedenen Maßstabsebenen der Raumplanung angedeutet.

Auf der Ebene regionaler Modellvorstellungen mit einem gewissen Abstraktionsgrad werden sich die Fließsysteme in der Regel auf die Hauptverkehrslinien von Schiene und

---

[9]) Siehe Seite 15.

Straße, gegebenenfalls auch Wasserstraße, beschränken. Sie sind für die Gesamtstruktur weitaus bestimmender als etwa die räumliche Disposition der Versorgungsnetze oder des Abwassersystems — so maßgebend der Einfluß des letztgenannten Elements für die räumliche Entwicklung in der konkreten Planungsregion sein kann.

Die Differenzierung der Flächenelemente hat, wie eingangs erwähnt, ihren rechtlichen Niederschlag in der Baunutzungsverordnung gefunden. Für die regionalen Strukturmodelle bietet sich zunächst eine Grobunterteilung an, die die Gesamtform des Siedlungskörpers hervortreten läßt — die Gliederung in Bauflächen und Freiflächen. Freiflächen in diesem Abstraktionsbereich umfassen dann sowohl die „freie Landschaft", also vor allem land- und forstwirtschaftlich genutzte Flächen, als auch die größeren Freiflächen, die dem Siedlungsbereich selbst direkt zugeordnet sind und in einem Funktionszusammenhang mit dem Baubereich stehen: Sportplätze, Parkanlagen, Friedhöfe und ähnliche, meist in öffentlichem Eigentum stehende Flächen. Auf die Verknüpfung beider Flächenkategorien ist bereits bei den Zielvorstellungen hingewiesen worden; gleichwohl empfiehlt sich eine Unterscheidung bereits im Grundkonzept vor allem aus praktischen Gründen.

Die Bauflächen selbst lassen sich in höherem oder geringerem Maße differenzieren; dem runden Dutzend der in der Baunutzungsverordnung aufgeführten Kategorien steht in den meisten Zonungsvorschriften der Vereinigten Staaten eine etwa doppelt so große Zahl gegenüber. Sucht man zunächst die Bestandteile einer möglichst elementaren Gliederung zu klären, so bieten sich die Kategorien an, die im vorangegangenen Abschnitt aufgeführt waren: Wohnstätten, Arbeitsstätten, Bildungseinrichtungen, Gelegenheit zum Einkauf, zur Kommunikation, zur Entspannung und Vergnügung. Man könnte noch weiter vereinfachen und die gesamten Bereiche außer Wohnen und Arbeiten unter dem Oberbegriff der Einrichtungen von zentraler Bedeutung zusammenfassen. Genauer noch müßte man von Einrichtungen sprechen, an deren zentral gelegenem Standort ein öffentliches Interesse besteht. Dieses Kennzeichen rechtfertigt auch die Zusammenfassung relativ heterogener Einzelelemente; allerdings müssen solche Standorte dann wieder nach anderen Gesichtspunkten als denen ihrer Einzelbestandteile differenziert werden. Die polyzentrischen Systeme, die weiter oben im Zusammenhang mit den Zielen der Landesplanung erwähnt wurden, setzen Zentren voraus, die in der Regel in doppelter Hinsicht differenziert sind: einmal im Sinne einer Zentrenhierarchie in Abhängigkeit von der versorgten Bevölkerungszahl, zum anderen im Sinne einer wechselseitigen funktionellen Ergänzung. Nur in kleinen Verdichtungsräumen wird man auf diese Art der Differenzierung verzichten können.

Auch für die Arbeitsstätten bietet sich bereits in einem sehr generellen Stadium der Strukturüberlegungen eine Zweiteilung an, die durch die Unterscheidung zwischen dem sekundären und dem tertiären Sektor der Wirtschaft markiert wird; in Flächenbedarf und Standortansprüchen sind diese beiden Kategorien zu unterschiedlich, als daß sie gleichartig behandelt werden könnten.

Auf den ersten Blick schon zeigt sich, daß hier Überlappungen bestehen: Einrichtungen mit zentralen Standortansprüchen können zugleich Arbeitsstätten von erheblichem Umfang sein — so beispielsweise das Rathaus oder das Warenhaus. Andererseits können auch Freiflächen zentrale Bedeutung besitzen und entsprechende Forderungen an den Verkehrsanschluß stellen — etwa ein Großstadion oder der Hauptfriedhof. Die aufgeführten Kategorien lassen sich also nicht lupenrein voneinander trennen; das muß aber wohl als Niederschlag der Komplexität des städtischen Gefüges akzeptiert werden.

Auch die Wohnflächen sind nicht in völliger Isolierung von den anderen Nutzungen zu sehen, wenn auch die Möglichkeiten einer schadlosen Mischung oder Überlagerung begrenzt sind[10]).

Bevor man nun von dieser Klärung der Elemente fortschreiten kann zu den Problemen ihrer gegenseitigen Zuordnung und zu darauf bezogenen Modellen, bleiben noch zwei Vorfragen zu erörtern. Das ist zunächst die Frage nach dem Flächenbedarf jeder einzelnen Nutzungskategorie. Hier muß man in Rechnung stellen, daß sich in solchen Bedarfsangaben sehr unterschiedliche Komponenten niederschlagen; technische Regeln, Erfahrungswerte und soziokulturelle Normen sind in ihren Einflüssen nicht immer leicht auseinanderzuhalten. Die zweite Vorfrage bezieht sich auf die Größenordnungen, in denen die Bestandteile der einzelnen Kategorien zu Strukturelementen aggregiert werden, also die Frage nach den Gliederungselementen der Stadtstruktur. Auch hier handelt es sich im Grunde um ein Zuordnungsproblem, wenngleich auf einer anderen Ebene als auf der des Verdichtungsraumes in seiner Gesamtheit. Jeder dieser Fragen ist im Rahmen dieses Bandes ein eigener Beitrag gewidmet worden[11]); auf ihnen kann für die folgenden Ausführungen aufgebaut werden.

V. Bestimmungsfaktoren für Gliederung und Zuordnung der Siedlungselemente

Im allgemeinen kann man davon ausgehen, daß alle Zuordnungsüberlegungen auf dem Grundsatz beruhen, ein hohes Maß an Leistung — und das heißt von Versorgung, von Kommunikations- und Auswahlmöglichkeiten — mit einem möglichst geringen Aufwand an Infrastruktur zu erreichen. Um diese Frage geht es bei der Schwellentheorie von Malisz[12]) ebenso wie bei Wageners umfangreicher Untersuchung über den „Neubau der Verwaltung"[13]). Ein entscheidender Punkt dabei ist allerdings die Notwendigkeit, mit Wachstum und Veränderung der Stadt zu rechnen und damit auf eine allgemein gültige statische Lösung zu verzichten. Tatsächlich sind auch alle Gliederungselemente weitgehend von der Überlegung bestimmt, wie man bei einem sich entwickelnden städtischen Gefüge gleichwohl jederzeit ein einigermaßen günstiges Verhältnis von Aufwand zu Erfolg sichern könne. Hier liegt ein wesentlicher Antrieb sowohl für die Satellitenstadtgedanken seit Howard[14]) als auch für die Postulierung der Nachbarschaftseinheit als eines relativ kleinen, in sich geschlossenen und infrastrukturbezogenen Elementes.

So besteht ein Hauptproblem für die Zuordnung städtebaulicher Elemente offenbar in der Forderung an den städtebaulichen Entwurfsvorgang, einerseits einen „Zielzustand" zu konzipieren und andererseits den Entwicklungs- und Veränderungsprozeß zu berücksichtigen. Ein anderes liegt in der Tatsache begründet, daß der Plan in aller Regel nur rahmensetzend wirkt und für seine Verwirklichung auf die Investitionsentscheidung Privater angewiesen ist, so daß die Nutzungsintensität — etwa für Arbeitsstätten — im voraus nur bedingt determinierbar ist.

---

[10]) Vermutlich begrenzter, als sie J. Jacobs (Tod und Leben großer amerikanischer Städte, Frankfurt-Berlin 1963) darstellt.
[11]) Siehe S. 35 ff. und S. 51 ff.
[12]) B. Malisz: Die Schwellentheorie und ihre Bedeutung für die Stadtplanung. In: Stadtbauwelt 1968, S. 1416 ff.
[13]) F. Wagener: Neubau der Verwaltung. Berlin 1969.
[14]) Vgl. J. Posener (Hrsg.): Ebenezer Howard, Gartenstädte von morgen. Das Buch und seine Geschichte. Frankfurt—Berlin 1968.

Gleichwohl erscheint es zweckmäßig, sich zunächst einmal mit den Gesichtspunkten auseinanderzusetzen, die für die gegenseitige Zuordnung der wesentlichsten Nutzungsarten — vorerst jeweils paarweise betrachtet — eine Rolle spielen.

1. Beziehung Wohnstätte — Arbeitsstätte

Offenkundig ist die räumliche Beziehung von Wohnstätten und Arbeitsstätten eines der Zentralprobleme für das „Funktionieren" der Stadt als ökonomisches Gefüge — ähnlich wie man die Zuordnung von Wohnungen und Freiflächen seit dem Ende des 19. Jahrhunderts als einen wichtigen Indikator für die soziale Qualität der großstädtischen Umwelt gesehen hat. Wenn also aus der wirtschaftlichen wie aus der sozialen Entwicklung heraus die unmittelbare räumliche Verknüpfung von Wohn- und Arbeitsstätte im gleichen Gebäude nur noch in Ausnahmefällen möglich und sinnvoll erscheint, so kann eine beliebige, ungeordnete Verteilung von Wohn- und Arbeitsstätten doch offenbar erhebliche Probleme aufwerfen.

Für die Zuordnung von Wohn- und Arbeitsstätten lassen sich zwei Grundvorstellungen herausschälen, die in deutlichem Gegensatz zueinander stehen. Das ist einmal die räumliche Verteilung der Arbeitsstätten in der Weise, daß ihnen die Wohnstätten der dort Beschäftigten jeweils in Fußgängerentfernung — ein bis höchstens zwei Kilometer — zugeordnet sind; maßgebend dafür ist in erster Linie die Absicht, den Berufsverkehr mit Kraftwagen und öffentlichen Verkehrsmitteln möglichst zu reduzieren und durch diese Verringerung der Spitzenbelastung eine gleichmäßigere Beanspruchung und damit auch wirtschaftlichere Bemessung des Verkehrsnetzes zu bewirken.

Das andere Extrem liegt darin, die Arbeitsstätten möglichst vollständig zu konzentrieren. Das bedingt natürlich zwischen diesen Bereichen und den Wohngebieten gute Verkehrsverbindungen, für deren Wahl die absolute Größenordnung eine erhebliche Rolle spielt. So ist beim MARS-Plan für London, der im wesentlichen diesem Grundgedanken folgt, an ein Schnellbahnnetz gedacht; Modelle niedrigerer Größenordnung, die auf dem gleichen Prinzip der Arbeitsstättenkonzentration aufbauen, sind ebenfalls auf ein leistungsfähiges Nahverkehrssystem angewiesen.

Allgemein läßt sich feststellen, daß das eingangs genannte Ziel einer unmittelbaren Zuordnung von Wohn- und Arbeitsstätten, so einleuchtend es auf den ersten Blick scheinen mag, der heutigen Wirklichkeit nicht gerecht wird. Freizügigkeit und Mobilität bezüglich des Arbeitsplatzes gehören zum Wesen eines wachstumsbezogenen Wirtschaftslebens und lassen sich nicht ohne Nachteile nennenswert einschränken; andererseits kann nicht erwartet werden — auch nicht bei weiterer Lockerung des Wohnungsmarktes —, daß jedem Arbeitsplatzwechsel eine Verlegung der Wohnung mit allen damit normalerweise verknüpften, überwiegend unbequemen sozialen Konsequenzen folgt. Indessen gilt auch diese Feststellung nicht unbeschränkt; für gewisse Gruppen der Bevölkerung bleibt die räumliche Nähe des Arbeitsplatzes deshalb wichtig, weil ihre Mobilität begrenzt ist. Das trifft beispielsweise in aller Regel bei einer Halbtagstätigkeit der Hausfrau zu. Es ist deshalb in jedem Falle eine gewisse Streuung der Arbeitsstättenstandorte über das Stadtgebiet anzustreben, und zwar in um so höherem Maße, je größer die Stadt ist. Damit wird zugleich dem Ziel Rechnung getragen, während des Berufsverkehrs zu einer möglichst günstigen Auslastung des Verkehrsnetzes in den verschiedenen Richtungen zu gelangen und die Unwirtschaftlichkeit eines fast ausschließlich in eine Richtung zielenden Stoßverkehrs zu Arbeitsbeginn und Arbeitsschluß abzubauen. Das Modell der Regionalstadt von HILLEBRECHT ebenso wie — in kleinerem Maßstab — der Plan für Hook läßt dieses Prinzip erkennen[15]).

2. Beziehung Wohnstätte — Zentrum

Die Bedeutung des städtischen Kernbereichs und der zentralen Einrichtungen ist in den letzten Jahrzehnten immer stärker betont worden. Die Gründe dafür liegen einerseits darin, daß für die Wirtschaft die Ausstattung eines Ortes mit zentralen Dienstleistungen gegenüber den klassischen Standortfaktoren immer mehr Gewicht gewonnen hat, zum anderen in dem zunehmenden Interesse, das Fragen der Kommunikation, der Begegnungsmöglichkeiten, der „Öffentlichkeit" nicht nur in der städtebaulichen Fachdiskussion, sondern auch im öffentlichen Bewußtsein finden. Maßgebend für die optimale Ausnutzung zentraler Einrichtungen ist einerseits ihr Standort in seinen Beziehungen zu den Wohnstätten, andererseits die Zuordnung zu einer der jeweiligen Tragfähigkeit entsprechenden Einwohnerzahl; das Spannungsverhältnis zwischen Zugänglichkeit und Einzugsbereich kennzeichnet die Problematik der Standortwahl.

Wenn man davon ausgeht, daß der Bewohner nicht auf ein Verkehrsmittel angewiesen sein soll, um jedenfalls die zentralen Einrichtungen niederen Niveaus — Schule, Ladengruppe — zu erreichen, so ist die Größenordnung monozentrischer Modelle zwangsläufig begrenzt. Es liegt nahe, diese Grenze etwa im Bereich des ursprünglichen Gartenstadtkonzeptes oder der in den dreißiger Jahren von Feder und anderen propagierten Kleinstadt — zwischen 20 000 und 30 000 Einwohnern — anzusetzen[16]). Tatsächlich wird diese Größenordnung nur selten überschritten: so in der auf 50 000 Einwohner ausgelegten Neugründung Cumbernauld in Schottland, so auch in dem nicht verwirklichten Projekt für die neue Stadt Hook, das zwar einige Nebenzentren aufweist, aber die Hauptmasse der vorgesehenen 100 000 Einwohner auf eine bandförmige Zentralzone zu ordnet, in der sich verschiedenartige Zentrumsfunktionen auf knappem Raum überlagern sollen. Das bedingt notwendigerweise eine relativ hohe Dichte in diesem Wohnbereich, wenn man an der „Fußgängerentfernung" — heute in den meisten Fällen mit etwa einem Kilometer angenommen, die im Projekt Hook mit 800 m sogar unterschritten sind — festhalten will[17]).

Im extremen Gegensatz zum monozentrischen Stadtmodell steht das Bandstadtkonzept, das seiner Natur nach zunächst keinen eindeutigen Standort für ein Zentrum bietet. Folgerichtig beschränken sich strenge Bandstadtmodelle allenfalls auf die Andeutung derjenigen Einrichtungen niederer Zentralität, die den bandförmig aufgereihten Siedlungseinheiten jeweils unmittelbar zuzuordnen sind. Das ist offenkundig eine wirklichkeitsfremde Übervereinfachung.

So ergibt sich für den Verdichtungsraum zwangsläufig die Notwendigkeit differenzierter Zentren. Diese Differenzierung geht in zwei Richtungen — die einer hierarchischen Stufung vor allem im Bereich der Einkaufs- und Dienstleistungsfunktionen — etwa von der Ladengruppe über Nachbarschafts- und Stadtteilzentren bis zum Kern der Stadtregion — und die einer funktionellen Unterscheidung. Zwar vermag in der Regel eine Zusam-

---

[15]) R. HILLEBRECHT: Städtebau und Stadtentwicklung. In: Archiv für Kommunalwissenschaften, 1, 1962, S. 41 ff. — LONDON COUNTY COUNCIL: The Planning of a New Town, London 1961.
[16]) G. FEDER: Die neue Stadt. Berlin 1939. — G. LANGEN: Das Umsiedlungsproblem. Berlin 1934.
[17]) LONDON COUNTY COUNCIL, a. a. O.

menfassung unterschiedlicher zentraler Funktionen die Anziehungskraft des Zentrums zu stärken, aber einer solchen Zusammenfassung sind im Bereich hoher Zentralität Grenzen gesetzt, wie noch zu erörtern sein wird. Als Regel für derart differenzierte Zentren kann offenbar gelten, daß sie oberhalb eines Einzugsbereiches von etwa 30 000 Einwohnern für einen Großteil ihrer potentiellen Besucher nicht mehr bequem zu Fuß erreicht werden können und deshalb auf gute Verkehrsbedienung, vor allem durch den öffentlichen Nahverkehr, angewiesen sind. Aber auch die kleineren Zentren sind als Brennpunkte des Publikumsverkehrs in besonderem Maße geeignet, zugleich diejenigen Haltepunkte des öffentlichen Nahverkehrs aufzunehmen, die den Wohngebieten dienen.

3. Beziehung Wohnstätte — Freifläche

Die räumliche Beziehung von Wohnstätten zu Freiflächen hat in der städtebaulichen Literatur schon im 19. Jahrhundert eine wichtige Rolle gespielt; gerade die Zurückdrängung der Natur durch die Stadt und der Freiflächenmangel in ihrem Inneren stellten einen der wesentlichsten Ansatzpunkte der Kritik dar. Die Erreichbarkeit von Grünflächen in zumutbarer Entfernung von jeder Wohnung gehörte daher schon früh zu den Zielen eines sozial orientierten Städtebaues; das Bemühen, hierfür Systeme zu entwickeln, hat in ähnlicher Weise wie die Verkehrsüberlegungen wesentlich dazu beigetragen, Formen des Stadtgrundrisses zu entwickeln, die von der ungelenkten Entwicklung in konzentrischer Form abwichen.

Auch bei den Freiflächen lassen sich wiederum zwei Grundvorstellungen nachweisen, die auf ein konzentrisches und auf ein bandartiges System zurückzuführen sind. Beim konzentrischen System erzwingt das Bestreben, die Natur nicht zu weit zurückzudrängen und die Wege nicht zu lang werden zu lassen, eine Größenbegrenzung der Stadt ebenso wie die dauernde Sicherung des sie umfassenden Grüngürtels — eine Vorstellung, die sich vor allem in den britischen Gartenstädten und dem sie begleitenden Grundprinzip des „green belt" niedergeschlagen hat. Die Bandentwicklung dagegen ist dadurch gekennzeichnet, daß ganz unabhängig von der Größe des Gesamtgemeinwesens der Zugang zur freien Landschaft wenigstens in einer Richtung — quer zum Band — stets offengehalten wird. Sie ist also die für das Wachstum geeignetere Konzeption; läßt man mehrere solche Bänder von einem Zentrum ausgehen, so ergibt sich das sehr häufig verwandte sternförmige Grundrißmodell. Eine Zwischenlösung zwischen diesem und dem reinen Bandsystem stellen die Kamm- oder Doppelkammlösungen dar, bei denen parallel oder annähernd parallel geführte Siedlungsbänder mit dazwischenliegenden Freiflächen mehr oder minder rechtwinkelig auf eine zentrale Zone stoßen.

Es wurde bereits auf die Differenzierung auch der funktionell dem Siedlungsraum zugeordneten Freiflächen hingewiesen. Sie bezieht sich einerseits auf die verschiedenartigen Kategorien der Freiflächennutzung, andererseits aber auch auf eine Abstufung innerhalb solcher Nutzungskategorien wie etwa der Spiel- und Sportplätze oder der Parkanlagen entsprechend der Erreichbarkeit und dem Benutzerkreis — ganz analog der Zentrenstufung. Hierüber wird an anderer Stelle dieses Bandes ausführlich berichtet[18]).

Freiflächen innerhalb der Stadt werden in der Regel im Eigentum der öffentlichen Hand sein müssen, wenn man sie langfristig gegen die Inanspruchnahme durch lukrativere Nutzungen schützen will — jedenfalls solange unser gegenwärtiges, noch vom Marktdenken geprägtes Bodenrecht nicht besser auf die Planung abgestimmt ist. Das gilt ähn-

---

[18]) Siehe Seite 161 ff.

lich für die Übergangszonen zur freien Landschaft; darüber hinaus wird man bei den Modellvorstellungen berücksichtigen müssen, daß eine sinnvolle landwirtschaftliche Nutzung heute gewisse absolute Größenordnungen der landwirtschaftlichen Flächen voraussetzt, die in den Zwischenräumen zwischen Bauflächen des Verdichtungsraumes nicht immer gegeben ist.

4. Sonstige räumliche Beziehungen

Den verbleibenden räumlichen Beziehungen, die nicht die Wohnstätten betreffen, ist ein vergleichsweise geringeres Gewicht beizumessen, obwohl auch sie nicht ganz ohne Bedeutung sind. Vor allem der Bezug von Arbeitsstätten zu zentralen Einrichtungen ist offenkundig von Interesse; sowohl für den Weg zwischen Wohnung und Arbeitsplatz als auch für die Arbeitspausen kann die enge Beziehung zwischen Arbeitsstätten und Standorten zentraler Einrichtungen ein Positivum darstellen. Auf die Vorzüge einer vielseitigen Benutzung von Zentren, wenn Arbeitsstätten in unmittelbarer Nähe liegen, ist mehrfach hingewiesen worden[19].

Andererseits ist klar, daß die Standorte in Zentrumsnähe, die für Arbeitsstätten herangezogen werden, für Wohnungen ganz oder teilweise — je nach dem möglichen Mischungsgrad mit Arbeitsstätten — ausfallen. Soweit also derartige Arbeitsstätten nicht ihrerseits zugleich von zentraler Bedeutung sind oder ihrem Wesen nach zwingend auf die räumliche Nähe zu solchen zentralen Einrichtungen angewiesen sind, wird es hier um eine Abwägung gehen, für die letztlich die Lage des einzelnen Falles entscheidend sein dürfte; generelle Regeln, welcher Nutzung der Vorzug zu geben sei, lassen sich nicht aufstellen.

Demgegenüber ist der Bezug von Freiflächen zu Arbeitsstätten und zu Zentren offenbar weniger wichtig. Am ehesten kommt er noch dort ins Blickfeld, wo bestimmte Freiflächen zentrale Bedeutung besitzen — wie etwa das Hauptstadion einer Stadt, das eine gute Einbindung in das öffentliche Nahverkehrsnetz verlangt. Von solchen spezifischen Problemen abgesehen, dürfte aber dieser Beziehungskomplex bei den Erwägungen zur strukturellen Ordnung an letzter Stelle rangieren.

VI. Modelle der Siedlungsstruktur

An anderer Stelle dieses Bandes wurde aus dem historischen Überblick über die Modellvorstellungen zur Stadtstruktur eine Typologie abgeleitet, die sich auf die Grundelemente von Punkt, Band und Fläche stützt[20]. Abstrakt betrachtet stellen diese Elemente gleichsam die geometrischen Orte der Infrastruktur dar — zentriert, bandförmig oder ubiquitär zugänglich —; ihnen entsprechen die Grundformen der konzentrischen, kreisförmig begrenzten Ballung, der Bandstadt und der homogenen Flächenbesiedlung. Keines dieser Extreme ist, wie aus der Diskussion der Einzelbeziehungen im vorigen Abschnitt deutlich wurde, für den Verdichtungsraum der Gegenwart geeignet. Dagegen bieten offenbar Kombinationen und Überlagerungen dieser Grundformen verschiedene Ausgangspunkte für die Entwicklung zweckentsprechender Strukturkonzepte.

Wieweit die Aussage solcher Modelle reichen sollte, wurde eingangs umrissen: räumliche Verteilung der Hauptnutzungen, insbesondere der Standorte zentraler Einrichtungen, Linienführung der Hauptverkehrszüge, Disposition der Flächen für Wohnen und

---

[19] Vgl. J. Jacobs, a. a. O.
[20] Siehe Seite 15.

Arbeiten und der Freiflächen. Damit ist der Mindestinhalt angedeutet; Verfeinerungen bezüglich der Intensität der jeweiligen Nutzung des Mischungsgrades verschiedenartiger Nutzungen führen zu einer ersten Stufe der Detaillierung. Dieser Stufe entsprechen etwa die von LYNCH und RODWIN vorgeschlagenen Kategorien zur Kennzeichnung der Struktur: Typen der Strukturelemente, Quantität der Strukturelemente, Dichte, Körnung — als Kennzeichnung des Mischungsgrades unterschiedlicher Elemente — und „focal organization"; im Rahmen unserer Diskussion läßt sich dieser Begriff wohl am ehesten mit „Zentralitätsstruktur" übersetzen[21]).

Geht man bei der weiteren Betrachtung zunächst vom System der Verkehrslinien aus, so entspräche dem konzentrischen Modell ein Bündel radialer Verkehrsstrassen von einem Mittelpunkt aus, das durch ein Sekundärnetz konzentrischer Ringe ergänzt wird. Das Band würde sich als eine Hauptverkehrsachse — allenfalls mit sekundären Querachsen — darstellen, während der homogenen Fläche ein gleichmäßiges Rasternetz entspricht. Berücksichtigt man weiter, daß die Standortgunst innerhalb der Modelle entscheidend von der Zugänglichkeit, also von der Lage im Verhältnis zum Verkehrsnetz abhängt, so zeigt sich ein wichtiger Unterschied: während offenbar alle drei Gruppen von Modellen mit den Rasterknoten oder den Schnittpunkten von Primär- und Sekundärachsen Standorte für Zentren untergeordneter Bedeutung anbieten, weist allein das konzentrische System einen eindeutigen Standort für die Einrichtungen höchster Zentralität auf. Hier ist der Grund dafür zu suchen, daß dieses Grundmodell für die meisten unserer Verdichtungsräume — jedenfalls die einkernigen — im Ansatz bestimmend ist.

Indessen liegt hier gerade für die größeren Verdichtungsräume ein Hauptproblem: das Zentrum wird überlastet oder zumindest überdehnt. Die einseitige Verteilung der Standortgunst als Folge optimaler Zugänglichkeit wirft offenbar von einer gewissen Größenordnung an mehr Probleme auf, als sie löst; die Dezentralisierung der zentralen Einrichtungen wird deshalb zwangsläufig zum Ziel. Band- und Rasterstrukturen im strengen System bieten keinen aus der Situation heraus zwingenden Ansatz für den Standort solcher Einrichtungen von höchster Zentralität; der Standortwahl haftet also ein Element der Zufälligkeit an.

Unter den Mischformen bietet sich zunächst die kreuz- oder sternförmige Überlagerung mehrerer Bänder an einem Punkte an, der damit zwangsläufig zum Zentrumsstandort wird. Diese Grundform kann vielfältig abgewandelt werden; so läßt sich der erwähnte MARS-Plan für London[22]) mit seinen senkrecht auf eine ausgedehnte Zentralzone stoßenden Wohnbändern letztlich als eine Extremform dieses Gedankens interpretieren, die sich allerdings schon stark dem Rastersystem nähert. Eine Zwischenform könnte man etwa in der strahlenförmigen Ausrichtung von Siedlungsbändern auf die Enden einer enger begrenzten, aber gleichwohl noch bandförmigen Zentralzone sehen, in der sich die Verkehrslinien entsprechend bündeln. Eine andere Zwischenform, dem Kreuz oder Stern stark genähert, aber mit der tangentialen Führung der Verkehrslinien auf eine Entlastung des Zentrums gerichtet, ist HILLEBRECHTs Regionalstadtkonzept[23]).

In diesen Zusammenhang gehört der Hinweis, daß fast alle abstrakten Modelle der Siedlungsstruktur von der Grundvorstellung einer „Solitärstadt" oder eines „einpoligen Verdichtungsraumes" ausgehen, also eine Situation voraussetzen, die — zumindest in der höchsten Stufe der Hierarchie — keine konkurrierenden Zentren aufzuweisen hat. Tat-

---

[21]) K. LYNCH und L. RODWIN, a. a. O.
[22]) M. FRY: Fine Building. London 1936.
[23]) R. HILLEBRECHT, a. a. O.

sächlich trifft diese Situation für eine Anzahl von Verdichtungsräumen in und außerhalb der Bundesrepublik nicht mehr zu, und deren Zahl dürfte eher wachsen als zurückgehen. Sie dürften in mancher Hinsicht größere politische und administrative Probleme aufwerfen als die monozentrischen Verdichtungsräume; gleichwohl bieten sie auch Vorteile, und es spricht vieles dafür, daß es in Zukunft als erstrebenswert gelten wird, mehrere — allerdings funktional differenzierte und insofern nicht eigentlich miteinander konkurrierende — Zentren höchsten Ranges innerhalb des gleichen Verdichtungsraumes zu entwickeln, um Überlastungserscheinungen zu begegnen.

Eine hierfür geeignete Grundstruktur bietet offenbar der „gerichtete Raster" (directional grid), wie er von BUCHANAN für South Hampshire entwickelt wurde[24]. Das relativ indifferente, zwischen Band und Fläche einzuordnende Verkehrssystem mit seinen alternierenden „roten" und „grünen" Straßenzügen (die einen vorwiegend Industrie und Zentren, die anderen Gemeinbedarf und Wohnen versorgend) erlaubt ein gewisses Maß an Flexibilität für die Disposition und wohl auch für das Wachstum verschiedenartiger Nutzungen. Jedenfalls gilt das für die Entwicklungsphase; wieviel von solcher Flexibilität nach weitgehender Ausfüllung des Rasters noch verbleibt, läßt sich schwer prognostizieren.

Die oben erwähnte Gefahr der Zentrumsüberlastung besteht allem Anschein nach schon bei einer Größenordnung des Verdichtungsraumes von einer halben Million Einwohner und wächst mit dessen Größe. Die Abhilfe kann wohl nicht nur in einer Dezentralisierung in dem Sinne bestehen, daß man einen Teil der weniger bedeutenden Nutzungen dem Hauptzentrum zu entziehen und sie auf in der Hierarchie nachgeordnete Zentren zu verlegen sucht, sondern sie muß auch auf die Auslagerung von Nutzungen hoher Zentralität gerichtet sein, auf die Schaffung funktionsdifferenzierter „Ableger" des Hauptzentrums. Die Entwicklung der regionalen Siedlungskonzeption für Kopenhagen macht diesen Sachverhalt deutlich: der monozentrische „Fingerplan" wurde aufgegeben zugunsten einer stärkeren Betonung einzelner Standorte hoher Zentralität, die dem Stadtkern nach Westen — in Richtung seiner Hauptverkehrsbeziehungen — vorgelagert sind. Bekannter noch ist die Schaffung der Hamburger „Geschäftsstadt Nord", die auf das gleiche Problem zurückgeht. Die „Unabhängige Kommission für den Aufbauplan der Freien und Hansestadt Hamburg" hat eine Weiterentwicklung dieses Prinzips ausdrücklich empfohlen[25].

Hier taucht ein neuer Gesichtspunkt für die Entwicklung von Strukturmodellen auf: Solche zusätzlichen Standorte von hoher Zentralität bedürfen einer ähnlichen Verkehrsgunst wie das Hauptzentrum, wenn sie ihre Aufgabe erfüllen sollen — einer höheren als sie üblicherweise in den erwähnten Grundmodellen angelegt ist. Kennzeichnenderweise liegt der Standort der Hamburger „Geschäftsstadt Nord" in einem Bereich, der — dank der historischen Zufälligkeit der alten Hamburger Staatsgrenzen — überdurchschnittlich gut durch Schienenverkehr erschlossen ist.

Die erwähnte Funktionsdifferenzierung bezieht sich vor allem auf die Qualitäten solcher Neben- oder Unterzentren als Arbeitsplatzkonzentrationen oder als Einkaufs- und Dienstleistungsstandorte — als „Management"- oder „Service"-Zentren. Gerade die Häufung der tertiären Arbeitsplätze ist es ja, die die alten Stadtkerne zu sprengen und

---

[24] C. BUCHANAN and Partners: South Hampshire Study. London 1966 (Zusammenfassung in: Stadtbauwelt 1969, S. 35 ff.).
[25] Unabhängige Kommission für den Aufbauplan der Freien und Hansestadt Hamburg: Stellungnahme zum Aufbauplan. Hamburg 1967, S. 72 ff.

ihrer „Kommunikationsqualitäten" zu berauben droht. Die Verteilung solcher Arbeitsplätze im Stadt- und Regionalgefüge gehört heute offenbar zu den Schlüsselproblemen der strukturellen Ordnung in Verdichtungsräumen. Die sekundären Arbeitsstätten, meist mit geringerem Anteil an der Gesamtzahl der Arbeitsplätze und infolge ihres höheren Flächenanspruchs ohnehin peripherer und disperser gelegen, werfen für den Berufsverkehr weniger Probleme auf. Allerdings kann es gerade in großen Verdichtungsräumen geschehen, daß sie bei schlechter Zuordnung zum Nahverkehrssystem nur für nahe wohnende oder motorisierte Arbeitskräfte in Betracht kommen und damit hinter ihrem möglichen Beitrag zur Vielfalt des Arbeitsplatzangebots zurückbleiben; in den USA gibt es dafür deutliche Beispiele. Im allgemeinen wird man also großen Wert darauf legen müssen, Arbeitsstätten und Wohnstätten im Stadtgebiet so zu disponieren, daß auch in der Stoßzeit die Verkehrswege — vor allem das Netz des öffentlichen Nahverkehrs — nicht ausschließlich oder ganz überwiegend in einer einzigen Verkehrsrichtung in Anspruch genommen werden. Dieses Argument spricht also nachdrücklich gegen Modelle mit einseitigen Arbeitsplatzkonzentrationen, muß aber auch nicht zu einer beliebigen Mischung führen. Wahrscheinlich wird ihm am besten Rechnung getragen mit einem Verkehrssystem, das nicht nur radial auf ein Zentrum ausgerichtet ist — wie die S- und U-Bahnlinien in München —, sondern auch außerhalb des Hauptkerns gewisse Verflechtungen aufweist, damit zugleich die Standortgunst stärker differenzierend. An dieses System sollten dann in nicht zu grobkörniger Verteilung Wohn- und Arbeitsbereiche angeschlossen werden.

Alle diese Überlegungen gehen von der heute übereinstimmend erkannten Notwendigkeit aus, den schienen- oder zumindest liniengebundenen öffentlichen Nahverkehr zum Rückgrat des Siedlungsgefüges zu machen. Es ist zwar nicht auszuschließen, daß neue Verkehrssysteme diese Notwendigkeit abschwächen oder aufheben könnten, doch zeichnet sich bisher kein realistisches Projekt ab, das wirklich zu solchen Konsequenzen führen könnte. Die gegenwärtig diskutierten Kabinenbahnen sind durchweg auf Verkehrsnetze bezogen, die in ihren Grundzügen mit denen der bisherigen Nahverkehrslinien vergleichbar sind; es handelt sich dabei nicht um eine Flächenbedienung, sondern nach wie vor um ein Liniennetz. Das könnte sich allenfalls dann ändern, wenn die „Kabine" auch linienunabhängig mit eigener Kraft fahren kann; selbst dann dürfte aber die schnelle Erreichbarkeit einer für die elektronische Steuerung geeigneten Hauptstrecke wichtig genug sein, um dieser eine ähnliche Bedeutung für die Stadtstruktur zu verleihen, wie sie die „konventionellen" Nahverkehrslinien heute besitzen.

Was die Freiflächendisposition angeht, so eignen sich im Grunde alle differenzierten Strukturmodelle für eine Zuordnung von Freiflächen — vom Spiel- und Sportplatz bis hin zur freien Landschaft — zu den Wohnbereichen. In besonderem Maße trifft das für die sternförmigen Grundstrukturen deshalb zu, weil die Freiräume in nicht zu großer Entfernung vom Zentrum bereits eine Breite erreichen, die land- und forstwirtschaftliche Nutzung vertretbar erscheinen lassen, während dies in schmaleren Freizonen weit schwieriger zu sichern sein dürfte.

In diesen Zusammenhang gehört noch eine Auseinandersetzung mit der Frage, ob nicht — wie heute gelegentlich propagiert — eine Abwendung vom Prinzip der Nutzungsdifferenzierung zugunsten eines funktionsneutralen Stadtsystems geboten sei. Die meisten derartigen Vorstellungen kreisen um ein Grundgerüst mit auswechselbaren funktionsdifferenzierten Elementen — oder auch mit weitgehend funktionsneutralen Elementen, deren Nutzung leicht auf die von den jeweiligen Bedürfnissen geforderte Konstellation umzustellen wäre. So verständlich solche Erwägungen angesichts des raschen Wandels der Stadtvorstellungen sind, die wir allein in diesem Jahrhundert durchlebt haben, so wenig spricht gegenwärtig dafür, daß hier ein in absehbarer Zeit verwendungsfähiges Heilmittel für die Probleme von heute liegt. Die Flexibilität der Elemente würde erkauft mit den gewaltigen Vorausinvestitionen eines strukturellen Rahmens, der selbst wenig flexibel und der Veraltung ausgesetzt wäre. Zudem müßte die Infrastruktur — angesichts der Notwendigkeit, für unterschiedlichste Anforderungen und Belastungen Vorsorge zu treffen — hohe Unwirtschaftlichkeiten in der Dimensionierung in Kauf nehmen. Demgegenüber dürften die etwaigen Vorteile einer ständigen Anpassungsmöglichkeit kaum durchschlagen, selbst wenn man solche Anpassungsvorgänge ohne nennenswerte Störungen des laufenden „Stadtbetriebes" vornehmen könnte. Vor allem erspart auch die Flexibilität nicht die Mühe, optimale strukturelle Dispositionen im vorhinein zu durchdenken und die gefundene — wenn auch vielleicht nur befristet gültige — Lösung zunächst einmal zu verwirklichen.

Man kann auch nicht erwarten, daß der optimale Mischungsgrad von Wohnen und Arbeiten — wo immer man ihn unter dem Eindruck der gegenwärtigen Mischungseuphorie vermuten mag — sich gleichsam von selbst herstellen würde, wenn man nur die baulichen Vorkehrungen dafür erleichtern und die entgegenstehenden rechtlichen Vorschriften aufheben könnte. Eine sozialwirtschaftlich sinnvolle Lösung wird mehr, nicht weniger Planung und Lenkung erfordern als bisher, und sie wird schwerlich in einer radikalen Nutzungsmischung liegen können. Weit aussichtsreicher erscheint demgegenüber ein maßvolleres Vorgehen im Sinne einer planmäßigen Verzahnung und Verflechtung verschiedener Nutzungsbereiche, die in sich nicht zu groß dimensioniert sein dürften. Eine solche feinkörnige Gliederung könnte sowohl der Beziehung von Wohn- und Arbeitsstätten zugutekommen als auch jene Belebtheit der Zentren fördern, deren Schwinden heute häufig beklagt wird.

VII. Zur Kritik der Strukturmodelle

Sucht man die für die Ordnung des Verdichtungsraumes in Betracht kommenden Strukturmodelle kritisch zu würdigen und zu vergleichen, so wird man ihren Abstraktionsgrad berücksichtigen müssen. Ein solcher Vergleich könnte immer nur „ceteris paribus" gelten; er würde also im Grunde — wie die Modelldarstellungen selbst — eine homogene Fläche voraussetzen. Davon kann in der Wirklichkeit natürlich nicht die Rede sein; selbst wenn ein Siedlungsraum — wie bei der Gründung einer neuen Stadt — vollständig neu aufgeschlossen werden sollte, setzen schon die Topographie und die geologische Situation Daten von so großer Bedeutung, daß man nicht von einer „voraussetzungslosen" Planung sprechen könnte.

Die Art und Weise, in der den Gegebenheiten des Naturraumes Rechnung getragen wird, beeinflußt einerseits die Eingliederung des Stadtgefüges in die Landschaft und damit nicht nur das Stadtbild, sondern auch die Ökonomie der Stadtstruktur, andererseits den ganzen Komplex der Ökologie, der Wirkung auf den Naturhaushalt. Diese in jeder räumlichen Situation anders gelagerten Komponenten müssen ebenso außer Ansatz bleiben wie das Anliegen der Erhaltung und Belebung des historischen Erbes im Stadtgefüge, das beispielsweise zu dem Planungsziel führen könnte, die Funktionen des Stadtzentrums in der historischen Altstadt zu belassen, obwohl andere Standorte für diesen Zweck günstiger im strukturellen Gefüge liegen.

Bei aller Anerkennung der Einflüsse, die von der konkreten Situation ausgehen, kann man doch versuchen, einige Beurteilungskriterien für die vergleichende Betrachtung der

Strukturmodelle aufzustellen. Schon deren Wahl enthält deutlich subjektive Elemente, die noch stärker in den Vordergrund treten, wenn an eine Gewichtung dieser Maßstäbe gedacht wird. Faßt man die Strukturmerkmale ins Auge, so dürften für eine qualitative Beurteilung in erster Linie folgende Maßstäbe in Betracht kommen:

1. Möglichkeit des Wachstums und der Entwicklung sowohl bezüglich der Gesamtstruktur als auch in den einzelnen Elementen.
2. Zuordnung der verschiedenen Nutzungen zueinander im Sinne eines möglichst großen Freiheitsgrades der Wahl für Arbeits-, Einkaufs- und Erholungsmöglichkeiten; hierzu stellt das Verkehrssystem eine entscheidende Voraussetzung dar.
3. Individuierung und Differenzierung des Gesamtgefüges sollte nicht nur möglich sein, sondern durch das strukturelle System gefördert werden.

Diese Kriterien sollen den nachfolgenden Betrachtungen zugrundegelegt werden, ohne daß damit der Anspruch erhoben wird, ein vollständiges und für alle Situationen gültiges Schema vorzulegen.

Zunächst ist darauf hinzuweisen, daß die erste Forderung in sich eine Art Paradox enthält: es besteht ein unausweichlicher Konflikt zwischen dem Versuch, unsere Umwelt zu formen und der Einsicht, daß die Bedürfnisse, denen solche Formung dient, dem Wandel unterworfen sind. Dieser Widerspruch erwächst nicht etwa nur aus der Tatsache, daß Architekten und Ingenieure, auf das abgeschlossene, ausgeformte Werk gerichtet, dem Problem des Wandels nur mit Schwierigkeiten gerecht werden können, wie manchmal vermutet wird. Der Widerspruch liegt vielmehr vor allem begründet in der wachsenden Diskrepanz zwischen physischer und funktioneller Veraltung — nicht nur in bezug auf Einzelgebäude, sondern auch im Hinblick auf den größeren städtebaulichen Zusammenhang.

Auf der anderen Seite sind sich die Planer in zunehmendem Maße dieser Diskrepanz zwischen Form und Wachstum bewußt geworden, die am augenfälligsten und nachteiligsten in der konzentrischen Stadt ist; das erste Hilfsmittel, unerwünschtes Wachstum einzudämmen, war der „Grüngürtel", eine allzu statische Lösung. Demgegenüber läßt sich eine bandförmige Entwicklung sehr viel leichter den Wachstumserfordernissen anpassen, sei es durch Hinzufügung neuer Elemente jeweils am Ende des Bandes, sei es auch durch Einfügung neuer Bandelemente bei komplexeren Strukturen. Allerdings wird solches Wachstum sich auch auf die vorhandenen Bandelemente auswirken müssen und im zentralen Bereich Veränderungen auslösen.

Um eine Vielzahl von Wahlmöglichkeiten in der Stadt zu sichern, wird man sich entscheidend auf das Verkehrssystem stützen müssen; die Ansprüche des einzelnen scheinen sich im wachsenden Maße zu differenzieren, so daß es offensichtlich schon aus physischen Gründen unmöglich ist, in einer großen Stadt die erwünschte Vielfalt von Arbeitsmöglichkeiten und zentralen Standorten innerhalb zumutbarer Fußwegentfernung zu vereinen. Immerhin deutet dieses Erfordernis in Richtung auf eine einigermaßen kompakte Lösung, solange sie nicht zu groß wird, um durch Straßen und öffentlichen Nahverkehr angemessen bedient zu werden. Für die letztere Kategorie ist eine Kombination von bandförmigen oder doch bandartig gereihten Elementen in aller Regel einem konzentrischen System überlegen; neben der Grundform der Siedlung ist allerdings auch die Art, in der die verschiedenen Elemente nach Größenordnung und räumlicher Verteilung disponiert werden, von erheblicher Bedeutung — also die Qualitäten, die man als „Körnung" und „Zentralitätsstruktur" bezeichnen könnte. In dieser Hinsicht hat die Bandstadt erhebliche Schwächen, da sie keine nennenswerte Differenzierung der Standortgunst und damit keinen Ansatz für Einrichtungen hoher Zentralität bietet. Andererseits ist die

Zugänglichkeit zum Freiraum durch eine bandförmige Entwicklung oder durch Kombinationen solcher Bänder offenbar am leichtesten zu sichern.

Individuierung und Differenzierung — im Gegensatz zu monotoner oder uniformer Umweltgestaltung — hängen im wesentlichen von anderen Faktoren ab als von dem strukturellen Grundsystem. Allgemein wird man sagen können, daß ein vielfältig gegliedertes strukturelles System eine günstigere Grundlage für solche Individuierung zu bieten vermag als eine streng bandförmige Lösung oder eine kompakte konzentrische Stadt. Letzten Endes geht es hier aber um die Frage, mit welcher Qualität die abstrakte Grundform in die dreidimensionale Wirklichkeit übertragen wird.

Individuierung kann aber auch noch in einem anderen Sinne verstanden werden — in dem der Mitwirkung des einzelnen an der Gestaltung seiner Umwelt und an der Entscheidung über ihre Entwicklung. Die offene Gesellschaft, nicht auf Dogmen und Hierarchien festgelegt, braucht Spielraum zur Selbstverwirklichung. Sie will nicht einem Entscheidungsmechanismus aus scheinbaren Sachzwängen und technischen Effizienzkriterien ausgeliefert sein. Das ist natürlich vor allem ein Problem der politischen, nicht der räumlichen Organisation; indessen steht die Frage nach den geeigneten Größenordnungen, in denen sich politische Willensbildung vollziehen kann, in engem Zusammenhang mit der strukturellen Gliederung des Siedlungsgefüges, sofern man der Formulierung des Grundgesetzes von der „örtlichen Gemeinschaft"[26]) nicht jeden Realitätsbezug absprechen will. Auch der Spielraum für die Selbstverwirklichung des einzelnen in der Gestaltung seiner individuellen Umwelt wird durch strukturelle Entscheidungen mitbestimmt; so wird er in aller Regel bei wachsender Dichte eingeengt werden. Ob Stadtbausysteme oder andere Lösungen[27]) in der Lage sein werden, hohe Dichte und individuellen Spielraum zu vereinen, wie dies vielfach erhofft wird, muß noch erwiesen werden. Allerdings ist damit bereits eine Ebene der baulichen Konkretisierung erreicht, die sich spürbar gegen die strukturelle Planung abhebt.

Mag sich nun auch gerade dieser letzte Aspekt einer Untersuchung am Modell weitgehend entziehen, so stellt sich doch die Frage, ob nicht die in den letzten Jahrzehnten entwickelten Methoden der Kosten-Nutzen-Analyse und der mathematischen Simulation eine geeignete Handhabe bieten, strukturelle Alternativen auf ihre technische Leistungsfähigkeit, auf ihre Wachstumsmöglichkeiten und auf die in ihnen angelegten Chancen der Wahlfreiheit zu prüfen. Dieser Frage kann hier im einzelnen nicht nachgegangen werden; auf den Beitrag über mathematische Modelle in diesem Bande wird hingewiesen[28]). So nützlich solche Simulationen zur Abklärung von quantifizierbaren Problemen der Stadtstruktur sein können, so wenig darf dabei die Tatsache aus dem Auge verloren werden, daß die Tätigkeits- und Beziehungssysteme in der Stadt weitgehend auf menschlichen Wertungen, Motivationen und Entscheidungen beruhen, die nur näherungsweise quantifizierbar sind und die zudem im Laufe der Zeit erheblichen Änderungen unterworfen sein können.

Sucht man das Ergebnis der bisherigen Erörterungen in wenigen Thesen zusammenzufassen, so ist offenbar die erstrebenswerte räumliche Struktur des Verdichtungsraumes durch folgende Wesenszüge gekennzeichnet:

---

[26]) Grundgesetz für die Bundesrepublik Deutschland, Art. 28.
[27]) Vgl. R. Frey und N. Schmidt-Relenberg: Totale Wohnung. Stuttgart 1967. Projekt. Ideen für die Umwelt von morgen 1.
E. Schulze-Fielitz: Die Zukunft der menschlichen Umwelt. In: Das Ende der Städte? Stuttgart—Bern 1968, S. 97 ff.
[28]) Siehe Seite 255 ff.

— Eine räumliche Disposition differenzierter Zentren in der Weise, daß sie einander funktionell — nach der Stufung der Einzugsbereiche und nach dem Nutzungsschwerpunkt — ergänzen.
— Ihre Verbindung untereinander durch ein leistungsfähiges Netz des öffentlichen Nahverkehrs, das zugleich das Grundgerüst für die weiteren Bauflächen darstellt.
— Die Ergänzung dieses Netzes durch ein Schnellstraßensystem, das die Zugänglichkeit aller Nutzungsbereiche für den erforderlichen Individualverkehr sichert, ohne ihm wichtige Umweltqualitäten zu opfern.
— Bandartige Gruppierungen von Bauflächen für Wohnen und Arbeiten entlang der Nahverkehrslinien in einer Körnung, die massierte Verkehrsströme in je einer Richtung vermeiden hilft.
— Eine Disposition zusammenhängender Freiflächen zwischen den Bauflächenbändern, die leichten Zugang zum Erholungsgrün für alle Wohnungen sichert.

Eine letzte Betrachtung sei der Frage gewidmet, in welchem Maße solche Modellüberlegungen für die Realität von Städtebau und Landesplanung in der Bundesrepublik Deutschland Bedeutung haben. Kritische Betrachter könnten zum einen darauf hinweisen, daß neue Städte in Deutschland — im Gegensatz etwa zu Großbritannien — kaum gebaut würden und daß in Substanz und Struktur der vorhandenen Städte so viel investiert sei, daß man daran so leicht nichts ändern könne. Zum anderen könnten sie geltend machen, daß in einer marktwirtschaftlichen Ordnung die Durchschlagskraft jeder Art von Strukturplanung, die sich nicht weitgehend an das Bodenwertgefüge des Marktes anlehne, bald an sehr eng gezogene Grenzen stoßen müsse.

Ohne Zweifel ist das zweite Argument das gewichtigere, denn hier besteht tatsächlich schon vom Denkansatz her ein fundamentaler Widerspruch, der erst jetzt ins öffentliche Bewußtsein zu dringen scheint.

Auf der einen Seite fordert das Bundesbaugesetz, „die städtebauliche Entwicklung in Stadt und Land zu ordnen"; es geht also von der Einsicht aus, daß diese Ordnung vom Markt nicht hergestellt wird. Folgerichtig wird die Entscheidung über die zulässige Art und das zulässige Maß der Grundstücksnutzung dem Markt entzogen; ihm bleibt theoretisch lediglich die Entscheidung, ob und in welchem Umfange von diesem „Angebot" des Planes Gebrauch gemacht wird, und auch sie wird durch das Rechtsinstrument des Baugebotes eingeengt.

Auf der anderen Seite hat das Bodenrecht dieser Entwicklung noch nicht Rechnung getragen, sondern es folgt noch Gesetzmäßigkeiten, die sich aus der Vorstellung einer Nutzungsbestimmung durch den Markt herleiten. Dem liegt die Überzeugung von der Rationalität des Marktes zugrunde, der Gedanke also, daß jeweils der „Boden zum besten Wirt" gehe, so daß sich die für die Wertschöpfung förderlichste Struktur von selbst einstelle.

Inzwischen wissen wir längst, daß dies zumindest auf dem Gebiete der Bodennutzung nicht zutrifft. Die Selbstregulierungskräfte des Marktes werden durch das Phänomen der „social costs", durch die Einflüsse öffentlicher Infrastrukturinvestitionen überlagert und verzerrt; die Kurzatmigkeit der Marktentscheidungen steht in einem Mißverhältnis zur Dauerhaftigkeit baulicher Investitionen, und zudem sind die Ansprüche an die Funktionsfähigkeit des räumlichen Gefüges ungemein gestiegen — bis hin zu der Vorstellung, daß die Sicherung dieser Funktionsfähigkeit eine Art „öffentlicher Dienstleistung" darstelle.

Von hier wird der Bezug zur Strukturplanung ohne weiteres deutlich. Strukturplanung zielt darauf, gegenüber der kurzfristig gesehenen und parzellenbezogenen privatwirtschaftlichen Rationalität des Marktes eine langfristig verstandene gesamtwirtschaftliche Rationalität durchzusetzen — also etwa Freiflächen in einem Stadtgefüge zu erhalten, weil ihr Beitrag zur Sicherung der Lebensqualität für alle Bewohner wertvoller erscheint als der Gewinn im Falle einer Verwendung als Bauland.

Ein solcher gesamtwirtschaftlicher Denkansatz findet aber im gegenwärtigen Bodenrecht keine Stütze. Der Bodenpreis — und mit ihm die von der öffentlichen Hand gewährte Entschädigung — bildet sich also letztlich auf der Grundlage eines Marktdenkens, das zwar die Planung nicht ignoriert, aber nur ihre wertsteigernden Elemente berücksichtigt. Es geht von der Vorstellung aus, daß jedes Grundstück letztlich einen Anspruch auf „Entwicklung" habe, daß dementsprechend „Erwartungswerte" legitimer Bestandteil des Eigentums am Boden seien und daß jede öffentliche Maßnahme, die solche Entwicklung begrenze oder verhindere, zu Entschädigungsansprüchen führen müsse. Eine Entschädigung allein nach dem Ertragswert, die an sich durchaus mit dem Grundsatz der Eigentumsgarantie vereinbar erscheint, muß am Gleichheitsgrundsatz scheitern, solange dem Baulandeigentümer der „Erwartungswert" und damit das spekulative Element verbleibt.

Es ist hier nicht der Ort, den Abhilfeversuchen und -vorschlägen nachzugehen; hier geht es allein um den Nachweis, daß diese Situation ein schwerwiegendes Hindernis für die Verwirklichung solcher Strukturplanungen darstellen muß, die auf dem engen Nebeneinander von verschiedenartigen — und damit auch unterschiedlich ertragsträchtigen — Nutzungen beruhen; gerade solche enge Verknüpfung pflegt aber die Voraussetzung für eine sinnvolle Nutzung der Infrastruktur, für die Verringerung von Verkehrsbewegungen und für die Schaffung einer lebendigen und differenzierten Umwelt zu sein.

Aus diesem Sachverhalt ergeben sich zwei typische Erscheinungen. Einerseits orientieren sich in solchen Gebieten die Preise an der höchstmöglichen Nutzung, stellen also vor allem an die Gemeinden übermäßige finanzielle Anforderungen beim Erwerb von Gemeinbedarfsflächen; die öffentliche Hand muß dabei praktisch den privaten Eigentümern die Wertsteigerungen bezahlen, die sie durch ihre eigenen Leistungen geschaffen hat. Auch die privaten Käufer von Grundstücken mit durchschnittlichen oder unterdurchschnittlichen Ausnutzungsmöglichkeiten werden durch die Preise häufig dazu veranlaßt, starken Druck auf die Behörden mit dem Ziel der Zulassung intensiverer Nutzungsmöglichkeiten auszuüben. Das bedeutet aber in der Praxis, daß die Gemeinden in dem Bemühen, Entschädigungsforderungen ganz oder teilweise auszuweichen, sich oft zu Planänderungen genötigt sehen, die dem anfangs erstrebten rationalen Strukturkonzept zuwiderlaufen.

Andererseits aber werden solche Kaufinteressenten häufig durch diese Preisforderungen abgeschreckt und weichen auf nicht für Bauzwecke vorgesehene — und infolgedessen billigere — Flächen aus, um nach deren Erwerb ihre Ausweisung als Bauland durchzusetzen, also eine Änderung der Planung herbeizuführen, die in aller Regel zu Lasten der Rationalität der Strukturplanung geht. Daß solche Änderungen gleichwohl vorkommen, geht zum Teil auf den politischen Einfluß solcher Interessenten — etwa starker Gewerbesteuerzahler oder großer Wohnungsbauträger — zurück, zum Teil auch auf die mangelnde Einsicht der politischen Instanzen in die gesamtwirtschaftlichen Konsequenzen solcher Planänderungen.

Die Problematik verschärft sich, wenn der von einer zusammenhängenden Strukturplanung überdeckte Bereich sich nicht innerhalb einer administrativen Einheit, etwa einer

Gemeinde oder eines mit hoheitlichen Kompetenzen ausgestatteten Verbandes befindet; dann überlagern sich den genannten Einflüssen häufig noch zwischengemeindliche Rivalitäten, die sich im Ringen um wichtige Infrastruktureinrichtungen oder um gewerbesteuerträchtige Betriebe niederschlagen. Auch bei Gemeindezusammenlegungen im Zuge der Verwaltungsreform hat sich gelegentlich gezeigt, daß der Streit der beteiligten Ursprungsgemeinden um die räumliche Disposition neuer zentraler Einrichtungen zu strukturell sehr ungünstigen Ergebnissen führte.

Es trifft also zweifellos zu, daß aus diesem Sachverhalt gegenwärtig erhebliche Erschwernisse für die Durchsetzung einer rationalen Strukturplanung erwachsen. Indessen sind diese Probleme heute in weit höherem Maße als je zuvor ins öffentliche Bewußtsein gedrungen, und es spricht vieles dafür, daß in absehbarer Zeit ernsthafte Bemühungen unternommen werden, um diese Diskrepanz von Markt und Planung zugunsten einer stärkeren Betonung der Planungsentscheidung zu verringern.

Auch die anderen Ansatzpunkte einer möglichen Kritik — das Fehlen neuer Städte und die Dauerhaftigkeit bestehender Siedlungsstrukturen — hängen eng mit dem eben behandelten Komplex zusammen. Daß in der Bundesrepublik keine neuen Städte in nennenswertem Umfang errichtet worden sind, geht nicht auf mangelndes Bedürfnis, sondern auf das Fehlen einer umfassenden Entwicklungspolitik zur Siedlungsstruktur zurück, dessen Hauptgründe in einer Unterbewertung des Problems und einer durch das mangelhafte Bodenrecht und die in der föderativen Struktur liegenden Hemmnisse noch verstärkten Handlungsunfähigkeit der Politik liegen. Es gibt Anzeichen dafür, daß diese Mängel inzwischen als solche erkannt worden sind. Die Entwicklungsmaßnahmen nach dem Städtebauförderungsgesetz mögen nur in Ausnahmefällen zur Gründung neuer Städte im eigentlichen Wortsinne führen; stets aber werden sie das vorhandene Siedlungsgefüge wesentlich verändern. Schon deshalb werden sie nicht nur auf quantitative Ziele — „Entlastung" —, sondern auch auf strukturelle Grundvorstellungen ausgerichtet sein müssen.

Daß die vorhandenen Stadtstrukturen einen hohen Grad von Resistenz besitzen, soll nicht bestritten werden. Indessen sind wir täglich dabei, sie zu verändern — jede neue Verkehrslinie, jede Gewerbeansiedlung, jede Nutzungsänderung trägt dazu bei. Stadtsanierung ist als Pensum der nächsten Zukunft erkannt; das bedeutet aber nicht nur Gebäudeersatz, sondern auch Strukturveränderung. Es ist gewiß nicht gleichgültig, ob solche Veränderungen ad hoc und unter beschränktem Blickwinkel vorgenommen werden oder ob ihnen ein umfassendes Strukturkonzept zugrundegelegt werden kann.

Grundsätze und Modellvorstellungen für den Verdichtungsraum: Modell Hannover

von

Heinz Weyl, Hannover

I. Ergänzende Anmerkungen zum Begriff des Verdichtungsraumes*)

1. Strukturmerkmale

Die übergeordnete Siedlungsstruktur der Bundesrepublik Deutschland ist gekennzeichnet durch das Fehlen einer echten Hauptstadt — als Metropole — und durch die damit zusammenhängende Herausbildung einer Vielzahl von mehr oder minder gleichrangigen Teil- und Regionalhauptstädten sowie durch eine relativ gleichmäßige und engmaschige Netzstruktur, in deren Hauptknoten die großen Verdichtungsräume liegen (Abb. 1).

Innerhalb dieses Rahmens unterscheiden sich die einzelnen Verdichtungsräume der Bundesrepublik sowohl in bezug auf die von ihnen wahrgenommenen Haupt- oder Leitfunktionen wie auch hinsichtlich ihres Ranges in der Rollenverteilung zwischen den einzelnen Räumen. So haben sich im Zuge der Konsolidierung der Bundesrepublik Verdichtungsräume herausgebildet, die — entweder auf der Basis bereits vorhandener Strukturen oder als Ergebnis jüngerer Entwicklungsprozesse — auf Teilgebieten Funktionen für die gesamte Bundesrepublik erfüllen (Teilhauptstädte) und andere, die lediglich oder überwiegend zentrale Funktionen für ihre Region oder andere Teilräume der BRD wahrnehmen (Regionalhauptstädte).

Als „Teilhauptstädte" in dieser Definition sind — neben Berlin — Hamburg, Köln/Bonn, Frankfurt und München zu qualifizieren, weil jeder dieser Räume (neben den nur regionalen Funktionen) wesentliche Aufgaben für die Gesamtheit der Bundesrepublik — etwa in der Finanzwirtschaft, dem Handel, der Kultur oder dem Versicherungswesen — wahrnimmt.

Dagegen übernehmen die übrigen großen Verdichtungsräume — Bremen, Hannover, Düsseldorf, Essen, Nürnberg, Mannheim/Ludwigshafen und Stuttgart — als überwiegend regionale Hauptstädte so gut wie keine oder nur nachrangige Funktionen für die gesamte Bundesrepublik; sie nehmen damit einen funktional anderen, qualitativ nicht gleich hohen Rang ein und stehen in der sich bildenden Hierarchie der zentralen Räume eine deutliche Stufe unter den Zuvorerwähnten.

---

*) Die Abbildungen 2—6 befinden sich in einer Kartentasche am Schluß des Bandes.

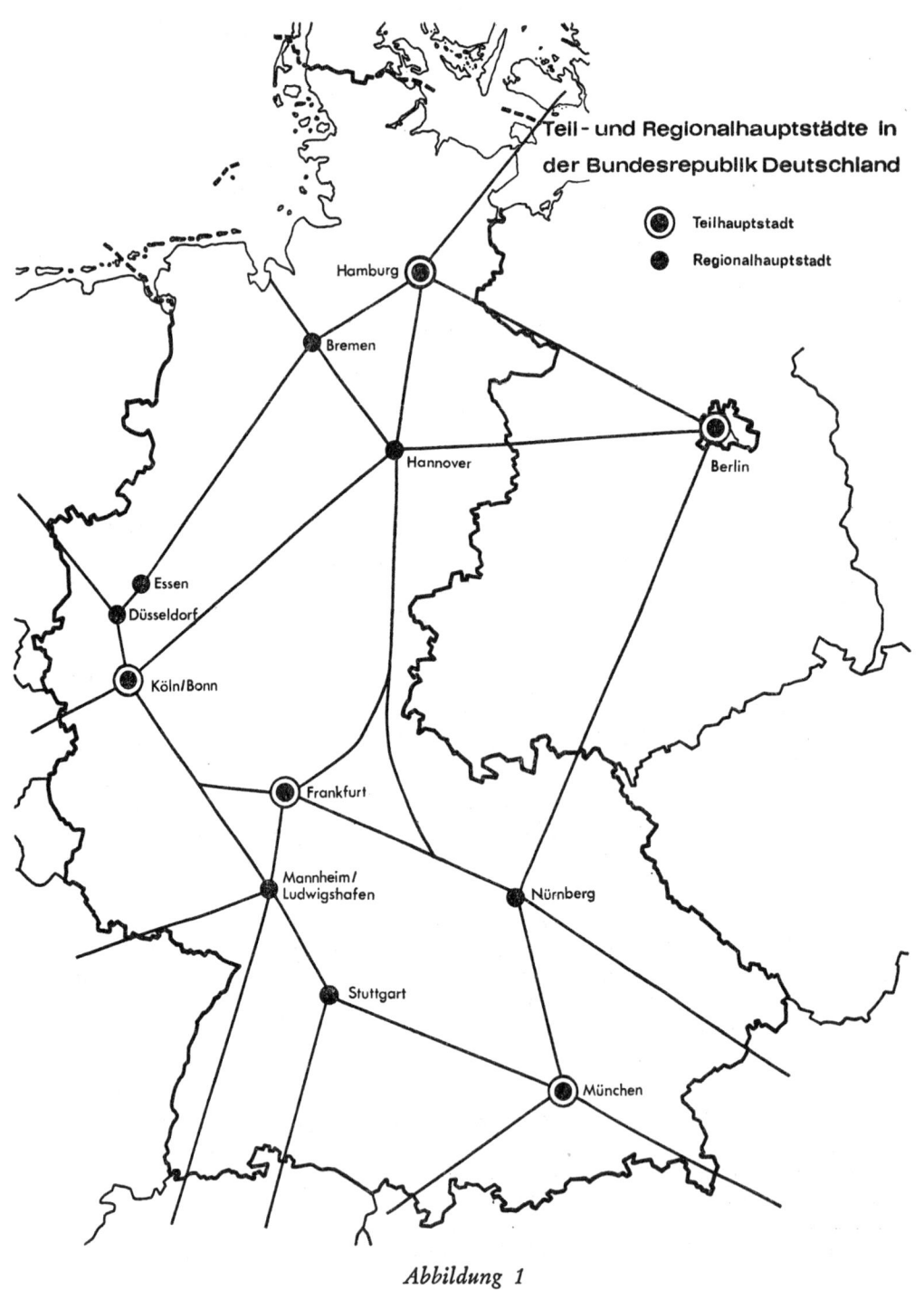

Abbildung 1

Weitere Unterscheidungsmerkmale ergeben sich aus den verschiedenartigen Formen, in denen sich der Verdichtungsprozeß in *räumliche Strukturen* überträgt. Grob gesehen ist hier zwischen einpoligen (monozentrischen) und mehrpoligen (polyzentrischen) Verdichtungsräumen und sog. Verdichtungsfeldern zu unterscheiden. Dabei ist anzumerken, daß jede räumliche Ausformung von Verdichtungsprozessen physischer Art Ergebnis ökonomischer, sozialer und technologischer Prozesse ist, die ihre besondere Ausprägung unter den subjektiven historischen Bedingungen ihrer Entstehungszeit gefunden haben.

So sind einpolige Verdichtungsräume historisch gesehen stets aus Märkten oder Herrschaftsstandorten herzuleiten. Sie sind damit in der Anlage älter als mehrpolige Verdichtungsräume und in der Gewichtung ihrer Hauptfunktionen einerseits stärker ausgewogen und zum anderen auch deutlicher ausgeprägt als diese.

Dagegen treten mehrpolige Verdichtungen als Kategorie erst im 19. Jahrhundert auf. Sie sind im wesentlichen ökonomisch-technologisch bestimmt und basieren meist auf der großräumigen Anwendung technisch-wissenschaftlicher Innovationen, wie etwa der Eisen- und Stahlerzeugung mit Hilfe von Koks (Montanballung) oder der Einführung des mechanischen Webstuhls (Textilballung) sowie — im 20. Jahrhundert — der Arbeitsteilung zwischen chemischen Grund- und Folgeindustrien (Chemieballung). Diesen technologischen Entstehungsursachen und den relativ kurzen Entwicklungszeiträumen entsprechend litten mehrpolige Verdichtungsräume lange unter strukturellen Mängeln und Unausgewogenheiten baulich-räumlicher, ökonomischer- kultureller und sozialer Art.

Eine Sonderform des mehrpoligen Verdichtungsraums, die sich jedoch mehr und mehr zu einer eigenen Kategorie herausbildet, ist das Verdichtungsfeld. Verdichtungsfelder entwickeln sich einmal aus weiter wuchernden mehrpoligen Verdichtungen und zum anderen aus dem Zusammenwachsen (Verschmelzen) mehrerer ein- oder mehrpoliger Verdichtungsräume zu noch umfassenderen räumlichen Gebilden. Die Entstehung solcher Verdichtungsfelder wird erleichtert und zunehmend stimuliert durch die Vergrößerung aller räumlichen Maßstäbe, die seit Mitte des Jahrhunderts zu beobachten ist.

Je vielfältiger und ausgedehnter ein Verdichtungsraum wird, um so problematischer gestalten sich seine *ökologischen* Bedingungen. Denn die Entwicklung jedes Siedlungsraumes steht primär unter einer Anzahl ökologischer Randbedingungen oder Parameter, die unter dem Sammelbegriff „natürliche Ressourcen" zusammengefaßt werden. Nicht ausreichende oder gar fehlende Ressourcen können schon bei weniger umfangreichen Siedlungsgebilden nur bedingt durch technische Maßnahmen ergänzt werden. Das trifft besonders für den verfügbaren Trinkwasserschatz und die Vorflut zu, in ähnlicher Form aber auch für andere Faktoren der Vitalsituation — hier vor allem die *Umweltbelastung* —, die ihrerseits wieder in engem Zusammenhang mit den klimatischen Gegebenheiten stehen. Wenn es bislang noch möglich schien, unzureichende ökologische Bedingungen als Voraussetzung weiteren Wachstums durch geeignete Maßnahmen den gestiegenen Anforderungen anzupassen, so ist bei den größeren Verdichtungsräumen deutlich geworden, daß die Vitalsituation hier in vielen Fällen absolute qualitative wie quantitative Begrenzungskriterien setzt, die ohne schwere Risiken nicht mehr überschritten werden können.

Auch die *demografischen* Bedingungen der einzelnen Verdichtungsräume sind unterschiedlich. Sehr vereinfacht ausgedrückt gibt es Verdichtungsräume mit wachsender, mit stagnierender und mit abnehmender Bevölkerung. Derart variierende demografische Bilanzen sind dabei nur zum geringsten Teil auf primär unterschiedliche Verhaltensweisen etwa im generativen Verhalten der betroffenen Bevölkerungen zurückzuführen; vielmehr spiegelt sich in diesen Bilanzen eine Reihe von Faktoren wider, deren Wirkungsweise nur zum Teil ausreichend belegt ist.

Bislang wurde z. B. davon ausgegangen, daß Verdichtungsräume grundsätzlich aus ihrem — näheren und ferneren — Umland wachsen, wobei eigene Bevölkerungsunterschüsse durch den Zufluß ländlicher Bevölkerungsteile mehr als ausgeglichen werden können. In der Tat sind so gut wie alle Verdichtungsräume in den vergangenen Jahrzehnten auf diese Weise gewachsen, wobei der steigende Arbeitskräftebedarf in den Verdichtungsräumen durch freigesetzte Erwerbspersonen aus der immer stärker rationalisierten Landwirtschaft gedeckt werden konnte. Dieser Prozeß kann aber in dem Augenblick als abgeschlossen gelten, da Arbeitskraftreserven in ländlichen Räumen nicht mehr vorhanden sind, sei es, weil auch in diesen Räumen die Reproduktionsrate — mit einer gewissen Verzögerung zu den verstädterten Räumen — stark gesunken ist, sei es, weil als Ergebnis langjähriger Landflucht dort ein Bevölkerungs- und Arbeitskräfte-Minimum erreicht ist, das nicht mehr unterschritten werden kann. So stellt sich die Frage, ob die bisherige Form der Land-Stadt-Wanderung nicht nur als Übergangserscheinung zwischen Frühformen des Verstädterungsprozesses und den sich herausbildenden stabileren Verhältnissen der konsolidierten Industriegesellschaft zu betrachten ist.

Aber auch andere Momente finden in demografischen Bilanzen ihren Niederschlag, wie etwa die Bewertung von Standortfaktoren durch die — potentiell — mobilen Teile der Bevölkerung. Soweit nämlich solche Faktoren auf die Lohn-, Wohn-, Freizeit- und Prestigeoptimierung durchschlagen, beeinflussen sie in zunehmendem Maße auch das Mobilitätsverhalten und damit die Wanderungstrends zu und zwischen einzelnen Verdichtungsräumen. Das Zusammentreffen solcher Momente — Wachstumsstörungen durch den Ausfall ländlicher Zuwanderungen und differenziertere Standortbewertungen durch potentiell mobile Schichten — bewirkt somit, daß die Zuwanderung zu weniger günstig gelegenen oder doch so beurteilten Verdichtungsräumen geringer wird, zum Erliegen kommt oder sich im Extremfall in Abwanderung zu günstiger gelegenen Räumen umwandelt.

Die *Wirtschaftsstruktur* der Verdichtungsräume ist ebenfalls uneinheitlich. Bedingt durch die Art ihrer Entstehung sind etwa Montan- und Textilballungen auch heute noch wirtschaftlich weniger ausgewogen als die über längere Zeiträume gewachsenen einpoligen Verdichtungsräume. Eine Reihe weiterer Unterschiede in der Wirtschaftsstruktur — selbst von Räumen des gleichen Entwicklungstyps — gehen auf unterschiedliche Standortfaktoren zurück oder erklären sich, historisch gesehen, aus dem zeitlich bedingten Zusammentreffen optimaler Standortfaktoren mit technologischen Innovationen, unterschiedlichen Konsequenzen aus den Standortbedingungen oder aus politischen Entwicklungen. Auch im ökonomischen Sinne ist damit zwischen expandierenden, stagnierenden und schrumpfenden Verdichtungsräumen zu unterscheiden, wobei der sichtbar werdende Effekt Ergebnis durchaus verschiedener Einzelfaktoren sein kann.

Verdichtungsräume mit schrumpfender Wirtschaftskraft sind meist mehrpolige Industrieballungen aus dem 19. Jahrhundert,
— in denen Industriesparten überwiegen, die aus strukturellen oder technologischen Gründen einem starken Verdrängungswettbewerb ausgesetzt sind (Bergbau, Schwerindustrien),
— in denen über lange Zeiträume vorherrschende gewerbliche Monostrukturen die Herausbildung ausbaufähiger Arbeitsmärkte für andere Wirtschaftsbranchen verhindert haben,

— oder deren relative Standortgunst sich aus ökonomischen, technologischen oder politischen Gründen entscheidend verschlechtert hat.

Die Gründe, die zum Stagnieren größerer Verdichtungsräume führen, sind dem gegenüber weiter gefächert. So können Verdichtungsräume wirtschaftlich stagnieren, sofern eine Reihe von Faktoren negativer Art zusammentreffen, z. B.:

— weil der verfügbare Arbeitsmarkt voll ausgeschöpft und nicht mehr erweiterungsfähig ist,
— weil sie ungünstigere Standortfaktoren aufweisen als konkurrierende Räume,
— weil ihre Wirtschaft einseitig strukturiert ist und dazu geringe Wachstumsraten aufweist,
— weil bei den höher qualifizierten Berufsgruppen eine negative oder neutrale Bewertung der Wohn-, Freizeit- oder Prestigequalitäten des Standortes vorherrscht.

Verdichtungsräume mit expandierender Wirtschaft sind dem gegenüber Räume — mit in ökonomisch-technologischem Sinne — besonders hoher und aktueller Standortgunst. Die Voraussetzungen dazu sind

— ein Raum von ausreichender Größe mit guten klimatischen Bedingungen, um weitere gewerbliche Entwicklungen ohne innere Kollisionen und ohne größere Umweltschäden bewältigen zu können,
— eine hervorragende Infrastruktur, gerade auch in bezug auf die qualitativ höchstwertigen Kommunikationssysteme (Erreichbarkeit!),
— ein besonders umfangreicher und vielseitiger Arbeitsmarkt, der — sei es durch Zuzug, sei es durch strukturelle Umschichtungen — auch weiterhin ausbaufähig bleibt,
— eine breite und gut ausgewogene Mischung von Wirtschaftszweigen mit hohem Anteil an Wachstumsindustrien und schließlich
— eine besonders positive Bewertung der Wohn-, Freizeit- und Prestigequalitäten.

Diese Standortvoraussetzungen sind dabei nicht als isolierte oder doch isolierbare Einzelfaktoren zu sehen, sondern stets nur als eng verbundene Teile eines Gesamtkomplexes. Der Ausfall oder die Schwächung jedes einzelnen von ihnen muß somit eine — negative — Änderung der Standortgunst zur Folge haben, die die weitere wirtschaftliche Expansion des betreffenden Raumes infrage stellt.

2. Entwicklungsziele

Unter dem Sammelbegriff „Verdichtungsräume" werden also räumliche Strukturen recht unterschiedlicher Art subsumiert, deren Entwicklungsziele dementsprechend nur beschränkt generalisierbar sind. Unter dieser Einschränkung können aber Randbedingungen für die ökonomischen und sozialen Zielsetzungen von Verdichtungsräumen formuliert werden, die wiederum aus den übergeordneten gesellschafts- und wirtschaftspolitischen Zielvorstellungen abzuleiten sind. Dabei gehört es zum Wesen der pluralistischen Gesellschaft, daß ökonomische und soziale Ziele u. U. nur schlecht miteinander vereinbar, im Extremfall kontrovers sein können.

Die *ökonomischen* Entwicklungsziele praktisch aller Verdichtungsräume sind primär auf die Entwicklung und Stärkung der wirtschaftlichen Grundlagen des Raumes abgestellt.

Dazu wird erforderlich
- die Schaffung und Aufrechterhaltung stark differenzierter, ausreichend großer und dabei stabiler Arbeitsmärkte,
- die Reduzierung standortspezifischer Kosten etwa durch zielgerecht gekoppelte Infrastrukturmaßnahmen, sowie generell
- die Optimierung der Standortbedingungen für eine möglichst große Anzahl von Wirtschaftszweigen.

Die *sozialen* Entwicklungsziele der Verdichtungsräume sind auf die Realisierung der gesellschaftspolitisch vorgegebenen Leitbilder abgestellt. Übergeordnetes soziales Leitbild ist die Herausbildung eines einheitlichen Lebensraumes für die Gesamtbevölkerung mit dem Ziel, möglichst vielfältige Lebens-, Ausbildungs-, Arbeits- und Versorgungschancen zu schaffen und zu erhalten und damit zugleich optimale persönliche Entfaltungsmöglichkeiten.

Eine solche Zielsetzung erfordert wiederum
- die Bereitstellung von qualitativ hochwertigen Wohn- und Freizeiteinrichtungen in möglichst großer Vielfalt und Zahl,
- den Ausbau aller Zweige der für die Bevölkerung relevanten Bildungs- und Versorgungssysteme,
- die Entwicklung der dafür benötigten öffentlichen Einrichtungen und Kommunikationssysteme und
- die Koordinierung aller dieser Maßnahmen mit dem Ziel einer möglichst weitgehenden Integration des Raumes und Identifikation seiner Bewohner mit diesem.

Zur Erreichung sowohl der ökonomischen wie der sozialen Zielsetzungen ist die Bereitstellung eines differenzierten und wirksamen *planerischen Instrumentariums* erforderlich. Dieses muß — angesichts der in Verdichtungsräumen besonders häufigen Kollisionen in der Beanspruchung verfügbarer Räume — mit Vorrang für die Planung und Lenkung aller Maßnahmen im Bereich der gesamten Siedlungsentwicklung und der Kommunikationssysteme eingesetzt werden. Weiterhin muß dieses Instrumentarium geeignet sein, die physische Planung mit den sozialen und ökonomischen Bedingungen und Zielen abzustimmen sowie die zeitliche Abfolge der vorgesehenen Entwicklungsmaßnahmen zu steuern.

II. Verdichtungsraum Hannover

1. Allgemeine Charakterisierung

In den folgenden Ausführungen soll der Verdichtungsraum Hannover als Modell eines Raumes mit überwiegend regional-hauptstädtischen Funktionen betrachtet und in bezug auf seine Struktur und seine räumlichen Zielsetzungen analysiert werden.[1])

Der Verdichtungsraum Hannover nimmt die Funktionen einer Regionalhauptstadt für das gesamte südliche Niedersachsen wahr (Landesregierung, regionales Wirtschaftszentrum, regionales Bildungs- und Einkaufszentrum), während darüber hinausgehende teilhauptstädtische Funktionen nur hinsichtlich der Hannover-Messe und der überragenden Bedeutung des Raumes Hannover im norddeutschen Verkehrssystem zu erkennen sind. Allerdings muß angemerkt werden, daß gerade diese beiden Funktionen nicht nur

---

[1]) Siehe auch H. WEYL: Regionalplanung im Großraum Hannover. In: Stadtbauwelt 8, Dez. 1965.

überregionalen, sondern auch übernationalen Charakter haben und in einer deutlichen Wechselbeziehung zueinander stehen.

Überhaupt wird der Standort Hannover und damit die Qualität des gesamten Verdichtungsraumes primär bestimmt durch die hervorragende Verkehrssituation im Schnittpunkt der wichtigsten Ostwest- und Nordsüdverbindungen Norddeutschlands. Hinzu kommt, daß dieser Standort im Vorfeld des Mittelgebirges über einen großen, durch rivalisierende Verdichtungen nicht beeinträchtigten Einzugsbereich verfügt, wie auch über ausreichenden Entwicklungsraum und entsprechende naturräumliche Ressourcen (u. a. ein ausgeglichenes Klima und auch langfristig ausreichende Grundwasservorräte).

Dieser „Solitärsituation" ist es zu verdanken, daß der Verdichtungsraum Hannover trotz seines hohen Industrialisierungsgrades in sehr viel geringerem Umfang unter Umweltbelastungen zu leiden hat, als gleichgroße andere Verdichtungsräume. Die ökologische Situation ist weiter geprägt durch die Lage zwischen den sandigen und moorigen Heidegebieten im Norden und den schweren Bördeböden des Calenberger Landes im Süden.

Bis zu Beginn des Zweiten Weltkrieges hatte sich Hannover — in einer eigenartigen Mischung aus Provinzhauptstadt, Industrie- und Pensionärsstadt — zwar stetig aber keineswegs übermäßig schnell zu einer Großstadt von ca. 470 000 Einwohnern entwickelt. Durch den Ausgang des Krieges erhielt der Raum Hannover jedoch starke neue Impulse, die bewirkten, daß er in qualitativer wie quantitativer Hinsicht in durchaus andere Größenordnungen hineinwachsen konnte. Hannover wurde Landeshauptstadt und Messe-Stadt, profitierte von einer großzügigen Aufbauplanung und von erheblichen Verbesserungen seiner Verkehrssituation durch den Ausbau der Nord-Süd-Verbindungen, die sich hier mit den europäischen Ost-West-Magistralen kreuzen.

Diese Faktoren, die die Standortgunst des Raumes Hannover zunächst nur potentiell verbesserten, konnten mit Hilfe des Zustroms von Bevölkerung und Unternehmen aus Ost- und Mitteldeutschland in einen kräftigen Wachstumsprozeß umgesetzt werden, der zeitweise explosionsartige Züge annahm. Er setzte etwa Mitte der 50er Jahre ein und flachte erst in der zweiten Hälfte der 60er Jahre ab. Im Zuge dieser Entwicklung wurde der Raum Hannover zu einem der großen Verdichtungsräume der Bundesrepublik.

2. Wirtschafts- und Sozialstruktur

Im Bereich des Verbandes Großraum Hannover, der diesen Verdichtungsraum im wesentlichen umfaßt (Abb. 2), leben heute (1972) auf 2160 qkm 1 040 000 Einwohner, davon sind 45 % (ca. 470 000) erwerbstätig.

Die 165 000 Industriebeschäftigten des Raumes stellen 22,2 % aller Industriebeschäftigten in Niedersachsen dar, während der Umsatz der im Großraum Hannover ansässigen Industrien mit 9,7 Milliarden DM (1968) 24 % des Gesamtindustrieumsatzes des Landes ausmacht. Schließlich betragen die Realsteuereinnahmen im Bereich des Großraumes Hannover mit 410 Mill. DM ca. 24 % der Realsteuereinnahmen des Landes.

Die *Wirtschaftsstruktur* des Raumes Hannover ist durch die kriegsbedingten Veränderungen weitgehend um- und neugeprägt worden. Die vorhandene gewerbliche Struktur bildete im Verein mit der neu gewonnenen Standortgunst des Raumes und den vielseitigen Möglichkeiten eines umfangreichen und gut gegliederten Arbeitsmarktes die Voraussetzung für die seit Beginn der 50er Jahre erfolgende Ansiedlung großer Werke der Kfz.- und der Kfz.-Folgeindustrien sowie von wichtigen Betrieben der metallverarbeitenden und feinmechanischen (elektronischen) Industrien.

Das starke Wachstum an industriellen Arbeitsplätzen in den 50er Jahren wurde erst Mitte der 60er Jahre durch einen Anstieg der Arbeitsplätze im Dienstleistungssektor prozentual ausgeglichen. Ganz offensichtlich konnten die hervorragenden Standortfaktoren des Raumes Hannover sich erst nach Abstützung durch die große Zahl an neu gewachsenen produzierenden Arbeitsplätzen in die qualitativ höherrangigen Kategorien eines übergeordneten Dienstleistungszentrums umsetzen. So betrug der Anteil der in Dienstleistungen aller Art Beschäftigten 1961 erst 52,7 % gegen 46,9 % in den produzierenden Erwerbszweigen.

Wenn sich Hannover besonders in den letzten 10 Jahren auch zu einem Dienstleistungszentrum für ganz Niedersachsen entwickelt hat, so ist dem Raum doch eine deutliche Einseitigkeit in der industriellen Struktur verblieben. In den Rezessionsjahren 1967/68 erwies sich, daß immer noch ein viel zu großer Anteil der produzierenden Arbeitsplätze — sei es unmittelbar, sei es nur mittelbar — von der Kfz.-Industrie abhängig ist.

Die überwiegende Zahl der industriellen Arbeitsplätze liegt an der Peripherie der Stadt, während die Dienstleistungen auf den Citybereich konzentriert sind. Hier sind auf einer Fläche von ca. 200 Hektar mehr als 100 000 Arbeitsplätze massiert, davon etwa 80 % aus den verschiedenen Bereichen des tertiären Sektors.

Die *Bevölkerung* des Raumes wuchs seit Mitte der 50er Jahre ziemlich konstant Jahr für Jahr um ca. 12 000 Einwohner. ²/₃ dieses Wachstums beruhten auf der positiven Wanderungsbilanz, ¹/₃ auf der gleichfalls positiven biologischen Bilanz. Diese Entwicklung wurde durch die Rezession in den Jahren 1967/68, die den Raum Hannover als Folge des hohen Anteils an Kfz.- und Kfz.-Folgeindustrien stärker traf als andere gleichgroße Räume, zunächst abgebrochen. Erst seit 1969 weist der Raum wieder positive Wanderungsbilanzen auf, die zudem höher sind als vor der Rezession. Diese positiven Wanderungsbilanzen von z. Z. jährlich ca. 11 000 Personen beruhen aber fast ausschließlich auf zuwandernden Gastarbeitern, während die innerdeutschen Wanderungsbilanzen und die biologische Bilanz des Raumes nur ausgeglichen sind. Das bedeutet, daß die einheimische Bevölkerung des Verdichtungsraumes Hannover stagniert.

Von den etwa 500 000 Arbeitsplätzen innerhalb des Großraumes Hannover entfallen annähernd 400 000 (1939 ca. 230 000) auf die Stadt Hannover. Diese Arbeitsplätze können von den zur Zeit (1972) noch 521 000 Einwohnern der Stadt nur zum Teil besetzt werden, so daß 1970 täglich über 120 000 Personen (1961 ca. 90 000) in die Stadt einpendelten. Die Anzahl der Einpendler nach Hannover hat sich somit zwischen 1961 und 1970 um 30 % erhöht, während die Zahl der Arbeitsplätze in Hannover etwa konstant geblieben ist. Der überwiegende Anteil des Zuwachses an Pendlern entfällt auf die größeren Orte im Umland von Hannover, wie überhaupt die Nahpendler sehr viel stärker zugenommen haben als die Fernpendler (Umland + 40 %, äußerer Verbandsbereich + 30 %, außerhalb des Verbandsbereichs + 20 %) (Abb. 3).

Zu diesen Berufspendlern addieren sich die Ausbildungspendler (Studenten und Schüler) hinzu sowie die bislang nicht exakt zu quantifizierenden täglichen Besucher, die sich im wesentlichen auf die Innenstadt konzentrieren und sehr pauschal auf eine Größenordnung zwischen 200 000 und 250 000 Personen pro Tag geschätzt werden (maximale Besucherzahlen in einem der großen Kaufhäuser: 90 000 Personen pro Tag). Aus der Summierung dieser Zahlen folgt, daß die sog. „Tagesbevölkerung" von Hannover um ca. 60 bis 70 % größer ist als die Wohnbevölkerung der Stadt; ein Phänomen, das die Stadt in Form von zusätzlich vorgehaltenen Dienstleistungen und entsprechenden

Investitionen stark belastet, das aber andererseits typisch für alle großen Verdichtungsräume hoher Zentralität ist.

Der — auch im Vergleich zu anderen Verdichtungsräumen — sehr hohe Prozentsatz an Pendlern wird schließlich noch überlagert durch eine ebenfalls hohe innerregionale Mobilität. Statistisch gesehen zieht jeder Einwohner des Großraumes Hannover alle 5 Jahre einmal in eine andere Gemeinde — in der Stadt Hannover: einen anderen statistischen Bezirk — um. Die Gründe dafür sind:

— die hohe Wohndichte in der Stadt Hannover,
— Umstrukturierungstendenzen an den Rändern der Innenstadt,
— aufgestauter Nachholbedarf und
— die Verwirklichung von Wohnwünschen, die infolge des Massenwohlstandes auch weiteren Kreisen möglich wurde.

Soziologisch gesehen handelt es sich bei dieser Mobilität um eine echte „Wohlstandsmobilität", die zudem überwiegend Wohn-, und nur in Ausnahmefällen Berufsmobilität ist. Dem gegenüber spielt die interregionale Mobilität — vorwiegend Wanderungsbewegungen zwischen einzelnen Verdichtungsräumen — eine vergleichsweise geringere Rolle. Im Unterschied zu der innerregionalen Mobilität ist die interregionale Mobilität vorwiegend arbeitsplatzbezogen (Berufsmobilität). An ihr sind vornehmlich die jüngeren Altersklassen beteiligt sowie Personen mit qualifizierterer Ausbildung; diese qualitativen Merkmale geben jedoch der interregionalen Mobilität ein größeres Gewicht, als es die absoluten Zahlen anzudeuten scheinen.

3. Siedlungsstruktur

Hannover besitzt die für eine zentrale Großstadt typische sternförmige Siedlungsstruktur ohne Ausrichtung auf eine vorgegebene Hauptentwicklungsachse. Das Vorhandensein unbebaubarer — weil zeitweise überschwemmter — Flächen und traditioneller Parkanlagen bewirkte, daß großräumige und in bezug auf die Gesamtsiedlung günstig gelegene und geschnittene Grünkeile von der Überbauung ausgenommen blieben, die die teilweise sehr dicht bebauten Stadtviertel stärker gliedern als dies bei anderen, ähnlich strukturierten zentralen Stadträumen der Fall ist. Mit dem Entwicklungssprung des Raumes Hannover zwischen 1955 und 1965 von einer halben zu einer Million Einwohnern übersprang auch die Siedlungsentwicklung die bislang enggezogenen Stadtgrenzen. Die Ende der 50er Jahre geordnete, klar gegen ihr Umland abgegrenzte Stadt begann sich in den Kern eines heftig und zunächst ungeregelt wachsenden Verdichtungs- und Verflechtungsraumes umzuwandeln.

Diese Entwicklung vollzog sich zunächst noch in Form von relativ kleinteiligen Siedlungspartikeln (Mischstrukturen), während größere strukturelle Einheiten in Form von Industriezonen und Großsiedlungen sich erst später an der Peripherie von Hannover herausbildeten. Der eigentliche Verstädterungsbereich beschränkte sich bis Mitte der 60er Jahre auf eine Zone rings um die Kernstadt (die Kernrandzone), während die Zersiedlung des Umlandes immer größere Ausmaße annahm und zu Fehlentwicklungen führte, die allenfalls langfristig bereinigt werden könnten.

Die in 20 bis 25 km Abstand von Hannover liegenden Klein- und Mittelstädte (Burgdorf, Lehrte, Sarstedt, Springe, Neustadt/Rbg. und Wunstorf) sind dabei funktionell, aber nicht baulich mit der zentralen Stadt verflochten und — etwa in bezug auf die

Masse der Arbeitsplätze und die höherrangigen Dienstleistungen — auch weitgehend von ihr abhängig. Trotzdem sind sie regionale Zentren innerhalb des Verdichtungsraumes und erfüllen insoweit auch wesentliche Funktionen für die betreffenden Teilgebiete (u. a. allgemeine Versorgung, Bildung, Gesundheitswesen).

Die übergeordneten Funktionen des Raumes waren bislang allein auf die Innenstadt von Hannover konzentriert. Das hatte besonders vielfältige und umfangreiche Nutzungsüberschichtungen in bereits stark beengten Räumen zur Folge (z. B. Landesregierung, staatliche und private Verwaltungen, Banken, Einzel- und Großhandel, Kultur und Bildung, Freizeit und Vergnügungen) mit den sich summierenden hohen Zahlen von Beschäftigten und Besuchern (vgl. II/2), die speziell die Zugänglichkeit der City mehr und mehr infrage stellen. Entsprechend dringlich wird daher die Einrichtung von Nebenzentren, sei es an der Peripherie der Stadt, sei es an geeigneten Orten der Region.

Die hohe *Verkehrsgunst* des Verdichtungsraumes Hannover wurde schon mehrmals erwähnt; gemeint ist damit zunächst die überaus günstige Lage des Raumes in den überregionalen, nationalen und selbst europäischen Verkehrsnetzen. Der Standort Hannover zeichnet sich durch die Verknotung und enge Bündelung besonders hochqualifizierter Verkehrswege und Einrichtungen aus:

— Hannover-Hauptbahnhof ist TEE- und Intercity-Knotenbahnhof;
— im Raum Hannover sind die Nordsüd- und die Ostwest-Autobahnen durch das Hannover-Kreuz verbunden; weitere Autobahnstutzen schließen das Schnellstraßennetz an das übergeordnete Autobahnnetz an;
— der Flughafen Hannover liegt besonders günstig für den norddeutschen Raum, entsprechend groß sind Einzugsbereich und Verkehrsaufkommen. Er liegt günstig zur Stadt Hannover und zur Autobahn und nimmt die Funktionen eines kontinentalen Verkehrsscharniers („Hannover-Scharnier") wahr.

Die Bündelung dieser vielfältigen optimalen Verkehrseinrichtungen bewirkt, daß Hannover sowohl im Flugverkehr wie mit Bahn und Auto besonders gut erreichbar ist und umgekehrt große Teile der Bundesrepublik und Europas von diesem Standort aus schnell erreicht werden können.

Der innerregionale Verkehr kann in bezug auf den Individualverkehr gleichfalls als vorbildlich gelten, weil hier die Stadt Hannover mit dem Bau der Stadttangenten wichtige Vorleistungen erbracht hat. Die Einrichtungen des öffentlichen Nahverkehrs waren dagegen nur unterdurchschnittlich entwickelt. Erst Mitte der 60er Jahre konnte auf den wichtigsten Strecken des Bundesbahnnetzes ein quasi starrer Nahschnellverkehr als Vorstufe eines späteren S-Bahn-Betriebes eingerichtet werden, während die dringend erforderliche U-Bahn erst im Bau ist und nicht vor 1975 in Betrieb genommen werden kann.

Allerdings ist der öffentliche Nahverkehr im Großraum Hannover durch die Bildung eines allgemeinen Verkehrsverbundes, des „Großraumverkehrs Hannover" erheblich verbessert worden. Im Rahmen dieses Verkehrsverbundes haben sich die Hannoverschen Verkehrsbetriebe (Üstra), die Bundesbahn, die Bundespost und die privaten Linienbusbetriebe unter der Geschäftsführung des Verbandes Großraum Hannover zu einer Netz-, Fahrplan- und Tarifgemeinschaft zusammengeschlossen (Abb. 4). Durch die enge Koordinierung der Raumordnungspolitik des Verbandes mit der Netz-, Fahrplan- und Tarifgestaltung des „Großraumverkehrs" konnte der heterogen strukturierte Verbandsbereich in einem sehr viel höherem Maße integriert werden, als dies bislang der Fall war. Der öffentliche Nahverkehr wird somit gezielt als Mittel der Raumordnungspolitik und zugleich als wichtiger Faktor zur Verbesserung der Standortgunst des gesamten Verdichtungsraumes eingesetzt.

Kernrandzone und regionale Zentren sind überwiegend Wohnstandorte, so daß die Verflechtungen zu den vorwiegend zentral gelegenen Arbeitsplätzen die beschriebenen starken Pendlerströme zur Folge haben. Die unter solchen Voraussetzungen besonders wichtigen übergeordneten Verkehrssysteme sind insoweit systemgerecht entwickelt, als der Individualverkehr tangential geführt wird, während die Netze des öffentlichen Nahschnellverkehrs radial ausgerichtet sind.

Damit wird der Modellcharakter dieses Raumes auch für andere Verdichtungsräume deutlich: Der Großraum Hannover ist für einen großen Verdichtungsraum noch relativ einfach strukturiert und damit weithin überschaubar, zum anderen aber komplex genug, um hier Organisationsformen und Verfahrensweisen entwickeln und erproben zu können, die in der Folge auch auf andere, komplexer strukturierte Verdichtungsräume angewandt werden können.

4. Zielvorstellungen und Planungskonzeption

Die Problemstellungen des Verdichtungsraumes Hannover sind in den „Planungsgrundlagen" des Verbandsplanes 1967 erstmals festgehalten worden.[2]) Darin heißt es u. a.:

— Diese (dargelegte) Entwicklung hat sich als überwiegend ungeordnete Reaktion auf den durch zuwandernde Bevölkerung und durch wachsenden Wohnbedarf im Innern entstandenen Siedlungsdruck auf die Landeshauptstadt vollzogen, ohne daß den Verkehrsbedürfnissen der Menschen und ihren Bedürfnissen nach Ausstattung ihrer neuen Wohnbereiche mit kommunalen und sonstigen Einrichtungen ausreichend Rechnung getragen werden konnte."

— „Im Zusammenhang damit steht der Prozeß der Auseinandergliederung von Wohn- und Arbeitsstätten, der, soweit sich übersehen läßt, die künftige Entwicklung im Verbandsbereich prägen wird: Die Arbeitsstätten, insbesondere des Dienstleistungsbereichs, vermehren sich im Kernraum, Wohnstätten verlagern sich nach außen."

— Durch diese gegenläufige Tendenz entstehen die Hauptprobleme für die Planung im Verbandsbereich: Es müssen erhebliche Flächen für Wohnstätten außerhalb der Landeshauptstadt bereitgestellt werden; es muß aber auch der weiteren Konzentration der Arbeitsstätten im Kernraum, soweit sie unerwünscht ist, entgegengewirkt werden."

— „Schließlich wirken auch die Verringerung der Arbeitszeit, Verlängerung der Freizeit und steigende Einkommen darauf hin, daß sich im privaten Bereich das Bedürfnis nach Beweglichkeit vergrößert. ... Räumliche Mobilität wird immer mehr zu einem Grundbedürfnis des Menschen. Verdichtung der menschlichen Kommunikation ist einer der bestimmenden Züge von Gegenwart und naher Zukunft. Die Planung muß dem Rechnung tragen."

— „Des weiteren bedingt die Vermehrung der Freizeit einen höheren Anteil der Flächennutzung für alle Arten der Erholung und der sonstigen Freizeitgestaltung."

— „Der Verbandsbereich ist ein Raum, in dem dicht besiedelte Teile untereinander sowie mit weniger dicht besiedelten Teilen eng verflochten sind. Solche Räume weisen konkurrierende Flächennutzungen auf, die in erhöhtem Maße zu Interessenkonflikten führen. Ihre Lösung setzt voraus, daß Klarheit darüber besteht, welche

---

[2]) Siehe auch H. WEYL, G. KAPPERT, E. RIECHELS: Ein Rahmenprogramm für die Infrastruktur im Großraum Hannover. In: Stadtbauwelt 19, September 1968.

Bedürfnisse vorrangig und welche nachrangig sind. In Verdichtungsgebieten sollten Wohnen, Arbeiten und Erholen Vorrang besitzen..."

Die auf diesen Grundlagen aufbauende Planungskonzeption ist in dem Verbandsplan 1967 festgelegt (Abb. 6). Die wichtigsten Aussagen hierzu lauten:

— „Dieser Verbandsplan sieht ein Programm für neue Siedlungsflächen für 100 000 Wohnungen vor..."
— „In diesem Rahmen soll er der Bevölkerung Wohnformen und Wohnlagen verschiedener Art bieten..."
— „Die neuen Wohnstätten sollen in Siedlungseinheiten mit hohem zivilisatorischen, kulturellen und wirtschaftlichen Standard entstehen. Das ist nur möglich, wenn diese Siedlungseinheiten hinreichend groß sind, gemeinsam geplant und einheitlich verwirklicht werden und guten Zugang zu den Schnellverkehrswegen auf Schiene und Straße haben."
— „Der Bau von größeren Siedlungen außerhalb der regionalen Entwicklungsschwerpunkte soll unterbleiben, weil dort eine Versorgung mit kommunalen und sonstigen Einrichtungen des erwünschten Standards einschließlich eines leistungsfähigen Nahschnellverkehrs nicht möglich ist..."
— „Die Planung geht von der Zielvorstellung einer zunehmenden Mobilität im Verbandsbereich aus. Die Menschen sollen so wohnen, daß sie möglichst viele andere Wohnstätten, Arbeitsstätten, kulturelle Einrichtungen, Einkaufsstätten und andere zentrale Einrichtungen auf Schiene oder Straße möglichst schnell und bequem erreichen können. ... Auf diese Weise soll ein einheitlicher, großräumiger Wohn-, Arbeits- und Marktbereich entstehen, der den Menschen Freizügigkeit in der Wahl ihrer Wohn- und Arbeitsstätten und der Wirtschaft die Vorteile des größeren, vielseitigen und hochqualifizierten Arbeitsmarktes bietet. Erhöhung der Kommunikationsdichte bedeutet Verbesserung der Chancen für Wirtschaftswachstum."
— „Die Aufgaben, die der Personenbeförderung auf den Verkehrswegen zwischen Kernraum und äußeren Verbandsbereich gestellt sind, können nur durch ein Schnellbahnsystem befriedigend gelöst werden ... Deshalb müssen auch die Schwerpunkte regionaler Siedlungsentwicklung im Einzugsbereich des Schnellbahnsystems liegen."

Dieser Planungskonzeption entsprechend sieht der Verbandsplan 1967 — gestützt auf das „Leitmotiv für die regionale Entwicklung" von 1965 (Abb. 5) — eine auf größere Siedlungsschwerpunkte konzentrierte Entwicklung des Großraumes Hannover vor. Dabei wurde besonderer Wert auf die gegenseitige Erreichbarkeit zwischen diesen Siedlungsschwerpunkten und einer möglichst breiten Palette von Arbeits- und Ausbildungsstätten gelegt. Etwa 60 % des vorgegebenen Programms von ca. 100 000 neuen WE sollten in großstädtischen Siedlungen am Rande von Hannover, 30 % im Rahmen eines Ausbaues der regionalen Zentren und 10 % in landschaftlich besonders reizvollen Standorten verwirklicht werden. Alle anderen Gemeinden sollten auf „Eigenentwicklung"[3] begrenzt werden.

Sämtliche Siedlungsschwerpunkte wurden im Einzugsbereich von Schnellbahnen (innerer Bereich: U-Bahn, äußerer Bereich: Nahschnellverkehr der DB) vorgesehen, um so die Voraussetzungen für eine gute Erreichbarkeit und die erwünschte hohe Mobilität zwischen Wohn- und Arbeitsstätten schaffen zu können. Die Zugänglichkeit und Funktionsfähigkeit der City sollte durch die Festlegung von entlastenden Nebenzentren gewährleistet bleiben.

---

[3]) Siehe auch E. RIECHELS: Eigenentwicklung, ein planungsstrategisches Problem der Raumordnung. In: Deutsches Verwaltungsblatt 1968, S. 360.

Sowohl die Formulierungen der Planungsgrundlagen wie auch die Konzeption des Verbandsplanes 1967 lassen ein gewisses Übergewicht der technologischen Komponenten erkennen, die jedoch im Kontext zu den weniger deutlich hervorgehobenen ökonomischen und insbesondere sozialpolitischen Zielen zu sehen sind (s. a. Grundsatz (2) des Verbandsplanes 1967). Im Rahmen der inzwischen erfolgten Weiterführung der Planungskonzeption hat sich das Gewicht der gesellschaftlich relevanten Komponenten merklich verstärkt und wird in Zukunft vermehrt Berücksichtigung finden.

5. Zusammenfassung

Nach Ablauf der Geltungsdauer des ersten Verbandsplanes zeigt sich, daß einige Voraussetzungen der Planung sich geändert haben oder nicht in der erwarteten Größenordnung zum Tragen kamen.

— Der zuvor auf dem Raum Hannover lastende Bevölkerungsdruck verminderte sich erheblich; die Zuwanderung beschränkt sich heute fast ausschließlich auf Gastarbeiter.

Die relative Stagnation in der Bevölkerungsentwicklung hat zur Folge, daß die ursprünglich verfügbare planerische „Manövriermasse" geringer wird, bzw. unter einem sehr viel längerfristigen Zeithorizont gesehen werden muß. Für die in der Planungskonzeption zum Ausdruck kommende, regionalpolitisch erwünschte Entwicklung bedeutet dies eine stärkere Reduktion und Konzentration.

— Die Zahl der Einpendler nach Hannover stieg von 1961 bis 1971 um 30 000 auf 120 000 an, bei nur geringfügig erhöhten Arbeitsplätzen in der Stadt (s. a. II/2). Ungeachtet der Stagnation im Bevölkerungsvolumen des Raumes setzt sich damit der Verflechtungsprozeß zwischen Kernstadt und Umland verstärkt fort.

— Die jährliche Wohnbaurate (ca. 11 000 WE/Jahr) verblieb trotz Stagnation der inländischen Bevölkerung auf ihrer bisherigen Höhe; der Anteil an Zuwanderern bei der Belegung neuer Wohnungen ging aber von ca. 50 % auf ca. 20 % zurück, während sich der Anteil der Binnenwanderer entsprechend vergrößerte.

Für dieses erneute Indiz einer starken innerregionalen Mobilität lassen sich mehrere Ursachen finden, z. B. Umstrukturierungsvorgänge in der Kernstadt, bislang nicht befriedigter Nachholbedarf sowie mit dem Lebensstandard ansteigende Wohnansprüche weiter Bevölkerungskreise. Die Folgen sind verstärkt qualitativ ausgerichtete Anforderungen an Wohnung und Wohnstandort, die sich sowohl auf die Lokalisierung neuer Siedlungsflächen als auch — über erhöhte infrastrukturelle Ausstattungswünsche — auf die verfügbaren Investitionsmittel der öffentlichen Hände auswirken.

In Hinblick auf die Planungsziele des ersten Verbandsplanes sind sodann eine Reihe weiterer — positiv zu wertender — Entwicklungen eingetreten. Sie lassen sich überwiegend am Wandel der verbands- und gesellschaftspolitischen Zielvorstellungen und Prioritäten und an ihren Rückwirkungen auf die Planungskonzeption aufzeigen.

— Ausgelöst durch Demonstrationen und massive Willensäußerungen breiter Bevölkerungsschichten erhielt der öffentliche Nahverkehr eine höhere — der Planungskonzeption zwar zugrunde liegende, aber regionalpolitisch zunächst nicht durchsetzbare — Wertigkeit.

In unmittelbarem Zusammenhang mit dieser Prioritätsänderung erfolgte auch die Bildung des — ursprünglich erst zu einem späteren Zeitpunkt vorgesehenen — regionalen Verkehrsverbundes unter der Federführung des Großraumverbandes. Dem Verband wuchsen damit die Aufgaben und Kompetenzen einer regionalen Nahverkehrsbehörde zu mit allen damit verbundenen Möglichkeiten aus der Einbeziehung der Tarif- und Netzgestaltung in die Zielsetzungen der Raumplanung.

Die angestrebte Integration des heterogen strukturierten Verdichtungsraumes vollzieht sich seitdem schneller als erwartet, wobei dem „Großraumverkehr" eine entscheidende Funktion als verbindendem und integrierendem Element des Raumes und seiner Bevölkerung zukommt (vgl. II/3).

— Der Zusammenschluß von kleinen Gemeinden zu größeren Einheitsgemeinden im Rahmen der im Verbandsplan festgelegten Mittelpunkt- und Versorgungsbereiche hält an; damit wird die im Plan vorgegebene räumliche Neuordnung auch administrativ nachvollzogen.

Im Zuge dieser Maßstabsvergrößerung und der damit zugleich eingeleiteten Änderung der Verwaltungsstruktur des Verdichtungsraumes deutet sich auch eine weitere Konsolidierung der Regionalinstanz an, die eine stärkere administrative Herausformung der Identität des Verflechtungsraumes Hannover — möglichst als regionale Gebietskörperschaft — zum Ziele hat.

— Die zunehmende gesellschaftliche Bedeutung der natürlichen Ressourcen und Vorbelastungen eines Raumes hinsichtlich seiner — qualitativen — Tragfähigkeit und Umweltgüte, verleiht dem Raum Hannover mit seinen — im Vergleich zu anderen großen Verdichtungsräumen — relativ günstigen Bedingungen einen Lagevorteil, dessen Tragweite für die Standortgunst im ersten Verbandsplan noch nicht hinreichend berücksichtigt worden war.

Der 2. bereits beschlossene Verbandsplan 1972 zeigt daher in seinen Zielsetzungen eine stärkere sozioökonomische Ausrichtung, verbunden mit einer deutlichen Hinwendung auch zum Planungsvollzug. Hierin spiegelt sich der Versuch einer Weiterentwicklung von der räumlichen Planung der 1. Phase — gekennzeichnet durch den Begriff der Auffangsplanung — zur regionalen Entwicklungsplanung wider.

Entsprechend sind die Grundsätze, auf denen auch dieser Plan aufbaut, wie folgt ergänzt und verändert worden.

In Ergänzung der im § 2 Abs. 1 ROG und im Abschnitt II des Nds. Landesraumordnungsprogramms aufgeführten raumpolitischen Grundsätze werden folgende Planungs- und Verwirklichungsgrundsätze festgelegt:
1. Der Verbandsbereich soll zu einem einheitlichen, großräumigen und vielseitigen Wohn-, Arbeits- und Marktbereich ausgestaltet werden.
2. Wohn- und Arbeitsstätten sowie Einrichtungen der Daseinsvorsorge sollen auf ausgewählte Räume (regionale Siedlungsschwerpunkte) konzentriert werden. In Gemeinden mit besonderen Entwicklungszielen kann eine begrenzte Siedlungsentwicklung stattfinden. Außerhalb solcher Räume soll sich Siedlungsentwicklung nur im Rahmen der Eigenentwicklung vollziehen.
3. Sofern es das regional-planerische Konzept erfordert, kann aus Gründen des öffentlichen Wohls für Gemeinden „keine Entwicklung" festgelegt werden. Siedlungs- und Verkehrsplanung bilden eine Einheit. Grundlagen der Siedlungs- und Verkehrsplanung soll ein leistungsfähiges Schnellbahnsystem sein. Regionale Siedlungsschwerpunkte müssen im Einzugsbereich von Schnellbahnen liegen.
4. Der Verkehr im Großraum Hannover ist als Einheit zu sehen; die einzelnen Verkehrsarten sollen sich wechselseitig zu einem regionalen System ergänzen.
5. Maßnahmen, die aufgrund des Verbandsplanes 1972 ergriffen werden, sollen gemeinsam geplant und einheitlich durchgeführt werden.

6. Bei Entscheidungen, die von wirtschaftlichen Überlegungen abhängen, sollen die gesamtwirtschaftlichen Gesichtspunkte den einzelwirtschaftlichen vorgehen.

Der Verbandsplan 1972 wird damit — stärker als das bei dem ersten Verbandsplan der Fall war — unter ein politisches Zielgefüge gestellt, das in seinen quantitativen Ansätzen bescheidener und realistischer als sein Vorgänger ist, während die in ihm niedergelegten qualitativen Ansprüche in mancherlei Hinsicht noch gesteigert wurden. Entscheidend für die weitere Entwicklung des Verdichtungsraumes wird jetzt sein, inwieweit es — parallel zum bisher erreichten — gelingt, dem Raum mit seiner hohen Standortgunst weitere wirtschaftliche Impulse (Dienstleistungen höchsten Ranges aber auch wachstumsintensive Branchen) zuzuführen und ihn zugleich derart zu organisieren und zu strukturieren, daß ein weiteres Bedeutungswachstum auch unter den dargelegten einschränkenden Bedingungen möglich wird.

III. Folgerungen aus dem Modell Hannover

1. Verdichtungsraum in der — relativen — Stagnation

Bislang gehörte die gleichermaßen starke wirtschaftliche und demografische Expansion zur Definition des Begriffes „Verdichtungsraum".

Der Raum Hannover ist aber ein Beispiel für einen (monozentrischen) Verdichtungsraum, der aus der Phase einer allgemeinen Expansion in eine Phase relativer Stagnation übergegangen ist. Das soll nicht besagen, daß der Raum sowohl wirtschaftlich wie bevölkerungsmäßig stagniert. Vielmehr gehört es zu den Besonderheiten des hier beschriebenen Zustandes, daß die Wirtschaft des Raumes bei nur geringfügig ansteigenden Arbeitsplatzzahlen weiterhin expandiert, und sowohl das Produktionsvolumen wie den Produktionswert deutlich erhöht (die zuwandernden Gastarbeiter decken dabei eine Reihe spezifischer Personalengpässe ab).

Das bedeutet aber
- weiterhin Bedeutungswachstum (durch Wirtschaftswachstum) ohne Bevölkerungswachstum,
- weiterhin Zunahme der Verflechtung, bedingt durch gestiegene Ansprüche an Qualität und Lage der Wohnstätten und weitere Differenzierung der Arbeitsstätten,
- damit verbunden Einführung größerer räumlicher Maßstäbe bei der *Ausübung der Hauptdaseinsfunktionen,*
- Verlagerung der Gewichte von quantitativen zu eher qualitativen Komponenten: Erhöhung des Ausbildungs-, Leistungs-, und Einkommensstandards bei nur wenig wachsender Bevölkerung,
- Übergang von externem Siedlungsdruck durch Zuwanderer zu internem Siedlungsausgleich durch Intensivierung der Binnenwanderung; Umverteilung und Konsolidierung von Entwicklungsfaktoren bewirken wiederum Gewichtsverlagerung auf Standortqualitäten,
- höhere Raumbeanspruchung durch gesteigerte qualitative Ansprüche an Wohn- und Arbeitsplätze, an Erholung, Freizeit und Umweltqualität,
- Einführung höherwertiger Kommunikationssysteme, die ihrerseits bewirken, daß der erweiterte Daseins-Raum stärker integriert wird,
- verbesserte Möglichkeiten für den Übergang von der Auffangplanung zur regionalen Vorsorgeplanung, da der starke, meist nur kurzfristig durch mehr oder minder prag-

matische Maßnahmen auszugleichende Siedlungsdruck wegfällt, so daß die Entwicklung des Raumes mit längerfristig zu planenden Maßnahmen — etwa der Umverteilung und Konsolidierung vorhandener Potenzen — sehr viel leichter in Angriff zu nehmen ist,

— Maßstabsveränderungen vielfältiger Art aus technologischen (Verkehrssysteme), ökonomischen (regionaler Arbeitsmarkt) und regionalpolitischen Gründen (Bildung von Großgemeinden im regionalen Maßstab, Konstituierung der Region als Gebietskörperschaft).

Aus der Summe dieser Vorgänge, die die Qualität des Raumes in entscheidender Weise zu ändern imstande sind, resultiert die Forderung nach adäquaten Modellen zur Entwicklung solcher Verdichtungsräume.

2. Modellvorstellungen
a) Strukturmodell Regionalstadt

Monozentrische Verdichtungsräume leiden verstärkt unter Überlastungs- und Verstopfungserscheinungen ihrer Zentren, weil die im europäischen Stadtmodell angelegte Polyvalenz des Stadtzentrums — mit der starken Überschichtung einer Vielzahl von Funktionen auf engem Raum und der dadurch bedingten einseitig radialen Führung der Hauptverkehrsströme — bei Überschreiten einer kritischen Größenordnung nicht mehr beherrschbar ist und systemimmanent außer Kontrolle gerät.

Das amerikanische Stadtmodell dagegen gruppiert weiträumige Wohnviertel mit zugeordneten Zentren und ebenso weiträumigen Gewerbegebieten locker um einen „Central Business District", der selbst nicht polyvalent ist, sondern lediglich als Büro- und Verwaltungszentrum fungiert. Die räumliche Aufgliederung der einzelnen Stadtfunktionen bewirkt hier eine gleichmäßigere Ausstattung und damit zugleich eine gleichmäßigere Belastung des verstädterten Gebietes. Entsprechend sind die radial verlaufenden Verkehrsströme hier nicht stärker als die tangentialen, so daß dieses System weniger anfällig gegen Verstopfungen aller Art ist. Die Kehrseite einer solchen funktionalen Aufgliederung ist jedoch das Zerfallen der Siedlungsstrukturen zu Additionen suburbaner Teilbereiche und daraus resultierend der weitgehende Verlust jeder urbanen Atmosphäre.

Jedes dieser Stadtmodelle besitzt nun Komponenten, die — bei anderer Zuordnung — zur Grundlage eines auch in Verdichtungsräumen anwendbaren, urbanen Strukturmodells hoher Effektivität werden könnten. Die Polyvalenz des europäischen Stadtmodells sollte dabei partiell, d. h. in reduzierter Form ebenso übernommen werden, wie die räumliche Auseinandergliederung durch Einführung größerer Parameter, die das amerikanische Modell auszeichnet, verbunden mit einer — ebenfalls nur partiellen — Auffächerung solcher Funktionen, deren örtliche Massierung und räumliche Überschichtung für die weitere Entwicklung großer urbaner Strukturen nicht erforderlich ist.

Das bedingt

— die Einführung größerer räumlicher Parameter unter Benutzung leistungsfähiger, entsprechend vermaschter Kommunikationssysteme (Schnellbahnen), um die räumlichen Voraussetzungen für eine wirksame Dezentralisierung der urbanen Strukturen zu schaffen,

— die An- und Zuordnung der einzelnen, räumlich getrennten Siedlungsteile an den Knotenpunkten der Kommunikationssysteme (räumliches Gitter als para-urbanes Siedlungsmuster) bei funktionaler Differenzierung der einzelnen Teile,

— Abschwächung der Polyvalenz des Hauptzentrums durch Abziehung solcher Funktionen, die dort nicht unbedingt ihren Ort haben,
— räumliche Aufgliederung übergroßer Teilbereiche zur Entlastung und besseren Erschließung solcher urbanen oder suburbanen Gebiete bei jeweils ausgewogener Verdichtung,
— Integration eines derart gegliederten Raumes mit technischen (Schnellbahnsysteme, Schnellstraßen, Telekommunikationssysteme), ökonomischen (Bildung eines übergreifenden Arbeitsmarktes, Tarifgestaltung der öffentlichen Verkehrsnetze mit dem Ziel der Minimierung oder vollständigen Aufhebung von Fahrpreisunterschieden) und regionalpolitischen Mitteln:
— administrative Umbildung, um dem Bürger eine stärkere Identifizierung mit Gemeinde und Region zu ermöglichen; dazu Einführung leistungsfähiger Verwaltungseinheiten überschaubaren Zuschnitts auf der lokalen und Entwicklung einer ausreichend starken Gebietskörperschaft auf der regionalen Ebene: Regionalstadt als überschaubarer, gegliederter Lebensraum (Abb. 7).

b) Schwellenausgleich als Komponente der Entwicklungsplanung in Verdichtungsräumen

Die Entwicklung — relativ — stagnierender Verdichtungsräume unterliegt meist anderen Bedingungen als die expandierender Räume. Besonderes Kennzeichen bei der Entwicklung aller Arten von Verdichtungsräumen ist aber nach wie vor das gehäufte Auftreten von Schwellen qualitativer wie quantitativer Art, die — in der Summierung — die weitere Entwicklung der betreffenden Räume behindern oder doch erheblich verteuern.

Solche Schwellen treten z. B. auf, wenn der Entwicklungsstand eines Raumes die Einführung höherwertiger neuer Systeme erforderlich macht (U-Bahn, S-Bahn, Stadtautobahn: qualitative Schwellen) oder wenn bestehende Kapazitäten auf einem Gebiet nicht mehr erweiterungsfähig sind und neu eingerichtet oder aus technischen Gründen in übergroßen Dimensionierungen oder Kapazitätsreserven vorgehalten werden müssen (z. B. Hauptsammler, Klärwerke: quantitative Schwellen).

Die Existenz solcher technisch oder betriebswirtschaftlich begründeter Schwellen bewirkt, daß der kommunale Investitionsbedarf sich nicht kontinuierlich, sondern durchaus diskontinuierlich entwickelt. Denn das Überschreiten derartiger Schwellen führt schon im einzelnen Fall zu Investitionssprüngen, die sich bei zeitlicher Summierung sehr unangenehm auswirken können. Dazu kommt, daß zusätzliche neue Einrichtungen wie Versorgungs- oder Kommunikationssysteme nicht nur besonders hohe Anfangsinvestitionen erfordern, sondern zunächst auch nicht voll ausgenutzt werden, was wiederum Rückwirkungen auf die Amortisation derartiger Investitionen hat.

Dazu bemerkt R. Frey[4]:

„Wegen der Unteilbarkeiten und des hohen Kapitalbedarfs sind in einer ersten Phase der Entwicklung der Region die Kosten für die Infrastruktur groß, während wegen der langen Ausreifungszeit der Infrastruktur deren Leistungen noch unbedeutend sind. Mit der Zeit steigt der Nutzen der Infrastruktur. Gleichzeitig sinken die Kosten, weil nun eine wachsende Bevölkerung ohne große zusätzliche Kosten in vorhandene Infrastrukturkapazitäten hineinwachsen kann ..."

---

[4] Siehe auch R. Frey: Infrastruktur, Grundlagen der Planung öffentlicher Investitionen. Tübingen 1970, S. 42.

Im Verdichtungsraum können sich solche Schwellen — wegen der vielfältigen Verflechtungen aber auch infolge der Komplexität der Entwicklungen — häufiger und nachhaltiger summieren als in weniger verflochtenen Räumen, etwa wenn ein neues Entwicklungsgebiet in Angriff genommen werden soll, zu dessen Erschließung und Anbindung a) der Bau einer Schnellbahn und b) ein neues Entwässerungssystem erforderlich werden, oder wenn die „U-Bahn-Reife" eines Raumes zusammenfällt mit der Notwendigkeit des Baus eines neuen Abwassersystems oder der Erstellung des Fernheiznetzes.

Für die Entwicklung der Siedlungsstruktur und der Kommunikationssysteme von Verdichtungsräumen lassen sich daraus eine Reihe von Folgerungen ableiten:

— Das Zusammentreffen von Entwicklungsschwellen auf mehreren Sektoren der Infrastruktur kann die Entwicklung selbst großer Verdichtungsräume nachhaltig behindern, weil es dabei zu ungewöhnlich hohen, u. U. kritischen Summierungen der erforderlichen Investitionen kommt,

— derartige Infrastruktur-Schwellen werden in stark expandierenden Räumen leichter überwunden (überflutet!) als in stagnierenden Räumen,

— in massierten, monozentrischen Räumen bieten sich wenig Möglichkeiten für die Umgehung solcher Schwellensummierungen, zumindest nicht in Form räumlicher Alternativen,

— in polyzentrischen oder aufgegliederten regionalstädtischen Räumen können dagegen kritische Schwellensummierungen dadurch umgangen oder substituiert werden, daß die Schwerpunktentwicklung von den ohne Schwellenüberschreitung nicht mehr entwicklungsfähigen Räumen und Systemen (etwa der Kernstadt) alternativ auf andere Teilräume verlagert wird, deren Infrastruktur bislang suboptimal genutzt, bzw. mit geringerem Aufwand ausbaufähig ist,

— bereits die zeitlich begrenzte Anwendung solcher Verfahren kann im Effekt zur Verminderung der Schwellenhöhen oder doch zur zeitlichen Entflechtung der betr. Schwellensummierung führen,

— in stagnierenden Räumen bewirkt dieses Verfahren die optimale Ausnutzung der vorhandenen, bislang suboptimal genutzten Kapazitäten bei Optimierung = Minimierung der Investitionen;

— in solchen Fällen tritt damit eine Optimierung der räumlichen Entwicklung durch die Minimierung störender Schwelleneffekte ein.

Aus den Erfahrungen des „Modells Hannover" können somit — auf unterschiedlichen Ebenen — zwei Entwicklungsmuster für ähnliche Verdichtungsräume angeboten werden: die para-urbane Struktur der Regionalstadt und der Schwellenausgleich als wesentliche Komponente der Entwicklungsplanung für eine solche Regionalstadt.

Bei der Weiterentwicklung und Verfeinerung dieser Modelle und des dafür notwendig werdenden planerischen Instrumentariums wird schließlich von den folgenden Randbedingungen auszugehen sein:

— der Einsicht in die Begrenztheit der zur Verfügung stehenden Ressourcen und Einwirkungsmöglichkeiten,

— der Berücksichtigung des beschränkten, bislang vorwiegend auf den physischen Bereich zielenden Planungsinstrumentariums,

— der Notwendigkeit der Einbeziehung differenzierter zeitlicher Zielhorizonte und

— einem veränderten Planungsverständnis, das durch den Übergang von bisher vorwiegend restriktiv-planungsrechtlichen Verfahrensweisen zu einem eher progressiven, u. a. auf Investitionen der öffentlichen Hände basierenden, initiativen Verhalten gekennzeichnet wird und damit durch die Erweiterung der nur räumlichen Planung zur regionalen Entwicklungsplanung.

Stadtstruktur und Gesellschaft

von

Erika Spiegel, Dortmund

I. Die Stadt als „räumliche Projektion socialer Formen"

Die Untersuchung der Wechselwirkungen zwischen Raum und Gesellschaft hat nie zu den Lieblingsthemen der Soziologie gehört. Zwar hat sie — dies vor allem in den Vereinigten Staaten — zu einem relativ frühen Zeitpunkt ihrer Geschichte in Gestalt der Sozial- oder Humanökologie einen Zweig hervorgebracht, der sich per definitionem mit den räumlichen Erscheinungsformen sozialer Existenz befaßte. Mit der theoretischen Analyse der Faktoren und Prozesse, die zur Herausbildung dieser oder jener räumlichen Erscheinungsform führten, hat sich jedoch auch die Sozialökologie nie allzulange aufgehalten, sondern sich lieber den konkreten sozialen Phänomenen zugewandt, die sie — aus welchem Grunde auch immer — bereits räumlich konfiguriert vorfand: dem Ghetto, „Street Corner Society", der Nachbarschaft, dem Slum.

Eigentlich ökologische Fragestellungen wie die nach dem Einfluß von Topographie, Bodenbeschaffenheit, Klima, Vegetation auf Formen, Verlauf und Ziele menschlichen Zusammenlebens fanden sich ohnehin durch die zunehmende Beherrschung natürlicher Restriktionen in den Hintergrund gedrängt und vermochten nur noch historisches Interesse zu wecken. Aber auch abstraktere Eigenschaften des Raumes wie Richtung, Ausdehnung, Grenzen schienen im Zeichen alles überwindender Kommunikationsmittel dieses Schicksal zu teilen. So wurden die eigentlich räumlichen Voraussetzungen und Konsequenzen sozialer Strukturen und sozialer Verhaltensweisen nicht allzu häufig hinterfragt oder aber sehr bald auf das Problem der Nähe — oder Nachbarschaft — reduziert. Von historisch oder geographisch entlegenen Ausnahmen abgesehen, galt die auf dem Prinzip der Nachbarschaft beruhende, sozial und räumlich geschlossene Siedlung, ob Dorf oder Stadt, als Grundgestalt menschlichen Zusammenlebens schlechthin.

Weit wichtiger, und auch reizvoller, schien das, was sich innerhalb dieser Siedlungen abspielte, wobei der, wenn auch nur vorübergehende, Glanz, den vor allem die Stadtsoziologie ausstrahlte, in erster Linie darauf beruhte, daß hier — in der Stadt, vor allem der Großstadt — die Gesellschaft sich selbst um einiges vorausschien, man ablesen zu können meinte, was, an Gutem wie an Bösem, die Zukunft bereithielt[1]). Nachdem jedoch,

---

[1]) Am deutlichsten in ROBERT E. PARK, ERNEST W. BURGESS, RODERICK D. McKENZIE: The City (1925), Chicago 1967, p. 45 f. „Because of the opportunity it offers, particularly to the exceptional and abnormal types of man, a great city tends to spread out and lay bare to the public view in a massive manner all the human characters which are ordinarily obscured and suppressed in smaller communities. The City, in short, shows the good and evil in human nature in excess."

zumindest in den meisten Industrieländern, der Prozeß der quantitativen Verstädterung verlangsamt, der der qualitativen weitgehend abgeschlossen ist, städtische Lebensformen und städtische Verhaltensweisen Allgemeingut geworden sind, hat denn auch das spezifische Interesse an der Stadt als einem Laboratorium, „in which human nature and social processes may be conveniently and profitably studied"[2]), nachgelassen oder sich ins kulturkritische Abseits verlagert.

Auch dort jedoch, wo sich Soziologie und Sozialökologie grundsätzlicher mit dem Thema „Raum und Gesellschaft" auseinandergesetzt haben, waren und sind die Gewichte ungleich verteilt. In Analogie zur Pflanzen- und Tierökologie lag der Nachdruck lange Zeit auf den Einflüssen und Wirkungen, die von einer bestimmten räumlichen Umwelt auf Form und Leben gesellschaftlicher Gruppen ausgehen, und auf den Organisations- und Verhaltensänderungen, mit denen sich diese Gruppen ihrer Umwelt anpassen. Und zwar auch dann noch, als von einer „natürlichen" Umwelt kaum noch die Rede sein und es nachgerade klar sein konnte, daß die künstliche, mit der man es seit langem zu tun hatte, in sich bereits den räumlichen Niederschlag zahlreicher gesellschaftlicher Prozesse enthalten mußte. Der räumliche Niederschlag gesellschaftlicher Prozesse selbst, die, wie es GEORG SIMMEL ausdrückte, „räumliche Projektion socialer Formen", die „Einwirkung, die die räumlichen Bestimmtheiten einer Gruppe durch ihre socialen Gestaltungen und Energien erfahren"[3]), hatte zwar die Begründer und Klassiker der amerikanischen Sozialökologie — PARK, BURGESS und MCKENZIE — nicht weniger beschäftigt; die Prozesse und Strukturen, die sie entdeckten, waren jedoch — abgesehen von ihrer historischen und geographischen Beschränktheit auf das Chicago der zwanziger Jahre — zu sehr auf sozialstatistische Momentaufnahmen gegründet, als daß sie die dahinterliegenden Kausalbeziehungen immer hätten aufdecken können. Auch die Interaktionsprozesse, die sich innerhalb und zwischen den räumlichen Strukturelementen abspielten, blieben weitgehend im Dunkeln.

Mit anderen Worten: Soziologie und Sozialökologie haben sich weit häufiger mit der Analyse irgendwie vorgegebener Ausschnitte des Raumes und den in ihnen vorherrschenden sozialen Strukturen und sozialen Verhaltensweisen befaßt als damit, wie soziale Strukturen und soziale Verhaltensweisen diese Ausschnitte formen, umformen, vielleicht auch auflösen. „Naturraum" wurde gleichgesetzt mit „sozialem Raum", sozialer Raum war ebenso wie Naturraum abgrenzbare, meßbare Fläche. Das heißt: Ausgangspunkt der Betrachtung war stets der objektive, mathematische Raum, nicht der subjektive, konkret erlebte, wie er sich für Individuen und Gruppen aus den räumlichen Projektionen ihrer Aktionen und Interaktionen ergibt[4]). Und zwar auf allen Ebenen, in allen Maßstäben:

---

[2]) A. a. O., S. 46.
[3]) GEORG SIMMEL: Über räumliche Projektionen socialer Formen. In: Zeitschrift für Sozialwissenschaft, VI. Jg. (1903), S. 287.
[4]) Zum Begriff des erlebten oder gelebten Raumes vgl. u. a. Graf K. v. DÜRCKHEIM: Untersuchungen zum gelebten Raum. In: Neue Psychologische Studien, 6. Bd., München 1932, S. 384 ff., und O. F. BOLLNOW: Mensch und Raum, Stuttgart 1963, S. 16 ff. Im Gegensatz zum objektiven, mathematischen ist der subjektive, erlebte oder gelebte Raum durch eine Vielzahl von Eigenschaften gekennzeichnet, die alle auf den Menschen bezogen sind: einen Mittelpunkt, der durch den Ort des erlebenden Menschen im Raum gegeben ist; ein Achsensystem, das mit dem menschlichen Körper und seiner aufrechten Haltung zusammenhängt; auf menschlichen Erfahrungen beruhende Bedeutungsgehalte, die den Orten und Gegenden im Raum unterschiedliche Qualitäten und Gewichte verleihen; ein Gliederungssystem, das von diesen unterschiedlichen Qualitäten und Gewichten ausgeht; Wertungen, die durch die Förderung oder Hemmung menschlicher Lebensbeziehungen bestimmt sind. — Auch im Bereich von Architektur und Städtebau sind Begriff und Erscheinungsformen des erlebten und gelebten Raumes immer wieder behandelt worden, u. a. schon bei K. H.

vom Haus über die Nachbarschaft, die Stadt, das Land, bis hin zur „Welt", wobei letztere insofern etwas zurückstand, als die „Menschheit" als Sozialgebilde lange Zeit relativ abstrakt geblieben ist, die Welt als erlebter Raum höchstens aus dem säkularen Blickwinkel von Weltreichen und Völkerwanderungen etwas an Kontur gewann. Überall jedoch wurden Vorstellungen von Räumen und räumlichen Systemen, wie sie durch Skizze, Plan oder Karte vermittelt werden, stillschweigend mit den jeweils konkret erlebten Räumen gleichgesetzt. Ist dies gerechtfertigt?

Die gleiche Frage ergibt sich für die „Struktur" der Stadt. Auch hier hatten objektive, mathematisch faß- und meßbare Strukturen und Strukturelemente — wieder zumeist Flächen und auf diese Flächen bezogene soziale Systeme — weit mehr Interesse gefunden als die Frage, wie eigentlich die subjektiven Strukturen aussahen, die sich für Individuen oder Gruppen aus der Summe der konkret erlebten Räume, der durch Interaktionsbeziehungen, Bedeutungsgehalte und Wertungen ausgezeichneten Orte und Gegenden ergaben. Auch wo dies nicht ausdrücklich gesagt wird, schwingt in den meisten — deskriptiven wie normativen — Versuchen und Bemühungen, zu einer sozialräumlichen Gliederung der Stadt zu kommen, die Vorstellung einer Identität von objektiver, mathematischer und subjektiver, erlebter Struktur mit. Inwiefern ist auch diese Vorstellung in Frage zu stellen?

II. „Natural area" und Nachbarschaft

Im Prinzip beruhen alle Strukturmodelle, die zur Gliederung oder Ordnung der Stadt entwickelt worden sind, auf zwei unterschiedlichen Ansätzen. Entweder die Stadt wird als Aggregat möglichst selbständiger, im Idealfall funktional völlig autonomer Elemente gesehen. In diesem Falle ist eine gewisse innere Heterogenität dieser Elemente unvermeidlich. Jedes Element muß Wohnungen, Arbeitsstätten, Versorgungseinrichtungen, Bildungs- und Erholungsmöglichkeiten enthalten. Es muß aus sich selbst heraus in der Lage sein, alle zu seiner Erhaltung notwendigen Funktionen zu erfüllen. Oder die Stadt bildet ein System in sich unselbständiger, arbeitsteilig miteinander verflochtener Elemente. In diesem Fall ist weitgehende Homogenität innerhalb der Elemente — Wohngebiete, Gewerbegebiete, Einkaufszonen, Erholungsgebiete — möglich. Jedes Element ist jedoch für die Erfüllung seiner Funktionen von anderen Elementen außerhalb seiner selbst abhängig.

Beide Ansätze haben Verfechter gefunden, auch wenn sie völlig rein nicht einmal in Idealstadtmodellen verwirklicht sind. Die auf funktionale Autonomie der Elemente bedachten Modelle klammern die Arbeitsstätten, zumal wenn sie mit Lärm und Schmutz verbunden sind, gern aus, legen dabei aber Wert auf ein gemeinsames Zentrum. Die auf arbeitsteilige Differenzierung bedachten wissen wohl, daß eine allzu säuberliche „Trennung der Funktionen" die Effektivität des Gesamtsystems herabsetzt und ordnen daher den im Prinzip homogenen Elementen zumindest die Versorgungseinrichtungen zu, die zu einem reibungslosen „Betriebsablauf" unmittelbar erforderlich sind.

(Noch Fußnote 4)
ESSER: Architektur als Erlebnisraum, 1931, neuerdings bei TH. SIEVERTS: Stadt-Vorstellungen. In: Stadtbauwelt 9, 1966, S. 704 ff., sowie bei G. NITSCHKE und P. THIEL: Anatomie der Gelebten Umwelt. In: Bauen und Wohnen, 23. Jg. (1968), Heft 9, S. 313 ff. und Heft 10, S. X 1 ff. Um eine genaue Abgrenzung und kartographische Erfassung erlebter Räume mit Hilfe von „mental maps" oder „subjektiven Landkarten" hat sich u. a. bemüht K.-H. STAPF: Untersuchungen zur subjektiven Landkarte, Diss. TU Braunschweig, 1968.

Schon hieraus wird deutlich, daß der Unterschied des Ansatzes — zumindest seit die Zeiten der geschlossenen Hauswirtschaft vorüber sind — streng genommen nur ein Unterschied des Maßstabs ist, das heißt, der Flächeneinheit, innerhalb derer Autonomie angestrebt oder ermöglicht werden soll: der Nachbarschaft, des Quartiers, der Stadt, der Region. Trotzdem hat gerade die Frage des Maßstabs, des „menschlichen" Maßstabs, bei allen Diskussionen um die Gliederung der Stadt eine entscheidende Rolle gespielt. Hier schien Quantität in Qualität umzuschlagen, Vertrautheit in Fremdheit, Geborgenheit in Verlorenheit. Dabei war eine gewisse Schwäche auch der Soziologie für kleine Maßstäbe, bescheidene Größenordnungen, „überschaubare" Räume, nicht zu verkennen. Offen blieb dabei jedoch, inwieweit Überschaubarkeit gerade im städtebaulichen Bereich nicht von beeinflußbaren Eigenschaften des Raumes — Klarheit der Gliederung, Vorhandensein von Orientierungspunkten, Besetzung mit Bedeutungsgehalten — abhängig ist; inwieweit nicht auch die Fähigkeit, zu überschauen in erheblichem Ausmaß informations- und bildungsabhängig und damit lern- und übbar ist. In jedem Falle wurde auch hier stets von Flächeneinheiten ausgegangen, von objektiven Räumen verschiedener Größe, deren jeweilige subjektive Entsprechung im Raumerlebnis ihrer Bewohner oder Benutzer nicht weiter überprüft wurde.

Die empirischen Unterlagen, die Auskunft über subjektive Räume, subjektive Strukturen und die ihnen zugrundeliegenden sozialen Systeme geben könnten, sind noch dürftig. Was vorliegt, bezieht und beschränkt sich in der Regel auf eben die Flächeneinheiten, deren soziale Relevanz hier in Frage gestellt werden soll. Trotzdem läßt eine kurze Analyse der wichtigsten sozialräumlichen Strukturmodelle im Hinblick auf die ihnen entsprechenden — oder nicht entsprechenden — subjektiven Strukturen bereits einige Hypothesen zu.

Die ersten sozialökologischen Untersuchungen, die etwa seit dem Jahr 1915 durch die Chicagoer Schule der Soziologie durchgeführt wurden und die nicht zuletzt auf die Erfassung von Gesetzmäßigkeiten im Lebens- und Wachstumsprozeß amerikanischer Großstädte ausgerichtet waren, hatten zur Aufdeckung von Strukturelementen geführt, die — in Anlehnung an tier- und pflanzenökologische Vorbilder und in dem Glauben, daß auch die Stadt „not an artifact, but a natural phenomenon" sei[5] — etwas unglücklich als „natural areas" bezeichnet wurden. Enthält man sich organizistischer Assoziationen, die in den Vereinigten Staaten ohnehin weniger naheliegen als in Mitteleuropa, so entspricht das, was damit gemeint war, ziemlich genau den ethnisch oder sozial relativ homogenen Quartieren spezifischer Bevölkerungsgruppen — den Iren- oder Chinesenvierteln, „Little Italy", der „Goldküste" oder dem Slum —, die aus allen nordamerikanischen Großstädten bekannt sind und deren sozialstrukturelle und verhaltensmäßige Eigenarten sich bei der Kartierung der entsprechenden sozialstatistischen Daten, von der Einkommenshöhe über den Schulbesuch bis zu den Scheidungs- und Kriminalitätsraten, in deutlich sichtbaren Mustern niedergeschlagen hatten. Die physiognomische Besonderheit, die die „natural areas" aufgrund dieser ihrer sozialkulturellen und oft auch baulichen Homogenität auszeichnete, hat viel auch zu ihrer visuellen Identifizierbarkeit im äußeren Bild der Stadt beigetragen.

Spätere, meist auf teilnehmender Beobachtung beruhende soziologische Untersuchungen solcher Quartiere lassen darauf schließen, daß es sich in der Tat um „Sozialräume", um räumlich begrenzte soziale Systeme handelte, die höchstens zur Arbeit verlassen wur-

---

[5] HARVEY W. ZORBAUGH: The Natural Area of the City. In: Ernest W. Burgess (ed.): The Urban Community, Chicago 1926, S. 221.

den und bei denen daher sowohl individuell wie kollektiv eine weitgehende Identität von objektivem Strukturelement und subjektiv erlebtem Raum gegeben war[6]). Insofern geht auch die häufig geäußerte Kritik, daß es sich bei der Vorstellung, soziokulturelle Homogenität würde von sich aus zu einer Häufung sozialer Interaktionen, zur Bildung einer Art Stadtteilgemeinde führen, um einen „ökologischen Fehlschluß" handele, sicher zu weit. Nicht nur die erwähnten amerikanischen, auch die Mehrzahl der europäischen Gemeindeuntersuchungen lassen erkennen, daß es gerade, wenn nicht ausschließlich soziokulturelle Homogenität ist, die zu vermehrten Interaktionen im nachbarlichen Bereich führt und damit räumliche Nähe als Integrationsfaktor überhaupt nur zum Tragen kommen läßt[7]).

Wenn in den ersten Veröffentlichungen der Chicagoer Schule der Begriff der „natural area" daher auch noch mit einigem Recht synonym mit dem der „neighbourhood" verwandt werden konnte, so mußten sich die Wege der beiden Begriffe doch in dem Augenblick trennen, als der Begriff der „natural area" auch auf weitgehend monofunktionale Strukturelemente wie Bankenviertel, Zeitungsviertel, Regierungsviertel, Hafenviertel übertragen wurde, die sich zwar ebenfalls durch eine Häufung sozio-ökonomischer und sozio-kultureller Merkmale und physiognomische Eigenart auszeichneten, wegen der fehlenden funktionalen Autonomie aber kaum mit mehr oder weniger geschlossenen sozialen Systemen gleichgesetzt werden konnten[8]).

Nicht zuletzt wegen dieses seines ambivalenten, schwankenden Charakters, der zwar der vorgefundenen Vielfalt der Strukturelemente entsprach, sie aber in ihren Voraussetzungen und Konsequenzen nicht eben durchsichtiger machte, ist der Begriff der „natural area" immer umstritten geblieben. Vor allem hat er nie in städtebauliche Modellvorstellungen Eingang gefunden. Trotzdem sollte zu denken geben, daß die „natural area" als physiognomisches Phänomen — ob nun Chinatown, Wallstreet, Montmartre oder Schwabing geheißen— das Gesicht der Städte entscheidend geprägt hat, sein langsames Verlöschen mit lebhaften Klagen begleitet wird. Auch ist das soziologische Potential des Begriffs gerade in dieser Beziehung — etwa die Symbolisierung von Gruppen oder Funktionen im Erscheinungsbild der Stadt — nie völlig erfaßt und ausgeschöpft worden.

Stattdessen konzentrierte sich die soziologische und städtebauliche Theorie und Praxis zunächst darauf, das Konzept der Nachbarschaft, das in den ersten sozialökologischen Untersuchungen nur verschwommen zutage getreten war, klarer herauszuarbeiten und als tragendes Strukturelement der Stadt einzuführen. Im Gegensatz zur „natural area", die stets deskriptiven Charakter gehabt hatte, trat die Nachbarschaft von vornherein mit normativem Anspruch auf den Plan. Nicht umsonst hatte sich die Großstadtkritik, die bereits seit Mitte des 19. Jahrhunderts Entstehung und Wachstum der industriellen Großstadt mit Mißtrauen begleitet, sich dabei aber auf biologistisch-moralisierende Argumente wie Geburtenrückgang, Begabungsschwund und Sittenverfall beschränkt hatte, inzwischen der Struktur- und Gestaltlosigkeit, der sozialen Unübersichtlichkeit und fehlenden Ordnung der großen Stadt zugewandt und diese für die vielfach sichtbaren Desorganisationserscheinungen — wachsende Scheidungsraten, hohe Selbstmordquoten, Jugendkriminalität und Prostitution — verantwortlich gemacht. Demgegenüber mußte die Nachbarschaft als sozialräumliches System, das auf beschränktem, eben „überschaubarem" Raum alle ökono-

---

[6]) Vgl. u. a. W. F. WHYTE: Street Corner Society. Chicago 1943; H. J. GANS: The Urban Villagers. New York 1962.
[7]) Vgl. u. a. HENRI COING: Rénovation urbaine et changement social. Paris 1966.
[8]) Vgl. S. 118 f.

mischen, sozialen und kulturellen Bedürfnisse und damit die Voraussetzungen zur Bildung einer umfassenden örtlichen Gemeinschaft erfüllte, als Allheilmittel erscheinen. Allheilmittel konnte sie aber nur sein, wenn Selbstgenügsamkeit und funktionale Autonomie nicht nur, über ein vielfältiges ökonomisches, soziales und kulturelles Angebot, ermöglicht, sondern auch tatsächlich praktiziert würden.

Das Modell der nachbarschaftlich gegliederten Stadt, dem 1928 durch den amerikanischen Sozialplaner CLARENCE PERRY und seinen „neighbourhood unit plan" die endgültige sozialreformerische Weihe gegeben wurde, ist zur Genüge bekannt[9]). Daß es sich dabei eher um ein sozialkonservatives Modell handelte, daß es nichts anderes als der soziale und räumliche Maßstab des Dorfes oder der kleinen Stadt war, der auf die Großstadt übertragen werden sollte, daß damit nur ein, von der Großstadt her gesehen, fiktives soziales System auf einen fiktiven räumlichen Bereich projiziert wurde, ist erst langsam — und durchaus noch nicht überall — ins Bewußtsein gerückt. Seine Zählebigkeit erweist sich zur Zeit wieder in der Diskussion um die soziale Problematik der Sanierung, aber auch bei jeder Neuplanung von Wohngebieten fällt es Verantwortlichen und „kritischer Öffentlichkeit" offensichtlich schwer, vom Wunschbild einer flächenhaft begrenzten, nach innen zentrierten, zumindest alle sozialen und kulturellen Bedürfnisse erfüllenden Gemeinschaft Abschied zu nehmen.

So knüpfte denn auch die Kritik des Nachbarschaftsprinzips zunächst nur an die innere Organisation der Nachbarschaft betreffende Irrtümer an, und zwar

— *an die Größe:* In Wohngebieten von 4000 oder 6000 Einwohnern — dies etwa war die in den ersten Nachbarschaftsplänen angestrebte Größenordnung — sind die Entfernungen bereits zu weitläufig, ist die Zahl der „Nachbarn" bereits zu groß, als daß sich über den ganzen Bereich hinweg nachbarliche Beziehungen ergeben könnten. Wie alle empirischen Untersuchungen gezeigt haben, ist es kaum die Straße, manchmal der Block, oft nur eine kurze Häuserreihe, in der überhaupt eine gewisse Bekanntheit und damit die potentielle Bereitschaft zu nachbarlichem Verhalten erwartet werden kann;

— *an das Fehlen sozialer Homogenität:* Während die „natural area" gerade dadurch gekennzeichnet gewesen war, daß nach Einkommen, Bildungsstand, ethnischer Herkunft relativ gleichartige Bevölkerungsgruppen zusammenwohnten, war die Nachbarschaft jedenfalls nach dem Willen ihrer entschiedensten Verfechter auf soziale Mischung, auf eine möglichst umfassende Repräsentation aller Gruppen und Schichten, angelegt. Gerade hiermit wurde jedoch intensiveren Sozialbeziehungen unter ihren Bewohnern der Boden unter den Füßen entzogen. Diese sind, und zwar auf allen Ebenen, weitgehend an eine gewisse Homogenität der Einstellungen und Verhaltensweisen gebunden, wie sie in der Regel nur bei Angehörigen gleicher oder benachbarter Schichten gegeben ist;

— *an das Fehlen einer echten funktionalen Verflechtung:* Die amerikanische Nachbarschaft der Pionierzeit ebenso wie alle auf dem gleichen Prinzip beruhenden europäischen Nachbargemeinschaften waren durch das Aufeinanderangewiesensein bei der Erfüllung gemeinsamer Aufgaben — Kolonisation, Verteidigung, Abwehr von Naturkatastrophen — gekennzeichnet gewesen. In einem städtischen Wohnquartier werden derartige Aufgaben nicht mehr durch gegenseitige Hilfe und Ergänzung, sondern durch Dritte, nämlich durch kommunale oder staatliche Versorgungs- oder Dienst-

---

[9]) CLARENCE A. PERRY: The Neighbourhood Unit. In: Regional Survey of New York and its Environs, Bd. 7, New York 1929.

leistungsunternehmen erfüllt. Ein funktional abgestütztes soziales System ergibt sich hieraus kaum, wenn nicht, umgekehrt, die gemeinsame Front gegen Unterversorgung und Mißstände aller Art vorübergehende Notgemeinschaften entstehen läßt. Funktionale Verflechtungen ergeben sich höchstens wieder in sehr viel kleinerem Bereich, meist auf Familie und Haushalt bezogen, durch Hilfs- und Tauschdienste aller Art[10]).

III. Die Trennung der Funktionen

Ergiebiger als diese auf die innere Organisation der Nachbarschaft und die Voraussetzung nachbarlichen Verhaltens abzielenden Argumente, die nur auf noch kleinere Einheiten verweisen, scheint ein Ansatz, der vom Stellenwert der Nachbarschaft, überhaupt räumlich determinierter sozialer Systeme, angesichts bestimmter gesamtgesellschaftlicher Entwicklungen ausgeht. Wenn die Nachbarschaft an fehlenden Funktionen krankte, wenn nachbarliche Sozialbeziehungen offenbar nur noch marginale Bedeutung hatten, so hieß dies ja nicht, daß die fehlenden Funktionen, die verdrängten Sozialbeziehungen überhaupt nicht mehr vorhanden waren. Sie hatten sich nur weitgehend aus den räumlichen Beschränkungen der Nachbarschaft gelöst. Wie schon die Geschichte des Begriffs der „natural area" deutlich gemacht hatte, waren längst neben funktional autonomen nachbarschaftsähnlichen Quartieren funktional differenzierte räumliche Bereiche — Bankenviertel, Zeitungsviertel, Vergnügungsviertel — entstanden, die auf anderen Ordnungsprinzipien beruhten als die Nachbarschaft. Was sich hier mehr oder weniger spontan entwickelt hatte, war im Prinzip nichts anderes als die „Trennung der Funktionen", die wenige Jahre später, fast gleichzeitig mit den ersten voll durchgearbeiteten Nachbarschaftsplänen, mit nicht weniger selbstbewußtem, normativem Anspruch gefordert wurde[11]).

Mehr als die nachbarschaftlich gegliederte erwies sich die funktional gegliederte Stadt auf der Höhe der Zeit. Für die Urheber der Forderung nach einer Trennung der Funktionen mochte noch die Beseitigung der gegenseitigen Störungen von Wohnen, Arbeiten, Sich-Erholen und Verkehr im Vordergrund des Interesses gestanden haben. Diese Forderung entsprach aber so genau der inneren Differenzierung der ökonomischen und sozialen Funktionsabläufe, die sich aus dem Prinzip der gesellschaftlichen Arbeitsteilung ergibt, daß es nur eine Frage der Zeit war, daß sich diese innere Differenzierung der Funktionsabläufe auch in einer funktionalen Differenzierung des Stadtgebiets niederschlug. Diese ergab sich aus den unterschiedlichen Ansprüchen der differenzierten Funktionen an Lage und Ausstattung der von ihnen benötigten Flächen und aus der Konzentration dieser Funktionen in den Bereichen der Stadt, die nach Lage und Ausstattung diese Ansprüche am besten erfüllten. Eine funktionale Differenzierung des Stadtgebiets ist keineswegs neu. Zu allen Zeiten haben sich Handwerkszweige in bestimmten Gassen — Färbergassen,

---

[10]) Vgl. die umfangreiche Literatur zur Nachbarschaftskritik, vor allem E. Pfeil: Zur Kritik der Nachbarschaftsidee. In: Archiv für Kommunalwissenschaften, 2. Jg. (1963), S. 40 ff.; H. Klages: Der Nachbarschaftsgedanke und die nachbarliche Wirklichkeit in der Großstadt, 2. Aufl., Köln—Opladen 1968, sowie die Mehrzahl der soziologischen Untersuchungen neuer Wohngebiete, u. a. E. Pfeil: Nachbarkreis und Verkehrskreis in der Großstadt. In: Daseinsformen der Großstadt, hrsg. von Gunter Ipsen, Tübingen 1959; R. Bächtold: Der moderne Wohnungs- und Siedlungsbau als soziologisches Problem, Basel 1964; M. Schwonke und U. Herlyn: Wolfsburg. Soziologische Analyse einer jungen Industriestadt, Stuttgart 1967; K. Zapf u. a.: Stadt am Stadtrand, Frankfurt 1969.
[11]) Vgl. die „Charta von Athen". In: Ulrich Conrads: Programme und Manifeste zur Architektur des 20. Jahrhunderts, Berlin—Frankfurt—Wien 1964, S. 129 ff.

Seilergassen, Bäckergassen — niedergelassen, die ihnen besondere Vorteile, nicht zuletzt den der Nähe ihrer Zunftgenossen, boten. Früh bereits haben sich auch in den Großstädten, allen voran London, Berufs- und Geschäftszweige ihre Enklaven geschaffen, die Anwälte um den Temple, der Handel in der City, die Zeitungen in Fleet Street. Später kamen Banken- und Versicherungsviertel, Theater- und Vergnügungsviertel hinzu. Erst die radikale Trennung von Wohnung und Arbeitsstätte, die mit der industriellen Revolution einsetzte und sich mit der Zeit auch bei den Berufen durchsetzte, die nicht an kollektive Arbeitsprozesse gebunden waren, hat diese Differenzierung jedoch in aller Schärfe deutlich gemacht. Sie beschleunigt sich außerdem, und sie ergreift Bereiche, die bislang nicht davon betroffen waren.

Seit einigen Jahren ist zu beobachten, daß für alle überhaupt differenzierbaren Funktionsbereiche sogenannte Zentren entstehen. Einkaufszentren haben den Anfang gemacht, es folgten und folgen Kulturzentren, Sportzentren, Bildungszentren, Kirchenzentren, Gesundheitszentren, Freizeitzentren, Großhandelszentren und viele mehr. Rationalisierung durch Verbesserung der inneren Funktionsabläufe und bessere Auslastung der technischen und organisatorischen Infrastruktur stehen dabei im Vordergrund. Daneben ergeben sich Vorteile für den Benutzer, der ein vielfältigeres Angebot und entsprechende Vergleichsmöglichkeiten „unter einem Dach" vereint vorfindet.

Im Zuge der gleichen Entwicklung wächst die optimale Betriebsgröße sowohl der Einzelelemente, aus denen sich die Zentren zusammensetzen, wie der Zentren insgesamt. Entsprechend wachsen ihre Flächenansprüche. Gesamtschulzentren, Großkrankenhäuser, Bezirkssportanlagen stellen Flächenansprüche, die, wenn sie überhaupt innerhalb des bebauten Stadtgebiets befriedigt werden können, zu einer erheblichen Vergröberung zumindest der Feinstruktur, der „grain size", oder Körnigkeit der Stadt führen. Auch eine Vergrößerung der Entfernungen zwischen den einzelnen Funktionsbereichen ist nicht zu vermeiden.

Gleichzeitig und in enger Wechselwirkung mit der zunehmenden arbeitsteiligen Differenzierung im ökonomischen Bereich wächst die Differenzierung im sozialen. Neben Familie und Beruf, Schule und Kirchengemeinde sind eine Fülle von Institutionen und Organisationen entstanden, die arbeitsteilig gesellschaftliche Funktionen erfüllen und in denen sich Gesellschaft repräsentiert: Parteien, Gewerkschaften, Berufsverbände, Kunstvereine, Sportclubs, Mietervereine, Elternbeiräte, nicht zu sprechen von der wachsenden Zahl mehr oder weniger informeller Arbeitsgruppen und -kreise, die zwischen und außerhalb dieser Institutionen und Organisationen Verbindungen herzustellen und Initiativen zu wecken suchen. Gesellschaft als globales System löst sich auf in eine wachsende Zahl funktional differenzierter Subsysteme, die der Integration bedürfen.

Von der Person des einzelnen her gesehen ergibt sich aus der Differenzierung und Vermehrung der sozialen Subsysteme eine Differenzierung und Vermehrung der sozialen Positionen und Rollen, die er innerhalb dieser Subsysteme einnehmen und ausüben kann, die er aber auch einnehmen und ausüben muß, um das ökonomische, soziale und kulturelle Potential der Gesellschaft zu nutzen und sich Einfluß auf die Entscheidungen der Gesellschaft, die ihn betreffen, zu sichern. Er ist nicht nur Familienmitglied und Angehöriger eines Betriebes, Mitglied einer Kirchengemeinde und einer Partei, er ist auch Mitglied eines Berufsverbandes, einer Konsum- oder Wohnungsbaugenossenschaft, einer Theatergemeinde, eines Automobilclubs, nicht zuletzt eines Freundeskreises. Mit zunehmender arbeitsfreier Zeit und mit zunehmendem Bedürfnis nach Mitbestimmung erweitert sich die Möglichkeit, aber auch die Notwendigkeit, von oft nur formalen, passiven Mitgliedschaften zu aktiven überzugehen. Wie aktiv solche Mitgliedschaften aber auch sein mögen, im einzelnen stellen die Positionen und Rollen, die damit eingenommen und ausgeübt werden, immer nur Segmente der sozialen Existenz dar. Differenzierung und Segmentalisierung der sozialen Positionen und Rollen sind typische Begleiterscheinungen entwickelter Industriegesellschaften, die sowohl an die Wandlungsfähigkeit als auch, und mehr noch, an die bindende Kraft der Persönlichkeit erhebliche Anforderungen stellen.

Ähnlich den ökonomischen Funktionsbereichen hat auch die Mehrzahl der sozialen und kulturellen spezifische Standortbedürfnisse und spezifische Standorte: Parteizentralen und Interessenverbände in der Nähe der Parlamente, Kunstvereine in der Nähe oder im Anschluß an Galerien oder Museen, wissenschaftliche Gesellschaften im Umkreis der Hochschulen und Akademien, Sportvereine bei Sportanlagen. Um so notwendiger wird die Schaffung der Bedingungen, unter denen sich die segmentalisierten und überdies noch räumlich gestreuten Positionen und Rollen wieder zu einer sozialen Gesamtexistenz zusammenfügen lassen.

Die Konzentration differenzierter Funktionen in bestimmten Bereichen erleichtert diese Zusammenfügung keineswegs. Das räumliche Zusammenrücken etwa der Mitglieder einer Gewerkschaft oder eines Berufsverbandes in einem Fabrik- oder Werftbezirk kann in Ausnahmesituationen — der Demonstration, dem Streik, dem Aufstand — von entscheidender Bedeutung werden, im sozialen Alltag hat es wenig Folgen. Mögen die Betriebe innerhalb eines solchen Bezirks untereinander in regelmäßigen Beziehungen stehen, für den einzelnen ist soziales Bezugssystem nicht der Bezirk, sondern allenfalls der Betrieb, die Institution. Er hat in einem Gewerbegebiet nur einen Arbeitsplatz inne, ist in einer Gesamtschule oder Gesamthochschule nur Schüler einer Abteilung, ist Mitglied nur einer Partei, nur eines Berufsverbandes, besucht jedenfalls an einunddemselben Abend in einem Kulturzentrum nur eine Veranstaltung, besitzt in einem Wohngebiet nur eine Wohnung. In ihrer Gesamtheit ist seine soziale Existenz somit an einer wachsenden Zahl von Standorten verankert.

Mit der Vermehrung und Vergrößerung der monofunktionalen Bereiche, der „Zentren", vergrößern sich die Entfernungen zwischen diesen Standorten, vergrößert sich die räumliche Streuung der Positionen und Rollen, mittels derer er an Gesellschaft teilhat. Zwar häufen sich diese Standorte in bestimmten Bereichen: einerseits im eigenen Wohngebiet, dort jedoch — und hiermit wird die funktionale Entleerung und Reduktion der Nachbarschaft auf eine Versorgungseinheit für den täglichen Bedarf deutlich — weit weniger als es die Gliederung der Stadt in Nachbarschaften glauben machen wollte; andererseits in der Innenstadt, zumal wenn diese Standort vielfältiger zentraler Funktionen ist. Mit dem wachsenden Flächenbedarf der zentralen Funktionen nimmt jedoch die relative Bedeutung der Innenstadt ab, sie verteilen sich über einen größeren Bereich.

Insofern wird sowohl die objektive Zugänglichkeit der gestreuten Standorte wie die subjektive Chance, diese Zugänglichkeit zu nutzen, die Standorte zu erreichen, zur Voraussetzung der Teilhabe an Gesellschaft schlechthin. Mobilität wird zur Lebensnotwendigkeit. Nur der Mobile kann den Arbeitsplatz wählen, der seinen Neigungen und Fähigkeiten am besten entspricht; unter ungünstigen Umständen findet nur er überhaupt einen Arbeitsplatz. Nur der Mobile kann über seine Partei oder über seine Berufsvertretung seinen Interessen Gehör verschaffen. Nur der Mobile kann sich die weichen Stellen im Preisgefüge — Verbrauchermärkte, Diskonthäuser — zunutze machen; nur er kann seine freie Zeit für sportliche Aktivitäten nutzen, die einer aufwendigeren Infrastruktur bedürfen; nur er kann sich spezialisierter Fortbildungsmöglichkeiten bedienen, nur er kann sich den Freundeskreis zusammenstellen und erhalten, der ausschließlich seinen persönlichen

Neigungen entspricht. Mobilität wird zum entscheidenden Faktor, der nicht nur die Zahl der möglichen Positionen und Rollen, sondern auch ihren Rang und die Wahlmöglichkeiten, die zur Verfügung stehen, bestimmt[12]).

IV. „Activity pattern" und Stadtstrukturen

Stellt man sich die Standorte, an denen Positionen und Rollen — oder auch, neutraler und in diesem Zusammenhang zweckmäßiger: Aktivitäten — ausgeübt werden, und die Verbindungswege zwischen diesen Standorten auf eine Karte übertragen vor, so ergibt sich ein Muster, das sich aus Punkten, den Standorten, und Linien, den Verbindungswegen zwischen diesen Standorten, zusammensetzt. Dieses Muster, oder „activity pattern"[13]), ist es, das die räumliche Projektion der „sozialen Gestaltungen und Energien" bildet, die das Dasein des einzelnen wie der Gruppe bestimmen; das die subjektive, konkret erlebte räumliche Struktur der Stadt widerspiegelt, den subjektiven Erlebnisbereich, die individuelle Umwelt innerhalb der Stadt absteckt[14]).

---

[12]) Eine Substitution von Mobilität als physischer Ortsveränderung durch audiovisuelle Kommunikationsmittel, auf die große Hoffnungen gesetzt werden, dürfte auf bestimmte Kommunikationsbedürfnisse und Kommunikationsformen beschränkt sein: in erster Linie auf die Vermittlung von Informationen, die zielgerichtet und planmäßig „gesendet" und zielgerichtet und planmäßig abgerufen werden. Zufallsinformationen, die bei informellen Kontakten, beim „business lunch" oder nach einer Sitzung „abfallen" und die wiederum zur Verknüpfung funktional differenzierter Informationssysteme eine große Rolle spielen, gehen dabei unter, ebenso der Rückkoppelungseffekt, der zwar technisch herzustellen, auf absehbare Zeit hinaus aber außerordentlich aufwendig sein dürfte — von der persönlichen Überzeugungskraft, die auch über den Bildschirm nur sehr verdünnt ankommt, ganz zu schweigen. Nicht umsonst haben die im Telefonverkehr längst möglichen Konferenzgespräche nur einen Bruchteil aller Konferenzen auch mit ähnlich begrenzter Teilnehmerzahl ersetzt.

[13]) Vgl. F. STUART CHAPIN und H. C. HIGHTOWER: Household Activity Patterns and Land Use. In: Journal of the American Institute of Planners, Jg. 31, 1965, S. 222 ff. Es liegt nahe, diese Muster mit den „activity systems" gleichzusetzen, die Chapin später als Subsysteme des übergeordneten Systems Stadt eingeführt hat. Bei diesen handelt es sich jedoch nicht um die Summe verschiedenartiger Aktivitäten einzelner Individuen oder Haushalte, sondern um die Summe gleichartiger Aktivitäten verschiedener Individuen oder Haushalte, etwa um „recreation systems" oder „visiting systems". Übergeordnetes Systems ist in diesem Falle die Stadt, oder jedes andere räumlich bestimmte soziale System, im Falle der erwähnten Muster die Person. Vgl. F. STUART CHAPIN, jr.: The Study of Urban Activity Systems. In: Urband Land Use Planning, Urbana, Ill., 1965, S. 221 ff.

[14]) Die empirische Erfassung dieser Muster ist zwar aufwendig, aber, wenn man von den allerdings erheblichen Gewichtungsproblemen absieht, methodisch nicht allzu schwierig. Den besten Ansatz bieten heute noch Zeitbudget-Studien, die tagebuchartig den Tagesablauf der einzelnen Mitglieder eines Haushalts aufzeichnen, die Zeit, die auf die einzelnen Aktivitäten verwandt wird, und den Ort, an dem sie stattfinden. Solche Zeitbudget-Studien sind in der Soziologie seit langem bekannt, sie werden sowohl zum interkulturellen Vergleich wie, dies vor allem in sozialistischen Ländern, zur Messung des gesellschaftlichen Fortschritts verwandt. Erstaunlich, und für das eingangs erwähnte Desinteresse der Soziologie an räumlichen Bezügen bezeichnend, ist eher, daß die Standorte der zeitlich auf die Minute genau erfaßten Aktivitäten selten erfragt werden, und wenn, dann nur nach sehr groben Kriterien (Wohnung, Nachbarschaft, übrige Stadt), häufiger noch nur nach Aktivitäten im Haus und außer Haus. Vgl. u. a. BERNHARDT VON ROSENBLADT: Tagesabläufe und Tätigkeitsysteme. In: Soziale Welt, Jg. 20/1969, S. 49 ff. und ders.: Methodik und Theorie der Zeitbudget-Forschung in einem international vergleichenden Forschungsvorhaben, Diplomarbeit an der Rechts- und Staatswissenschaftlichen Fakultät der Universität Münster, November 1967; ECKHARD KUTTER: Demographische Determinanten städtischen Personenverkehrs, Diss. TU Braunschweig 1972; über entsprechende amerikanische Untersuchungen F. STUART CHAPIN, jr. and THOMAS H. LOGAN: Patterns of Time and Space Use. In: Harvey S. Perloff, ed.: The Quality of Urban Environment, Washington 1969, S. 305 ff., auch RICHARD L. MEIER: A Communications

Die empirischen Befunde, die vorliegen, deuten darauf hin, daß — bei gleichen objektiven Gegebenheiten — diese „activity patterns" und die ihnen entsprechenden subjektiven Strukturen und Erlebnisbereiche starken alters-, geschlechts-, berufs- und schichtspezifischen Unterschieden unterliegen. Kinder, nicht berufstätige Frauen und alte Leute haben — der geringeren Zahl der Positionen und Rollen, die sie in der Gesellschaft einnehmen und ausüben, entsprechend — weniger umfangreiche und differenzierte „activity patterns" als berufstätige Frauen und Männer. Die extensivsten Muster finden sich bei Jugendlichen, dies allerdings weniger aufgrund vermehrter zielgerichteter Aktivitäten als aufgrund einer diffusen „Eroberung" der räumlichen und sozialen Umwelt. Insgesamt wird damit die Vorstellung einer gemeinsamen räumlichen Umwelt der Familie stark eingeschränkt. Ebensowenig gilt sie für die Gesamtheit der sozialen Schichten. Die Standorte der Aktivitäten von Angehörigen oberer Bildungs- und Einkommensschichten streuen im allgemeinen stärker als die von Angehörigen unterer Bildungs- und Einkommensschichten, sind dabei jedoch deutlicher auf bestimmte Stadtteile beschränkt. Über den Einfluß von Automobilbesitz liegen keine unmittelbar verwertbaren Angaben vor, doch ist aus der größeren Zahl und Länge der Wege, die Automobilbesitzer zurücklegen und die aus allen diesbezüglichen Verkehrsuntersuchungen bekannt ist, ohne weiteres auf umfangreichere „activity patterns" zu schließen. Eine nicht zu unterschätzende Bedeutung hat schließlich der Standort der Wohnung innerhalb des Stadtgebiets. Das ausgedehnteste „activity pattern" haben dabei offenbar weder die Bewohner der Innenstädte noch die peripherer Wohngebiete, sondern die des dazwischenliegenden Ringes[15]). In allen Fällen ergeben sich somit gewisse Bündelungen und Überlagerungen, die die individuell unterschiedlichen subjektiven Strukturen und Erlebnisbereiche zu gruppenspezifischen zusammenfassen.

In ihren wesentlichen Komponenten sind die Muster relativ stabil. Entscheidende Änderungen treten höchstens dann ein, wenn der Arbeitsplatz gewechselt oder eine Wohnung in einem anderen Stadtteil bezogen wird. Zusätzliche Dimensionen werden erschlossen, wenn neue Aktivitäten an neuen Standorten aufgenommen werden. Selbstverständlich enthalten alle Muster häufiger und weniger häufig benutzte Zweige. Auch kann die Gewichtung nicht allein nach der Häufigkeit der Benutzung erfolgen. Seltene Aktivitäten in entfernten Stadtteilen hinterlassen vor allem dann deutliche Spuren, wenn der Bedeutungsgehalt der Aktivität hoch oder dem Standort besondere Einprägsamkeit zueigen ist[16]).

Vergleicht man die durch die Standorte der Aktivitäten und die sie verbindenden Wege bestimmten subjektiven Strukturen mit den sich aus der Verteilung der Funktionsbereiche ergebenden objektiven, so zeigt sich, daß zwar eine starke Abhängigkeit besteht, keinesfalls aber Identität. Den flächenbetonten objektiven stehen linien- bzw. wege-

---

(Noch Fußnote 14)
Theory of Urban Growth, M. I. T. Press, 1962, S. 48 ff. und ders.: Human Time Allocation: A Basis for Social Accounts. In: Journal of the American Institute of Planners, vol. 25 (1959), S. 27 ff., schließlich CARLSTEIN-LENNTORP-MÄRTENSSON: Indivders Dygnsbanor i Någbra Hushållstyper, Institutionen för Kulturgeografi och Ekonomisk Geografi. Universität Lund, Oktober 1968.
[15]) B. VON ROSENBLADT: Tagesläufe und Tätigkeitensysteme, a. a. O., S. 76, wo über eine Untersuchung in Osnabrück berichtet wird.
[16]) Über den Einfluß der Einprägsamkeit architektonischer und städtebaulicher Elemente auf das Vorstellungsbild der Stadt vgl. vor allem KEVIN LYNCH: Das Bild der Stadt, Berlin—Frankfurt—Wien 1965, S. 20 ff. und S. 58. Dort auch der Hinweis auf die „visuelle Vorherrschaft" der Straßen und ihre grundlegende Bedeutung als Basis, von welcher aus die meisten Menschen ihre Umgebung erleben. Auch der Einfluß des Bedeutungsgehalts von Standorten wird bei allen empirischen Stadtbilduntersuchungen deutlich. Vgl. u. a. TH. SIEVERTS, a. a. O., S. 706.

betonte subjektive Strukturen gegenüber. Gäbe es für alle oberirdischen Wege der Stadt, einschließlich der Bürgersteige und Fußwege, Belastungsdiagramme, die die Häufigkeit und Dauer ihrer Benutzung durch verschiedene Bevölkerungsgruppen anzeigen, so ließen sich — selbst wenn man das Gewichtungsproblem zunächst ausklammert — daraus weit besser die subjektiven Strukturen und Erlebnisbereiche ablesen, in denen sich die Stadt für ihre Bewohner, im einzelnen wie insgesamt, widerspiegelt, als etwa aus einem Flächennutzungsplan. Ebenso würden auch die „grauen Zonen" sichtbar, die vernachlässigten Standorte und wenig benutzten Wege, die zwar auf der Karte, nur sehr undeutlich aber im Vorstellungsbild der Bewohner vorhanden sind.

Die wachsende Zahl und Streuung der Standorte, an denen das Individuum oder die Gruppe mit ihren Aktivitäten verankert sind, ist eine unmittelbare Folge der Projektion gesamtgesellschaftlicher Entwicklungen auf den Raum. Die innere Differenzierung der ökonomischen und sozialen Funktionsabläufe, die sich aus dem Prinzip der gesellschaftlichen Arbeitsteilung ergibt, führt zu einer funktionalen Differenzierung des Stadtgebiets, zu einem System monofunktionaler, in sich unselbständiger und arbeitsteilig miteinander verflochtener Elemente. Die sich aus der funktionalen Differenzierung des Stadtgebiets ergebenden objektiven Strukturen stimmen damit immer weniger mit den subjektiven Strukturen der Individuen und Gruppen überein, die sich aus der Lage der Standorte ihrer Aktivitäten und den sie verbindenden Wegen, den „activity patterns", in einem solchermaßen funktional differenzierten Raum ergeben.

Im Zuge der gleichen gesamtgesellschaftlichen Entwicklung wächst nicht nur die Zahl, sondern auch die Größe der monofunktionalen Elemente und damit die Entfernung zwischen diesen Standorten. Die Relation zwischen den Wegezeiten und der für die Aktivitäten zur Verfügung stehenden Zeit wird ungünstiger, im Grenzfall so ungünstig, daß die Teilhabe am ökonomischen, sozialen und kulturellen Potential der Gesellschaft auf wenige lebensnotwendige Aktivitäten beschränkt wird.

V. Konsequenzen für die Planung: Verbesserung der Funktionsverteilung und Erhöhung der Mobilitätschancen

Betrachtet man den funktionalen Differenzierungsprozeß, der die gesamtgesellschaftliche Entwicklung kennzeichnet, hier zunächst als Datum, das mit den Instrumenten und Methoden der räumlichen Planung ohnehin schwer zu beeinflussen ist, so ist zu fragen, welche Möglichkeiten bestehen, dessen „räumliche Projektionen" so zu modifizieren, daß sie dem Bedürfnis nach einer möglichst engen und reibungslosen Verbindung einer möglichst großen Zahl von Aktivitäten entgegenkommen. Solche Möglichkeiten eröffnen sich entweder über eine Reduzierung der Streuung der Standorte und eine Verbesserung ihrer Zugänglichkeit oder über eine Erhöhung der Mobilität.

Die Mittel hierzu sind bekannt. Die Reduzierung der Streuung der Standorte kann erfolgen
— durch Verdichtung, das heißt, durch eine höhere Ausnutzung der Grundfläche. Verdichtung führt jedoch nur dann zum Ziel, wenn die Funktionselemente stapelbar sind. Dies ist nur bei relativ wenigen Funktionselementen der Fall, bei Büros, bei Wohnungen, schon bei Verkaufsstätten nur sehr begrenzt. In anderen Fällen müßte schon sehr umgedacht — und die nicht minder wichtige Forderung nach Identifizierbarkeit der einzelnen Funktionselemente außer acht gelassen — werden, um sich etwa ein Museum

über eine Bibliothek und diese über eine Volkshochschule gestapelt vorzustellen. Außerdem wird die Zugänglichkeit nur dann verbessert, wenn die Verdichtung so konsequent erfolgt, daß damit mehr Aktivitäten zu Fuß erreicht bzw. miteinander verbunden werden können. Anders werden die Vorteile der Verdichtung wegen der Häufung der Verkehrsvorgänge durch eine Verschlechterung der Zugänglichkeit aufgehoben. Für eine große Zahl anderer Funktionselemente kommt eine Verdichtung ohnehin nur sehr begrenzt infrage, in erster Linie für die, die mit Freiflächenbedarf verbunden sind. Immerhin ist zu prüfen, inwieweit Großzügigkeit der Flächenausstattung mit wachsenden Entfernungen und damit geringeren Chancen der Teilhabe an den entsprechenden Aktivitäten nicht zu teuer bezahlt ist;

— durch eine Verringerung der Größe der einzelnen Funktionselemente wie der Funktionsbereiche insgesamt. In vielen Fällen haben bei der Dimensionierung lediglich betriebswirtschaftliche oder betriebsorganisatorische Überlegungen eine Rolle gespielt, ohne daß die Konsequenzen für Stadtstruktur und Wegelängen ausreichend berücksichtigt worden wären. Zum Beispiel bedürfte es eingehenderer Untersuchung, inwiefern etwa die Erleichterung der Übergangsmöglichkeiten von einem Schul- oder Hochschultyp zu einem anderen, die von integrierten Gesamtschul- oder Gesamthochschulzentren erwartet wird — falls sie überhaupt räumlich beeinflußbar ist —, die Nachteile einer erschwerten Teilhabe von Schülern und Studenten an anderen Aktivitäten aufwiegt. Ebenso ist zu fragen, ob nicht eine breite Streuung solcher Sport- und Freizeiteinrichtungen, die keiner aufwendigen Infrastruktur und Wartung bedürfen und auf relativ kleine Grundeinheiten reduziert werden können — Hobby-Werkstätten, Tennisplätze, Schwimmhallen, auch Büchereien — mehr leistet, das heißt, mehr Aktivitäten ermöglicht und anregt, als die Zusammenfassung in zwar perfekteren, aber schwerer erreichbaren Zentren;

— durch eine optimale Zuordnung von Funktionselementen, die sich ergänzen oder die im Tagesablauf des Benutzers dicht beieinanderliegen. Das am häufigsten diskutierte und mit den größten Hoffnungen belegte Beispiel, die Zuordnung von Wohnungen und Arbeitsstätten, ist zwar als Angebot — vor allem für berufstätige Mütter — nach wie vor anzustreben, der Erfolg ist aber regelmäßig nur begrenzt. Nicht nur, daß immer häufiger in einer Familie mehrere Erwerbstätige vorhanden sind, die Zuordnung im allgemeinen aber immer nur für einen von ihnen erfolgen kann; auch die zunehmende Spezialisierung der Arbeitsplätze auf der einen, der Berufe auf der anderen Seite läßt einen Ausgleich zwischen Angebot und Nachfrage nur über größere Räume hinweg zustandekommen. Auch schätzt, wenn gewisse Grenzwerte nicht überschritten werden, gerade der Großstädter oder der, den es in die Großstadt zieht, Wahlmöglichkeiten zwischen mehreren Arbeitsplätzen höher ein als Wegelängen. Aus ähnlichen Gründen ist zwar die Forderung nach einer optimalen Zuordnung von Versorgungseinrichtungen — im weitesten Sinne des Wortes — zu Wohnungen uneingeschränkt aufrechtzuerhalten; es sollte jedoch nicht damit gerechnet oder darauf abgezielt werden, daß die so entstehenden Versorgungsbereiche nicht auch übersprungen und unmittelbare funktionale Beziehungen zwischen Wohnung und Gesamtstadt hergestellt werden können;

— schließlich — last but not least — durch eine Zuordnung der am häufigsten benutzten Funktionselemente zu den wichtigsten Verbindungswegen der Stadt, mit anderen Worten: durch den Abbau flächiger zugunsten linearer, netzförmiger Strukturen — ein Prinzip, das sich in der Raumordnung und Landesplanung mehr und mehr durchzusetzen beginnt, das auch in den Entwicklungsplänen mancher Stadtregionen oder

„Großräume" zu erkennen ist, das aber im innerstädtischen Bereich noch nicht allzu viel Freunde hat. Auch hier würde es aber zu einer weit stärkeren Übereinstimmung der arbeitsteilig differenzierten objektiven mit den daraus abgeleiteten subjektiven Strukturen führen als ein ungerichtetes Nebeneinander flächiger, mehr oder weniger monofunktionaler Nutzungskonzentrate. Dies gilt für alle Ebenen, nicht nur für die der Stadt — oder Stadtregion — insgesamt, die anders nicht mehr zu einem überschau- und handhabbaren Funktionsgefüge verbunden werden kann, sondern auch für die des Wohnquartiers und der engeren Nachbarschaft. Überall eröffnet die funktionale Betonung der Wege die Möglichkeit, mehr Aktivitäten miteinander zu verbinden, überall erleichtert sie die Orientierung, überall erleichtert sie aber auch die Übergänge von einer Versorgungsebene zur nächsten. Dies gilt am meisten für die Nahtstellen zwischen Stadtkern und peripheren Wohngebieten, in denen sich von eh und je die Vernachlässigung einer funktionalen Betonung der Verbindungswege besonders verhängnisvoll ausgewirkt und viel zu ihrer Inselhaftigkeit und Isolierung beigetragen hat.

In einer Gesellschaft, die sowohl einen hohen Differenzierungsgrad aufweist wie auf ein Maximum an Wahlmöglichkeiten Wert legt, wird eine Reduzierung der Streuung der Standorte von Aktivitäten jedoch nur begrenzte Wirkung haben. Es wird immer Arbeitsplätze, Dienstleistungen, soziale und kulturelle Einrichtungen und Institutionen geben, die in einer spezifischen Form nur an wenigen Standorten zur Verfügung stehen können. Insofern kann auch auf eine Erhöhung der Mobilitätschancen nicht verzichtet werden. Dabei ist jeweils am konkreten Fall zu prüfen, inwieweit diese Erhöhung der Mobilitätschancen besser über einen Ausbau des öffentlichen oder des Individualverkehrs erfolgt. Auch dort jedoch, wo — aus welchen Gründen auch immer — dem Individualverkehr der Vorrang eingeräumt werden muß, wird es Bevölkerungsgruppen geben, die aus biologischen oder sozialen Gründen auf das öffentliche Verkehrsmittel angewiesen bleiben: ältere Leute, Kinder und Jugendliche, die meisten Hausfrauen, auch viele erwerbstätige Frauen mit niedrigem Einkommen, dazu die nicht geringe Zahl der ökonomisch und sozial weniger Leistungsfähigen, die meist auch psychisch weniger beweglich sind und es daher schwerer haben, sich inmitten einer hochmobilen Gesellschaft zu behaupten. Diese vor allem dürfen nicht auch noch durch äußere Mobilitätsschranken daran gehindert werden, sich die wenigen Chancen, die ihnen zur Verfügung stehen, zunutze zu machen.

VI. Die Stadt als „Wegeraum" [17])

Schließlich ergeben sich Forderungen auch für den städte*bau*lichen Bereich, den Bereich der Stadtgestaltung. Eine stärkere funktionale Betonung der Wege enthält bereits Möglichkeiten auch für eine stärkere gestalterische Betonung der Wege, die die räumlichen Erlebnisbereiche wesentlich bestimmen. Nur durch Betonung der Wege — und Plätze —, die die Verbindung zwischen der Vielzahl möglicher Aktivitäten herstellen, kann der städtische Lebensraum in seiner Gesamtheit wieder erfaß- und überschaubar gemacht und damit auch die psychologische und soziale Distanz zwischen diesen Aktivitäten vermin-

---

[17]) Dieser Ausdruck wird von O. F. BOLLNOW, a. a. O., S. 95, als Übersetzung des von Kurt Lewin eingeführten Begriffs des „hodologischen Raums" als des durch Wege eröffneten Raums vorgeschlagen. Vgl. K. LEWIN: Der Richtungsbegriff in der Psychologie. Der spezielle und allgemeine hodologische Raum. In: Psychologische Forschung, 19. Bd. 1934, S. 249 ff.

dert werden[18]). Dem widerspricht heute noch die Tendenz, städtebauliche Gestaltungsaufgaben auf flächenhafte Teilbereiche zu beschränken: auf neue Wohngebiete, innerstädtische Sanierungsgebiete, auch „Zentren" verschiedenster Art. Die dreidimensionalen Kompositionen, die dabei entstehen, decken sich in ihrer räumlichen Geschlossenheit nur selten mit den „activity patterns" und damit den räumlichen Erlebnisbereichen derer, die in ihnen leben, sich in ihnen aufhalten oder sie durchkreuzen. Für diese ist weniger die Gestaltung der Fläche, die jeweils nur punktuell, an den Standorten von Aktivitäten, erlebt wird — und auch dies noch oft von Innenräumen, von Fabrikhallen, Büroräumen, Wohnzimmern aus —, entscheidend als die Gestaltung der Wege, die zu diesen Standorten hinführen und die erkannt und wiedererkannt werden müssen[19]).

Unter diesem Aspekt ist selbst die Herauslösung städtischer Schnellverkehrswege — ob Straßen oder Bahntrassen — aus dem funktionalen und gestalterischen Zusammenhang der Stadt, auch ihre „Eingrünung", von zweifelhaftem Wert. Die Stadt wird durchfahren, ohne wahrgenommen zu werden, die Fülle möglicher Aktivitäten wird nicht mehr anschaulich erlebt, die Orientierung erfolgt allenfalls durch Schilder und Hinweistafeln. Solange Verkehrsmittel Lärm und schlechte Luft erzeugen, mag dies noch hingenommen werden; ein „umweltfreundlicheres" Verkehrssystem der Zukunft wird hierfür keine Rechtfertigung mehr bieten. Auch heute schon gibt es jedoch Randbebauungen, die weniger störanfällig sind. Voraussetzung ist allerdings, daß die Dimensionierung der Randbebauung der Dimensionierung der Verkehrswege und den auf ihnen gefahrenen Geschwindigkeiten angepaßt ist. Stadtautobahnen oder Schnellbahnen erzeugen andere Wahrnehmungsverhältnisse und erlauben oder fordern andere Maßstäbe als Erschließungsstraßen und Fußwege. Andere Maßstäbe wiederum gestatten größere Abstände zu den Verkehrswegen und einen größeren Lärmschutz, ohne daß die Wahrnehmungsverhältnisse beeinträchtigt werden[20]).

Dabei handelt es sich, das sollte vielleicht deutlich geworden sein, keinesfalls nur um ästhetische Spielereien — obgleich auch Ästhetik im Städtebau so verwerflich wieder nicht ist, wie es oft dargestellt wird. Eine funktionale und städtebauliche Akzentuierung der Wege und damit der subjektiven, konkret erlebten Struktur der Stadt hat eine überaus wichtige soziale Funktion. Sie orientiert nicht nur im physischen, sie orientiert auch im sozialen Raum. Sie vermindert die psychologischen Distanzen zwischen den einzelnen Aktivitäten, aus denen sich soziale Existenz zusammensetzt. Sie erschließt durch unmittelbare Anschauung neue oder bisher vernachlässigte Möglichkeiten, das ökonomische, soziale und kulturelle Potential der Gesellschaft zu nutzen. Und sie stellt durch das gemeinsame Bild der Stadt, das sie vermittelt, ein wesentliches Integrationselement dar, das die Bürger aneinander und an die Stadt, in der sie leben, bindet.

---

[18]) Daß dies auch heute noch und selbst in sehr großen Städten möglich ist, zeigt das neue Bürozentrum „La Défense" in Paris, das trotz einer Entfernung von rund 5 km vom Arc de Triomple über eine geradlinige Verlängerung der großen Achse Champs Elysées — Avenue de la Grande Armée unmittelbar in die überkommene Pariser Stadtstruktur integriert ist.
[19]) Ein Beispiel für die völlige Vernachlässigung dieses Gesichtspunkts bieten einige Wohnquartiere in Cumbernauld, in denen nach einigen Jahren die Fußwege zum Zentrum mit einer besonderen Pflasterung versehen werden mußten, weil anders die Richtung, in der man gehen mußte, nicht zu erkennen war.
[20]) Um die wahrnehmungspsychologischen Voraussetzungen der gestalterischen Abstimmung zwischen Verkehrswegen und Randbebauung hat sich wieder vor allem KEVIN LYNCH bemüht. Vgl. D. APPLEYARD, K. LYNCH, J. R. MYER: The View from the Road. Cambridge/Mass. 1966.

Zur Bedeutung wirtschaftlicher Ansprüche an die Planung der Siedlungsstruktur

von

Olaf Sievert, Saarbrücken

1. Des großen Königs Vater hatte sich dafür entschieden, es solle in seiner Regierungszeit dahin kommen, daß in preußischen Landen jedes größere Dorf jede Woche zumindest einmal mit dem Postwagen angefahren wird. Dies war zu jener Zeit gewiß eine Infrastrukturentscheidung von hohem Rang für die Entwicklung der räumlichen Aktivitätsstruktur im preußischen Staat. Allerdings wird man kaum sagen wollen, daß sie einem anspruchvollen ökonomischen Kalkül entsprang. Erfordernisse der zentralstaatlichen Verwaltungsstruktur, Vorstellungen hinsichtlich der wirtschaftlichen Entwicklungschancen und schlichtes Versorgungsdenken des Landesvaters dürften sich unter Bedingungen höchst unvollkommener Information in unangebbarer Weise gemischt haben. Wie kommt es, und was hat ein Ökonom davon zu halten, daß man den Eindruck gewinnen muß, als würden heute noch immer — wieder mehr? — solche Entscheidungen in ähnlicher Weise getroffen?

2. Zunächst: Ausgangspunkt ist, daß wir die Siedlungsstruktur — allgemein also die Verteilung der Wohn- und Aktivitätsstätten des Menschen über den Raum — als eine Dimension aufzufassen haben, die von staatlichem Handeln mitbestimmt ist und auch mitbestimmt sein soll. Noch nicht klar ist jedoch, was angesichts dessen „wirtschaftliche Ansprüche an die Siedlungsstruktur" sind.

Wir haben es einerseits mit einem sehr weiten Ökonomiebegriff zu tun. Danach ist alles Handeln, das bei knappen Ressourcen auf eine rationale Entscheidung über konkurrierende Zwecke abzielt, wirtschaftliches Handeln. Von der gemeinsamen formalen Struktur der Probleme her sind darum die Ökonomie der Produktion, die „Ökonomie" der Raumstruktur, die „Ökonomie" der Liebe, die „Ökonomie" der Musik usf. nur Spezialfälle desselben Problemkreises. Von einem engeren Verständnis her ist das Feld der Ökonomie die Produktion und Verteilung von Gütern und Diensten, vom historischen Kontext her bei uns sogar oft nur die über den Markt bestimmte Produktion und Verteilung von Gütern und Diensten.

Da durch den weiten Ökonomie-Begriff — er ist vom bloßen Begriff der Rationalität ja nicht sehr verschieden — fast allen Problemen menschlichen Handelns eine ökonomische Seite zugewiesen wird, sind „wirtschaftliche Ansprüche an die Siedlungsstruktur" in den Beiträgen dieses Sammelbandes gleichsam allgegenwärtig. Man muß sich den Unterschied in der Weite der beiden Begriffe bewußt machen, um zwei unterschiedliche und, wie es scheint, durchaus gegenläufige Tendenzen zu erkennen, die für unser Thema bedeutsam sind.

3. Einerseits weist alles daraufhin, daß ökonomisches Denken, ökonomische Ansprüche im Vordringen sind. Kosten-Nutzen-Rechnungen, Nutzwert-Analysen, Optimierungskalküle, wohin man schaut. Hierin kommt jedoch nur zum Ausdruck, daß die Bereitschaft wächst, komplexe Probleme rational anzugehen. Wo die Gesellschaft bereit ist, ihre Ziele — in gewissen Grenzen — als untereinander substituierbar anzusehen, da stellt sie sich ökonomischen Ansprüchen. Nur wo Ziele absolut gesetzt werden (ökonomisch gesprochen: wo der Preis unendlich sein kann, ohne daß die Nachfrage reagiert), da hat der Ökonom mit seinem Kalkül von Kosten und Ertrag keinen Zugang. Historisch durchaus verständlich, von der Problemstruktur her jedoch eher zufällig, waren es unter den Gegenständen der Sozialwissenschaften vor allem das Produzieren und Verteilen von Gütern in der Marktwirtschaft, deren Analyse theoretische Strukturen sichtbar machte, die sich als Grundlagen einer weithin anwendbaren allgemeinen Entscheidungslogik erwiesen.

Andererseits: Während das zunehmende Bemühen, die Elemente einer Theorie der wirtschaftlichen Entscheidung bei der Behandlung von Planungsproblemen anzuwenden, einen Erfolg der ökonomischen Denkweise indiziert, wird leicht übersehen, daß die Ansprüche an die Raumstruktur, die die „Wirtschaft" im engen Verständnis des Begriffs stellt, an Bedeutung abgenommen haben. Dieser Bedeutungswandel hat mehrere Gründe.

6. Erstens: Das wirtschaftliche Wachstum hat uns mit dem Wohlstand die Freiheit — die Möglichkeit — gegeben, auf einen (zunehmenden) Teil des möglichen Mehr an Gütern zugunsten einer Verbesserung von Lebensverhältnissen zu verzichten, die in Marktwerten nicht oder nicht angemessen zum Ausdruck kommen. Als die industrielle Gesellschaft begann, sich die Erde untertan zu machen, tat sie dies zunächst in einer Weise, die sie selbst zum Sklaven der neuentdeckten Rationalität machte. Es war selbstverständlich, daß die Fabriken die Menschen unter das Gesetz ihrer Standortvorteile zwangen. Sowohl das Wachstum der Städte als auch — ja mehr noch — deren interne Struktur wurde zur Abhängigen optimaler Produktionsbedingungen. Kaum ein Land konnte sich dem entziehen. Der internationale Wettbewerb ließ kaum Spielraum für Auflagen, die den Ertrag des Marktes schmälerten, waren doch die Masseneinkommen ohnehin nur wenig über dem Existenzminimum. Erst allmählich ist diese Abhängigkeit schwächer geworden, und heute wären wir reich genug, umgekehrt den produzierenden Bereich weitgehend unter das Gesetz einer Siedlungsstruktur zu stellen, die wir nach unserem Bilde vom Wohlergehen des Menschen entwerfen — wenn wir denn wollten. Will man? Selbstverständlich ist nach wie vor eine Siedlungsstruktur, die den Standortwünschen des produzierenden Bereichs keine Priorität gibt, mit Einkommenseinbußen verbunden — nur eben mit Einbußen, die man sich leisten könnte. Es ist zu einer Wahlhandlung geworden, was früher bloßer Zwang war.

Die in Gang gekommene Diskussion über Fragen des Umweltschutzes zeigt, daß sich die Einstellungen gegenüber diesem Wahlproblem wandeln. Es wäre ja ein Irrtum, anzunehmen, daß es sich hier allein um Probleme handelt, die als sträflich vernachlässigte Nebenfolgen wirtschaftlichen Wachstums zu qualifizieren wären. Die Umweltgüte in den Großstädten früherer Zeiten war, was die Lebensverhältnisse der misera plebs angeht, gewiß nicht besser als heute. Man muß sehen, daß es sich beim Umweltschutz großenteils um ein Gut handelt, das nicht im relevanten Begehrkreis war, weil viel zu teuer, solange den Menschen zahlreiche andere Dinge noch dringlicher erscheinen muten. Aus diesem Grunde haben auch zentralistisch organisierte Volkswirtschaften, die sich mit der Sorge für nicht-marktfähige Güter leichter tun, auf diesem Felde im Prinzip mit den gleichen Problemen zu kämpfen wie wir. Durchgreifende Lösungen werden wahrscheinlich auch die räumliche Verteilung wirtschaftlicher Aktivität fühlbar beeinflussen. Dabei wäre die ökonomische Forderung zu erheben, daß nach Möglichkeit nicht Verbotsregelungen die Gesetzgebung kennzeichnen, sondern solche, die das Anrecht auf Umweltbeeinträchtigung in dem Maße verknappen, wie die Nachfrage nach Umweltgüte an relativer Dringlichkeit gewinnt, und daß die weiter tolerierten Anrechte auf Umweltbeeinträchtigung — wie auch sonst ein knappes Gut — in marktkonformer Weise denen zugeteilt werden, die zur Vermeidung von Umweltschäden besonders hohe Kosten aufwenden müssen und daher eine besonders dringliche Nachfrage nach diesem Anrecht haben. Dazu wird eine recht erfindungsreiche Gesetzgebung nötig sein.

7. Zweitens: Es haben nicht nur die Mittel zugenommen, sich in der Planung der Siedlungsstruktur von Zielen leiten zu lassen, die nicht im engeren Sinne ökonomische Ziele sind. Zugleich hat der hierfür nötige Aufwand abgenommen. Wirtschaftlicher Reichtum, verbesserte Transporttechnik, Versorgungsdenken u. a. haben zu einer wesentlichen Verringerung der regionalen Unterschiede in den Infrastrukturbedingungen geführt. Überspitzt: Infrastruktur wird für die private Standortentscheidung in vieler Hinsicht zu einer Ubiquität.

Eine Entscheidung etwa, das Autobahnnetz so auszubauen, daß schließlich kein Punkt der Bundesrepublik mehr weiter als 30 oder 40 km von einer Autobahnauffahrt entfernt liegt, ist sicherlich nicht Ausdruck eines ökonomischen Kalküls, das mit marktanalogen Preisen arbeitet, sondern es ist Ausdruck des Versorgungsdenkens, eines Versorgungsdenkens, das man sich leisten kann, so wie man sich ein Abendkleid leistet, bei dem ebenfalls nicht eine intensive Reflexion über die vermutliche Häufigkeit der Benutzung letztlich den Kauf bestimmt. Doch nicht hierauf kommt es an dieser Stelle an. Ist das Autobahnnetz wie geplant gebaut, so zählt nicht mehr, was es gekostet hat; dann zählen nur noch die Erträge (mögen sie auch vergleichsweise gering sein).

Die Angleichung der Infrastrukturbedingungen, aus welchen Gründen auch immer sie sich ergibt, hat insbesondere zur Folge, daß die ökonomische Prädeterminierung der Standortchancen des einzelnen mit seinen vielfältigen Ansprüchen an den Raum durch die Standorterfordernisse der Produktionsstätten (Unternehmen) geringer geworden ist. Auch das hat der Raumplanung neue Freiheitsgrade beschert; die räumliche Struktur der Wirtschaft ist manipulierbarer geworden, genauer: die Manipulierung ist, volkswirtschaftlich gesehen, billiger geworden.

Man mag geltend machen, in auffälligem Kontrast zu dieser Aussage stehe doch der Befund, daß der öffentliche Aufwand im Rahmen der Wirtschaftsförderung außerordentlich zugenommen habe, und zwar nicht nur der Aufwand im ganzen, sondern auch bezogen auf das einzelne Projekt. Hier braucht jedoch kein Widerspruch vorzuliegen. Selbst wenn wir davon absehen, daß die Bereitschaft zur Förderung im Zusammenhang mit der wohlstandsabhängigen Aufwertung regionalpolitischer Zielsetzungen zugenommen haben dürfte, bleibt die Erklärung, daß der Ansiedlungswettbewerb der regionalen Einheiten sich verschärft hat, und dies wiederum ist Ausdruck ebensowohl der reichlicher verfügbaren Förderungsmittel wie der Angleichung der Startchancen in diesem Wettbewerb. Dies führt zu dem vielbeklagten Hochschaukeln im Angebot an Wirtschaftsförderung. Es begegnet zwar allokationspolitischen Bedenken (Verschwendung von Ressourcen), sagt jedoch nicht viel aus über die Elastizität von Standortentscheidungen in bezug auf die

Wirtschaftsförderung. Denn für sie kommt es nicht auf das allgemeine Niveau der Wirtschaftsförderung an, sondern ausschließlich auf die verbleibenden regionalen Unterschiede.

8. Drittens: In die gleiche Richtung wie eine Angleichung der Infrastrukturbedingungen wirkt die Änderung der Wirtschaftsstruktur, die sich im Zuge des wirtschaftlichen Wachstums ergeben hat. Dabei hat der Anteil der Branchen — auch im Grundleistungssektor — erheblich zugenommen, der in bezug auf raumgebundene Standortmerkmale in hohem Maße indifferent ist[1]). Auch von daher wächst also das, was man „materielle Freizügigkeit" des Menschen nennen könnte, die Möglichkeit, den Lebensraum unabhängiger von den früher dominanten Standortanforderungen der Produktionsstätten zu wählen. Als Ausdruck dessen darf auch die Tendenz interpretiert werden, daß stärker als früher — selbstverständlich nicht ausschließlich — die Siedlungsgebiete mit Arbeitskraftreserven die Industriebetriebe auf sich ziehen können, statt daß umgekehrt der von den Transportkosten und den Absatzmärkten her optimale Standort industrieller Aktivität die Wohnstätten der Arbeitskräfte attrahiert. Diese Tendenz, die nach Erreichen der Vollbeschäftigung Anfang der 60er Jahre deutlich erkennbar wurde und eine Verlangsamung im relativen Wachstum der Ballungsgebiete mit sich brachte (nicht der städtischen Siedlungsgebiete im ganzen), wird allerdings inzwischen dadurch überlagert, daß seit einigen Jahren das Wachstum des Arbeitskräftepotentials der Industrie in erster Linie durch die Zuwanderung ausländischer Arbeitskräfte bestimmt wird, was erneut ein überproportionales Wachstum in den großen Verdichtungsgebieten begünstigt hat.

9. Dürfen von den Präferenzen aber auch von den Kosten her „außerökonomische" Ansprüche an die Siedlungsstruktur nach vorne drängen, so mindert dies selbstverständlich den Respekt vor den — empirisch mehr oder weniger gut fundierten — Einsichten, die die raumwirtschaftliche Analyse im Laufe der Zeit hinsichtlich derjenigen Kräfte zutage gefördert hat, die — als Ausdruck der Rationalität im produzierenden Bereich — einer Maximierung des Sozialprodukts dienen. An die Stelle der Zielgröße Sozialprodukt tritt eine multidimensionale Wohlstandsgröße, deren Komponenten zudem wandelbare Gewichte haben. Dieser Satz ist allerdings mit Warntafeln zu umgeben! Hat man die Maximierung des Sozialprodukts erst einmal von ihrem Podest gehoben, so kommt man leicht ins Rutschen. Zu vielfältig und im einzelnen inkommensurabel sind die konkurrierenden Interessen, zu sehr gegenüber willkürlichen Wertungen offen, als daß man glauben möchte, nach einer Entthronung des marktwirtschaftlichen Entscheidungssystems mag ihm auch nur eine partielle Rationalität innewohnen, würde alsbald ein umfassenderes Entscheidungssystem die Nachfolge antreten, das ohne deren disziplinierende Gewalt auch nur annähernd ähnlich wohltätig sein könnte. Daher sollte gelten: Wo sich das marktwirtschaftliche System wegen Mängel in der Funktionsweise oder wegen der Enge der Ziele, auf die hin es angelegt ist, als unzureichend erweist, ist es zu überformen. Dabei wären jedoch seine Funktionsbedingungen zu respektieren. Es hätte unter neuen schweren Auflagen zu arbeiten, wäre jedoch, wo immer möglich, nicht außer Kraft zu setzen, und die Auflagen wären strenger Kontrolle von Kosten und Ertrag zu unterwerfen.

All dies ist von durchaus unterschiedlicher Bedeutung für die großen Teilfragen nach einer optimalen Siedlungsstruktur: die Frage nach der optimalen Verteilung von Aktivitäten über Regionen, die Frage nach der optimalen Größe von Siedlungskernen, die Frage

---

[1]) Vgl. hierzu H. W. VON BORRIES: Ökonomische Grundlagen der westdeutschen Siedlungsstruktur. Abhandlungen der Akademie für Raumforschung und Landesplanung, Bd. 56, Hannover 1969.

nach der optimalen räumlichen Zuordnung von Siedlungskernen zueinander und die Frage nach der internen Struktur von Siedlungskernen.

10. Trotz der zuvor gekennzeichneten Tendenz abnehmender Bedeutung wirtschaftlicher Ansprüche an die Siedlungsstruktur hat gerade im letzten Jahrzehnt und im Bereich der Nationalökonomie das Verlangen nach einer Strukturpolitik zugenommen, die die Realisierung einer wachstumsgünstigen räumlichen Wirtschaftsstruktur stärker zu einer Aufgabe des Staates macht. Als Gründe hierfür mögen gelten:

— vermehrte Erfahrungen und Einsichten, die ein Teilversagen der marktwirtschaftlichen Ordnung nachzuweisen scheinen;

— die These, daß die Infrastrukturinvestitionen überproportional zunehmen, und daß die Infrastrukturpolitik nicht nur Engpaßpolitik sein soll, sondern die Verantwortung des Staates für die Gestaltung der räumlichen Gesamtstruktur einschließt;

— das Ungenüge an einer Regionalpolitik der Vergangenheit, die angeblich mit großem Aufwand kleinen Ertrag zeitigte.

11. Die erwähnte Diskussion, die heute nicht zuletzt unter dem Stichwort „produktivitätsorientierte Regionalpolitik" geführt wird, hat — zumindest zeitlich — mit einer Arbeit von GIERSCH begonnen, in der er die Frage nach dem ökonomischen Grundproblem der Regionalpolitik stellte[2]). GIERSCH sieht „das spezifisch ökonomische Ziel eines möglichst hohen Wohlstandes" in der Maximierung des Sozialprodukts (S. 389). Was nun die räumliche Dimension der Produktion angeht, so erwartet er aus einer Reihe von Gründen nicht, daß eine bloße Verbesserung des Marktmechanismus ausreichen könnte, dem Ziel gerecht zu werden. Diese Gründe weisen vor allem auf die Unzulänglichkeiten marktwirtschaftlicher Rationalität bei Entscheidungen über Investitionen im Infrastrukturbereich. GIERSCH gewinnt als konkretisierte Richtgröße regionalpolitischen Handelns das „regionale Entwicklungspotential"; der Rest ist Instrumentalproblem. Das regionale Entwicklungspotential „als Kriterium für eine wachstumsoptimale Allokation der für die Regionalstruktur entscheidenden öffentlichen Investitionen im Infrastrukturbereich" wird indiziert durch die „Durchschnittsproduktivität der Investitionen in einem optimal dimensionierten Entwicklungsplan" (S. 394). Der Beitrag von GIERSCH, der in erster Linie ein Beitrag zur Struktur des Problems war, hat auf die weitere Forschung anregend gewirkt. Die Vorstellung, das regionale Entwicklungspotential bestimmen zu müssen, breitete sich aus. Dabei ist der Inhalt des Begriffs durchaus Wandlungen unterworfen gewesen; er ist auch zum Teil gelöst worden von der engen Zielvorgabe „Maximierung des Sozialprodukts" und an eine mehrdimensionale Zielsetzung gebunden. (Dann sollte allerdings eigentlich die Bezugnahme auf den Produktivitätsbegriff — „produktivitätsorientierte Regionalpolitik" — aufgegeben werden; denn dieser ist in der Ökonomie nun einmal reserviert für Relationen, in denen Ausbringungs*mengen* auf Faktoreinsatz*mengen* bezogen sind.) Der Stand der Dinge: die Messung des Entwicklungspotentials ist Aufgabe geblieben, keine reale Möglichkeit geworden. Bei allem Zweifel, ob es überhaupt meßbar ist, sagt dies selbstverständlich nichts Abschließendes über die Dringlichkeit weiterer Versuche. Bedenklich ist jedoch, daß die Grundsatzdiskussion über die Aufgaben der Regionalpolitik gelegentlich so geführt wird, als dürfe man den Erfolg dieser Bemühungen einkalkulieren. Man unterstellt also, es handle sich allenfalls um eine Durststrecke, die man durchstehen muß, bis das goldene Zeitalter der Regionalpolitik an-

---

[2]) H. GIERSCH: Das ökonomische Grundproblem der Regionalpolitik. Jahrbuch für Sozialwissenschaft, 14, 1963, S. 386—400.

bricht. So wie die Dinge liegen, ist diese Unterstellung unzulässig. Sehr viel hängt daran — etwa die für die Grundsatzdiskussion über Aufgaben der zentral-staatlichen Regionalpolitik entscheidende Frage: Darf (muß, soll, kann) die Maxime

— Verfolge das Ziel einer räumlichen Angleichung der Lebensbedingungen nach Maßgabe der Dringlichkeit, die die dafür zuständigen Instanzen diesem Ziel beimessen; im übrigen ermögliche (!) eine wachstumsgünstige Raumstruktur!

ersetzt werden durch:

— Gestalte (nicht: ermögliche) die räumliche Verteilung wirtschaftlicher Aktivität so, daß das Sozialprodukt maximiert wird, und achte dabei auf eine bestimmte Verteilungsgerechtigkeit als Nebenbedingung!

Der Unterschied liegt im Umfang der Gestaltungsaufgabe für die gesamtwirtschaftliche Wachstumspolitik. Wohlgemerkt: im Umfang, weniger in der Art; denn selbstverständlich ist räumliche Wirtschaftspolitik, wie jede Strukturpolitik, immer auch Wachstumspolitik.

12. Stellt sich die Aufgabe für den Planer einer einzelnen Region anders? Gewiß muß auch er Bedacht nehmen auf die Entwicklungsaussichten seiner Region. Er kann sich auch nicht drücken vor Schätzungen unter alternativen Annahmen, insbesondere hinsichtlich der Infrastrukturausstattung. Daran ändert die Tatsache nichts, daß gerade unsere Kenntnisse von der Bedeutung der Komplimentarität zwischen privaten und öffentlichen Investitionen — dem zentralen wirtschaftlichen Problem der Regionalpolitik — außerordentlich gering sind. Es handelt sich um Planung unter Unsicherheit, die durch nichts umgangen werden kann; sie ist auch insoweit der unternehmerischen Investitionsplanung durchaus verwandt. Regierend ist ein Partialinteresse, das regionale — so weit als möglich reguliert durch die Zuweisung der Verantwortung für Risiko und Chance der Entscheidungen. Wo Wissen fehlt, hilft „trial and error", wenn Wettbewerb dafür sorgt, daß ein Irrtum sich als solcher erweist.

Der Begriff des regionalen Entwicklungspotentials als Kriterium der zentralstaatlichen räumlichen Wachstumspolitik hingegen — und das ist auch immer so gesehen worden — impliziert mehr Es geht um einen relationalen Begriff. Er nimmt von vornherein Rücksicht auf den Zusammenhang, daß die überdurchschnittlichen Chancen der einen Region die unterdurchschnittlichen Chancen der anderen sein müssen, daß jede Infrastrukturmaßnahme, jede Fördermaßnahme in ihren Wirkungen dieser Differenzierung unterliegt (oder gar keine räumliche Bedeutung hat). Je mehr man bereit ist, dies zu Ende zu denken, um so folgerichtiger wird erkannt, daß es nicht genügen würde, den regionalwirtschaftlichen Wettbewerb zu regulieren, sondern daß es darauf ankäme, ihn durch abgestimmtes Verhalten zu ersetzen, ja daß man letztlich dahin kommen müßte, die gesamte räumliche Verteilung auch der privaten Investitionen durch ein geniales System von Fördermaßnahmen und Sanktionen so zu steuern, daß sie dem planerisch erfaßten Optimum entspräche. In der Tat scheint bei planerisch denkenden Ökonomen die Neigung hierfür zu wachsen.

So richtig die Grundlage der Forderung nach einer produktivitätsorientierten Regionalpolitik schien, nämlich die Erkenntnis, daß es an einem verläßlichen Kriterium für Infrastrukturinvestitionen fehlt, so wenig ist sie im Praktischen tragfähig für solche Folgerungen. Aus unserer Unkenntnis hinsichtlich der quantitativen ökonomischen Wirkungen von Infrastrukturinvestitionen führt kein Weg rasch heraus. Um so weniger besteht

Anlaß, daß sich die überregionale Raumordnungspolitik auch noch die Verantwortung auflädt für einen Bereich, in dem sich bei aller Unvollkommenheit das Marktsystem im ganzen als ein beispiellos überlegenes System der Informationsaufnahme und Informationsverarbeitung erwiesen hat. Es sei hier an ein Wort von HAYEK erinnert, mit dem dieser sich bei seiner Freiburger Antrittsvorlesung auf den oft bedeutenden Wert strenger Prinzipien berief. Er berichtete dazu von den Erfahrungen des vor etlichen Jahren verstorbenen Engländers A. C. PIGOU, des eigentlichen Begründers der Wohlfahrtsökonomik: „Am Ende eines langen Lebens, das fast ausschließlich der Aufgabe gewidmet war, die Umstände herauszuarbeiten, unter denen Staatseingriffe die Ergebnisse des Marktes verbessern könnten, mußte er zugeben, daß der Wert dieser theoretischen Überlegungen zweifelhaft sei, da wir nur selten feststellen können, ob die besonderen von der Theorie angenommenen Umstände auch wirklich vorliegen. Nicht, weil er so viel weiß, sondern weil er weiß, wieviel er wissen müßte, um erfolgreiche Eingriffe durchzuführen, und weil er weiß, daß er alle diese relevanten Umstände nie kennen kann, sollte sich der Nationalökonom zurückhalten, einzelne Eingriffe selbst dort zu empfehlen, wo die Theorie zeigt, daß sie manchmal wohltätig sein könnten"[3]).

13. Was folgt aus alldem?
— Erstens: Die zentralstaatliche Regionalpolitik sollte, soweit sie gezielte Wirtschaftsförderung ist, subsidiär bleiben, und zwar im allgemeinen beschränkt auf das Ziel, die Unterschiede in den wirtschaftlichen Lebensverhältnissen zu vermindern (s. o.).
— Zweitens: Die Wachtumszielsetzung (Maximierung des Sozialprodukts unter Nebenbedingungen) bleibt im wesentlichen dem Wettbewerb im dezentralisierten Entscheidungssystem anvertraut, ergänzt um die zentralstaatliche Sorge für wirtschaftliche Integration im Gesamtraum.

Zu diesem dezentralisierten Entscheidungssystem gehören nicht nur die privaten Einheiten, sondern auch die Gliederungen des föderativen Staates. Wahrscheinlich sind allerdings hier, sieht man es von den Problemen der Raumstruktur her, Verbesserungen des Systems dringlich, dringlicher noch als bei der privaten Wettbewerbsordnung. Immerhin erscheint bei allen Schwierigkeiten, die hier liegen mögen, das Bemühen um eine rationale Verteilung von Kompetenzen und Finanzquellen produktiver als das Suchen nach dem regionalen Entwicklungspotential. Es gilt, die Regeln und Bedingungen zu verbessern, unter denen der Wettbewerb der Regionen steht. Zu den schwierigsten Problemen gehört dabei — das sei eingeräumt — die Abgrenzung der optimalen Entscheidungseinheiten. Jede Abgrenzung durchschneidet in irgendeiner Form überörtliche bzw. überregionale Interdependenzen, die zweifellos im wirtschaftlichen Bereich besonders bedeutsam sind. Daraus resultiert ja nicht zuletzt der — teilweise durchaus vernünftige — Trend zur Verlagerung von Kompetenzen auf die größeren Einheiten. Dagegen steht jedoch die Erfahrung, daß wirksame regionale Entwicklungspolitik gleichsam unternehmerisches Handeln ist — und eine Frage der Maßarbeit. Kompetenzen allein nach den vermuteten Sachzusammenhängen zuweisen und nicht auch nach Motivation und Interesse der handelnden und betroffenen Personen, heißt die Produktivität von Eigennutz und Gemeinsinn in den kleineren regionalen Einheiten unterschätzen und spiegelt ein altes Vorurteil zentralstaatlicher Ideologie.

14. Immer wieder haben sich Forscher — auch Ökonomen — die Frage nach der optimalen Stadtgröße gestellt. RICHARDSON konstatiert, daß dabei nicht viel heraus-

---

[3]) F. A. v. HAYEK: Wirtschaft, Wissenschaft und Politik. Freiburger Universitätsreden, N. F., Heft 34, Freiburg 1963, S. 19.

gekommen ist[4]). Auch E. v. BÖVENTER, der jüngst ein Modell der Nachfrage nach Städten unterschiedlicher Größenklassen entwickelt hat — zunächst ausgehend von den Standortanforderungen der Unternehmen —, scheint angesichts der Schwierigkeiten für eine wirklichkeitsnahe Theorie eher verzagt[5]). Nun könnte man den ganzen Problemkreis, denkt man an die Aufgaben der Stadtentwicklungspolitik, für ziemlich peripher halten, würden nicht zwei Teilfragen auf den Nägeln brennen, und zwar

— die Frage nach der Stadtgröße, von der ab die sozialen Grenzkosten eines weiteren Wachstums die sozialen Vorteile der Agglomeration übersteigen sowie

— die Frage nach der Mindestgröße einer Stadt, von der ab man darauf vertrauen dürfte, daß sie in der Wachstumspolitik für eine Region die Funktion eines Wachstumspoles erfüllen, d. h. einen sich selbst tragenden Entwicklungsprozeß anführen könnte.

Eine Überschreitung der Obergrenze zu vermeiden und — bei den auszuwählenden bzw. zu fördernden Schwerpunktorten — die Mindestgrenze zu erreichen, gehört eigentlich zu den wichtigsten wirtschaftlichen Ansprüchen an die Planung der Siedlungsstruktur. Doch die Bestimmung der beiden Grenzwerte stößt auf erhebliche Schwierigkeiten. Zur Mindestgrenze sind zwar in der BRD in den letzten Jahren verschiedentlich Richtzahlen zur Diskussion gestellt worden; aber der spekulative Einschlag bei der Gewinnung solcher Zahlen scheint recht stark zu sein.

Noch düsterer steht es mit unserem Wissen um einen Näherungswert für die Obergrenze wirtschaftlich vertretbarer Agglomeration. Die Schwierigkeiten liegen weniger bei der Erfassung der Kosten als vielmehr bei der Bewertung der Erträge, wenngleich nicht verkannt werden soll, wie schwerwiegend auf der Kostenseite etwa das Problem der Würdigung von Sprungkosten ist, die entstehen, wenn im Zuge des städtischen Wachstums bei bestimmten öffentlichen Einrichtungen die Kapazitätsgrenzen erreicht werden. Für die Bewertung der Erträge gibt es, soweit nicht analoge Marktpreise herangezogen werden können, kaum verbindliche Regeln. Durch entsprechende Ansätze für die Konsumentenrenten, die die Bewohner und Benutzer einer Metropole aus der Nutznießung der nicht über den Markt gehenden Leistungen ziehen, kann jedes Kalkül zugunsten weiterer Agglomeration offengehalten werden.

15. Eine erheblich größere Tradition hat die ökonomisch orientierte Raumforschung in der Formulierung wirtschaftlicher Ansprüche an die räumliche Zuordnung von Siedlungskernen zueinander. Aus der Standorttheorie entwickelten sich die Theorien zur Städtebildung als Teile einer allgemeinen ökonomischen Erklärung der Raumstruktur. Ihre Hauptmängel sind die geringe Wirklichkeitsnähe sowie der zumeist statische Ansatz. Auch hat es große Schwierigkeiten gemacht, die Bedeutung der Städte und ihrer Lage für das wirtschaftliche Wachstum in der Standorttheorie systematisch zu erfassen. All dies mag erklären, warum die praxisorientierte Diskussion um Stadtnetzprobleme so stark von der einseitig vom Versorgungsdenken inspirierten Theorie der zentralen Orte bestimmt war.

Jüngst hat allerdings E. v. BÖVENTER, der eigentlich ebenfalls von der Theorie des räumlichen Gleichgewichts her kommt, eine empirisch fundierte Untersuchung vorgelegt,

---

[4]) H. W. RICHARDSON: Optimality in City Size, Systems of Cities and Urban policy: A Sceptic's view. Urban Studies, Vol. 9, 1972.

[5]) E. v. BÖVENTER: Optimal Spatial Structure and Regional Development. Kyklos, Vol. 23, 1970.

die neues Licht auf zwei Faktoren wirft, die „die Lebenskraft und Wachstumschancen einer Stadt stärken: Agglomerationsersparnisse gemeinsam mit einem nahegelegenen, größeren zentralen Ort und die Existenz eines reichen Hinterlandes. Vom Zusammenspiel dieser Faktoren hängt die „schlechteste" Distanz zwischen zwei Zentren ab"[6]). Dies sollte zumindest Anlaß geben, der wachstumspolitischen Bedeutung von Großstädten in Entwicklungsregionen mehr Aufmerksamkeit als bisher zu schenken. Wenn es richtig ist, daß man deren Strahlkraft bisher unterschätzt hat, so wäre das Konzept der bevorzugten Förderung einer großen Zahl kleiner Schwerpunktorte im ländlichen Raum neu zu überdenken.

16. Auch die ungelösten Fragen wirtschaftlicher Ansprüche an die interne Stadtstruktur betreffen in erster Linie die sehr großen Städte. Die Standorttheorie, die anfangs ganz auf Probleme des produzierenden Bereichs konzentriert war, hat sich inzwischen auch stärker um die anderen Sektoren gekümmert, seit den wichtigen Arbeiten von Alonso auch mit dem Wohnen. Doch weder dies noch die empirische Forschung über veränderte Standortvorteile des sekundären verglichen mit denen des tertiären Bereichs, die eine Änderung der inneren Struktur der Verdichtungsgebiete bewirkt, hat uns, zumindest was die Probleme der ganz großen Städte angeht, ein befriedigendes Bild von der ökonomischen Seite einer optimalen internen Stadtstruktur beschert.

17. Gemeinsam allerdings ist den großen wie den kleineren Städten angesichts der Aufgabe „Stadtentwicklung und Strukturverbesserung" die Klage über die Unzulänglichkeiten unserer Bodenordnung. (Mögen nicht die alten Probleme eines dirigistischen Mietrechts wieder hinzukommen.) Das Problem ist vornehmlich ein Problem der Einkommensverteilung sowie der Finanzkraft der Gemeinden, weniger ein Problem der Allokationsfunktion (Zuteilungsfunktion) des Bodenmarktes. Unsere Eigentumsordnung bringt es mit sich, daß die Eigentümer unvermehrbarer Produktionsfaktoren in der Lage sind, die ökonomischen Vorteile einer exogenen Verbesserung der wirtschaftlichen Bedingungen, hier etwa: die Standortverbesserung durch Planungsmaßnahmen, weitgehend — theoretisch: vollständig — auf sich zu ziehen. Dies schwächt die Motivation zur Strukturverbesserung und führt zur Überforderung der Finanzkraft der Gemeinden, weil Aufwand und Ertrag einer Maßnahme nicht durch die gleiche Kasse geleitet werden. Die Reformdebatte ist in Gang gekommen. Die Besorgnis des Ökonomen ist, daß im Zuge der Reform nicht nur die Verteilungsfunktion des Marktes, sondern auch gleich dessen Zuteilungsfunktion (Zuteilung des Nutzungsrechts) außer Kraft gesetzt wird. Dieses ist nämlich keineswegs so ruiniert, wie es verbreiteten Klagen zufolge den Anschein haben mag. Um ein Beispiel zu nennen: Wenn sich in Warenhausunternehmen oder die Zentrale eines Konzerns mit der Nachfrage nach citynahen Grundstücken gegen konkurrierende Interessenten, auch öffentliche etwa, durchsetzt, so heißt es leicht, hier bestimme ein funktionsloses Profitinteresse auf der Grundlage überlegener Finanzkraft die Zuteilung des Marktes. Diese Argumentation verkennt, daß in dem Preisgebot unseres potenten Nachfragers ja vor allem sehr vielfältige partikulare Interessen zum Ausdruck kommen, deren Legitimation niemand bestreiten kann, etwa die Abneigung der Beschäftigten oder der Käufer, zur Arbeit oder zum Einkauf an den Stadtrand zu fahren, Interessen, die anders als über das Vehikel „Gewinninteresse" des betreffenden Unternehmens überhaupt nicht angemessen artikuliert werden können. Man hätte daher schon Grund, sich zu fürchten, wenn etwa die Reform der Bodenordnung dahin führen sollte, daß statt des Höchstgebotes des Marktes künftig mehr noch als bisher die Weisheit

---

[6]) E. v. BÖVENTER, a. a. O., S. 925.

des Stadtplaners über die Zuteilung von Nutzungsrechten entscheidet. Dieser hat durch das Recht der Bauleitplanung schon heute einen enormen Gestaltungsspielraum (auch genug Spielraum zum Unfug treiben, wie sich beispielsweise in der Phase des Wiederaufbaus gezeigt hat, als gegen die Voten des Marktes — diese noch verzerrt durch ein unsinniges Mietrecht — eine hochverdichtete Bebauung der citynahen Zonen in vielen Großstädten verhindert wurde). Der Planer soll wissen, was die Erfüllung seiner Ziele kostet, und es ist keineswegs Aufgabe der Bodenordnung, ihm die Erreichung dieser Ziele leicht zu machen. Auf einem ganz anderen Blatt steht, daß die Kommunen finanziell in die Lage versetzt werden müssen, der Bodennachfrage für öffentliche Zwecke am Markt den Nachdruck zu verschaffen, der der jeweiligen Dringlichkeit der anstehenden öffentlichen Aufgaben entspricht.

18. Wie schon erwähnt, erscheint der Stand der raumwirtschaftlichen Forschung zu den dringlichsten Problemen der Siedlungsstruktur, nämlich denen der Ballungsgebiete, als unbefriedigend, Unumstritten ist aber wohl auch von der ökonomischen Seite her, daß eine passive Sanierung (Schrumpfung der dort massierten Aktivität) nicht in Betracht kommt. Die großen Verdichtungsgebiete liegen im Schnittpunkt wichtiger und mächtiger Interessen (Ziele):
— der Vorliebe vieler Menschen für den Lebensraum Großstadt,
— den wirtschaftlichen Vorteilen der Agglomeration, so schwer sie auch immer zu messen sein mögen,
— der wirtschaftlichen Strahlkraft der großen Städte für die Aktivitäten in einem oft sehr großen Umland.

Trotz der Besorgnis über stark steigende soziale Grenzkosten der Agglomeration ist daher wahrscheinlich nur an den Weg nach vorn zu denken: Möglicherweise sind hohe Aufwendungen zur Beseitigung der Strukturschäden der großen Städte großenteils nur ein — verspäteter — Ausgleich für ihren großen Beitrag zum wirtschaftlichen Wachstum[7].

19. Als Strukturmodell, das dem genannten Schnittpunkt von Wünschen und Interessen ebensowohl zu entsprechen scheint wie der Sorge von progressiv steigenden Kosten, wird seit Jahren das Modell einer polyzentrischen Regionalstadt diskutiert. Im einzelnen sind dies folgende Erwartungen:
— Die Regionalstadt trägt den Wünschen der Menschen Rechnung, in oder zumindest im Kontakt mit einer Metropole zu leben und begegnet zugleich der Gefahr, daß diese Wünsche zu teuer kommen.
— Sie bietet wohnnahe Industrieflächen für Betriebe, die von den Standortvorteilen der Kernzone unabhängig geworden sind und daher die hohen Grundstückskosten der Kernzone meiden wollen, aber wegen ihres quantitativen oder qualitativen Arbeitskräftebedarfs oder aus anderen Gründen doch die unmittelbare Nähe zur Meropole suchen müssen.
— Sie sammelt die Dienstleistungen und Verteilerfunktionen, welche die City freigibt oder den Außenzonen mit überlassen muß, in Siedlungskernen höherer Zentralität, als sie Vororte frei wachsender Agglomerationszentren üblicherweise haben.

20. Sieht man einmal von der gestrengen Frage ab, ob das Modell Regionalstadt eine optimale Relation von Kosten und Erträgen verspricht — sie ließe sich nach Lage der

---

[7] H. W. RICHARDSON, a. a. O., S. 45.

Dinge allenfalls spekulativ beantworten —, so bleibt die bescheidenere Frage, ob unsere Kenntnisse von den die Raumstruktur bestimmenden privaten Verhaltensweisen den Schluß erlauben, daß ein solchermaßen ausgedachtes Gebilde einigermaßen den Modellvorstellungen entsprechend funktionieren wird.

Die Regionalstadt kann nur mit Einschränkungen als erweiterte Stadtbaueinheit angesehen werden. Flächenausdehnung und größere Selbständigkeit der einzelnen Siedlungskerne lassen es möglicherweise zu, Ergebnisse der Regionalforschung auf das Beziehungsgeflecht innerhalb einer polyzentrischen Regionalstadt zu übertragen. Dann aber dürfte man in dem schon gekennzeichneten Resultat VON BÖVENTERS hinsichtlich der besonderen Wachstumschancen kleinerer Zentren in der Nachbarschaft der großen eine Ermutigung für das Modell Regionalstadt sehen. Allerdings — RICHARDSON macht darauf aufmerksam[8]) — hat MADDEN[9]) Ende der 50er Jahre bei Untersuchungen über die räumlichen Aspekte städtischen Wachstums in den Vereinigten Staaten Ergebnisse erzielt, die zumindest für den nahen Umkreis der Metropolen denen VON BÖVENTERS zu widersprechen scheinen. Auch diese Ergebnisse erscheinen durchaus plausibel. Man muß mit der Gefahr rechnen, daß das hochleistungsfähige und teure Kommunikationsnetz, das die — möglichst eigenständigen — Elemente des polyzentrischen Systems in jedem Fall verbinden soll, das Modell Regionalstadt zu einem Muster macht, nach dem wachstumskräftige Pole ihre Ressourcenbasis verbreitern können und dabei den Subzentren die Kraft zur (beschränkten) Eigenständigkeit nehmen. Das ist sicher nicht der Sinn der Sache. Wahrscheinlich sind jedoch auch hier die empirischen Regelmäßigkeiten, die die beiden erwähnten Untersuchungen aufgedeckt haben, nicht sehr streng. So könnte es sein, daß man auf VON BÖVENTERS Ergebnisse um so mehr setzen könnte, je größer die überkommene Eigenständigkeit der in Frage stehenden Subzentren ist, überkommen aus einer Zeit, bevor das Hauptzentrum seine volle Sogkraft gewann. Danach könnte man eher wagen, Städte wie Lüneburg und Stade in eine polyzentrische Regionalstadt Hamburg einzubringen, als etwa den Versuch unternehmen, München mit einem Kreis neuer eigenständiger Mittelstädte in vergleichbarer Entfernung zu umgeben.

21. So bleibt es denn auch hier vorläufig bei der Erfahrung, daß die Regionalwissenschaft dem Planer zwar einige Theoreme bietet, gelegentlich gut, gelegentlich weniger gut empirisch belegt, manchmal aber auch nur als Versatzstücke für die Spekulation nützlich. Das verläßliche Gesamtgerüst bleiben wir schuldig. Andererseits läßt die Wirklichkeit — auch die ökonomische — mehr Gestaltungsspielraum, als viele zu glauben sich angewöhnt haben. Es geht vielleicht nicht ohne den genialen Synthese-Einfall des Planers im Prozeß des Trial and Error, doch auch die Trefferchancen sind so schlecht nicht.

---

[8]) H. W. RICHARDSON, a. a. O., S. 40.
[9]) C. H. MADDEN: Some Spatial Aspects of Urban Growth in the U.S., E.D.C.C., Vol. 6.

Der Einfluß landesplanerischer Ziele und Verfahren auf die Siedlungsstruktur
(Wechselbeziehungen Bundes-, Länder und Regionalstruktur)

von

Gottfried Müller, München

I. Siedlungsstruktur – Sozialstruktur

1. Begriff

Unter Siedlungsstruktur[1]) soll nachfolgend — aus der Sicht der Landesplanung — verstanden werden:

a) das den Raum (als Daseins-Raum[2])) bedeckende Netz von Ortschaften bzw. Dörfern und Städten unterschiedlicher Größe und Funktion,

b) die Verteilung der wirtschaftlichen Aktivitäten innerhalb dieses Netzes (Primäre, sekundäre, tertiäre Arbeitsbereiche),

c) die Zuordnung der gesellschaftlichen Grundfunktionen zueinander (Arbeiten, Wohnen, Versorgen, zentrale Dienste, Erholung und Verkehr),

d) die Ausstattung dieses Raumes mit Einrichtungen der Daseins-Vorsorge im Dienste der gesellschaftlichen Grundfunktionen (Bandinfrastruktur, Punkt- bzw. kommunale Infrastruktur, Freirauminfrastruktur)[3]).

Schon aus dieser Definition ergibt sich, daß die Landesplanung die Siedlungsstruktur vornehmlich nach dem „Inhalt", weniger nach der „Form" betrachtet. Insoweit ist „die Ordnung des Raumes ... in den Dienst einer gesunden Gestaltung der Sozialstruktur ... gestellt[4]). Siedlungsstuktur und Sozialstruktur sind also, in diesem Zusammenhang aufeinander bezogen, in gleicher Weise angesprochen. Oder, mit den Worten SCHUMACHERS[5])

---

[1]) Vgl. ULRICH PETER RITTER: Artikel „Siedlungsstruktur". In: Handwörterbuch der Raumforschung und Raumordnung, 2. Aufl., hrsg. von der Akademie für Raumforschung und Landesplanung, Hannover 1970, Sp. 2893.
[2]) Vgl. H. G. NIEMEIER: Artikel „Daseinsvorsorge". In: Handwörterbuch der Raumforschung und Raumordnung, Hannover 1970, Sp. 431 ff. — D. PARTZSCH: Artikel „Daseinsgrundfunktionen". In: Handwörterbuch der Raumforschung und Raumordnung, Hannover 1970, Sp. 424 ff.
[3]) Vgl. GOTTFRIE MÜLLER: Artikel „Raumordnung". In: Handwörterbuch der Raumforschung und Raumordnung, Hannover 1970, Sp. 2460.
[4]) Hier im Sinne der „Sozialstatistischen Bestandsaufnahme" verstanden; vgl. WILLEKE: „Sozialstruktur und Raumordnung". In: Raumforschung, Heft 10/1938, S. 492; vgl. E. W. BUCHHOLZ: Artikel „Sozialstruktur". In: Handwörterbuch der Raumforschung u. Raumordnung, Hannover 1970, Sp. 2992 ff.
[5]) Vgl. F. SCHUMACHER: Wesen und Organisation der Landesplanung. Hamburg 1932, S. 18 f.

ausgedrückt: „Wenn man sich das äußere Bild des zu behandelnden Lebenskörpers auf kartographischem Wege neu geschaffen hat, tritt die zweite große Aufgabe hervor, von dem inneren Bilde dieses Körpers einen Begriff zu bekommen. Es ist nur möglich auf dem Umwege über die Zahl. Den Unterschied gibt die Statistik."

2. Kriterien

Für die Darstellung der Sozialstruktur hat SCHUMACHER folgendes Programm, das in seinen Varianten und Ergänzungen auch heute noch Verwendung findet, aufgestellt:
1. Gebiet und Fläche / Bodennutzung, Verwaltungsgrenzen usw.,
2. Bevölkerung / Zustand, Wachstum, durchschnittliche Bewohnerzahl pro ha und pro Wohnung, Haushaltungen, Wohnort und Arbeitsstätte, berufliche Gliederung der Bevölkerung, Bevölkerungswechsel,
3. Bau- und Wohnungswesen / Benutzungsart der Grundstücke, Zahl der Wohnungen, ihre Verteilung nach Größenklassen, Belegung des Wohnraumes und der Wohnung,
4. Verkehr / Verkehrsmittel, Personen- und Güterverkehr,
5. Gewerbe und Industrie.

Es wurde also schon frühzeitig (1932) erkannt, daß die Absicht der Landesplanung, durch Raumordnungspläne die Siedlungsstruktur zu beeinflussen, bedingt: „die Untersuchung der Sozialstruktur als Vorarbeit für die Aufstellung von Raumordnungsplänen"[6]. Zusammenfassend und vereinfachend kann somit festgestellt werden: Aus der Sicht der Landesplanung interessiert in bezug auf die Erforschung der Sozialstruktur[7]:
1. Beruf und Arbeitsplatz,
2. Arbeitsweg,
3. Wohnung,
4. Erholungsmöglichkeit.

Im Vordergrund der Betrachtung steht hierbei seit dem Beginn landesplanerischer Bemühungen um die Siedlungsstruktur die Verbindung der Arbeitseinsatzpolitik mit der Wohnungs- und Siedlungspolitik, insbesondere auch die Gestaltung des Arbeitsweges[8].

II. Wertungsmaßstäbe der Landesplanung in bezug auf die Sozialstruktur

1. Die Stadt-Gemeinde

Seit RIEHL, d. h. seit mehr als 100 Jahren, dominiert in der Landesplanung der sog. Großstadt-Pessimismus. RIEHL[9] schrieb damals hierzu: „Aber es wird eine höhere und höchste Blütezeit des Industrialismus kommen und mit ihr und durch dieselbe wird die moderne Welt, die Welt der Großstädte, zusammenbrechen, und diese Städte zusamt viel

---

[6]) Vgl. GOTTFRIED MÜLLER: Die Untersuchung der Sozialstruktur als Vorarbeit für die Aufstellung von Raumordnungsplänen, dargestellt am Planungsraum Unterweser-Lesum. Verkürzt veröffentlicht als „Die Sozialstruktur im Planungsraum Unterweser-Lesum", Oldenburg 1944.
[7]) Vgl. UEBLER: Arbeitsstätte — Wohnung — Lebensraum. In: Raumforschung u. Raumordnung, H. 12/1937, S. 483 ff.
[8]) Vgl. GRABE: Der Einfluß der Pendelwanderung auf die Arbeitnehmer. Karlsruhe 1926, S. 2 f.
[9]) Vgl. W. H. RIEHL: Naturgeschichte des deutschen Volkes. Leizpig 1935, S. 115.

fabelhafteren Industriehallen als diejenige war, welche wir geschaut, werden als Torsos stehen bleiben." Die Großstädte sind in der Tat zu einem entscheidenden Problem unserer Zeit geworden. Städtebauer und Landesplaner haben dieses rechtzeitig erkannt. SCHUMACHER[10]), der sich für die Gestaltung der Elbestädte des Raumes Hamburg einsetzte, forderte dabei: „Daneben muß es die Aufgabe sein, den ungeheuren Zentralisierungstendenzen, die in dem von der Natur gegebenen, von Menschenhand weiter ausgebauten Zustand dieses Elbegebietes liegen, zugunsten einer möglichst günstigen Auflockerung der Großstadt, soweit wie das möglich ist, dezentralisierende Kräfte entgegenzusetzen." Schon damals handelte es sich für ihn darum, der sogenannten freien, natürlichen Entwicklung entgegenzutreten: „Man kann im allgemeinen sagen, daß das, was sich in dieser Beziehung von selbst ergibt, eben das ist, was vermieden werden muß. Von selber pflegt ein großstädtischer Siedlungskörper die Tendenz einer klumpenförmigen Entwicklung in sich zu tragen. Bauzone auf Bauzone schiebt sich ringförmig gegen die Natur vor. Das Ziel muß die entgegengesetzte Form einer netzförmigen Entwicklung sein."

Ganz folgerichtig setzen Überlegungen zur Neuordnung städtischer Siedlungsmassen bei dem Kriterium des Arbeitsweges an. Als Richtschnur für den künftigen Städtebau wird gefordert, daß die Dauer des Arbeitsweges möglichst nicht über eine halbe Stunde betragen soll[11]). Von diesem Gesichtspunkt aus erfolgt auch der Anstoß zu Untersuchungen über sog. günstige Stadtgrößen. PFANNSCHMIDT[12]) geht hierbei davon aus, daß es erstrebenswert ist, wenn der Arbeiter zu Fuß zur Arbeit gehen kann. Bei einer Höchstwegdauer von $1/4$ Stunde würde ein derartiger Aufbau des Siedlungskörpers Gemeinwesen von 80 ha Größe schaffen, bei einer Höchstwegdauer von $1/2$ Stunde solche von 300 ha Größe. Bei einer Brutto-Wohndichte von 100 Einwohnern pro ha ergeben sich somit Gemeinschaften von ca. 20 000 — 30 000 Einwohnern. Bei einer Kombination verschiedener Verkehrsmittel kann die Einwohnerzahl einer derartigen Siedlung 20 000 bis 50 000 Einwohner betragen. Als siedlungsinternes Verkehrsmittel kommt dann vor allem der Omnibus in Betracht[13]). Diese verschiedenen Gesichtspunkte, die für die Stadtgröße bzw. -zelle von 20 000 bis 50 000 Einwohner sprechen, wurden noch unterstrichen durch die Ansprüche, die an die Stadt aus Gründen der Förderung des Gemeinschaftslebens, der Anlage von Gemeinschaftseinrichtungen usw. gestellt werden müssen[14]).

Diese Begründungen für eine günstige Stadtgröße werden zugleich für die Notwendigkeit einer Dezentralisation der großstädtischen Agglomerationen angeführt, d. h. für eine Umsiedlung der großstädtischen Bevölkerung in Mittelstädte unter gleichzeitiger Dezentralisation der Industrie[15]). Hierbei wird auch daran gedacht, gleiche Maßstäbe für den Ausbau von Vororten großstädtischer Agglomerationen anzulegen.

Die Stellungnahme der Landesplanung gegen die Großstadt ist jedoch nicht allgemein. Z. T. wendet man sich dagegen, das Stadtproblem nur als das einer Begrenzung der Grö-

---

[10]) Vgl. F. SCHUMACHER: Wesen und Organisation der Landesplanung. Hamburg 1931, S. 34.
[11]) Vgl. PIRATH: Verkehr und Landesplanung. Stuttgart 1938, S. 52. — F. SCHUMACHER: Darstellung des soziologischen Zustandes. In: Allg. Stat. des hamb.-preuß. Landesplanungsgebietes, H. 13, Tafel 45—47. — G. FEDER: Arbeitsstätte — Wohnstätte. Berlin 1939, S. 26.
[12]) Vgl. PFANNSCHMIDT: Die Industriesiedlung in Berlin und in der Mark Brandenburg. Berlin 1937, S. 123.
[13]) Vgl. RECHENBERG: Die günstigste Stadtgröße. Berlin 1936, S. 8 f. — FEDER: Die neue Stadt. Berlin 1939, S. 440.
[14]) Einer der ersten, der hierauf hinwies, war PFANNSCHMIDT: Die Industriesiedlung in Berlin und in der Mark Brandenburg. Berlin 1937, S. 124.
[15]) Vgl. LANGEN: Das Umsiedlungsproblem. Berlin 1934, S. 15.

ßenordnung zu sehen. Man erkennt, daß es sich auch darum handelt, die städtische Siedlungsmasse richtig zu gliedern.

2. Die Stadt-Landschaft (Regionalstadt)

Aus der Erkenntnis heraus, daß die Großstadt unvermeidlich ist, haben sich frühzeitig Gedankengänge entwickelt, den Großstadtraum so gesund zu gestalten, daß er den gestellten Anforderungen gewachsen ist. Es wird davon ausgegangen, daß „ein gewisser Grad der Zusammenballung von Betrieben nötig ist, um den Arbeitern die Wahl zwischen verschiedenen Beschäftigungen, den kleinen Betrieben die Herausziehung von Hilfsbetrieben, den Unternehmern selbst den Austausch von Erfahrung und den Vergleich mit der Konkurrenz zu ermöglichen. In der Großstadt sind alle diese Hilfen gegeben. Zugleich aber ist hier jeder vor die fast ausweglose Wahl zwischen engstem Zusammenwohnen oder endlosen Anfahrtswegen gestellt. Dies bringt so viele Nachteile mit sich, daß man zum mindesten für Neugründungen einen gesunden Zwischentyp zwischen großstädtischem und rein ländlichem Standort finden muß" (v. KELLER)[16]. Von Keller denkt dabei an die Gegenüberstellung von Großstadt einerseits, aufgelockerter Bauweise und Klein- bzw. Trabantenstadt andererseits. Ähnlich auch JESERICH[17]: „Dem Großstadtproblem wird man keinesfalls durch eine sich immer steigernde Gebietserweiterung gerecht. Dafür sollte man die Idee verfolgen, die noch keineswegs zu Ende gedacht ist: um die Großstadt einen Kranz leistungsfähiger mittlerer und kleinerer Städte herumzulegen."

Diese Fragestellung wurde dann damals noch von einem anderen Blickpunkt aus vertieft, nämlich dem von der Landschaft zur Stadt hin. Dann ergibt sich: Die Stadt ist der räumliche Schwerpunkt des allgemeinen Landschaftsbildes. Sie bildet den verkehrlichen, wirtschaftlichen, geistigen und politischen Mittelpunkt des Raumbereiches, der als ihr Einflußgebiet die Stadt bedingt. Hieraus ergibt sich ihre Bedeutung für die ihr zugehörende Siedlungslandschaft und damit auch ihre Größe[18]. Wenn die Stadt eine derartige zentrale Funktion im Dienste der gesamten zu ihr gehörenden Landschaft auszuüben hat, muß sie auch entsprechend den Bedürfnissen der die Landschaft bewohnenden Menschen gestaltet werden. Daraus ergeben sich folgende Forderungen:

1. Die Stadt soll ihren Einwohnern von ihren Wohn- und Arbeitsräumen aus alltäglich erreichbaren, also kürzesten Zutritt zur freien Landschaft gestatten.
2. Die Stadt soll selbst in Anlage und baulicher Form ein Glied der Landschaft sein.

So wird von der Notwendigkeit her, die Stadt mit Freiraum zu durchdringen, ein neuer Stadt-Landschaftstyp angestrebt. Das System, das zur Erreichung dieses Typs dienen soll, ist das sog. Strahlensystem. Es soll u. a. besonders folgende Vorteile bieten:

1. Lösung der Verkehrsfragen (Anbaufreiheit an Verkehrsstraßen).
2. Dezentrale Auflockerung.
3. Erleichterte Unterbringung von Großanlagen.
4. Organisches Wachstum (Nebenkerne — Trabanten).
5. Topographische Hindernisse können umgangen werden.

---

[16]) Vgl. R. v. KELLER: Die Verlagerung der großstädtischen Industrie. Leipzig 1938, S. 24 u. 65.
[17]) Vgl. JESERICH: Gemeindepolitik und Raumordnung. In: Raumforschung und Raumordnung, H. 45/1938.
[18]) Vgl. DÖRR: Stadt und Landschaft. In: Raumforschung und Raumordnung, H. 4—5, 1938, S. 166 ff.

6. Ökologisch oder landwirtschaftlich wertvolle Teilräume können geschont werden.
7. Der Stadtraum kann verwaltungspolitisch sinnvoll gegliedert werden.
8. Die Kernstadt kann städtebaulich als Steigerung der Landschaftsform gestaltet werden.

Damit vollzieht der Städtebau bereits vor dem Zweiten Weltkrieg den Schritt von der Stadt zur Ganzheit Stadt und Land[19]). Von dieser Grundlage aus kann der Städtebau in die Gestaltung der Sozialstruktur eingreifen, entwickelt sich die Stadtplanung zur Regionalplanung. Zugleich konkretisiert sich die Landesplanung — was die Agglomerationsräume betrifft — in der Regionalplanung. Die Planungsarbeiten der Vorkriegszeit in den Räumen Bremen und Hamburg können als Beiträge zur planerischen Gestaltung einer so verstandenen Stadtlandschaft gewertet werden.

In der Nachkriegszeit wird an diese Entwicklung bald wieder Anschluß gefunden. Der Begriff der Stadtlandschaft findet konsequent seine Anwendung in dem Konzept der „gegliederten und aufgelockerten Stadt"[20]). Einen vorläufigen Abschluß dieser Überlegungen und Erörterungen stellt z. Z. das Konzept der Regionalstadt (HILLEBRECHT) dar[21]).

Als es unter dem Vorsitz von O. BOUSTEDT dem Ausschuß „Raum und Bevölkerung" der Akademie für Raumforschung und Landesplanung im Jahre 1960[22]) gelang, unter Anlehnung an die in den USA entwickelten statistischen Methoden, das Phänomen Stadtregion nach objektiv-statistischer Methodik konkret für das Gebiet der Bundesrepublik darzustellen, waren die wissenschaftlichen Voraussetzungen für die Beurteilung des Agglomerationsprozesses gegeben. Als Indikator für die Abgrenzung und Gliederung diente im wesentlichen (neben der Bevölkerungsdichte und dem Anteil der landwirtschaftlichen Erwerbspersonen) der Umfang und Anteil der Ein- bzw. Auspendler an der Gesamtzahl der Erwerbspersonen. Nach dem gegenwärtigen Stand der so gewonnenen Erkenntnisse läßt sich, wenn man die weiter ins Umland ausstrahlenden tertiären Verflechtungen einbezieht — modellhaft —, folgende Gliederung des Stadt-Umlandraumes ableiten[23]):

---

[19]) Vgl. WORTMANN: Der Gedanke der Stadtlandschaft. In: Raumforschung u. Raumordnung, H. 1/1941, S. 15 ff.
[20]) Vgl. H. B. REICHOW: Organische Stadtbaukunst. Von der Großstadt zur Stadtlandschaft. Braunschweig 1948. — GÖDERITZ — RAINER — HOFFMANN: Die gegliederte und aufgelockerte Stadt. Tübingen 1957. — W. WITT: Stadtlandschaft, Stadtregion, Regionalplanung. In: Stadtregionen in der Bundesrepublik Deutschland, Bremen 1960, S. 91 ff.
[21]) Vgl. R. HILLEBRECHT: Städtebau und Stadtentwicklung. In: Arch. f. Kommunalwissenschaften 1962, S. 41 ff. — R. HILLEBRECHT: Trabanten — und „Neue Städte"? In: Gemeinnütziges Wohnungswesen, Februar 1960, H. 2, S. 35 ff.
[22]) Stadtregionen in der Bundesrepublik Deutschland. Bd. XIV der Forschungs- und Sitzungsberichte der Akademie f. Raumforschung u. Landesplanung, Bremen 1960.
[23]) Vgl. O. BOUSTEDT: Abschnitt D. Regionale Stadttypen des Artikels „Stadt". In: Handwörterbuch der Raumforschung u. Raumordnung, Hannover 1970, Sp. 3111 f. — GOTTFRIED MÜLLER: Solitärstädte, dargestellt am Beispiel der Städte Aachen, Hamm, Münster, Siegen. Selbstverlag der Stadt Hamm 1970, S. 4 f. — O. BOUSTEDT: Die Stadtregionen in der Bundesrepublik Deutschland. In: Stadtregionen in der Bundesrepublik Deutschland, Bremen 1960, S. 7.

Stadttypen			Raumgliederungen
Kernstadt	Kerngebiet (örtlicher Verflechtungsbereich)	Stadtregion (regionaler Verflechtungsbereich)	
Ergänzungsgebiet			
Verstädterte Zone	Umlandzone		regionalstädtisches Einflußgebiet (Wirtschaftsraum)
Randzone			
Satellitenzone	= innerer	Zentralortsbereich	
Trabantenzone	= mittlerer		
Nachbarstadtzone	= äußerer		

Für die Landes- und Regionalplanung ergeben sich hieraus wesentliche Erkenntnisse:

Voraussetzung für einen regionalstädtischen Agglomerationsraum ist zunächst das Vorhandensein einer vollentwickelten Kernstadt. Hierzu gehört eine gewisse Größe an Einwohnerzahl, eine entsprechende Bevölkerungsdichte und Besiedlungsgefüge, Versorgungseinrichtungen, Verkehrsmittel und die Entwicklung oberzentraler Funktionen in kultureller, wirtschaftlicher, administrativer u. a. Hinsicht. Das Vorhandensein von Industrie ist eine selbstverständliche Begleiterscheinung. Eine weitere Voraussetzung ist, daß sich im Umlandbereich der Kernstadt ein Raum mit einer überwiegend städtischen Struktur entwickelt, wobei die Formen solcher Räume sehr vielfältig sein können. Als extreme Beispiele können Münster und das Ruhrgebiet angeführt werden. Münster hebt sich mit seinem städtischen Umland klar und ohne Überschneidungszonen mit anderen städtischen Bereichen gegen ein weites agrarisches Gebiet ab, während im Ruhrgebiet zahlreiche städtische Gebilde, von denen jedes eine gewisse Eigenständigkeit hat, eine funktionale Einheit bilden. Zwischen diesen beiden Formen einer rein zentral orientierten (einpoligen) Solitärstadt und der funktional verbundenen (mehrpoligen Städtelandschaft bzw. Städte-Stadt gibt es dann noch Variationen, so z. B. mehrkernige Agglomerationszentren (Mannheim—Ludwigshafen) oder den aufgegliederten Agglomerationsraum mit einer Kernstadt und Satellitenstädten (Stuttgart). Typisch für Solitärstädte und auch für mehrkernige Agglomerationsräume ist, daß sie:

1. in ihren örtlichen Verflechtungsbereichen — zumeist planlos — über das Gebiet der Stadtgemeinde hinausgewachsen sind,
2. vom Kerngebiet aus die Entwicklung des regionalen Verflechtungsbereiches bestimmen, zugleich aber auch diesen Bereich für ihre Aufgabenerfüllung als Ergänzungs- und Entwicklungsraum brauchen,
3. als Kerngebiete einer Stadtregion die Funktion eines Ober- oder Großzentrums für ein weites Umlandgebiet (Wirtschaftsraum) wahrnehmen.

Kernstädte bzw. Kerngebiete und ihre Umlandbereiche sind so schicksalhaft miteinander verbunden. Ökonomisches Wachstum und verbesserte Versorgung der Bevölkerung mit zentralen Diensten sind beispielsweise nicht möglich, wenn der Kernstadt bzw. den Kerngebieten — und ihren Nebenzentren — nicht Entwicklungsspielraum und die infrastrukturellen Voraussetzungen gegeben werden. Damit zusammen hängt auch das Problem der kommunalen Gebietsreform der verschiedenen Ebenen.

Von besonderer Bedeutung ist auch, daß ein geordnetes Wachstum der Stadtregion gewährleistet ist, zeigen doch nach globaler Erfahrung Stadtregionen die Tendenz stetiger und ständiger Bevölkerungszunahme und Vermehrung des Wirtschaftspotentials. Als Ausfluß einer bisher ungeordneten Entwicklung sind weltweit sog. Ballungsräume[24] bzw. Verdichtungsräume[25]) entstanden. Aus dieser Sicht hat sich im Hinblick auf Zielvorstellungen für die künftige Siedlungsstruktur die Fragestellung zu der Forderung nach „einer Strategie der Wachstumspole"[26]) zugespitzt. Der Ausbau von Satelliten- bzw. Trabantenstädten als Entlastungsstädte in einer Entfernung bis zu etwa 25 km von dem Kerngebiet und vor allem die Standortplanung sog. Entwicklungsschwerpunkte in genügend weiter Entfernung vom Kerngebiet (mindestens 60 km) sollen diesem Ziele dienen.

Zugleich soll dadurch auch eine Minderung des Stadt-Land-Gefälles erreicht werden. Nach ISENBERG[27]) waren bereits um 1957 etwa 44 % der Bevölkerung der Bundesrepublik, 54 % der Industriebeschäftigten, 60 % des Volkseinkommens und mindestens 67 % der Steuerkraft in den neun Ballungsräumen (Gebiete mit mehr als 500 000 Einwohnern auf 500 qkm Fläche) konzentriert. Diese Entwicklung hat sich inzwischen verstärkt und wird auch in Zukunft anhalten. Die Pflege unseres Wohlstandes läßt es empfehlenswert erscheinen, diesen Wachstumsprozeß im Sinne einer „Strategie der Wachstumspole" zu ordnen bzw. zu lenken, nicht aber zu unterbinden.

Was aber wird aus den Gebieten, die außerhalb der Verdichtungsräume liegen? Diese Frage führt von der Regionalplanung zur Planung des größeren übergeordneten Raumes, zur Landesplanung und Raumordnung.

3. Der übergeordnete Raum

ISENBERG[28]) hat 1957 in einer Karte der „Ökonomischen Strukturzonen in der Bundesrepublik Deutschland" diese Agrarzonen außerhalb der Stadtregionen dargestellt, und zwar mit dem Ergebnis, daß wesentliche Teile der Länder Schleswig-Holstein, Niedersachsen, Bayern, Rheinland-Pfalz, Hessen und daneben noch Teile von Nordrhein-Westfalen sowie Baden-Württemberg von ihnen erfaßt sind, wenn man nachfolgenden Besatz an Industriebeschäftigten (je 1000 Einwohner) zugrunde legt:

Agrarzonen	1 bis 60,
Mischzonen	61 bis 120,
Industriezonen	121 und mehr.

---

[24]) Vgl. G. ISENBERG: Probleme der Landesplanung in den wirtschaftlichen Ballungsgebieten. In: Informationen, H. 9/1958, S. 223 ff. — Gutachten des Sachverständigen-Ausschusses für Raumordnung (Saro-Gutachten): Die Raumordnung in der Bundesrepublik Deutschland. Bonn 1961, S. 39 ff. — J. WEINHEIMER: Ballungen. Versuch zur Bestimmung ihrer Grenzen und Intensität. In: Raumforschung und Raumordnung, H. 15/1957, S. 146 ff.

[25]) Vgl. O. BOUSTEDT, G. MÜLLER, K. SCHWARZ: Zum Problem der Abgrenzung von Verdichtungsräumen. In: Mitteilungen aus dem Institut für Raumordnung, H. 61, Bad Godesberg 1968.

[26]) Vgl. GOTTFRIED MÜLLER: Zielvorstellungen und Instrumentarium für die künftige Siedlungsstruktur. In: Aufgaben und Möglichkeiten der Raumplanung in unserer Zeit, Forschungs- u. Sitzungsberichte der Akademie für Raumforschung u. Landesplanung, Bd. 78, Hannover 1972. — GOTTFRIED MÜLLER: Das Stadt-Land-Problem. In: Studien zum Problem der Trabantenstadt, 1. Teil, Forschungs- u. Sitzungsberichte der Akademie für Raumforschung u. Landesplanung, Bd. XXVI, Hannover 1965.

[27]) Vgl. G. ISENBERG: Probleme der Landesplanung . . ., a. a. O., S. 225.

[28]) Vgl. G. ISENBERG: Bemerkungen zu einer Karte der ökonomischen Strukturzonen in der Bundesrepublik Deutschland. In: Informationen Nr. 19/1957, S. 477.

Das erzielte Ergebnis deckt sich im wesentlichen mit denen des Instituts für Raumordnung[29]), das als weitere Merkmale insbesondere die Wanderungsbewegung und das Realsteueraufkommen pro Einwohner herangezogen hat. Alle Ergebnisse beruhen allerdings auf kreisstatistischen Angaben. In begrifflichen Gegenüberstellungen wie „Aktiv- und Passivräume" oder „Ballungsräume — Agrarische Problemgebiete" kommt die so erkannte Stadt-Land-Problematik treffend zum Ausdruck[30]). Die kontinuierliche Neuabgrenzung derartiger Problemgebiete als „Fördergebiete" (von 1953 bis zur Gegenwart) hat zweifellos dazu beigetragen, daß in der Nachkriegszeit Wissenschaft einerseits und Praxis der Landesplanung und regionalen Strukturpolitik andererseits, die raumordnungspolitische Aufgabenstellung in bezug auf die agrarischen Problemgebiete weitgehend isoliert gesehen haben, was sicher dazu entscheidend beigetragen hat, daß sich die aktiven Kräfte der Landesplanung und auch der Politik gegenüber den Problemen der Verdichtungsräume eher passiv verhalten haben[31]).

Das Denkmodell für die strukturräumliche Gestaltung derartiger agrarischer Problemgebiete lehnt sich dabei im allgemeinen an das von CHRISTALLER[32]) aufgezeigte Bild der agrargesellschaftlichen Siedlungsstruktur an:

Es wird davon ausgegangen, daß eine gesunde bäuerliche Verfassung (Zielsetzung der Agrar-Strukturpolitik) keinen Anlaß zu einer Gemengestruktur von Landwirtschaft und Industrie gibt. Insbesondere soll die Kreisstadt neben der Funktion als Zentralort Standort industrie-gewerblicher Entwicklungen werden, um als Auffangstelle für den Bevölkerungsüberschuß ländlicher Gebiete fungieren zu können. Ein typischer Landkreis würde bei einer Gesamtfläche von etwa 1200 qkm ca. 80 000 — 100 000 Einwohner zählen, wobei die Kreisstadt etwa 15 000 — 30 000 Einwohner aufzunehmen hätte. Zwischen Kreisstadt und Dorf ist das sog. Kleinzentrum als Standort für Einrichtungen des Versorgungs-Nahbereiches[33]) vorgesehen. Die Mittelstadt ist dem Typ nach Kleinstadt: entweder mit speziellen Funktionen oder der Großstadt zugleich als Trabantenstadt zugewandt.

Gegen die raumordnungspolitische Wirksamkeit dieses Konzeptes werden aber auch Zweifel geäußert[34]). Darüberhinaus wurden auch Konzeptionen entwickelt, die zum Ziele haben, die Ballungsräume in die regionale Strukturpolitik einzubeziehen, so z. B. das

---

[29]) Gutachten des Inst. f. Raumforschung: Die Verteilung der Zuwanderer und Aussiedler auf die Länder der Bundesrepublik Deutschland — Schlüsselvorschlag. Bad Godesberg 1959. — E. DITTRICH: Regionale Wirtschaftspolitik und Verbesserung der Agrarstruktur. Hrsg. von AVA, Wiesbaden 1960. — GEORG MÜLLER: Grundlagen für eine Neuabgrenzung der Fördergebiete. In: Raumforschung und Raumordnung, H. 1/1958, S. 15 ff.
[30]) Vgl. G. ISBARY: Problemgebiete im Spiegel politischer Wahlen am Beispiel Schleswigs. Bad Godesberg 1960.
[31]) Vgl. G. ISBARY, H. J. v. d. HEIDE, G. MÜLLER: Gebiete mit gesunden Strukturen und Lebensbedingungen. Abhandlungen der Akademie für Raumforschung und Landesplanung, Bd. 57, Hannover 1969, S. 60 u. Karten 1—8.
[32]) Vgl. W. CHRISTALLER: Die zentralen Orte in Süddeutschland. Eine ökonomisch-geographische Untersuchung über die Entwicklung der Siedlungen mit städtischen Funktionen. Jena 1933.
[33]) Vgl. G. ISBARY: Zentrale Orte und Versorgungsbereiche zur Quantifizierung der zentralen Orte in der Bundesrepublik Deutschland. Bad Godesberg 1965. — G. ISBARY: Der Standort der Städte in der Raumordnung. Göttingen 1964.
[34]) Vgl. GOTTFRIED MÜLLER: Die Frage der regionalen Wirtschaftspolitik im Spiegel der wirtschaftlichen und bevölkerungsmäßigen Entwicklung des Reg.-Bez. Stade. In: Raumforschung und Raumordnung, H. 2/3, 1954, S. 135 ff.

Ruhrgebiet[35]), was aber zunächst auch Diskussionen über „die Gretchenfrage der Landesplanung" (Wie hälst Du es mit der Ballung?) auslöste[36]).

Eine gewisse Wende in dieser Diskussion brachte das sog. Saro-Gutachten[37]). Es kennzeichnete — bei der Betrachtung des gesamten Bundesgebietes — die Problematik des „magischen Dreiecks der Raumordnung" (ökonomische Effizienz der Verdichtungsräume, mangelnde Vitalsituation in den Ballungsräumen, Strukturgefälle in Richtung der sog. Randgebiete). Seine grundsatzartigen Thesen offenbaren den Blick auf den Gesamtraum, wie die Thesen 1 und 2 es aussagen.

These 1: Die Nutzung und die darauf beruhende Struktur der Teilgebiete wird durch diejenigen Sachbereiche bestimmt, für die vergleichsweise die beste Eignung vorliegt (Grundsatz der komparativen Raumvor- und -nachteile).

These 2: Die Zahl der Einwohner und die daraus hervorgehenden Arbeitskräfte müssen in einem gesunden Verhältnis zu der regionalen Tragfähigkeit stehen.

Seit der Erstattung des sog. Saro-Gutachtens bis zum Erlaß des Bundesraumordnungsgesetzes vom 8. 4. 1965[38]) haben dann innerhalb der Raumordnung und Landesplanung intensive Erörterungen zur „Frage der Entballung" stattgefunden. Das nachfolgende Zitat aus dieser Zeit veranschaulicht diese Diskussion[39]):

„Wenn aber Grundlage allen staatlichen Planens die Anerkennung der gesellschaftlichen und wirtschaftlichen Kräfte zu sein hat, dann muß die staatliche Planung das Grundprinzip modernen Wirtschaftens, nämlich die gesellschaftliche Arbeitsteilung ihren Überlegungen zugrunde legen. Es ist nun aber mit der Arbeitsteilung wesensnotwendig verbunden, daß sie Konzentration von Menschen und Arbeitsstätten zur Folge hat, z. B. in Verdichtungsgebieten oder aber auch in ländlichen zentralen Orten. Diese Konzentration ist aber gerade, was der Kritik des Landesplaners bisher zumeist unterlegen hat, und zwar entstanden aus der Kritik an der Stadt und aus der Kritik am Liberalismuß. Der Landesplaner hat bisher in starkem Maße Forderungen gestellt, die die gesellschaftlich-räumliche Konzentration hemmen. Damit stellte er sich gegen die Kräfte, die die Grundlage der gesellschaftlich-wirtschaftlichen Entwicklung sind."

Und an anderer Stelle heißt es weiter[40]):

„Die Ballung, die Verstädterung, die gesellschaftliche Arbeitsteilung spielen in der Diskussion der Gegenwart eine Hauptrolle, und mit ihr sind die Probleme erfaßt, die sich

---

[35]) Vgl. Vorschläge zur Strukturverbesserung förderungsbedürftiger Gebiete in Nordrhein-Westfalen. H. 14 der Schriftenreihe des Ministerpräsidenten — Landesplanungsbehörde, Düsseldorf 1961. — NORBERT LEY: Die Ziele der Landesplanung in Nordrhein-Westfalen. Düsseldorf 1961.
[36]) Vgl. E. DITTRICH: Haben wir eine konkrete raumpolitische Leitlinie? In: Informationen, Nr. 17/1960, S. 412.
[37]) Gutachten der Sachverständigen-Kommission für Raumordnung (Saro-Gutachten): Die Raumordnung in der Bundesrepublik Deutschland. Bonn 1961, S. 39 ff.
[38]) BGBl. I, S. 306.
[39]) H. G. NIEMEIER und G. MÜLLER: Raumplanung als Verwaltungsaufgabe. Hannover 1964 S. 9.
[40]) S. 10 (s. Anmerkung 39). — Einen Überblick über den Stand der Diskussion der damaligen Zeit geben die Berichte von HAHN, HERR, ISBARY, NOUVORTNE und die Diskussionsbeiträge von BOUSTEDT, BRÜGELMANN und ISBARY zur Frage „Stadtregion und Region" auf der Tagung des Vereins für Kommunalwirtschaft und Kommunalpolitik e. V. in Braunschweig am 23. 10. 63, veröffentlicht in: Kommunalwirtschaft, Jahrg. 1963, S. 521—551. — Ferner (mit Literatur-Verweisungen): GOTTFRIED MÜLLER: Regionalplanung — Standort, Aufgaben und Organisation. In: Regionalplanung, Bd. 63 der Beiträge und Untersuchungen des Inst. für Siedlungs- und Wohnungswesens Münster, Köln 1966, S. 9 ff.

mit den Begriffen Regionalplanung, Region, Stadtregion, Stadtunion verbinden. Hierdurch wird die Wandlung unserer Gesellschaft zur Funktionsgesellschaft gekennzeichnet, d. h. der räumlichen Dezentralisation von Arbeit, Wohnen, Verkehr, Versorgung, Bildung und Erholung... Es handelt sich hier um das Problem der sinnvollen Abgrenzung von Planungs- und Entwicklungsräumen, also um die Frage nach der Abgrenzung geeigneter Raumeinheiten unter Beachtung struktureller und funktionaler Gegebenheiten. Diese Frage ist aber aus den Folgen der gesellschaftlichen Arbeitsteilung und Konzentration entstanden."

Diese Gegensätzlichkeiten treten auch hervor, wenn man beispielsweise den ersten Bericht der Bundesregierung über die Raumordnung vom 1. 10. 63"[41]) sowie die ersten Entwürfe des Raumordnungsgesetzes[42]) einerseits, und andererseits die Äußerungen des damaligen nordrhein-westfälischen Ministers für Landesplanung, Wohnungsbau und öffentliche Arbeiten einander gegenüberstellt[43]):

„Die Ergebnisse liegen, soweit der Bund Veranlasser dieser Untersuchungen war, als sog. Saro-Gutachten und als Raumordnungsbericht der Bundesregierung vor. Die Landesplanungsbehörde NW hat — und zwar als Vorarbeiten zum Landesentwicklungsprogramm — ebenfalls derartige Untersuchungen durchgeführt... Die Ergebnisse dieser Vorarbeiten weichen immerhin in einigen wesentlichen Punkten von denen des Bundesraumordnungsberichtes ab."

Im Verlauf der Verhandlungen gelang es dann, einen Ausgleich hinsichtlich der Aufgaben und Ziele der Raumordnung und Landesplanung zwischen den Beteiligten zu erreichen, so daß dem Erlaß des Raumordnungsgesetzes nichts mehr im Wege stand. Erst mit dem Erlaß des Raumordnungsgesetzes und der Landesplanungsgesetze war der Weg frei für die Aufstellung von Zielen der Raumordnung und Landesplanung. Damit konnte zugleich die bisherige teilgebietliche Betrachtung in den gesamtgebietlichen Zusammenhang gestellt werden und das Arbeitsverfahren der Landesplanung abgestimmt werden[45]). Inzwischen (1971) haben die Länder fast nahtlos die Ziele der Raumordnung (und Stadtentwicklung) erarbeitet und förmlich (verbindlich) aufgestellt. FRIDO WAGENER[46]) kommt in seiner zusammenfassenden Betrachtung u. a. zu folgendem Ergebnis:

„Aus den gegenwärtig geltenden Plänen und Programmen der Länder läßt sich ein genügend konkretes und öffentlich verkündetes Zielsystem für die Raumordnung in der Bundesrepublik Deutschland ableiten. Dabei ist die „Zieldichte" im groben Durchschnitt gesehen im gesamten Bundesgebiet etwa gleich intensiv. Aus der hohen Zahl differenzierter Ziele der Raumordnung schälen sich die Ideen der Konzentration der Entwicklung in Zentren und Achsen sowie der Sicherung der menschengerechten Umwelt als deutlich vorrangig heraus..."

---

[41]) Deutscher Bundestag — 4. Wahlperiode, Drucksache IV/1492.
[42]) Vgl. Zweiter Bericht der Landesregierung Nordrhein-Westfalen gemäß § 24 des Landesplanungsgesetzes v. 7. 5. 62 über „Stand, Maßnahmen und Aufgaben der Landesplanung", Düsseldorf 1965, S. 15, ferner: Bundestagsdrucksache IV 1204.
[43]) Vgl. Jos. FRANKEN: Das Landesentwicklungsprogramm. Bd. 16 der Schriftenreihe „Nordrhein-Westfalen baut", Essen o. J., S. 10.
[44]) Jos. FRANKEN: Landesplanung und Strukturverbesserung. Bd. 19 „Nordrhein-Westfalen baut", Essen o. J., S. 6.
[45]) GOTTFRIED MÜLLER: Artikel „Raumplanung". In: Handwörterbuch der Sozialwiss., Bd. 8, Stuttgart—Tübingen— Göttingen 1964, Sp. 689. — N. LEY: Art. „Landesplanung". In: Handwörterbuch der Raumforschung u. Raumordnung, Hannover 1970, Sp. 1728 ff.
[46]) Vgl. FRIDO WAGENER: Ziele der Raumordnung nach Plänen der Länder. Selbstverl. des Lehrstuhls für angewandte Verwaltungswiss. der Hochschule Speyer, Speyer 1971, S. 350 f. — FRIDO WAGENER: Ziele der Stadtentwicklung nach Plänen der Länder. Göttingen 1971, S. 186.

Das Ringen um die „Wertungsmaßstäbe der Landesplanung" hat nunmehr einen gewissen Abschluß erfahren. Die Voraussetzungen und die Chancen einer wirksamen Einflußnahme auf die Siedlungsstruktur sind damit in der Gegenwart entscheidend verbessert.

III. Die Ziele der Raumordnung und Landesplanung

1. Die Bundes-Raumordnung[47])

Nach den Grundsätzen Nr. 1—6 des § 2 ROG ergeben sich drei Kategorien von Strukturgebieten, nämlich:
1. Problemgebiete. Es kann sich bei ihnen beispielsweise um industrielle oder agrarische Problemgebiete handeln. Es können auch die sog. Bundesausbaugebiete gemeint sein, deren Abgrenzung bekanntlich im wesentlichen mittels der Kriterien des Brutto-Inlandproduktes, des Industriebesatzes, der Bevölkerungsdichte und -bewegung sowie des Realsteueraufkommens erfolgte.
2. Gebiete mit gesunder Struktur.
3. Gebiete mit noch nicht gesunder Struktur, die aber auch nicht Problemgebiete sind.

Diese Dreiteilung läßt erkennen, daß die Ziele der Bundes-Raumordnung verschieden sein können, je nachdem, ob es sich um Gebiete mit gesunder oder nicht bzw. noch nicht gesunder Struktur handelt. Als Kriterien für die „strukturelle Gesundheit" eines Gebietes kommen in Betracht:
a) ausgeglichenes Verhältnis zwischen Bevölkerungszahl und regionaler Tragfähigkeit,
b) ausgewogene wirtschaftliche Struktur,
c) ausreichende Grundausstattung mit den für die Lebensführung erforderlichen öffentlichen und privaten Einrichtungen,
d) angemessene Verdienstmöglichkeiten, Erreichbarkeit der Arbeitsstätten bei vertretbarem Aufwand an Zeit und Geld.

Zusammenfassend und vereinfacht ausgedrückt bedeutet das, daß in Gebieten mit gesunden Lebens- und Arbeitsbedingungen sowie ausgewogenen wirtschaftlichen, sozialen und kulturellen Verhältnissen die Umweltverhältnisse mit den menschlichen Lebensbedürfnissen unserer Zeit übereinstimmen müssen, d. h. es kommt vor allem darauf an, daß ausgewogene Verflechtungen der menschlichen Hauptlebensfunktionen — arbeiten, wohnen, sich bilden, erholen und verkehren — bestehen.

Im Grundsatz § 2 Nr. 2 ROG heißt es:
„Eine Verdichtung von Wohn- und Arbeitsstätten, die dazu beiträgt, räumliche Strukturen mit gesunden Lebens- und Arbeitsbedingungen sowie ausgewogenen wirtschaftlichen, sozialen und kulturellen Verhältnissen zu erhalten, zu verbessern oder zu schaffen, soll angestrebt werden."

Das Gesetz trägt mit diesem Grundsatz der Tatsache Rechnung, daß die Verdichtung von Menschen und Arbeitskraft eines der tragenden Prinzipien unserer modernen Gesellschaftsordnung ist. ISBARY spricht in diesem Zusammenhang von einem umfassenden Kon-

---
[47]) Vgl. GOTTFRIED MÜLLER: Ziele der Raumordnung und Landesplanung nach dem Gliederungsprinzip der funktionsgesellschaftlichen Siedlungsstruktur. In: Funktionsgerechte Verwaltung im Wandel der Industriegesellschaft, Berlin 1969, S. 41 ff.

traktionsprozeß, der weltweit in Erscheinung tritt und alle Bereiche der Bundesrepublik mehr oder weniger stark als Flächen- oder Punkt-Verdichtung erfaßt. Das ROG trifft mit seinem Grundsatz § 2 Nr. 2 den Kern dieser Erkenntnis, wenn es allgemein den Prozeß der Verdichtung fordert und fördert. Das gilt dann vornehmlich auch für den „ländlichen Raum", wo die Förderung und der Ausbau der zentralen Orte sich als ein geeignetes Mittel einer so verstandenen Raumordnungspolitik erweist.

ISBARY[48] hat diesen Verdichtungsprozeß in einer Karte dargestellt: Sie zeigt Verdichtungsgebiete — in etwa deckungsgleich mit den Stadtregionen (nach BOUSTEDT) —, ferner die Verdichtungsgebiete, die mindestens eine Bevölkerungsdichte von 300 Einwohnern pro qkm bei einer zusammenhängenden Bandlänge von mindestens 15 km Länge aufweisen. So wird ein zusammenhängendes Netz von Verdichtungsbändern erkennbar, das sich — mehr oder weniger stark ausgeprägt — über wesentliche Teile der Bundesrepublik erstreckt. In diesem Adernetz liegen — relativ regelmäßig perlenkettenartig aneinandergereiht — der überwiegende Teil der Gemeinden mit zentralörtlicher Bedeutung der unteren, mittleren und oberen Stufe. So veranschaulicht das Adernetz der Verdichtungsbänder den vor sich gehenden und in die Zukunft weisenden Kontraktionsprozeß, der Stadtregionen ebenso wie ländliche Räume, zentrale Orte und Nebenzentren, Haupt- und Nebenbänder mit einem funktional zusammengefaßten System von regionalen, sozialökonomischen Bereichen zusammenfaßt, die sich gewissermaßen entlang eines unschwer vorstellbaren Systems von Entwicklungsachsen aneinanderreihen. Weite Teile des „ländlichen Raumes" liegen noch in einer tragbaren Zeitraumentfernung von etwa 30 Minuten zu diesen Bandentwicklungen. Außerhalb dieser so noch erfaßten „ländlichen Bereiche" gibt es allerdings auch noch z. T. relativ große ländliche Teilräume, deren Anbindung an das System der Verdichtungsbänder nur über ein System von Ergänzungs-Entwicklungsachsen vorstellbar ist.

Für die Raumordnung des Bundes ergeben sich aus dieser Sicht folgende Alternativen:

a) Der vor sich gehende Kontraktionsprozeß konzentriert und verfängt sich in jenem Teil der Bandstrukturen, die bisher schon weitgehend verdichtet, ja überlastet sind.

b) Dieser Kontraktionsprozeß wird durch rechtzeitigen Ausbau der „Band-Infrastrukturen" nach einem System von Entwicklungsachsen in Richtung des bereits jetzt erkennbaren zusammenhängenden Adernetzes von Verdichtungsbändern gelenkt, das infolge seiner Standortgunst sich für weitere strukturräumliche Entwicklungen eignet.

Diese Darstellung zeigt, daß die strukturräumlichen Chancen für die einzelnen Teilräume je nach der Lage an dem vorhandenen bzw. in Ansätzen erkennbaren Adernetz der Verdichtungsbänder verschieden ist, d. h. die Ziele der regionalen Strukturpolitik sollten sich nach den Chancen des Standortes orientieren, also räumliche und berufliche Mobilität unterstellen.

Räumliche Entwicklung als Gegenstand der Bundesplanung umfaßt alle sich unmittelbar oder mittelbar räumlich auswirkenden Lebensbedingungen, so z. B. die Wohnverhältnisse sowie die Verkehrs- und Versorgungseinrichtungen (§ 2 Abs. 1 Nr. 3 Satz 2 ROG), die Bildungs-, Kultur- und Verwaltungseinrichtungen (§ 2 Abs. 1 Nr. 3 ROG) und ganz allgemein die Wirtschafts- und Sozialstruktur (§ 2 Abs. 1 Nr. 6 Satz 1 ROG). Der Bund wird sich für die Wahrnehmung der Aufgaben der Bundesplanung das Instrument schaf-

---

[48] Vgl. G. ISBARY, H. J. v. d. HEIDE, G. MÜLLER: Gebiete mit gesunden Strukturen..., a. a. O., Karte 9.

fen, nämlich ein Bundesraumordnungsprogramm, mit dessen Hilfe eine gesamträumliche Entwicklungsvorstellung für das Bundesgebiet erarbeitet und durchgesetzt werden kann.

2. Die Landes-Raumordnung

Am Beispiel eines Landes soll vergleichsweise die Übereinstimmung der Ziele zwischen Bund und Ländern überprüft werden:

Das Land Nordrhein-Westfalen hat als erstes Land der Bundesrepublik Programme bzw. Pläne aufgestellt. Das Ergebnis des Vergleichs kann wie folgt zusammengefaßt werden:

a) Die Grundsätze des Landesentwicklungsprogrammes für das Land NW stimmen weitgehend mit den Grundsätzen des § 2 ROG überein.

b) Nach dem Landesentwicklungsprogramm wird das Bundesgebiet in „Ballungszonen" und „ländliche Zonen" unterteilt, wobei das Kriterium der Bevölkerungsdichte zugrunde gelegt wurde. Für die „ländlichen Zonen" ist das Prinzip der Förderung bestimmend, und zwar unter Anlehnung an die zentralen Orte. Die Gesamtentwicklung des Landes ist auf ein System von Entwicklungsachsen und Entwicklungsschwerpunkten ausgerichtet.

c) Der Landesentwicklungsplan I konkretisiert die Abgrenzung der Strukturzonen. Er benennt für den Bereich der „ländlichen Zonen" die Gemeinden mit zentralörtlicher Bedeutung, und zwar in Abstufung nach den Größenordnungen ihrer funktionalen Einzugsbereiche.

d) Der Landesentwicklungsplan II bezeichnet den Verlauf der Entwicklungsachsen und benennt die Entwicklungsschwerpunkte.

e) Ein weiterer Entwicklungsplan wird die Abgrenzung der Vorranggebiete der Land-, Forst- und Wasserwirtschaft sowie der Erholung konkretisieren.

Es ist also weitgehende Übereinstimmung zwischen Bundes- und Landesplanung festzustellen. Auch für die übrigen Bundesländer würde ein derartiger Vergleich grundsätzlich positiv ausfallen, wie eine Untersuchung von W. ISTEL[49] gezeigt hat. Für Bayern ergibt sich das schon aus Art. 13 Bayer. Landesplanungsgesetz vom 6. 2. 70 — BGVBl. S. 9 —.

3. Die Raumordnung in der Region

Die Regionalplanung ist in den einzelnen Bundesländern nicht einheitlich geregelt. Hinsichtlich ihres notwendigen Inhalts sind aber keine relevanten Abweichungen festzustellen. § 3 der 3. DVO von 16. 2. 65 (GVBl. NW S. 39) zum Landesplanungsgesetz regelt für Nordrhein-Westfalen ihren Inhalt. Danach sollen, soweit erforderlich, die zeichnerischen Darstellungen u. a. enthalten:

Orte mit zentraler Bedeutung und Entwicklungsschwerpunkte, *die Siedlungsbereiche,* gegliedert nach Wohnsiedlungs-, Gewerbe- und Industrieansiedlungsbereichen, die *Freizonen,* gegliedert nach landwirtschaftlichen, forstwirtschaftlichen, Erholungsbereichen sowie Bereichen für die Wasserwirtschaft, für den Abbau von Bodenschätzen und für den Natur- und Landschaftsschutz, geplante *Verkehrs- und Leitungsbänder, Flugplätze* usw.

---

[49] Vgl. W. ISTEL: Entwicklungsachsen und Entwicklungsschwerpunkte" — ein Raumordnungsmodell — eine vergleichende Untersuchung unter besonderer Berücksichtigung Bayerns. Diss. TU München 1971 (in Druckvorbereitung).

Die textlichen Darstellungen sollen Angaben über die Größenordnung der zukünftigen Bevölkerung im Plangebiet enthalten. Derartige Regionalpläne sind inzwischen auch schon bereits aufgestellt worden, so z. B. für das Gebiet des Siedlungsverbandes Ruhrkohlenbezirk und in Niedersachsen für den Großraumverband Hannover. Für Bayern ist die entsprechende Regelung in Art. 17 Landesplanungsgesetz enthalten.

4. Antinomien in den Zielen der Raumordnung

Oberziel der Raumordnung und Landesplanung ist die daseinsrichtige Zuordnung von Gesellschaft, Wirtschaft und Raum. Dieses Ziel schließt ein die Schaffung angemessener wertgleicher Lebensverhältnisse in der Bundesrepublik sowie Chancengleichheit durch Beseitigung des sog. Strukturgefälles. Damit ist — wie bereits erörtert — das *Problem des sog. magischen Dreiecks der Raumordnung* angesprochen (ökon. Effizienz durch Verdichtung von Bevölkerung und Wirtschaft — Vitalsituation — Regionalismus). Nach den in Abschnitt III/1 — III/3 dargestellten Zielen der Raumordnung und Landesplanung sind gewissermaßen Hauptziele der Raumordnung und Landesplanung:

a) Die zentralörtliche Gliederung

Im Vordergrund der Betrachtung steht das sog. *Versorgungs-Prinzip*. Von CHRISTALLER über viele Interpreten führt hier die wissenschaftliche Bemühung bis zu ISBARY[50]), der erstmalig die zentralörtliche Gliederung für die Bundesrepublik Deutschland darstellte, und weiter zu den Empfehlungen des Beirates für Raumordnung (Kleinzentren, Unter-, Mittel- und Oberzentren), den Entschließungen der Ministerkonferenz für Raumordnung und den landesplanerischen Plänen[51]). Im Ganzen ist das so gewonnene Bild noch buntscheckig, was die Auswahl-Kriterien und die Darstellung betrifft. Hinzu kommen prognostische Probleme.

Darüberhinaus aber tritt die Problematik zentralörtlicher Gliederungen in zweifacher Hinsicht immer stärker in den Vordergrund:

a) Nach CHRISTALLER wird Zentralität als „Produktion von Bedeutungsüberschuß für Versorgungsbereiche" definiert. Je höher die Bevölkerungsdichte ist, um so kleiner und damit günstiger für den Konsumenten können — nach der Fläche — somit die Versorgungsbereiche sein, besonders, weil bei größerer Einwohnerzahl auch höherwertigere Einrichtungen vorgehalten werden können. Für die extremen Alternativen — Ballungsgebiete und agrarische Problemgebiete — ergibt sich:

In Verdichtungsgebieten — insbesondere in mehrpoligen (Beispiel: Ruhrgebiet) — werden durchweg die einzelnen Städte und Gemeinden in der Tendenz sog. „Selbstversorgungsgemeinden" (Typ B der Verwaltungsreform in Nordrhein-Westfalen). Nur noch bedingt ist lediglich die Ausweisung von Ober- bzw. Großzentren von Belang. In „ländlichen Zonen" mit geringer Bevölkerungsdichte macht dagegen schon die Ausweisung von Kleinzentren (bis zu 10 000 Einwohner bei r = ca. 7 km)

---

[50]) Vgl. G. ISBARY: Zentrale Orte und Versorgungsnahbereiche — zur Quantifizierung der zentralen Orte in der Bundesrepublik Deutschland. Bad Godesberg 1965.
[51]) Entschließung der Ministerkonferenz für Raumordnung v. 8. 2. 1968 „zur Frage der Verdichtungsräume" (Bundestags-Drucksache V/3958, S. 149. — Entschließung der Ministerkonferenz für Raumordnung v. 21. 11. 1968 „zur Frage des Sitzes und Zuständigkeitsbereiches von größeren Verwaltungsdienststellen" (Bundestags-Drucksache V/3958, S. 152 f.). — Empfehlungen des Beirates für Raumordnung beim Bundesminister des Innern betr. „Zentrale Orte" (Bundestags-Drucksache V/3958, S. 154 ff.).

Schwierigkeiten, wodurch ca. 60 % der Fläche mit 10 % der Einwohner der BRD betroffen werden. Der Landesentwicklungsplan I des Landes Nordrhein-Westfalen widerspiegelt diese Problematik, indem er als Gebietskategorien „Ballungskerne", „Ballungsrandzonen" und „ländliche Zonen" (Abgrenzungsmerkmal: die Bevölkerungdichte, gemessen in sog. Bewegungsräumen) ausweist. *Hier wird ein grundsätzlich begründeter Zielkonflikt sichtbar*, nämlich zwischen dem Ziel einer bestmöglichen Versorgung der Bevölkerung mit kommunaler Infrastruktur einerseits, was optimal die Verdichtungsräume ermöglichen können, und andererseits dem Ziel einer möglichst gleichwertigen und einheitlichen Versorgung aller Teilräume der Bundesrepublik.

b) Die Bindungswirkung landesplanerischer Pläne (in diesem Fall bezogen auf die Gemeinden mit zentralörtlicher Bedeutung) in bezug auf die gebietliche Verwaltungsreform (Typ B der gemeindlichen Gebietsreform des Landes NW), die Schulplanung, die Krankenhausplanung, den Wohnungs- und Städtebau sowie die Verkehrsplanung „entdynamisiert" zunehmend den vor sich gehenden Prozeß strukturräumlicher Entwicklungen und ist durchaus geeignet, tendenziell die grundgesetzlichen Prinzipien der gemeindlichen Selbstverwaltung, der Freizügigkeit u. ä. abzuschwächen.

b) Die Ausweisung von Entwicklungsschwerpunkten

Von THÜNEN über CHRISTALLER, LÖSCH, PREDÖHL, ISARD bis zu BÖVENTER[52]) hat sich die wissenschaftliche Erkenntnis gefestigt, daß die Agglomeration von Bevölkerung und Wirtschaft ökonomisch vorteilhaft ist (interne und externe Kostenvorteile). Nach E. v. BÖVENTER sollten hierzu folgende Voraussetzungen gegeben sein:

a) genügend großes eigenes Bevölkerungspotential,
b) günstige Lage zu der nächsten großen Agglomeration,
c) günstige Lage im Lage-System der Agglomerationen,
d) eigenes Einzugsgebiet (Hinterland).

Das Wachstum der Agglomerationen wird nun jedoch beeinträchtigt durch Transportkosten bzw. -schwierigkeiten (Zugänglichkeit!) und Bodenpreise (Hoover-Kriterium)[53]).

Zugleich orientiert sich das ökonomische Wachstum des Gesamtraumes nach dem Standort der Agglomerationen (Launhardtsche Kegel bzw. Trichter), was die Begründung für eine raumordnungspolitisch orientierte Wachstumsstrategie liefert (Perroux: Theorie der Wachstumspole)[55]). Dadurch ergibt sich die Prioritäten-Folge in bezug auf die nachfolgenden Lagebeziehungen:

---

[52]) Vgl. E. v. BÖVENTER: Die Struktur der Landschaft. Versuch einer Synthese und Weiterentwicklung der Modelle J. H. von Thünens, W. Christallers und A. Löschs. In: Optimales Wachstum und optimale Standortverteilung, Schr. d. V. f. Soc.politik, N. F. Band 27, Berlin 1972. — E. v. BÖVENTER: Die räumlichen Wirkungen von privaten und öffentlichen Investitionen. In: Grundfragen der Infrastrukturplanung für wachsende Wirtschaften, Schr. d. V. f. Soc.politik, N. F. Bd. 58, Berlin 1971.
[53]) Nach E. VON BÖVENTER: Towards a United Theory of Spatial Economical structure. In: Papers of the Regional Science Association, Vol. X 1963, S. 178. — Zit. nach E. LAUSCHMANN: Grundlagen einer Theorie der Regionalpolitik, Abhandlungen der Akademie für Raumforschung und Landesplanung, Bd. 60, Hannover 1970, S. 53.
[54]) Vgl. W. LAUNHARDT: Mathematische Begründung der Volkswirtschaftslehre, Neudruck Aalen 1963, S. 149 ff.
[55]) Vgl. F. PERROUX: L'économie du XXe siècle, Vol. 2 Les Poles de croissance. Paris 1961. — N. M. HANSEN: Development Pole Theory in a Regional Context. Kyklos 1967, S. 799 ff. — E. Nowotny: Regionalökonomie — eine Übersicht über Entwicklung, Probleme und Methoden. Bd. 12 der Schriftenreihe der österr. Ges. f. Raumforschung u. Raumplanung, Wien 1971, S. 34 f.

1. Ballungskern — Ballungskern,
2. Ballungskern — Verdichtungs-Randkern,
3. Ballungskern — Subkern,
4. Verdichtungsräume — zentralörtliche Verflechtungsbereiche.

Daraus resultiert ein weiterer Zielkonflikt zwischen Verdichtungsräumen einerseits und den als Wachstums-Pole nicht geeigneten Zentralorten (geringe Größe, abseitige Lage).

In der Raumordnung und Landesplanung sind diese Zielkonflikte kaum erkannt und gelöst. Das gilt z. B. für die Entschließung der Ministerkonferenz für Raumordnung betr. Verdichtungsräume, für die regionale Gliederung der Länder (Problem der Regionalstadt, Kreisreform, Pläne zur regionalen Gliederung der Landesgebiete) und für die Abgrenzung sog. Aktionsräume der Maßnahmen für die regionale Strukturverbesserung. Darüberhinaus werden begriffliche Differenzierungen zwischen „Entwicklungsschwerpunkten" und „Gemeinden mit zentraler Bedeutung" nur z. T. vorgenommen, Zielkonflikte zwischen dem Prinzip der Konzentration (Verdichtung) und dem der zentralörtlichen Gliederung in agrarischen Teilräumen werden dadurch verdeckt bzw. nicht erkannt. Der Zielkonflikt zwischen dem Prinzip der Verdichtung und dem der Umweltgestaltung (Vitalsituation) wird zwar gesehen und angesprochen, jedoch nicht durch „Modelle für die künftige Siedlungsstruktur" gelöst.

c) Die Ausweisung von Entwicklungsachsen

Das Prinzip der Entwicklungsachsen orientierte sich in Nordrhein-Westfalen zunächst nach dem Gravitations- und Potentialmodell (PREDÖHL, ISARD). Es erwies sich dreifach als brauchbar:

a) global und kontentinental als Verbindungssystem zwischen den Gravitationsräumen,
b) zur achsialen Ordnung der Verdichtungsräume (Bankstrukturen),
c) als Entwicklungsmodell in Richtung der „ländlichen Zonen" (punkt-achsiale Entwicklung).

ISBARY hat dann den großräumigen Kontraktionsprozeß dargestellt. Das „Adernetz der Verdichtungsgebiete und zentrale Orte" veranschaulicht den Kontraktionsprozeß für das Gebiet der Bundesrepublik Deutschland. Dieses wurde dann in etwa Leitlinie des Systems der Entwicklungsachsen der Landesplanung der übrigen Bundesländer. Bis auf wenige Ausnahmen sind die Gemeinden mit zentralörtlicher Bedeutung jedoch perlenkettenartig diesen (bandartigen) Kontraktionszonen eingefügt. Zu einem großen Teil zeigen sie auch die Eignung als Entwicklungsschwerpunkte. Indem die Kontraktionszonen die Leitlinien der Entwicklungsachsen wurden[56]), bestimmen sie die Bündelung der Band-Infrastruktur (Vorfluter, Wasserweg, Eisenbahn, Autobahn und Straße, Energieleitungen und Pipelines). Dekontraktionsräume werden dadurch auch gleichzeitig bestimmt. Da nun das System der Entwicklungsachsen und Entwicklungsschwerpunkte das Bundesgebiet niemals lückenlos erfassen kann, werden schätzungsweise 20 % des Bundesgebietes „unerreichbar" außerhalb dieses Systems liegen, was zu Zielkonflikten zwischen dem Grund-

---

[56]) Vgl. W. ISTEL: Entwicklungsachsen und Entwicklungsschwerpunkte — eine vergleichende Untersuchung unter besonderer Berücksichtigung Bayerns. Diss. TU München 1971 (in Druckvorbereitung).

gesetz (Einheitlichkeit der Lebensverhältnisse, Chancengleichheit usw.) und den Zielen der Raumordnung führen wird. Die wissenschaftliche und raumordnungspolitische Konzipierung der Ziele der Raumordnung und Landesplanung erzwingt somit Konsequenzen für die übergeordneten Bereiche der Gesellschaftspolitik.

IV. Instrumentarium der Raumordnung

Der Raumordnung steht folgendes Instrumentarium zur Verfügung:
a) eigene Möglichkeiten der Landesplanung,
b) rechtserhebliche Festsetzungen der raumplanenden Verwaltungen und Enteignungen,
c) Investitionsmaßnahmen der Verwaltung.

1. Eigene Möglichkeiten der Landesplanung

Die Durchsetzung der Landesplanung mit eigenen Mitteln erstreckt sich auf vier Gruppen von Maßnahmen, nämlich:
a) die landesplanerische Beratung, die landesplanerische Stellungnahme, das landesplanerische Gutachten,
b) die Untersagung raumordnungswidriger Planungen und Maßnahmen (landesplanerischer Widerspruch), landesplanerische Veränderungssperre, Zurückstellung von Baugesuchen,
c) den „landesplanerischen Plan", der Richtlinie (Ermessensrichtlinie[57]) — behördenverbindlich —) ist und
d) den für verbindlich erklärten Plan (durch Gesetz bzw. Rechtsverordnung), der die Pläne anderer Planungsträger in wesentlichen Elementen ersetzt (z. B. der Flächensicherungsplan gemäß Landesplanungsgesetz NRW).

Für alle hier genannten Fälle sind Mitteilungs- und Auskunftspflicht Voraussetzung, um landesplanerische Vorstellungen und Planungsabsichten anderer Planungsträger miteinander zu vergleichen und der Landesplanung die Möglichkeit zu geben, tätig zu werden.

Die Mitteilungs- und Auskunftspflicht ergibt sich aus § 10 ROG.

a) *Die landesplanerische Beratung, Stellungnahme und Gutachten* sind im bisherigen Stadium der landesplanerischen Arbeit wohl noch am wichtigsten. Sie kennzeichnen ihren bisher erreichten Wirkungsgrad, sie bewegen sich aber im vorjuristischen Raum und sind deshalb im Landesplanungsrecht nicht generell und z. T. nur am Rande geregelt.

Hier lag bisher auch der Schwerpunkt der Arbeiten der Bezirksplanungsstellen im Hinblick auf die Bestimmung des § 1 Abs. 3 Bundesbaugesetz, nach der die Bauleitpläne den Zielen der Raumordnung und Landesplanung anzupassen sind, was im allgemeinen vor Beginn der Aufstellung bzw. Änderung der Bauleitplanung durch Erstattung landes-

---

[57]) Vgl. J. SEEGER: Grundfragen des Landesplanungsrechts. In: Raumforschung und Raumordnung, H. 4/1956, S. 143. — Nach Seeger ist der landesplanerische Plan „eine an der Wand hängende Ermessensrichtlinie". — J. SEEGER: Probleme und Aufgaben der Landesplanung. Sonderdruck der Akad. der Diözese Rottenburg 1961, S. 7 f.

planerischer Gutachten und nach dem Aufstellungsbeschluß — behördenintern — durch Mitwirkung bei der Genehmigung der Bauleitplanung durch die höhere Verwaltungsbehörde geschieht. Mangels förmlich aufgestellter „Ziele der Landesplanung" muß dieses Verfahren trotz rechtlicher Bedenken weitgehend praktiziert werden.

Die landesplanerische Stellungnahme und — in Fällen von Bedeutung — die Erstattung landesplanerischer Gutachten sind auch regelmäßig dann angebracht, wenn im Bereich der Mitteilungs- und Auskunftspflicht die Landesplanung über Planungen und raumrelevante Maßnahmen unterrichtet und bei dieser Gelegenheit initiativ wird zum Zwecke der Durchsetzung ihrer Vorstellungen. Ein weiterer Schwerpunkt landesplanerischer Arbeit ergibt sich hier vor allem in bezug auf die in den „Fach"gesetzten enthaltenen Raumordnungsklauseln, die ein Benehmen o. ä. mit den für die Raumordnung und Landesplanung zuständigen Dienststellen vorschreiben.

Beratung und Gutachten kommen zum Zuge in allen Verfahren, die gesetzlich als Raumordnungs- bzw. landesplanerische Verfahren mehr oder minder verfeinert geregelt sind[58]).

b) *Die Untersagung raumordnungswidriger Planungen und Maßnahmen* (landesplanerischer Widerspruch), die landesplanerische Veränderungssperre und die Zurückstellung von Baugesuchen können Anwendung finden, wenn die Aufstellung, Änderung, Ergänzung oder Aufhebung von Zielen der Raumordnung und Landesplanung eingeleitet worden ist und die Gefahr erkennbar wird, daß die Durchführung raumbedeutsamer Maßnahmen diese Ziele gefährdet (der Fall der landesplanerischen Gefahrenabwehr). Hierdurch soll Zeit für neue Verhandlungen bzw. Planungsarbeiten gewonnen werden. § 7 ROG gibt der für die Raumordnung zuständigen Landesbehörde die Handhabe, raumbedeutsame Planungen und Maßnahmen von Behörden des Bundes und der Länder, von Gemeinden und Gemeindeverbänden, von öffentlichen Planungsträgern usw. für eine bestimmte Zeit zu untersagen.

Die einzelnen Landesplanungsgesetze haben z. T. eigene Möglichkeiten des landesplanerischen Widerspruchs geschaffen, am vollkommensten wohl in Nordrhein-Westfalen, das auch die landesplanerische Veränderungssperre und die Zurückhaltung von Baugesuchen kennt. Eine Kombination stellt die Sicherungsordnung in Baden-Württemberg dar, nach der im Falle der landesplanerischen Gefahrenabwehr angeordnet werden kann, daß ein gemeindlicher Bauleitplan vorläufig nicht aufgestellt werden darf.

c) *Der landesplanerische Plan* wirkt im Rahmen der der Landesplanung gegebenen Möglichkeiten

1. *im Bereich der Landesplanung.* Die Behörden der Landesplanung haben bei Wahrnehmung ihrer Aufgaben dafür zu sorgen, daß die landesplanerischen Pläne bei Entscheidungen, Maßnahmen und Planungen beachtet werden, die für die Raumordnung Bedeutung haben. Soweit Dienststellen der Landesplanung auf Grund von Raumordnungsklauseln in Bundes- oder Landesgesetzen bei Entscheidungen mitzuwirken haben, haben sie die landesplanerischen Pläne als Richtlinien zu beachten;

2. *im Bereich der Fachplanungen.* Hierzu gehören Entscheidungen, Maßnahmen und Planungen aller Fachbehörden, der Gemeinden und Gemeindeverbände sowie anderer Körperschaften, Anstalten und Stiftungen des öffentlichen Rechts, die für die Raum-

---

[58]) Vgl. H. MEFFERT: Artikel „Raumordnungsverfahren". In: Handwörterbuch der Raumforschung und Raumordnung, Hannover 1970, Sp. 2540 f.

ordnung Bedeutung haben. Der landesplanerische Plan enthält jedoch keine Weisungen, ob und wann welche Maßnahmen zu treffen sind. Wenn jedoch diese Behörden tätig werden, haben sie den Rahmen des landesplanerischen Plans zu beachten;

3. *im Bereich der Bauleitplanung.* Der landesplanerische Plan ist „Ziel der Landesplanung" gemäß § 1 Abs. 3 Bundesbaugesetz.

Will eine Behörde von einem landesplanerischen Plan abweichen, so hat sie dies unter Darlegung der Gründe rechtzeitig der zuständigen Landesplanungsbehörde mitzuteilen.

Es bleibt aber festzuhalten, daß der landesplanerische Plan lediglich eine sehr vage Ermessensrichtlinie darstellt. Die raumgestaltende Verwaltungsarbeit wird nämlich von einer Vielzahl von Personen getragen. Wollte man den landesplanerischen Plan unmittelbar durchführen, müßte er daher ein perfekt bis ins Detail dargestelltes Planungsinstrument sein. Das aber ist er gerade nicht, kann er in einer freien Gesellschaft, die die Freiheit der Persönlichkeit und des Grundeigentums sowie der Selbstverwaltung grundsätzlich garantiert, auch nicht sein. Es müssen also noch weitere Möglichkeiten gefunden werden, um den landesplanerischen Plan in Verwaltungshandeln zu transformieren.

d) *Der verbindliche landesplanerische Plan* verlangt die gleichen Voraussetzungen wie der landesplanerische Widerspruch, nämlich das Vorliegen des Falles der landesplanerischen Gefahrenabwehr. Der für verbindlich erklärte landesplanerische Plan hat einen Inhalt, der den anderer Pläne ganz oder teilweise ersetzt.

2. *Rechtliche Möglichkeiten der raumplanenden Verwaltungen*

Da die Ziele der Landesplanung nicht unmittelbar den Eigentümer von Grund und Boden binden, ist die Landesplanung darauf hingewiesen, nach anderen rechtlichen Möglichkeiten zu suchen, ihre Ziele durchzusetzen. Sie muß sich daher gewissermaßen der rechtlichen Möglichkeiten anderer bedienen, auf die sie mit ihren landesplanerischen Plänen nach Maßgabe der den Plänen gegebenen Wirkungen Einfluß nehmen kann. Hieraus ergibt sich, daß die Landesplanung sich nur soweit durchsetzen kann, wie die gesamte Summe der rechtlichen Möglichkeiten, die Rechtsordnung in toto reicht. Hierbei sind zwei Wege vorgezeichnet:

a) Die Rechte des einzelnen werden beschränkt. Hierfür steht das Instrumentarium der Eigentumsinhaltsschranken, d. h. der rechtserheblichen Festsetzung am Grund und Boden zur Verfügung,

b) das Grundeigentum wird enteignet.

Die raumplanenden Verwaltungen sind — bedingt durch den vor sich gehenden räumlichen Entwicklungsprozeß — in zunehmendem Maße dazu übergegangen, den vom Grundgesetzgeber ihnen gegebenen Spielraum, Eigentumsinhaltsschranken und Enteignungsvoraussetzungen zu schaffen, auszunutzen[59]).

Die Landesplaner haben im allgemeinen erreicht, einen Überblick darüber zu bekommen, wo und auf Grund welcher rechtlichen Bestimmungen in ihrem räumlichen Zuständigkeitsbereich bereits rechtswirksame Festsetzungen am Grund und Boden festgesetzt worden sind und vor allem für die Durchsetzung landesplanerischer Zielvorstellungen noch erforderlich sind. Den hierfür notwendigen Überblick gibt das Raumordnungskata-

---

[59]) Vgl. GOTTFRIED MÜLLER: Freiheit und Planung in der Rechtsordnung des Grundeigentums und der Landesplanung. In: 25 Jahre Raumforschung in Deutschland, Bremen 1960, S. 149 ff.

ster[60]), das als kartenmäßiges Verzeichnis zumeist im Maßstab 1 : 25 000 die rechtswirksamen Festsetzungen am Grund und Boden ausweist und damit darstellt, inwieweit die Ziele der Landesplanung rechtlich durchsetzbar sind.

3. *Investitionsmaßnahmen der raumplanenden Verwaltungen*
a) *In bezug auf Infrastruktur*

Nach § 3 Abs. 2 ROG bestimmen sich Aufgaben und Zuständigkeiten der Landesplanung mit der Maßgabe nach Landesrecht, daß sich die Wirkung der Ziele der Landesplanung auch auf die raumwirksamen Investitionen erstreckt. Darüber hinaus hat nach § 4 ROG der für die Raumordnung zuständige Bundesminister darauf hinzuwirken, daß die Vorschriften des § 2 (Grundsätze der Raumordnung) verwirklicht werden, insbesondere durch Abstimmung der raumbedeutsamen Planungen und Maßnahmen einschließlich des Einsatzes der raumwirksamen Investitionen. Damit ist der Begriff der Infrastruktur angesprochen:

Er kennzeichnet den gesamten Komplex der Grundausstattung eines Landesgebietes mit Einrichtungen der Daseins-Vorsorge, und zwar in bezug auf die sechs gesellschaftlichen Grundfunktionen Arbeit, Wohnen, Erholung und Verkehr, zentrale Dienste einschließlich Bildung, Vor- und Entsorgung.

Als erster Ansatz für den Ausbau der Infrastruktur gilt die sog. *Band-Infrastruktur*, d. h. die Summe aller Verkehrs- und Versorgungsbänder. Hierbei kommt es auf eine klare und eindeutige Bündelung dieser Band-Infrastrukturen an (Entwicklungsachsen). Die potentielle Standortkraft, die in der Bündelung derartiger Band-Infrastrukturen zukunftsweisend zum Ausdruck kommt, ist Voraussetzung dafür, daß sich modernes städtisch-industrielles Leben entfalten kann. Neuzeitlicher Städtebau bekommt somit gemäß den Zielen der Landesplanung gewissermaßen die Funktion, die potentielle Standortkraft, die in der Bündelung derartiger Band-Infrastruktur zukunftsweisend zum Ausdruck kommt, durch Ausbau der *kommunalen Infrastruktur* zu aktivieren, d. h. durch Ausweisung von und Ausstattung mit Gewerbe-, Industrie- und Wohngebieten, durch Schaffung zentraler Einrichtungen einschließlich solcher für die Bildung, durch Maßnahmen der Ver- und Entsorgung, durch Vorhaltung von öffentlichen Einrichtungen für die Erholung und vor allem auch für den regionalen und den örtlichen Verkehr.

Die sog. *Freiraum-Infrastruktur* ergänzt das so gezeichnete Bild der Infrastruktur. Durch Freihaltung von Landschaftsteilen für die Erholung, für die Wasserwirtschaft und für die Land- und Forstwirtschaft sowie durch die Schaffung der für diese Aufgaben erforderlichen Einrichtungen wird somit der Ausbau der Infrastruktur vollendet.

Durch Analyse und Regionalisierung der öffentlichen Haushalte bekommt die Raumordnungspolitik den für die Durchsetzung der Ziele erforderlichen Überblick über das Ausmaß und die Auswirkungen der raumwirksamen Mittelverplanung. Hierbei ist die Regionalisierung der raumwirksamen Mittelverplanung mittels eines Maßnahmenkataloges von besonderer Bedeutung.

b) *Die regionale Strukturpolitik*

Schließlich kommt es darauf an, zwecks Durchsetzung der Ziele der Raumordnung im Bereich der Regionalplanung eine wirksame *regionale Strukturpolitik* zu betreiben. Die

---

[60]) Vgl. A. LEHMANN: Artikel „Raumordnungskataster". In: Handwörterbuch der Raumforschung und Raumordnung, Hannover 1970, Sp. 2491 ff.

regionale Strukturpolitik wird von der Vermutung ausgehen, daß die Zuordnung der Wirtschaft zum Raum nicht von selbst eine optimale ist, sondern durch gewisse lenkende Eingriffe zu verbessern ist. Derartige Eingriffe sollten aber nicht den Wirtschaftsablauf und den Marktprozeß direkt treffen, sondern lediglich ihre Voraussetzungen, nämlich die Wirtschaftsstruktur der Regionen.

c) Zusammenfassung

Als Ergebnis kann festgestellt werden, daß durchaus Möglichkeiten gegeben sind, die Ziele der Raumordnung zu realisieren. Aus Erfahrung ist aber an dieser Stelle darauf hinzuweisen, daß das im übrigen benötigte Instrumentarium der raumplanenden Verwaltungen noch vielfach Mängel aufweist. Das gilt insbesondere für

1. das Bodenrecht und die Bodenordnung,
2. die Finanzpolitik (Gewerbesteuer, kommunale Folgelasten),
3. die gebietliche Verwaltungsstruktur (Träger für Ausbau der Infrastruktur),
4. die personale Infrastruktur (Ausbildung für Aufgaben der raumplanenden Leistungsverwaltung).

V. Schlußbetrachtung

Nach dem nordrhein-westfälischen Landesplanungsgesetz vom 7. 5. 62, das die umfassende Aufgabe der Landesplanung zutreffend zum Ausdruck bringt, soll die Landesplanung „die Gestaltung des Raumes in der Weise beeinflussen, daß unerwünschte Entwicklungen verhindert und erwünschte Entwicklungen ermöglicht und gefördert werden" (§ 1 Abs. 2 — GV. NW S. 229). Da die Landesplanung seit nunmehr etwa 35 Jahren rechtlich, organisatorisch und personell für diese Aufgabe institutionalisiert ist[61]), ist die Frage nach der Einflußnahme auf die strukturräumliche Entwicklung angebracht.

Ausgangspunkt der Untersuchung war die Klärung des Begriffsinhalts der Siedlungs- und Sozialstruktur und damit zusammenhängend der Kriterien, nach denen eine Beurteilung aus der Sicht der Landesplanung erfolgen sollte. Hierbei wurde unterstellt — was sicher nicht zutreffend ist —, daß Arbeitsweise und Ausbildungsstand der Mitarbeiter der Landesplanung über diesen Zeitraum hinweg und für den gesamten Bereich der Bundesrepublik in etwa einheitlich und vergleichbar waren und sind. Es ging also darum, nach den Möglichkeiten der Einflußnahme auf die Entwicklung der Siedlungsstruktur zu fragen. Hierbei zeichneten sich deutlich zwei Phasen der Einflußnahme ab:

a) Etwa bis 1965 liegt das Schwergewicht der Landesplanung im persuasorischen Bereich. Mitteilungspflicht und landesplanerische Verfahren geben der Landesplanung frühzeitig und umfassend Einblick in den strukturräumlichen Entwicklungsprozeß. Hinzu kommen eine sich zunehmend intensivierende Information über die Ergebnisse eigener und wissenschaftlicher Forschungsarbeiten auf dem Gebiet der Raumforschung und Raumplanung und die wechselseitige Beeinflussung durch die Vertreter der verschiedenen Planungsebenen und der Fachplanungen. Man kann also davon ausgehen, daß

---

[61]) Vgl. B. Klamroth: Organisation und rechtliche Grundlagen der Landesplanung in der Bundesrepublik Deutschland und in Berlin. Mitteilungen aus dem Inst. f. Raumforsch., H. 16, Bad Godesberg 1954. — H. G. Niemeier, G. Müller: Raumplanung als Verwaltungsaufgabe. Hannover 1964, S. 17 ff. — N. Ley: Artikel „Landesplanung". In: Handwörterbuch der Raumforschung u. Raumordnung, Hannover 1970, Sp. 1713 ff.

ein landesplanerischer Einfluß gegeben war, der — das liegt in der Natur des Persuasorischen — von Fall zu Fall und je nach personellen Gegebenheiten verschieden war. Es ließen sich sicher hierzu hinreichend positive und negative Beispiele anführen. Das Ringen um die „Wertungsmaßstäbe" sollte dieses veranschaulichen. Im Ganzen sind wohl „Erfolge" in ländlichen Zonen eher zu verzeichnen als in den Verdichtungsräumen. Das Schwergewicht der Tätigkeit lag dabei im allgemeinen auf dem Gebiet der sog. Negativ-Planung, d. h. der Sicherung geordneter Entwicklungen durch rechtswirksame Festsetzungen an Grund und Boden.

b) Etwa ab 1965 konsolidieren sich zunehmend die Zielvorstellungen in bezug auf die Raumordnung und Landesplanung. Das Instrumentarium zur Transformation raumplanerischer Vorstellungen in Verwaltungshandeln wird vervollständigt. Der Übergang von der Negativ- zur Positivplanung, von der Raumplanung zur Entwicklungsplanung zeichnet sich ab[62]). Zugleich konkretisieren sich die Zielvorstellungen, so daß erkennbar wird, daß sich der kleinere Raum in den größeren einfügt und daß — umgekehrt — der größere Raum die Belange des kleineren Raumes berücksichtigt. Die gesamte Betrachtung des Problemkomplexes der Raumordnung und Raumplanung berechtigt daher nunmehr dazu, die Hoffnung auszusprechen, daß es möglich sein wird, eine Einflußnahme der Ziele der Landesplanung und landesplanerischer Verfahren auf die Entwicklung der Siedlungsstruktur zu gewährleisten, daß also unsere Umweltbedingungen entsprechend den gesellschaftlichen Bedürfnissen „machbar" werden. Allerdings ist Voraussetzung hierfür, daß die instrumentellen und personalen Lücken geschlossen werden, wenn das Planungsergebnis nicht nur in Teilerfolgen sektoraler oder regionaler Teilgebiete befriedigen soll. Das gilt insbesondere für die Verdichtungsräume. Hieraus erhellt die gesellschaftspolitische Bedeutung der Raumordnung und Landesplanung.

---

[62]) Vgl. hierzu, insbesondere auch hinsichtlich des Standes der wissenschaftl. Erörterungen, das diesbezügliche Literaturverzeichnis bei Anmerkung 28 in: GOTTFRIED MÜLLER: Zielvorstellungen und Instrumentarium für die künftige Siedlungsstruktur. In: Aufgaben und Möglichkeiten der Raumplanung in unserer Zeit, Forschungs- u. Sitzungsberichte der Akademie für Raumforschung und Landesplanung, Bd. 78, Hannover 1972.

Funktionen der städtischen Freiräume

von

Werner Lendholt, Hannover

Die Notwendigkeit, städtebauliche Entwicklungen rational faßbar, städtebauliche Entscheidungen transparent und nachvollziehbar zu machen, bedeutet für die beteiligten Planungsdisziplinen, den funktionalen Charakter der Elemente, die sie in das Wirkungsgefüge „Stadt" einzubringen haben, darzustellen und zu belegen. Erst dann können sie erwarten, daß ihre „Ressort-Forderungen" in die Optimierungsrechnungen einer nüchternen Stadtentwicklungsplanung eingehen und ihrem Gewicht entsprechend Berücksichtigung finden. Das braucht keinen Funktionalismus im Sinne technizistischer Aufgabenbewältigung zu bedeuten, soll vielmehr Funktionserfüllung im weitesten Sinne — einschließlich aller denkbaren sozialen und psychischen Wirkungen und Abhängigkeiten — sein.

I. Das Stadtgrün in den Leitbildern der gegliederten und aufgelockerten Stadt und der Regionalstadt

Für die Planungsdisziplin der Freiraumplanung — im speziellen Sinne der städtischen Grünplanung — ist dies Unterfangen besonders reizvoll. Es stellt sich nämlich zugleich die Frage, ob das heutige Leitbild einer in wesentlichen Teilen verdichteten Regionalstadt, wie es HILLEBRECHT[1]) beschrieben hat, und das frühere der gegliederten und aufgelockerten Stadt, wie es von RAINER und GOEDERITZ[2]), fußend auf der Charta von Athen, gesehen wurde, sich nicht ganz wesentlich in der Wertung gerade der „gliedernden" und „auflockernden" Elemente, nämlich der Grün- und Freiflächen, unterscheidet.

Das heute in Frage gestellte Leitbild von der gegliederten und aufgelockerten Stadt war wesentlich von der Großstadtkritik des vorigen und jetzigen Jahrhunderts beeinflußt worden. Sie ist bis heute nicht verstummt, wenn auch unter dem Aspekt „Umweltschutz" der „gesunde Gegenpol", der ländliche Raum, ebenfalls in Frage gestellt ist. Die Gliederung wird in diesem Leitbild einmal durch die Entmischung der Funktionen bewirkt — d. h. durch die Untergliederung in Wohn-, Arbeits-, Erholungs- und Verkehrsflächen; zum anderen — jetzt vornehmlich von der Stadtgestalt her gesehen — durch die Nutzung der Erholungsflächen im Sinne von die einzelnen Untereinheiten voneinander

---
[1]) Vgl. R. HILLEBRECHT: Städtebau und Stadtentwicklung. In: Archiv für Kommunalwissenschaften 1962.
[2]) Vgl. J. GÖDERITZ / R. REINER / H. HOFFMANN: Die gegliederte und aufgelockerte Stadt. Tübingen 1957.

abtrennenden Elementen, unterstützt von verbliebenen landwirtschaftlichen Freiflächen. Die Grün- und Freiflächen erfüllen in diesem Bild also die zweifache Funktion, Erholungsflächen *und* gliedernde Flächen zu sein. Die letztere Funktion beeinflußt, neben naturräumlichen Gegebenheiten, auch maßgeblich ihre Anordnung in Form von Grünringen oder Grünzügen, als Spiegelbild der baulichen und verkehrlichen Stadtstruktur. Sie war vielfach bereits in früheren städtebaulichen Perioden vorgeprägt worden, etwa anläßlich der Entfestigung von Wallanlagen[3]), der Ausweisung von „Wald- und Wiesengürteln"[4]), der Ausgestaltung landschaftlicher Gegebenheiten, z. B. in Berlin durch LENNÉ, in München durch SCKELL[5]).

Hier soll nur stichwortartig an raster-, ring-, stern-, kamm- und bandförmige Stadtstrukturen und ihre vielfältigen Mischformen untereinander und mit den naturräumlich vorgegebenen Strukturen erinnert werden[6]) und an die diesen Stadtstrukturen entsprechenden Grünsysteme.

Das — wenn man so will — neue Leitbild von der Regionalstadt ist durch eine hierarchische Struktur unterschiedlich gewichteter und aufgabenbestimmter Siedlungs- und Wirtschaftskomplexe innerhalb von sowohl der Freizeit und Erholung als auch der land- und forstwirtschaftlichen Produktion, dazu der Stadthygiene und der Führung von vielerlei Kommunikationstrassen dienenden Freiräume gekennzeichnet. Je nach den naturräumlichen, insbesondere aber den wirtschaftsgeographischen Gegebenheiten, handelt es sich um monozentrische oder polyzentrische Gebilde, einfach bandartig oder in netzartigen Strukturen angeordnet. Die Regionalstadt will insbesondere den Kommunikationsbedürfnissen durch die vorgenannten Strukturen entsprechen, wobei sie den öffentlichen Verkehrsmitteln in sinnvoller gegenseitiger Ergänzung mit dem Ziel gleichwertiger Zeit-Wege-Relationen, insbesondere aber den Stadtschnellbahnen, den Vorzug gibt. Diese wiederum erfordern in den Einzugsgebieten der Haltepunkte hohe Einwohnerzahlen auf relativ geringem Raum, also eine hohe Verdichtung.

Diese Verdichtung kann man als Gegenpol zur „Auflockerung" des ersten Modells auffassen, wenn man unter Auflockerung auch die Herabsetzung der Bebauungsdichte durch die stärkere Durchdringung mit Freiräumen, mit einigen Einschränkungen und Vereinfachungen also die Durchgrünung vornehmlich der Wohngebiete, ansieht. Charakteristisch dafür sind sowohl die Grünflächen im typischen Zeilenbau, als auch der Einfamilienhausbau in Form von Reihenhäusern und Kleinsiedlungen und in der Form der weitverbreiteten Einzelhausgebiete.

Mit dem Ziel einer weitgehenden Integration von Wohn-, Wirtschafts- und Erholungsgebieten und mit seiner partiellen Verdichtungstendenz unterscheidet sich also das Stadtmodell der Regionalstadt wesentlich und in vielem von dem Leitbild der gegliederten und aufgelockerten Stadt. Hier soll nun erörtert werden, wie weit und in welchem Maße das auch für die Grün- und Freiflächen zutrifft, und zwar unter dem Aspekt ihrer funktionalen Wertung.

---

[3]) Vgl. A. BERNATZKY: Die Umwandlung bastionärer Befestigungsanlagen deutscher Städte in Grünanlagen. Dissertation Frankfurt 1957.

[4]) Vgl. F. FISCHER: Die Grünflächenpolitik Wiens bis zum Ende des 1. Weltkrieges. Wien 1937. — E. SCHMIDT: Die Green-Belt-Idee vom 16. Jahrhundert bis zur Gegenwart und ihre Zukunftschancen. In: Das Gartenamt 8, 9/1971, 4/1972.

[5]) Vgl. G. HINZ: Peter Josef Lenné und seine bedeutendsten Schöpfungen in Berlin und Potsdam. Berlin 1937. — D. HENNEBO / A. HOFFMANN: Geschichte der deutschen Gartenkunst. Hamburg 1962.

[6]) Vgl. G. ALBERS: Modellvorstellungen zur Siedlungsstruktur in ihrer geschichtlichen Entwicklung. In diesem Band.

II. Die Kritik am Stadtgrün

Zunächst soll angesprochen werden, wie weit die allenthalben hörbare massive Kritik am heutigen Städtebau auch die Grün- und Freiflächen grundsätzlich in Frage stellt. Da wären zunächst Stimmen aus der Soziologie zu nennen[7]), die die Frage aufwerfen, ob wir überhaupt nachweisen können, daß Naturelemente, also auch Grünflächen, für das menschliche Dasein unabdingbar seien. Diese Einwände sind insofern theoretischer Art und nicht planungsrelevant — das haben Untersuchungen z. T. derselben Verfasser ergeben —, als die überwiegende Mehrheit der Stadtbewohner Grünflächen subjektiv als notwendig erachtet aus unterschiedlich „nützlichen", wie auch aus „emotionellen" und „ästhetischen" Gründen — und auch große landschaftliche Freiräume als kompensatorisches Erlebnis gegenüber dem Lebensraum Stadt. Wohl aber können diese vorgebrachten Einwände positiv dazu beitragen, noch vorhandene und unter dem Einfluß eines bewußt gemachten Umweltschutzes durchaus regenerationsfähige Ansätze eines sendungsbewußten Biologismus, einer „Grünideologie", sowohl bei Planern als auch bei interessierten Bevölkerungsgruppen aufzudecken. Vor allem die jüngere Generation der Grünplaner, die gelegentlich fast selbstzerstörerisch ihren gewählten Beruf in Frage stellt, verbindet damit die Feststellung, Grünelemente und Grünflächen würden in der Regel dazu mißbraucht, Mißstände im sozialen Bereich und in der Arbeitswelt, im Umweltschutz und im Städtebau zu verschleiern und zu beschönigen. Grünflächen seien damit nur „systemerhaltend", aber nicht „-verändernd". Dazu ist anzumerken, daß z. B. in den östlichen Demokratien großer Wert auf Grünflächen gelegt wird, sicherlich nicht zuletzt ihrer kompensatorischen Wirkungen wegen.

Unter den nüchtern-sachlichen Gründen, die zu dem Konzept einer anderen, verflochteneren und in Teilen verdichteteren Stadt als bisher führen, werden vordergründig die Verkehrsmisere, der Raummangel, die hohen Bodenpreise, die Verödung der Innenstädte, die Disparitäten in den einzelnen Wohngebieten und andere Gründe genannt. Eine vordergründige Kritik an den Grünelementen an sich ist nicht enthalten, wohl aber an ihren oft nur kompensatorisch aufgefaßten geringen Wirkungsmöglichkeiten infolge mangelhafter „Angebote" (Forderung nach „Aktivierung" der Grünflächen, Freigabe der Rasenflächen für den allgemeinen Gebrauch usw.). Wir werden noch untersuchen müssen, wie weit hier die räumlichen und gestalterischen Voraussetzungen überhaupt ausschlaggebend sind und wie weit nicht Hemmnisschwellen innerhalb der sozialen Umwelt, d. h. eine noch nicht vollzogene Emanzipation, vielfach den Gebrauch der Grünflächen hindern und mindern und ob kombinatorische Lösungen bei der Schaffung neuer sozialer und räumlicher Umwelten Abhilfe schaffen können. Kritik am Bestand der Grün- und Freiflächen an sich ist wiederum nicht zu vernehmen, wenn man nicht die Entwürfe mancher utopischer Stadtplaner und auch manche der inzwischen gebauten, hochverdichteten Geschäfts- und Wohngebiete als generelle Absage an jede naturhafte Komponente im Städtebau werten will. Demgegenüber steht aber die immer massivere Kritik breiter Kreise gerade an den negativen Auswirkungen solcher Planungen auf das Stadtgrün, insbesondere unter dem Gesichtspunkt des Umweltschutzes. Sogar die Kritik am freistehenden Einfamilienhaus und am verdichteten Flachbau ist vielfach mehr Kritik an der dadurch verstärkten Verkehrsmisere und der Verknappung des Baulandes oder mehr Ideologiekritik mit gesellschaftspolitischem Hintergrund als Kritik am Garten als einem privaten Freiraum selbst.

---

[7]) Vgl. R. KRYSMANSKI: Die Nützlichkeit der Landschaft. Düsseldorf 1971. — P. GLEICHMANN: Sozialwissenschaftliche Aspekte der Grünplanung in der Großstadt. Stuttgart 1963.

Am lautesten wurde bisher Kritik an den Grün- und Freiflächen im Geschoßwohnungsbau geübt, die wegen ihrer vorwiegend indirekten Nutzung abwertend als bloßes Abstandsgrün abqualifiziert werden. Aber auch hier ist es charakteristisch, daß die Kritik vor allem von den Grünplanern selbst ausging, die keine überzeugenden Lösungen unter den ihnen gegebenen Verhältnissen fanden und den Soziologen, die das aus ihrer Sicht bestätigen müssen, und nicht von den Städtebauern und Architekten, die die Flächen für diese Fachplanungen durch ihre Bauplanungen erst vorgaben. So sprach der Grünplaner WIEPKING auf einer Tagung vom asozialen Grün im Wohnungsbau, während der Städtebauer und Architekt MAY bei gleicher Gelegenheit die Freiräume für das Wohngefühl fast wichtiger als die Wohnbauten selbst hielt. Nur wenige der Bewohner, meist jüngere Familien, oft Akademiker, sind so emanzipiert, daß sie in den einsehbaren Abstandsflächen unbefangen spielen und sich lagern und das Zuschauen der Nachbarn nicht als „social control" empfinden. In der Regel bleiben diese Flächen bestenfalls gepflegt-repräsentativ mit einer geringen direkten Nutzung für den Zugang, das Kleinkinderspiel und, wenn es hochkommt, den gelegentlichen Aufenthalt von Müttern und alten Leuten. Übersehen wird zumeist die positive, wenn auch indirekte Nutzung als Abstandsfläche gegen Sicht- und Lärmbelästigung, als Ausblick aus Fenstern und von Balkonen ins Grüne und als Standort für raumbildenden und abschleiernden Baum- und Strauchwuchs. Hierzu wäre zu erörtern, ob durch eine qualitative und quantitative Veränderung dieser Abstandsräume überhaupt Abhilfe geschaffen werden kann ohne die Voraussetzung auch eines veränderten gesellschaftlichen Bewußtseins, oder ob nicht für die Freiraumbedürfnisse, die ein größeres Maß von Anonymität benötigen, Grünflächen in anderer Weise in Wohnungsnähe vorgehalten werden müssen. Von besonderem Interesse ist dabei, wie den unmittelbar wohnungsnahen Grüninteressen der Bewohner neuerer atypischer Wohnbauweisen entsprochen werden kann, bei denen die relativ großen Abstandsflächen von einer Unzahl von Balkonen, Loggien und Fenstern aus einsehbar sind, andererseits aber durch die große Zahl wiederum ein höherer Grad von Anonymität hergestellt ist.

Öffentliche Kritik ist auch an den Kinderspielplätzen geübt worden, denen ihre viel zu geringe Zahl, ihre Wohnungsferne, die gefahrvolle Zuwegung, Phantasielosigkeit und Schematismus, andererseits aber, wenn sie wohnungsnah liegen, Lärmbelästigung der Anwohner vorgeworfen werden. Von Pädagogen wird vor allem die Anregung zu kreativem und konstruktivem Spiel vermißt. Kinderspielplätze in Baugebieten aller denkbaren Wohnformen sind von der Kritik betroffen, vor allem aber solche mit hochverdichtetem Wohnungsbau, dessen Kinderfreundlichkeit nur mit großen Einschränkungen gesehen wird[8]). Vordergründig wird von der Kritik zumeist die dingliche Quantität und Qualität der Kinderspielgelegenheiten berührt, hintergründig stellt sich aber die Frage nach der pädagogischen Betreuung. Erst diese ermöglicht, wobei die Haftungsfrage auch mitspielt, den phantasievollen, zu schöpferischem und in Grenzen auch gefährlichem Spiel anregenden Spielplatz. Die planerische Folge ist eine gewisse Konzentration in ausgesprochenen Spielparks[9]) mit allen Nachteilen längerer Wege und der Notwendigkeit, trotzdem unmittelbar wohnungsnahe Spielplätze — ohne Betreuung — für das kurzzeitige Spiel vorzuhalten.

Wenn wir zusammenfassen, können wir feststellen, daß fachliche und laienhafte Kritiken an den Grün- und Freiflächen, ihrer Größe, Lage und Zuordnung und ihrer Ausbildung nicht die Gesamtheit der Probleme treffen, vielmehr nur Einzelaspekte anspre-

---

[8]) Vgl. U. HERLYN: Wohnen im Hochhaus. Stuttgart 1970.
[9]) Vgl. K. H. WENDT: Spielparks in Hannover. — S. GLOGER: Einige sozialpädagogische Überlegungen zum Thema Spielpark. Beide in: Das Gartenamt 6/72.

chen, die in zwei Gruppen geteilt werden können. Einmal ist es der in der Regel nur ungenau formulierte und verschwommen beschriebene Umweltaspekt, zum anderen der genauer formulierte Freizeitaspekt, zu dem ja auch das Kinderspiel gehört. Wir können daraus schließen, daß Grün- und Freiflächen nicht generell, sondern aus einer besonderen Aktivitäts- und Interessenlage der Öffentlichkeit und der beteiligten Fachdisziplinen mit Kritik bedacht werden. Es genügt aber nicht, nur diese Teilaspekte, auch wenn sie schwergewichtig sind, zu behandeln, sondern es empfiehlt sich, die unterschiedlichen Funktionen, die das Stadtgrün im Wirkungsgefüge Stadt übernehmen kann, in ihrer Gesamtheit zu überprüfen, insbesondere sie sich in den verschiedenen Grünsparten vielfältig überschneiden.

III. Grünsparten und Grünfunktionen

Unter Grünsparten wollen wir hier die Aufgliederung der Gesamtheit der Grün- und Freiflächen nach ihrer Nutzung verstehen, obgleich die Übergänge sehr fließend sind. Hier soll unterschieden werden in

allgemeine öffentliche Grünflächen mit
    Stadtplätzen und Promenaden,
    Stadtgärten und Parks,
    Sonderanlagen wie Botanische, Zoologische und Historische Gärten,
    Gartenschauen und Kurparks,
    stadtnahe Erholungslandschaften und Stadtwälder,

spezielle öffentliche Grünflächen mit
    Kleingärten, Friedhöfen, Sportflächen,
    Freiräumen an Schulen und Anstalten,
    Verkehrs- und Schutzgrün,

private Grünflächen mit
    Hausgärten, Grünflächen im Geschoßwohnungsbau,
    Industriegrünflächen, Freiflächen an Verwaltungsbauten.

Grünzüge und Grünverbindungen sollen hier nicht als besondere Grünsparten, sondern als Teile des umfassenden Grünsystems insofern aufgefaßt werden, als mehrere unterschiedliche Grünsparten gemeinsam einen Grünzug bilden und Grünverbindungen unterschiedliche Grünflächen tangieren, queren und nur in Grenzen als selbständiges Element auftreten können.

Für die Abhandlung der Probleme der einzelnen Grünfunktionen, die zumeist vielschichtig in den unterschiedlichen Grünsparten zum Tragen kommen, bietet sich folgende Gliederung an:

1. die stadthygienische Funktion des Stadtgrüns und der land- und forstwirtschaftlichen Freiflächen. Hier sollen alle Leistungen angesprochen werden, die das Stadtgrün für den Umweltschutz im engeren Sinne leisten kann. Bewegungs- und Ruheraum-Bieten soll unter der umfassenderen Freizeitfunktion besprochen werden,

2. die gliedernde Funktion des Stadtgrüns und der Landschaft,

3. die stadtgestalterische Funktion des Stadtgrüns einschl. seiner kultischen Aufgaben (Friedhöfe),

4. die Produktionsfunktion der stadtnahen land- und forstwirtschaftlichen Freiflächen,

5. die Flächenvorhaltefunktion des Stadtgrüns und der land- und forstwirtschaftlichen Freiflächen,
6. die Freizeitfunktion des Stadtgrüns und der stadtnahen Landschaft.

Bei den vielseitigen Verflechtungen muß die Abfolge fast willkürlich erscheinen. Sie ist insofern sinnvoll, als die stadthygienische Funktion, weil am ehesten mit Maß und Zahl zu belegen, seit langem als Alibifunktion für Grün überhaupt herhalten muß, nicht erst in neuerer Zeit unter Umweltaspekten. Die gliedernde Funktion des Stadtgrüns ist zum Tragen gekommen, seit Städtebau im modernen Sinne überhaupt betrieben wird, die Mitwirkung der Freiräume bei der Stadtgestaltung hat von repräsentativ-fürstlichem Städtebau bis heute als Mittel zur Identifikationsmöglichkeit der Stadtbewohner einen interessanten Weg durchgemacht.

Die land- und forstwirtschaftliche Nutzung des Stadtumlandes kann besonders im Modell der Regionalstadt nicht länger nur als Interimsnutzung, als Objekt für mögliche Zugriffe, betrachtet werden, sondern muß auch als Subjekt, das eigene Bedingungen stellt, gesehen werden. Damit steht die Flächenvorhaltefunktion der Grün- und Freiflächen in Verbindung, die ja leider nicht nur auf die landwirtschaftlichen Flächen beschränkt ist.

Die z. Z. alle anderen Funktionen an Bedeutung überragende Funktion, die der Freizeit, ist deshalb schwergewichtig an das Ende der Betrachtung gerückt worden. Gerade bei der Freizeit wird aber deutlich, daß sie beileibe nicht nur ein Problem und eine Funktion der Freiräume ist, sondern der Gesamtstadt. Es wird deshalb betont, daß hier — ausgesprochen oder unausgesprochen — die Probleme der Freiräume stets nur als Teilprobleme des Gesamtraumes aufgefaßt und in ihren vielfältigen Abhängigkeiten gesehen werden.

IV. Die stadthygienische Funktion des Stadtgrüns und der land- und forstwirtschaftlichen Freiflächen

Die Möglichkeiten des Stadtgrüns bei der Bekämpfung von Luft- und Wasserverunreinigungen und bei der Lärmbekämpfung sind eine zeitlang ohne Zweifel *überschätzt* bzw. von den Grünplanern zur Rechtfertigung ihrer Flächen- und Mittelanforderungen vordergründig, als Alibi-Funktion, betont worden[10]. Ich erinnere nur an die Slogans „Hilfe durch Grün" und „Grüne Medizin". Dieses „in den Vordergrund stellen" der stadthygienischen Aufgaben des Stadtgrüns, ja das „sich-dahinter-verstecken" ist den Grünplanern in der einschlägigen stadtsoziologischen Literatur[11] bereits zum Vorwurf gemacht worden, wobei die Vermutung ausgesprochen wird, man habe einfach nicht mehr den Mut, sich schlicht z. B. auf das ästhetische Moment des Stadtgrüns zu berufen, man habe keine eigenständigen Argumente mehr. Das heute geschärfte Umweltbewußtsein bringt ohne Zweifel neue Anreize, auf dieser Welle zu schwimmen. Andererseits kann die Wissenschaft inzwischen besser mit Maß und Zahl mögliche Wirkungen belegen. Heute können wir jedenfalls aufgrund zahlreicher Untersuchungen feststellen, daß das Stadtgrün nur eine Mithilfe zu leisten vermag und noch dazu im vorwiegend psychologischen Bereich, d. h. durch besseres Ertragenkönnen von Belästigungen in sonst leidlich angenehmer, in unserem Fall grünbestimmter Umgebung.

---

[10] Vgl. W. LENDHOLT: Sinn und Bedeutung der Grünflächen in der modernen Stadt. In: Das Gartenamt 1/1959.
[11] Vgl. R. KRYSMANSKI: Die Nützlichkeit der Landschaft. Düsseldorf 1971.

Am ehesten ist noch das Stadtklima partiell zu beeinflussen durch Bereitstellung um mehrere Grade kühlerer grüner Erholungsräume im Gegensatz zu den im Sommer oft überhitzten Bauflächen[12]) und durch Freihalten größerer Grün- und Freiflächen, durch die ggf. interne Luftbewegungssysteme initiiert werden. Das gilt auch für die Ausbildung von Grünschneisen, durch die man — wie in Stuttgart — nächtlich kühle Luftmassen in den Talkessel einschleusen will. Interessant sind Untersuchungen von PLUG[13]) in Aachen, wo sich ergab, daß zur Aufrechterhaltung der Frischluftzufuhr bestimmte Landschaftseinheiten von Bebauung freigehalten werden müßten. Dadurch würde die Entscheidungsfreiheit der Stadtplanung eingeengt. MIESS[14]) hat kürzlich Zweifel angemeldet, ob überhaupt wesentlich kühlende Effekte zu erzielen sein werden, außerdem ob die alte Faustregel, Abgase erzeugende Industrien abgewandt von der Hauptwindrichtung im Osten von Siedlungsgebieten anzuordnen, angesichts der zumeist schwachen östlichen Winde bei den besonders gefährlichen Inversionswetterlagen, bei denen keine Verwirbelung der Immissionen und damit keine Verdünnung zustande kommt, noch aufrechterhalten werden kann. Bei dieser Gelegenheit kritisiert er auch spezielle Schutzpflanzungen um Industrieanlagen als im wesentlichen nutzlos bzw. nur optisch verdeckend, weil die zur Verwirbelung der Abgase notwendige Höhe der Schornsteine dazu führt, daß das Grünhindernis übersprungen wird und keine ins Gewicht fallende Filterwirkung ausübt. Die stadtklimatischen Probleme sind, wie eine Reihe noch laufender Großuntersuchungen zeigt, noch längst nicht gelöst. Es zeichnet sich ab, daß bei der Auswahl von Wohn- und Industrieflächen die natürlichen Gegebenheiten in Zukunft mehr als bisher berücksichtigt werden müssen, und zwar durch gleichzeitige Ausweisung auch der Freiräume. Erst dadurch, also indirekt, können sie ihre positiven Wirkungen auf das Stadtklima, und das ist beim Modell der Regionalstadt ein erheblicher Klimaraum, ausüben.

Immerhin ergibt sich aus all dem eine Forderung, die für unseren Problemkreis relevant ist: die Forderung nach ausreichend großen und zusammenhängenden Grün- und Freiflächen in ganz bestimmter topographischer Situation zum Zwecke der Stadtklimabeeinflussung, auch oder gerade in einer künftig in Teilen dichter bebauten Stadt. Diese Forderung entspricht durchaus dem Modell der Regionalstadt mit einzelnen, nicht zu großen, wenn auch dichten Siedlungskernen in band- oder netzartigen Strukturen mit zusammenhängenden gliedernden Freiräumen. Sie entspricht weniger einer Kompaktstadt, selbst wenn diese in sich dispers relativ stark mit Grünflächen durchsetzt sein sollte. Dieses disperse Grün kann das Stadtklima nicht in seiner Gesamtheit beeinflussen, aber durch Einzelwirkungen erträglicher machen, z. B. durch erniedrigte Temperaturen selbst in schmalen Grünflächen[14]), zugleich auch durch die Verhinderung der Wiederaufwirbelung von sedimentierten Stäuben, die an Pflanzeteilen angelagert und bei Regen in den Boden gewaschen werden. Wenn die Filterwirkung, gemessen an der Gesamtheit der Stäube in den betroffenen Luftschichten, auch gering ist und nur ein minimaler Beitrag zur Beseitigung der Dunstglocke geleistet wird, so wird doch gerade in der für den menschlichen Aufenthalt unmittelbar bedeutsamen untersten Luftschicht eine beachtliche Wirkung erzielt. Es kann daher die Forderung aufgestellt werden, außer den großen zusammen-

---

[12]) Vgl. A. BERNATZKY: Die Umwandlung bastionärer Befestigungsanlagen deutscher Städte in Grünanlagen. Dissertation Frankfurt 1957.
[13]) Vgl. W. PFLUG und H. WEDECK: Landschaftsökologische Untersuchungen und ihre Aufbereitung für die Planung als Beitrag zur Umweltvorsorge — dargestellt an zwei Beispielen aus dem Aachener Raum. Vortrag vor der deutschen Gesellschaft für Gartenkunst und Landschaftspflege, Hannover 1972.
[14]) Vgl. M. MIESS: Klimaökologische Aspekte der Stadtentwicklung. In: Das Gartenamt, 3/1972. Ferner: Industrieemissionen als Planungsproblem. In: Garten und Landschaft 2/1972.

hängenden Grünflächen in klimatisch richtiger topographischer Situation auch innerhalb der Bau- und Gewerbegebiete soviel Grünflächen aller Art, wie im Ausgleich mit anderen Forderungen irgend möglich, auszuweisen; einschl. der Begrünung der üblichen Flachdächer, die als solche wegen ihrer ungünstigen Abstrahlungsverhältnisse als ungünstig für das Stadtklima angesehen werden[15]).

Primär dem stadthygienischen Zweck dienende Grünelemente sind außer den schon angesprochenen Industrieschutzpflanzungen auch Lärmschutzwälle, die damit Bestandteile des Verkehrsgrüns werden, das außerdem im Sinne der Stadthygiene auch der Staubbindung dient. Wenn BECK[16]) auch gewisse Schallschutzwirkungen durch Pflanzen nachweist, so verbieten sich in der Praxis die von ihm als besonders geeignet befundenen Arten, wie etwa Rhododendron. Wirtschaftlich tragbare Pflanzungen unterstützen die durch die Ausdehnung der Schutzpflanzung bereits gegebene Schutzwirkung nur in Grenzen. Pflanzungen werden in der Regel deshalb in Verbindung mit Lärmschutzwällen, der Führung von Verkehrsbändern auf Dämmen und in Einschnitten oder in besonderen Fällen als optische Abdeckung von Lärmschutzwänden verwandt.

Die gebräuchliche Anwendung von Pflanzungen entlang von Verkehrsbändern bedeutet in der Regel auch eine psychische Mithilfe in bezug auf den Lärmschutz: die Lärmquelle, die nicht ständig sichtbar ist, wird weniger beachtet, vielleicht auch einmal überhört.

Ähnliche psychische Mithilfen leistet das Grün allenthalben beim Besser-Ertragen-Können von Belästigungen aller Art. Aber gerade diese nur psychisch wirksam werdende Mithilfe reizt zur Kritik, wenn sie nicht nur als Hilfe in momentanen Notständen, sondern als beschönigende Abhilfe überhaupt angesehen wird.

Bezüglich des Lärmschutzes sei auch auf eine Art der Mithilfe durch Grün hingewiesen, die darin besteht, Grünflächen als minder lärmempfindliche Planungselemente anzusehen und z. B. als „Verkehrsbegleitgrün" zwischen Verkehrsbändern und Wohngebieten anzuordnen bzw. zuzulassen, daß neue Verkehrstrassen entlang von Grünzügen geführt werden. Noch vor einiger Zeit brauchten hier keine generellen Bedenken geäußert zu werden — sogar bei Kleingartenanlagen nicht, weil dort nicht übernachtet wird und die Aufweckgrenze überschritten werden kann —. Die heute erreichten Verkehrsbelastungen und die damit verbundene Lärm- und Abgaserzeugung zwingen aber dazu, in jedem Einzelfall zu prüfen, ob nicht die Erholungseignung solcher Grünflächen subjektiv oder objektiv gefährdet oder gar ins Gegenteil verkehrt ist.

Zur Frage der Wasserverschmutzung muß sich die Grünplanung außerstande erklären, einen unmittelbaren positiven Beitrag zu leisten, es sei denn auch hier den einer bloßen Mithilfe in dem Sinn, daß die Uferpartien auch verschmutzter Gewässer ein Make-up erhalten, das ihnen den optischen Eindruck von Gesundheit verleiht. Das kann allerdings durch den Gestank und die Trübe des Wassers Lügen gestraft werden. PFLUG[17]) hat in

---

[15]) Vgl. A. KESSLER: Über den Tagesgang von Oberflächentemperaturen in der Bonner Innenstadt an einem sommerlichen Strahlungstag. In: Erdkunde, Archiv für wissenschaftliche Geographie, Bd. 25, 1, Bonn 1971

[16]) Vgl. G. BECK: Untersuchungen über Planungsgrundlagen für die Lärmbekämpfung im Freiraum mit Experimenten zum artspezifischen Lärmminderungsvermögen verschiedener Baum- und Straucharten. Dissertation Berlin 1956.

[17]) Vgl. W. PFLUG und H. WEDECK: Landschaftsökologische Untersuchungen und ihre Aufbereitung für die Planung als Beitrag zur Umweltvorsorge — dargestellt an zwei Beispielen aus dem Aachener Raum. Vortrag vor der deutschen Gesellschaft für Gartenkunst und Landschaftspflege, Hannover 1972.

seinen Untersuchungen auch auf die Möglichkeit der negativen Beeinflussung des Grundwassers durch Bebauung und damit mögliche Versickerung von Abwässern hingewiesen und je nach Bodenaufbau und Grundwassernähe unterschiedliche Gefährdungsgrade unterschieden. Daraus sind keine positiven Wirkungen von Grün- und Freiflächen auf das Grundwasser an sich abzuleiten, jedoch eine weitere Einschränkung in der Standortwahl städtebaulicher Elemente aufgrund der Berücksichtigung naturräumlicher Gegebenheiten.

Schließlich bleibt noch die Funktion der Grün- und Freiflächen bei der Abfallbeseitigung zu behandeln. Auch hier handelt es sich um eine vorwiegend optische Mithilfe durch eine sinnvolle Ausformung, Abdeckung und Bepflanzung von Mülldeponien aller Art. Das wäre aber nur ein „aus den Augen schaffen" und noch keine positive Eingliederung in die Stadtlandschaft im Sinne einer künftigen Nutzung. Dies müßte von vornherein bedacht werden[18]). Solche Nutzungen, z. B. als Erholungsgelände mit natürlichen und künstlichen Rodel- und Skibahnen, als Sportanlagen oder als Kleingartenanlagen, bedürfen aber bestimmter Zuordnungen zu heutigen oder künftigen Wohngebieten und können nicht irgendwo liegen. Das kann zu Zielkonflikten führen. Auch der Zwang zu einer gewissen Zentralisation der Abfallbeseitigung setzt großräumiges, regionales Denken und eine offene Planung voraus. Für die Klärung der Abwässer und die Beseitigung der Schlämme gilt sinngemäß das gleiche.

Abschließend kann für die stadthygienische Funktion des Stadtgrüns festgestellt werden, daß sie weitgehend mithelfenden Charakter hat. Sie ist keinesfalls imstande, notwendige Maßnahmen der Verhinderung von Emissionen aller Art zu ersetzen. Im Gegenteil, die Grün- und Freiflächen einschließlich der Gewässer und der Pflanzungen sind selbst bedroht und bedürfen, um ihre übrigen Aufgaben erfüllen zu können, des Schutzes. Andererseits addieren sich aber auch die zahlreichen größeren und kleineren Wirkungen, die Grünflächen ausüben, zu einem erheblichen Ganzen, das unter dem Aspekt eines bewußten Umweltschutzes an Beachtung gewinnt. Einmal handelt es sich dabei um viele kleine unmittelbare Wirkungen, die im Prinzip alle Grün- und Freiflächen ausüben, zum anderen handelt es sich um die das Stadtklima beeinflussende, grundwasserschonende und die schadlose Abfallbeseitigung unterstützende richtige Standortwahl sowohl der Freiräume als auch der Bauflächen unter Berücksichtigung der naturräumlichen Gegebenheiten und im regionalen Zusammenhang.

V. Die gliedernde Funktion des Stadtgrüns und der Landschaft

Die gliedernde Funktion der Grün- und Freiflächen hat — zumindest bei den speziellen Städtebauern, naturgemäß weniger bei den Fachplanern — bislang oft im Vordergrund des Interesses gestanden. Symptomatisch ist z. B., daß der Aufbauplan der Freien und Hansestadt Hamburg von 1960 alle Grün- und Freiflächen, im Gegensatz zu den nach wesentlichen Sparten untergliederten Bauflächen, pauschal auswies und die spätere Aufgliederung nach einzelnen Grünnutzungen einem Grünfolgeplan überließ. Das beweist, wie sehr primär von der Ausweisung von Bauflächen unterschiedlicher Nutzungsart und diese verbindenden Verkehrsadern ausgegangen wurde, während das Grün vorwiegend als Gliederungselement, allerdings unter Benutzung landschaftlich vorgegebener

---

[18]) Vgl. W. LENDHOLT mit H. DE LA CHEVALERIE: Gutachten über die Einordnung der Stadt- u. Industriemüllkippen im Stadtgebiet Remscheid. Unveröffentlichtes Manuskript, Hannover 1961.

Linien, verwandt wurde oder aber einfach übrig blieb[19]). Es beweisen aber auch zahlreiche frühere und auch noch heute gültigen Flächennutzungspläne, wie sehr man auf die abgliedernde Wirkung von Freiflächen auch ohne die Unterstützung durch natürliche Gegebenheiten vertraute, z. B. durch Einfügung anbaufreier Strecken in die Ausfallstraßen zwischen der Kernstadt und den Vororten. In praxi überwiegen hier zwar die Ausnahmen in Gestalt von Tankstellen, Werkstätten, Discountläden usw. Die mit den Stadtbedürfnissen nicht mehr in ursächlichem Zusammenhang stehenden Landwirtschaftsflächen haben dem Siedlungsdruck nicht standhalten können. Wir glauben daher, daß nur Grünnutzungen, die zwingend auf die Bedürfnisse der Stadt und ihrer Bewohner bezogen sind, genügend dauerhaft sein können, um einem vorhandenen Bebauungsdruck zu widerstehen. Das wären Sportanlagen, Friedhöfe, allgemeine öffentliche Grünflächen, schon in geringerem Maße Kleingärten, weil hier kein allgemeines breites Interesse vorliegt. Gliedernde landwirtschaftliche Nutzflächen — etwa zwischen zwei Entwicklungsachsen — können in ihren Randzonen dem Siedlungsdruck nur entgehen, wenn die Siedlungseinheiten selbst in sich geschlossen und innerhalb der allgemeinen Stadthierarchie mit den entsprechenden notwendigen Einrichtungen versehen sind. Insbesondere müssen die Kontaktzonen zum freien Umland, etwa durch Grünflächen, Schulen in Randlage oder dergl., eindeutig bestimmt sein und kein „Anflicken" mehr zulassen. Es erhebt sich also die Forderung nach einer vorausschauenden Planung nicht nur vom Inhalt der Bauflächen her, sondern auch vom Inhalt der gliedernden Freiflächen. Schließlich sollten topographisch vorgegebene, ggf. überhöhte Situationen den Gliederungseffekt wirksam unterstützen. Das könnten Niederungen, Bachtäler, Steilhänge und Terrassenbildungen sein. In markanten Fällen wird die Ausdehnung des gliedernden Grünelements ggf. primär von der topographischen Situation und erst sekundär von den notwendigen Inhalten her bestimmt.

Die informationsästhetische, qualitative Frage, was wirksamer abgliedert, etwa der undurchsichtige Wald, durch den ein Verkehrsband als Schneise führt, oder die freie Landschaft und der Sportpark, die ja infolge ihrer Durchsichtigkeit Entfernung optisch erlebbar machen, kann hier nicht beantwortet werden.

Zahlreiche Neubaugebiete geben andererseits davon Kenntnis, wie oft man innerhalb der gliedernden Funktion des Grüns auch auf dessen zusammenfassende, verbindende Wirkung — in Gliedern ist Trennen und Verbinden impliziert — vertraut. So sind in Wohngebieten unzählige „grüne Mitten" als angerähnliche Grünflächen entstanden, die diese Hoffnungen nicht erfüllen konnten, vielmehr gerade städtisches Leben und Öffentlichkeit dort unterbunden haben, wo sie am wichtigsten gewesen wären. Damit werden stadtinnere Grünräume nicht abgewertet. Sie sollten aber keine notwendigen Zusammenhänge sprengen, vielmehr in ihrer Ausdehnung so beschränkt und in ihrer Ausbildung so intensiv sein, daß sie eine ausgesprochen kommunikative Funktion erfüllen können. Als Stadtgärten oder Grünplätze können sie dann auch Orientierungspunkte sein und damit wiederum stadtgliedernd wirken. Zur Klarstellung sei gesagt, daß damit nichts gegen größere innerstädtische Grünräume vorgebracht werden soll, die zentrale Grünfunktionen zu erfüllen haben und zugleich benachbarte Stadtteile sinnvoll voneinander abgliedern.

In diesem Zusammenhang muß auf ein neu aufgetauchtes Problem womöglich mehr trennender als verbindender Freiräume hingewiesen werden. Die zur Diskussion stehende Gesamtschule, insbesondere als Ganztagsschule, erfordert für sich bereits ein großes Areal

---

[19]) Vgl. W. LENDHOLT mit C. GEWECKE und F. GERKE, im Auftrage der unabhängigen Kommission für den Aufbauplan der Freien und Hansestadt Hamburg: Landschaft und Stadtgrün. Hannover 1967.

und wegen des großen Einzugsbereichs eine gute, d. h. oft zentrale Verkehrslage. Einerseits wird ihre Benachbarung zu Freizeitheimen, Kultureinrichtungen und Einkaufszentren gewünscht, andererseits sind große Sportflächen nötig. Für diese bietet sich eine Doppelnutzung als Bezirkssportanlage an, einmal aus Gründen der höheren wirtschaftlichen Effektivität, zum zweiten im Interesse der Sportvereine, die sonst ihren Nachwuchs an einen reinen Schulsport (z. B. den College-Sport in den USA) verlieren könnten. Hier entsteht die Gefahr großer, das Stadtteilgefüge sprengender Anlagen, wenn sie nicht — zumindest für den Fußgänger — durchlässig, im besten Sinne also öffentlich, gemacht werden können. Wenn dazu eine Anbindung der Sportanlage an das Gesamtsystem der Freiräume gesucht wird, könnte eine sektorale Anordnung des gesamten Komplexes vernünftig sein.

Bliebe noch einmal das gliedernde und auflockernde Element innerhalb der Wohnflächen, das Wohngrün, zu erwähnen. Schon im einleitenden Kapitel wurde es als „Abstandsgrün" bezeichnet, was die trennende, abgliedernde Funktion besonders deutlich macht. Das Thema soll hier nicht weiter behandelt werden, da die Notwendigkeit von Bauabständen ohnehin einleuchtet und die Problematik des Wohngrüns nicht in dieser Funktion, sondern in seiner möglichen Freizeitfunktion liegt.

Was die Gliederungsfunktion des Stadtgrüns und der Freiflächen insgesamt angeht, so kann hier die Zwischenfeststellung getroffen werden, daß auch eine in Teilen hochverdichtete Stadt — trotz aller erwünschten Nutzungsintegration in den Baugebieten selbst — gliedernder Grünelemente bedarf, die aber vorwiegend durch das Gewicht ihrer Nutzungen, die strukturelle Geschlossenheit der abzugliedernden Baugebiete selbst oder die naturräumliche Situation wirksam werden, nicht durch ihr bloßes Vorhandensein und ihre Abmessungen.

Im großen Rahmen der Regionalstadt mit ihren vielfältigen Verflechtungen kommt dem Freiraum als Landschaft im Wortsinn tragende Bedeutung zu. Ihre naturnah gebliebenen Teilräume trennen und verbinden zu gleicher Zeit. Die wesentlich gliedernden Effekte üben dabei neben den Ausmaßen die charakteristischen naturräumlichen Strukturelemente und die unterschiedlichen Nutzungen aus.

VI. Die stadtgestalterische Funktion des Stadtgrüns einschließlich der kultischen Aufgaben (Friedhöfe)

Innerhalb der Aufgabe einer Stadtgestaltung durch Grünflächen und Grünelemente lassen sich drei ineinander übergehende Grundsituationen unterscheiden. Zunächst einmal die am Beispiel der Verkehrsbänder gut zu erläuternde Situation, wo das Verdecken oder zumindest das Abschleiern häßlicher, störender und nichtssagender Stadtelemente und nicht zuletzt des Verkehrsbandes selbst wichtig ist. Wenn wir optimistisch sind, ist dies hauptsächlich in überkommenen Stadtteilen im Sinne von Interimslösungen notwendig, wenn wir pessimistisch oder auch nur realistisch sind, leider wohl eine immerwährende Aufgabe und nicht die quantitativ geringste. Außer entlang von Verkehrsbändern spielt das Abdecken in konzentrierter Form in Industrie- und Gewerbegebieten eine größere Rolle, wenn man davon ausgeht, daß die Annehmlichkeit des Berufsweges innerhalb der Wohngunst eines Ortes eine immer erheblichere, auch wirtschaftlich wichtige Bedeutung gewinnt. Den Flächenaufwand für solche „Abpflanzungen" kann man als umgekehrt proportional zur gestalterischen Qualität der Gewerbe- und Industriebauten und der Grundstücksumgrenzungen ansehen. Uns wäre lieb, wir hätten nichts abzudecken, nur zu unterstützen.

Das wäre dann die zweite Grundsituation oder besser „Stufe", wo das Grün als eines der Gestaltungselemente der Stadt im Zusammenwirken mit den übrigen eine wesentliche ästhetische, vorwiegend ergänzende Funktion auszuüben hat, vor allem die, in einer Harmonie der Gegensätze in diesem spannungsreichen Wirkungsgefüge den Part des Lebenden, Gewachsenen, Gewordenen, gegenüber dem Toten, dem Gemachten und Gebauten zu übernehmen. Es wird einmal mehr, einmal weniger, einmal ganz zurücktreten, manchmal vorherrschend sein, immer im Hinblick auf das Ziel, den Aufenthalt in diesem Gebilde „Stadt" angenehmer, interessanter, anziehender zu machen. Ob es gelingt, das Maß des Notwendigen, Erwünschten irgendwie zu objektivieren, muß schon auf Grund des sich wandelnden Zeitgeschmacks bezweifelt werden. Interessant ist, daß nicht nur Wohn- und Geschäftsviertel und Kulturzentren, sondern zunehmend auch Industrien, zunächst hochwertiger Art, ähnliche Anforderungen stellen. Englische Industrial Parks haben sich solchen Forderungen längst angepaßt.

Die dritte Situation stellt eine weitere Stufe dar, die Schaffung stadtrepräsentativer Grün- oder wesentlich grünbestimmter Räume, d. h. solcher Räume, mit denen sich der Bewohner zu identifizieren vermag. Das wären für die Stadt Hannover z. B. die historischen Herrenhäuser Gärten, der belebte und aufgeschmückte Georgs-Platz, der Maschsee für vielseitigen Wassersport und als Promenade, für viele das Stadion mit seinen Länderkämpfen und Meisterschaftsspielen, sicherlich viel weniger der ruhige Stadtwald „Eilenriede". Nicht daß solche Freiräume von den Stadtbewohnern am meisten aufgesucht würden; es genügt das Gefühl, man könne ja dahingehen, wenn man nur wolle. Aber Gäste werden hingeführt. Solche Freiräume laden in der Regel nicht zu vorwiegend ruhigem Verweilen, zur Beschaulichkeit ein, nicht zu einem vorwiegend *privaten* Tun. Sie sind meist durch eine ausgeprägte *Öffentlichkeit* gekennzeichnet. Die Frage, wie es zu dem unterschiedlichen Identifikationsgrad mit den stadtrepräsentativen Grünflächen kommt, ja wie überhaupt unsere Grünflächen und Grünelemente erlebt werden, ist ein Gebiet, das erst in Anfängen bearbeitet ist. Soviel ist sicher, daß es nicht ästhetische Momente allein, ja nicht einmal vorwiegend sind. Wir sind noch sehr gewohnt, unsere Aufgaben, wie z. Z. der Entstehung der klassischen Landschaftsparks, unter den ästhetischen Aspekten eines Bildungsbürgertums und den sozialen Aspekten einer Wohltäterschaft zu sehen. Dabei ist zu bedenken, daß ästhetischer Genuß eine Erziehung dazu voraussetzt, und daß das Erlebnis der Umwelt für viele *anderer,* noch nicht eindeutig definierter Natur ist. Auf dem Gebiet des Städtebaus hat KEVIN LYNCH[20] bereits Ergebnisse einer solchen Betrachtungsweise veröffentlicht. Untersuchungen auf dem Gebiet der Freiraumplanung sind angelaufen[21]. Die genannten stadtgestalterisch wirksamen Grünflächen und Grünelemente haben auch gliedernde und oft auch auflockernde Eigenschaften, insbesondere wenn wir an die fast jeder Pflanzung eigentümliche visuelle Wirkung der Raumweitung durch Kulissenbildung und Verunklarung der Raumgrenzen denken. Ohne Zweifel wird auch für die stadtgestalterisch wirksamen Grünelemente, etwa für Straßenbäume, Bankbeete und dergl., Raum gebraucht, aber zumeist *innerhalb* ohnehin notwendiger Verkehrs-, Erholungs- oder sonstiger Flächen. Stadtgestaltung durch Grün ist eine vorwiegend qualitative Komponente, auf die wir auch in einer verdichteten Stadt nicht zu verzichten brauchen, es sei denn, man wolle sie bewußt negieren, weil sie natürlich ist. Bedenklich stimmt es daher, wenn Bauformen, in denen das Wohnen monumentalisiert ist und bei deren Planung eine Maßstäblichkeit zu pflanzlichen Elementen gar nicht gesucht wurde, im

---

[20] Vgl. KEVIN LYNCH: Das Bild der Stadt. Berlin 1965.
[21] Vgl. W. NOHL: Noch laufende Untersuchungen zur „Freiraumstimulation" am Institut für Grünplanung und Gartenarchitektur der TU Hannover.

nachhinein von den Bauträgern „grün" dekoriert und den Bewohnern mit der Bemerkung schmackhaft gemacht werden müssen: „Wenn die Bäume erst groß sind!" Das bedeutet nichts weniger als das Warten auf die (den schlechten Städtebau) verdeckende Wirkung des Grüns, also seinen Mißbrauch.

Grünelemente können nicht nur die Gesamtstadt, etwa durch Überhöhung naturräumlich vorgegebener Komponenten und ihre Übersetzung in urbane Formensprachen, typisch charakterisieren, etwa als Ufer-, Hügel- oder Talstadt, sondern auch ihren hierarchischen Aufbau und die unterschiedliche Bedeutung der einzelnen Stadteinheiten verdeutlichen helfen. Gerade eine Regionalstadt kann auf diese Möglichkeit nicht verzichten, da die zur Anwendung kommenden baulichen Elemente vielfach weitgehend nivellierend wirken.

Kurz soll in diesem Zusammenhang auch auf die kultische Funktion einer der Grünsparten, des Friedhofs, neben der hygienischen Funktion der Leichenbeseitigung, eingegangen werden. Wenn der Tod und der Gedanke an ihn in der heutigen Gesellschaft auch weitgehend verdrängt wird und daher vorwiegend ein tradiertes Verhältnis zu Begräbnis und Totengedenken festzustellen ist, wenn auch keine der Glaubensgemeinschaften einen bestimmten Totenkult zwingend vorschreibt, so spielt der Friedhof doch eine bedeutsame Rolle, vor allem im Leben älterer Menschen. Man darf daher die wirtschaftlichen Fragen, z. B. des Raumbedarfs, nicht rigoros in den Vordergrund stellen. Wohl aber ist es berechtigt, eine übermäßige Raumbeanspruchung z. B. durch Abbau überlanger tradierter Ruhezeiten zu vermindern und im Betrieb unwirtschaftliche Kleinfriedhöfe zugunsten sektoraler oder Stadtteilfriedhöfe aufzugeben. Das Thema kann hier im einzelnen nicht behandelt werden.

Zusammenfassend kann zur Gestaltungsfunktion des Stadtgrüns und der landschaftlichen Freiräume gesagt werden: Stadtgrün ist vom Erlebnis „Stadt" her gesehen nicht entbehrliche Zutat und bloße Verschönerung, sondern notwendiger Bestandteil dieses auch von der Gestalt her so vielseitigen Beziehungsgefüges. Insbesondere vermag es zu individualisieren und durch Überhöhen, Nachzeichnen und Einbeziehen naturräumlich vorgegebener Strukturen zu charakterisieren. Stadtgrün kann in besonderem Maße zu einer Unverwechselbarkeit der Städte beitragen. Unverwechselbarkeit ist aber nach Ansicht führender Psychologen[22]) eine Vorbedingung für Identifikation und Heimatgefühl.

VII. Die Produktionsfunktion der stadtnahen land- und forstwirtschaftlichen Freiflächen

Bei der derzeitigen Überproduktion an landwirtschaftlichen Gütern gerade in den Industrienationen und bei den heutigen Transport- und Vermarktungsverhältnissen kann nur in Ausnahmefällen — z. B. bei Sonderkulturen — davon gesprochen werden, daß landwirtschaftliche Produktionsflächen zwingend Bestandteile eines städtischen Raumes oder auch einer Stadtregion aus Versorgungsgründen sein müßten. Die Folge ist, daß die landwirtschaftlichen Freiflächen primär auf ihre gliedernde, z. B. Flächen zwischen Entwicklungsachsen ausfüllende und auf ihre Flächenvorhaltefunktion hin betrachtet werden sowie auf ihre eventuelle Erholungseignung. Wenn wir das tun, dürfen wir aber nicht den wirtschaftlichen Aspekt des *Unterhaltes* dieser Flächen außer acht lassen, da ein Brachfallenlassen nicht nur wirtschaftlich, sondern sehr oft auch vom Landschaftsbild her ein Ärgernis sein würde. Unsere Städte sind in der Regel Kulminationspunkte

---

[22]) Vgl. A. MITSCHERLICH: Die Unwirtlichkeit unserer Städte, 7. Auflage. Frankfurt 1969.

von *Kultur*landschaften, und diese müssen dementsprechend auch „*in Kultur*" bleiben. Die wirtschaftliche Nutzung muß aber unter gegebenen Gesamtbedingungen möglich sein, kurz, sie muß heute in der Bundesrepublik z. B. „EG-fähig" sein. Für die Planung bedeutet das, daß trotz der nicht unmittelbar stadtbezogenen Produktionsaufgabe die landwirtschaftliche Nutzfläche nach den der Landwirtschaft innewohnenden Gesetzen ausgewiesen und in das Siedlungsgefüge integriert werden muß. Es muß zu einem Überdecken, idealerweise zu einer Flächenkongruenz der unterschiedlichen Ansprüche städtebaulicher Art mit den landwirtschaftlichen Ansprüchen kommen. Die landwirtschaftlichen Belange, die in den stadtplanerischen Optimierungsprozeß eingebracht werden müssen, sind insbesondere:

1. je nach Wirtschaftstypen ausreichend große und geschlossene Einheiten (nicht einzelner Betriebe, sondern ganzer Landwirtschaftsgebiete) mit eigenen oder gut zu erreichenden Bezugs- und Absatzeinrichtungen;
2. unmittelbare Anbindung an größere landwirtschaftliche Gebiete;
3. ein unabhängiges landwirtschaftliches Wegenetz (im allseitigen Interesse);
4. eine Entlastung von Belästigungen durch den Erholungsverkehr durch Randlage der Parkplätze, Lager- und Spielflächen;
5. keine Zerschneidung durch Verkehrs- oder Leitungstrassen, ggf. Bündelung derselben zur Herabsetzung der Störeffekte;
6. keine Zerstückelung z. B. durch ungeordnete Auskiesungen und Bodenentnahmen für Verkehrsbauten, sondern Bündelung solcher Abbaugebiete, auch im Interesse der Überführung in spätere Erholungsgebiete;
7. eine sinnvolle Bodengesetzgebung und Bodenpolitik, möglichst Überführung in die öffentliche Hand und Bewirtschaftung durch Pächter, die kein Interesse an einer Umwandlung in Bauland haben und daher im Rahmen langfristiger Verträge auch investieren;
8. ein Zuschnitt der landwirtschaftlichen Freiflächen, der bei einer völligen oder teilweisen Umwidmung zu einem Baugebiet einschließlich seiner Folgeeinrichtungen keine oder aber weiterhin landwirtschaftlich funktionsfähige Restflächen abgibt.

Wenn es auch möglich erscheint, die vorstehenden Forderungen in den Zwischenräumen der Achsen weitgespannter Regionalstadtsysteme durchzusetzen, so ist das schwierigere Problem, was mit den landwirtschaftlichen Nutzflächen auf die Dauer geschehen soll, die unter inzwischen aufgegebenen Anschauungen über ausreichende Betriebsgrößen bzw. Betriebsgruppengrößen freigehalten wurden. Gleiches gilt für die Restflächen von Dauergrünland in Niederungen, die nach Besiedlung der höher gelegenen Geestflächen für sich nicht mehr bewirtschaftungsfähig sind. Weitere Beispiele könnten genannt werden. Hier führt die Ausweisung von Freiräumen ausschließlich auf Grund der topographisch-visuellen Situation ohne Berücksichtigung der Bewirtschaftungsmöglichkeiten oft zu einer zwangsweisen Ausgestaltung zu entsprechend pflegebedürftigen öffentlichen Grünflächen, auch wenn ein unmittelbarer Bedarf dafür nicht vorliegt. Generell bieten sich mehrere Möglichkeiten zur Nutzung nicht mehr rentabel zu bewirtschaftender landwirtschaftlicher Flächen an:

1. wenn Bedarf dafür besteht, durch Umwandlung in Erholungsflächen von der intensiven Sportanlage oder Kleingartenanlage über den Park bis zum extensiv-landschaftlichen Erholungsgebiet;

2. eine subventionierte landwirtschaftliche Nutzung, bei der es ein Rechenexempel ist, ob der kommunale Rasenmäher billiger ist als die subventionierte Kuh;
3. eine Umwandlung in Bauflächen, wenn keinerlei Grünfunktionen zu erfüllen sind und ein städtebauliches Bedürfnis danach besteht und die naturräumliche Situation das zuläßt.

In jedem der Fälle wird die Bereinigung früherer Planungsfehler öffentliche Mittel in Anspruch nehmen.

Was die Produktionsfunktion des Waldes angeht, so spielt sie in Stadtnähe und innerhalb der Stadtregion meist nur noch die Rolle einer Nebennutzung. Um die sich daraus ergebenden wirtschaftlichen Probleme, besonders für den Privat-Waldbesitz, bemühen sich z. Z. die Länder durch Novellierung ihrer Forstgesetze. Der stadtnahe Wald hat, besonders in den Randteilen und in Wechselwirkung mit der offenen Landschaft, also vorwiegend Erholungscharakter. In Städten mit sehr waldreicher Umgebung spielt er überdies eine Rolle für den Flächenvorhalt — in Deutschland z. B. in Karlsruhe und im Raum München —, obgleich das in der Regel zu erheblichen Kontroversen mit der Bürgerschaft führt, die Wald generell geschützt sehen will.

Zusammenfassend kann zur Produktionsfunktion der Freiräume gesagt werden, daß sie bisher oft zu wenig beachtet wurde und daß es im wirtschaftlichen Interesse der Kommunen liegt, sie gerade unter dem Aspekt einer regionalen Entwicklung ernster zu nehmen, auch wenn ein konsumorientiertes Bedürfnis nach land- und forstwirtschaftlichen Freiflächen im Stadtumland nur noch in Ausnahmefällen, bei Sonderkulturen, besteht.

VIII. Die Flächenvorhaltefunktion des Stadtgrüns und der land- und forstwirtschaftlichen Freiflächen

Eine Integration der land- und forstwirtschaftlichen Freiflächen in die Regionalstadt, wie sie im vorigen Absatz beschrieben wurde, entspricht auch am ehesten deren Bedeutung für den Flächenvorhalt, da insbesondere im neueren Städtebau vorwiegend Großeinheiten sowohl für gewerbliche als auch für Wohnnutzung in Frage stehen. Wir können unterstellen, daß große zusammenhängende land- und forstwirtschaftliche Freiflächen auch dem ständigen Wandlungsbedürfnis einer Stadt entgegenkommen; von dem Bild einer in Teilen verdichteten Stadt werden sie geradezu herausgefordert, weil diese ja das Gegenteil einer zersiedelten Landschaft darstellt. Wir müssen allerdings zugeben, daß die Zersiedlung oft schon so weit fortgeschritten ist, daß nicht die Qualität der landwirtschaftlichen Freiflächen als potentielles Bauland an sich, sondern die vorhandenen Siedlungssplitter den Anlaß zur Inanspruchnahme geben. Auf Einzelheiten, wie die zusätzliche Belastung der landwirtschaftlichen Freiräume durch Ver- und Entsorgungseinrichtungen, durch Leitungstrassen und Verkehrsbänder usw., soll hier nur hingewiesen werden.

Bei der Flächenvorhaltefunktion der Grünflächen im engeren Sinne liegen die Verhältnisse anders. Gerade in den letzten 20 Jahren sind erhebliche frühere Grüngebiete anderen städtebaulichen Zwecken gewidmet worden. Besonders wurden Kleingartenanlagen und Sportflächen betroffen. Das ist verständlich, wenn man bedenkt, daß viele dieser Einrichtungen in Selbsthilfe auf gerade verfügbarem, in der Regel zu spekulativen Zwecken erworbenem Bauland, errichtet wurden. Viele Grünflächen mußten aber auch durch Straßenverbreiterungen Einbußen gerade an den wertvollen — weil rahmenden und raumbegrenzenden — Randgebieten hinnehmen. Sie wurden überdies durch Straßendurchbrüche in ihrem Wert gemindert und durch Lärm und Abgase gestört. Grünzüge haben, weil keine „kommerziell wertvolle" Bausubstanz zu erwerben und abzubrechen ist, nach wie vor eine magische Anziehungskraft für Verkehrsbänder aller Art. Allein in Hannover stehen z. Z. die Verbreiterung des Messeschnellweges, für später eine weitere Durchquerung des hannoverschen Stadtwaldes an. Der Stadtteil Stöcken wird von seinem natürlich vorgegebenen Freiraum Leinetal durch eine Stadtschnellstraße abgeriegelt.

Zugegebenermaßen handelt es sich dabei um wahrscheinlich nicht anders zu lösende Probleme. Aber wir wissen, daß solche Zwangsehen zwischen Grün- und Verkehrsflächen immer mehr unglücklich verlaufen, weil zu dem die Flächen einengenden, abriegelnden und zerschneidenden Effekt der Verkehrsbänder zunehmend die Lärm- und Abgasbelästigung getreten sind. Andererseits sind aber Führungen der Verkehrsbänder im Einschnitt oder gar in Tunnelstrecken aus unterschiedlichen Gründen oft nicht möglich, für die Errichtung von Lärmschutzwällen stehen oft nicht die Flächen zur Verfügung, und die Lärmschutzwände sind in der Regel nicht nur unschön, sondern auch zu teuer. Vor allem wollen sich aber zumeist die Baulastträger in der Kostenfrage dem Verursacherprinzip nicht unterwerfen.

Nicht nur für Verkehrsbänder, sondern auch für Wohnbauten, Schulen und sogar Industrieansiedlungen wurden Grünflächen geopfert. In Hannover mußte einem — inzwischen geplatzten — Industrieansiedlungsobjekt die Pferderennbahn weichen und umgesiedelt werden, obgleich an der gleichen Stelle eine Wohnsiedlung zur Aktivierung des benachbarten Stadtwaldes Eilenriede, der an dieser Stelle kaum genutzt wird, Anlaß gegeben hätte. Weiter wird in Hannover z. Z. in der Randzone eines intensiv ausgestalteten Parks ein Hotel-Hochhaus zur Steigerung der Wirtschaftlichkeit der Stadthalle gebaut. Alles Beispiele nur aus einer Stadt, und nicht einmal aus einer grünnachlässigen oder gar grünfeindlichen! Darf man so optimistisch sein zu meinen, dies wären die letzten Eingriffe und Ansprüche?

Wir stellen also fest, daß die Grünplanung ein schwacher Planungspartner ist. Verleitet das nicht dazu, den Vorzug einer weit gegliederten und stark aufgelockerten Stadt gerade darin zu sehen, daß genügend „minderkostspielige" Flächen für Umwidmungen im Zuge neuer Entwicklungen nicht nur innerhalb des großräumigen Freiraumsystems, sondern auch innerhalb der aufgelockerten Baugebiete zur Verfügung stehen?

Sollte man also nicht auf Verdacht hin weiterhin „locker" bauen? Wir wollen rekapitulieren: Die zwingende Notwendigkeit der Umwidmung von Kleingärten und manchen Sportflächen resultiert daraus, daß sie ursprünglich — noch ohne Pachtschutz — als Zwischennutzungen auf Bauerwartungsland angelegt wurden. Die Verkehrsdurchbrüche und Straßenverbreiterungen dagegen sind die Folge nicht geahnter und daher nicht geplanter Entwicklungen. Kurz: ein wesentlicher Anteil aller Veränderungen geht zu Lasten einer notwendig gewordenen Nachhol- und Anpassungsplanung. Wir versuchen heute, diese durch eine vorausschauende Entwicklungsplanung, eine Prozeßplanung, zu ersetzen. Das könnte für unseren Problembereich Anlaß zu der Hoffnung geben, daß einer Periode großer Umwidmungen und Aderlässe an den Grünflächen eine Periode folgt, die bei aller Offenheit der Planung eine stetigere Entwicklung zuläßt. Ein Baum sollte an der Stelle auch groß werden können, an der er gepflanzt wird. Das ist z. Z. im Bereich des Verkehrsgrüns kaum mehr der Fall.

Für unser Problem ist weiter von Bedeutung, daß die in Teilen verdichtete und in ihren Nutzungen — das ist ein erklärtes Ziel — möglichst genau berechnete und in diesem Sinne zusätzlich konzentrierte Regionalstadt besonders dann keinen wesentlichen Spielraum für Innovationen mit zugleich vergrößerten Raumansprüchen mehr zuläßt, wenn auch die Grün- und Freiflächen in ihrer Nutzung genau determiniert und hochkonzentriert sind. Es ist dann nichts Entbehrliches, nichts frei Verfügbares, mehr enthalten. Trotzdem ist es nicht sinnvoll, Grünflächen flächenaufwendiger zu planen als an sich notwendig. Vielmehr muß im Sinne einer Entwicklungsplanung insgesamt weitschauender und offener geplant werden, u. a. auch mit Reservestreifen entlang von Verkehrsstraßen und mit Reserveflächen für sonstige noch nicht absehbare Nutzungen. Diese Reserveflächen und -streifen können dann allerdings einer irgendwie „grünen" extensiven Zwischennutzung zugeführt werden, dürfen aber keine zwingenden Bestandteile des Grün- und Freiflächensystems sein.

Für die Flächenvorhaltefunktion der Freiräume kann zusammenfassend herausgestellt werden:

1. Die Zweckmäßigkeit der Ausweisung großzügiger landschaftlicher Freiräume in den Zwischenzonen zwischen Entwicklungsachsen und ihre pflegliche und in Teilen konzentrierte Beanspruchung durch Einrichtungen des Verkehrs, der Entsorgung und Versorgung und bestimmter Industrien.
2. Die Ausweisung von Reservebändern bei Verkehrsanlagen und Reserveflächen für noch nicht determinierte Nutzungen auch innerhalb der Baugebiete.
3. Die Notwendigkeit einer vorausschauenden, offenen Planung, die, bei der steigenden Bedeutung der Freiräume für Freizeit und Umweltschutz und — bei der zunehmenden Versteinung und Verdichtung — auch für die Stadtgestalt und die Stadtgliederung, ein Aufrücken der Freiraumplanung aus dem Status des schwächsten Planungspartners zumindest in den eines gleichberechtigten sicherstellt. Vorbild können da holländische Regional- und Städteplanungen sein, wo die naturräumlichen Gegebenheiten oder vielmehr auch Nicht-Gegebenheiten einen heilsamen Zwang ausgeübt haben.

IX. Die Freizeitfunktion des Stadtgrüns und der stadtnahen Landschaft

Bei der Behandlung der Freizeitfunktion des Stadtgrüns, wohl der wesentlichsten Funktion, besteht in diesem Rahmen entweder die Gefahr einer räumlich zu breiten oder inhaltlich zu knappen Darstellung. Es soll deshalb die Kenntnis der in der Freizeitdiskussion z. T. noch unterschiedlich gesehenen gesellschaftlichen, medizinischen und pädagogischen Aspekte[23] vorausgesetzt werden. Auf ihrem Hintergrund sind die folgenden Überlegungen zu sehen.

Wir wissen, daß der erheblichste Teil der Freizeit in der Wohnung, also in einer durchaus privaten Sphäre, verbracht wird. Auch der erweiterten Wohnung, dem Garten, kommt daher eine ganz besondere Bedeutung zu, einmal einfach als Aufenthaltsraum für Ruhe, Entspannung oder Sonnenbad, dann als Bewegungsraum für Tischtennis oder anderes Spiel, schließlich als Hobbyraum für das Gärtnern. In einer in Teilen verdichteten Stadt ist vor allem der Bauform des verdichteten Flachbaus, aber auch allen Geschoß-

---

[23] Vgl. u. a. auch J. HABERMAS: Soziologische Notizen zum Verhältnis von Arbeit und Freizeit. In: Konkrete Vernunft, Festschrift für E. Rotacker, Bonn 1958. — E. SCHEUCH: Soziologie der Freizeit. In: Handbuch der empirischen Sozialforschung, Band II, Stuttgart 1969. — H. v. HENTIG: Freizeit als Befreiungszeit. In: Bauwelt 43/1960. — V. v. BLÜCHER: Freizeit in der industriellen Gesellschaft, dargestellt an der jüngeren Generation. Stuttgart 1956.

wohnungsformen mit Gartenterrassen das Wort zu reden. Aber nicht alle Bevölkerungskreise werden die Mittel aufbringen können oder wollen, Wohnungen mit solchen privaten Freiräumen als Eigentum zu erwerben oder entsprechende Mieten zu zahlen, falls derartige Objekte — im Gegensatz z. B. zu den nordischen Staaten — überhaupt in großem Umfang zur Miete angeboten werden.

Ein ganz erheblicher Anteil der Stadtbewohner wird also auch in Zukunft in mehrgeschossigen Mietwohnungen wohnen, die bestenfalls mit geräumigen und gut zur Nachmittags- oder Abendsonne orientierten Balkonen und Loggien ausgestattet sind. Je kleiner die privaten Freiräume sind und schließlich als Balkone nur noch dem Sitzen dienen, müssen den Bewohnern Ersatzräume angeboten werden, in denen sie die Aktivitäten entfalten können, die der eigene Freiraum nicht bietet. Das sind für den Gartenbesitzer z. B. der Spaziergang und das größere Flächen beanspruchende Spiel, vor allem aber die Kommunikationsmöglichkeit mit anderen. Das ist für den, der nicht einmal einen Balkon zur Verfügung hat, sogar das Sitzen im Freien. Auf die erhebliche Kritik am sogenannten „Abstandsgrün" im Geschoßwohnungsbau wurde im Eingangskapitel bereits näher eingegangen. Es kann den angesprochenen Ersatz für fehlenden privaten Freiraum nicht bieten, denn es ist weder so privat wie ein Hausgarten — jeder kann hineinsehen —, noch so öffentlich wie ein Park oder ein Stadtplatz — es fehlt die Anonymität —. Im heutigen, noch sehr von der Arbeitswelt her bestimmten Verhalten der Bewohner ist es begründet, daß vorerst nur Kindern, die noch keine Pflichten haben, Müttern, die ja arbeiten, wenn sie auf ihre Kinder aufpassen, und alten Leuten, die keine Pflichten mehr haben, zugestanden wird, sich in den Freiflächen des Geschoßwohnungsbaues aufzuhalten. Für diesen Kreis langt aber das Grün zwischen den Wohnzeilen oder -gruppen in jedem Fall, auch bei hoher Wohndichte.

In diesem Sinne gewinnt der „Abstand" als ausfüllendes und gliederndes Element des Wohngrüns wieder an Bedeutung, denn es geht jetzt tatsächlich vornehmlich um ausreichende und richtige Besonnung der Wohnungen und Balkone, deren Schutz vor Einsicht, vor Lärm, um Gewährleistung einer angenehmen Aussicht (wie von einer Gartenterasse über den Rasen eines Hausgartens). Dieser Abstand bedeutet auch Standort für Bäume als abschleiernde, raumbildende, raumweitende und charakterisierende, individualisierende Elemente. Die hier thesenartig vorgetragenen Gedanken bedürfen noch eingehender Untersuchungen und Beweise, besonders auch im Hinblick auf atypische Wohnformen mit ggf. möglichem, mehr öffentlichem und anonymem Charakter der Zwischenflächen. Auch sind Untersuchungen über die qualitativen Unterschiede zwischen Zeilen- und Blockbebauung in bezug auf die Freiräume nötig. Zahlreiche Untersuchungen, z. B. des Städtebauinstituts Nürnberg, über Wohnwert und Wohnzufriedenheit, haben das Problem erst in Randfragen angesprochen.

Wenn auch Vertreter der jüngeren Grünplaner-Generation auf eine baldige Emanzipation der Bevölkerung mit einem daraus resultierenden vermehrten unmittelbarem Gebrauch der Grünflächen im Geschoßwohnungsbau setzen und auf entsprechende Verhaltensweisen in anderen Ländern, etwa in Schweden, hinweisen, scheint es vertretbar, sich auf die für die Abstandsfunktionen notwendigen Maße zugunsten der Ausweisung von Erholungsflächen ausgesprochen öffentlichen und anonymen Charakters in der unmittelbaren Nachbarschaft zu beschränken. Von diesen später mehr.

Zunächst soll noch auf die sonstigen privaten Freiräume in Form von Kleingärten, Wochenendgrundstücken und Dauercamping hingewiesen werden. Allen dreien ist ein Stück Haus zum Wohnen und zum Schlafen, fest oder mobil, und ein Stück Land, beim

Camping auf einen abgesteckten Bezirk, aber oft mit Rosenbusch, Blautanne und Gartenzwerg verziert und mit einem Zaun umgeben, zu eigen. Dauercamping und Wochenendbebauung gestatten nur die Wochenend- und Feriennutzung, haben dafür den psychologischen Vorzug eines grundlegenden Milieuwechsels. Beim Kleingarten zeigte sich in Hannover im Bereich der 30-Minuten-Entfernung eine deutliche Schwelle zwischen häufigem Besuch auch an den Wochentagen und einer weniger effektiven Nutzung bloß an den Wochenenden[24]. Die gleiche Untersuchung ergab, daß die ursprüngliche Motivation des Nahrungszuerwerbs, die auch der Kleingartengesetzgebung zugrunde liegt, zugunsten der Hobby-, Gesundheits- und Naturmotivation weitgehend verdrängt wurde. Parallel dazu hat sich eine dem Stadtganzen in etwa entsprechende Sozialstruktur der Kleingärtner eingestellt. Der höhere Anteil älterer Menschen weist auf die besondere Bedeutung für die Altersfreiheit hin. Der für die Freizeit möglichst effektiv zu nutzende, d. h. wohngebietsnahe Kleingarten ist daher nach wie vor ein — wenn auch unbequemes — städtebauliches Bedürfnis. Er kann in unmittelbarem Anschluß an höher verdichtete Siedlungskerne und als Abgrenzung zur freien Landschaft im weiträumigen System einer Regionalstadt neben Sport- und Erholungsflächen seinen Standort finden, wird aber notgedrungen in kompakten Stadtsystemen, in denen die Freiflächen fein-dispers verteilt sind, zugunsten anderer Nutzungen in Randlagen, d. h. mit weniger effektiven Nutzungsmöglichkeiten, verdrängt werden.

Kleingärten können wegen der gleitenden Übergänge auch mittelbar die freie Landschaft, die wesentlich öffentlich zugänglich bleiben soll, vor einer zu starken Privatisierung durch Dauercamping und Wochenendhäuser schützen. Berechtigung haben natürlich auch diese Formen privater Freizeitverbringung, wobei die natürlichen Voraussetzungen, z. B. die Ausstattung mit Wasserflächen, darüber entscheiden, ob diese Einrichtungen Bestandteil der unmittelbar an die Besiedlung anschließenden Landschaftsteile werden können oder ob große Entfernungen in Kauf genommen werden müssen. Beim Kleingarten würden diese Bindungen an naturräumliche Gegebenheiten wegfallen.

Für den Teil der Freizeitverbringung, der im öffentlichen Freiraum stattfindet, mag man grob zwischen einer mehr ruhigen, im Charakter vielfach privaten Form des Wanderns, Spazierengehens, Sitzens, Lagerns und Spielens, kurz der individuellen oder kontemplativen Erholung unterscheiden, und einer mehr lauten, Öffentlichkeitsuchenden des Promenierens, des Sehens und Gesehen-Werdens, des Besichtigens, des Badens und Spielens, des Amüsierens, kurz der kollektiven Erholung. Dabei gibt es vielerlei Übergänge und wechselndes Verhalten, nicht nur an unterschiedlichen Tagen, bei unterschiedlichen Wetterlagen und je nach der Interessenlage des einzelnen und seiner Familie oder Gruppen, sondern auch innerhalb kurzer Zeit bei den gleichen Personen und Kleingruppen.

Auch vom Zeitbudget her kommen wir zu einer immer deutlicheren Unterscheidung. Wir erkennen eine tägliche Kurzzeiterholung, wie den Vormittagsaufenthalt des Rentners im Park, den Nachmittagsaufenthalt der Hausfrauen und Kinder und den Abendspaziergang einzelner oder von Ehepaaren, und wir erkennen eine längerfristige Wochenend- und Feiertagserholung vom Sonntagsnachmittagsausflug bis zur auswärtigen Verbringung auch der Nächte. Die Kurzzeiterholung ist, je nach Attraktivität der Grünflächen und je nach Alter, Geschlecht und Status der Besucher, sehr distanzampfindlich. Als Schwellen-

---

[24] Vgl. G. GRÖNING: Tendenzen im Kleingartenwesen, dargestellt am Beispiel einer Großstadt. Dissertation, Hannover 1973.

wert gelten 600—750 m bei leidlich guter Zuwegung[25]). Die Palette der möglichen Wochenendverbringung ist demgegenüber ausgesprochen vielschichtig und weitläufig und reicht von den unmittelbar benachbarten Grünflächen bis weit über den Bereich der Regionalstadt hinaus. Jedoch gibt es z. B. für das Ruhrgebiet Berechnungen, wonach ein hoher %-Satz der Bewohner an Sonn- und Feiertagen im Verbandsgebiet bleiben[26]). Aus der Zusammenschau der Einzelfaktoren — individuelle, kollektive, Kurzzeit- und Langzeiterholung, mögliche Aktivitäten und Bedürfnis nach Abwechslung, Austauschbarkeit der Angebote sowie Entfernungen und Verkehrsbeziehungen — ergibt sich ein System in sich wieder möglichst multifunktionaler, für Freizeit und Erholung notwendiger öffentlicher Freiräume. Wir könnten gliedern in:

1. unmittelbar wohnungsnahe Freiräume (Kinderspielgelegenheiten und Sitzgelegenheiten auf dem Nettowohnbauland, ergänzende Kinderspielgelegenheiten und Erwachsenensitzplätze im Bruttowohnbauland, vielfach als Ersatz für nicht vorhandene private Freiräume);

2. wohngebietsbenachbarte Freiräume in Entfernungen bis zu 600—750 m mit vielseitigem Angebot für Kinder- und Erwachsenenspiel, Sitzen, Sehen und Gesehenwerden, Lagern und beschränkt Spazierengehen; dies können kleine Parks, Volksgärten oder für Teilaufgaben Stadtplätze oder auch zu den Wohngebieten günstig gelegene Randgebiete größerer Grünräume sein;

3. stadtintegrierte oder stadtnahe größere Parks und Erholungslandschaften, die für eine größtmögliche Anzahl von Bewohnern in 1200—1500 m Entfernung zu Fuß erreichbar sein sollten und zugleich in gegenseitiger Ergänzung Ziele für Wochenend- und Feiertagsausflüge unter Benutzung von Verkehrsmitteln abgeben. Einrichtungen zum Spazierengehen, Lagern, Spielen, Anziehungspunkte wie Gaststätten, einfache Tiergehege und Wasserflächen zum Kahnfahren, bei speziellen Erholungslandschaften insbesondere Möglichkeiten zum Baden und zum Wassersport sollten eine erhöhte Attraktivität verleihen. — Die Übergänge zu den nächsten Gruppen sind fließend, zumal sie alle zugleich auch in Wohngebietsnähe liegen können;

4. besondere Erholungsschwerpunkte in Abhängigkeit von den naturräumlichen Gegebenheiten, daher entfernungsmäßig nicht eindeutig zu definieren, vorwiegend für das Baden und das Spiel, ggf. den Wassersport, oft verbunden mit Dauercamping und Wochenendhausgebieten. In Ermangelung natürlicher Gegebenheiten (natürliche Wasserflächen, Kiesvorkommen im Grundwasserbereich) ist die vermehrte Einrichtung von Becken- und Hallenbädern, angefangen vom kleinen Bezirksbad innerhalb der Wohngebiete bis hin zum landschaftlich situierten und regional konzipierten Badepark notwendig;

5. Sonderanlagen hoher Intensität und Attraktivität wie zoologische, botanische oder historische Gärten, Gartenschauen, kombinierte Anlagen wie die Revierparks des SVR usw., in der Regel regionalen oder überregionalen Charakters, aber integriert in die Regionalstadt;

6. die zum Spazierengehen, Wandern, Radfahren und ggf. Reiten unter Berücksichtigung ihrer eigenen wirtschaftlichen Belange erschlossenen, mit Park- und Ruheplätzen, kleinen Liege- und Spielwiesen versehene land- und forstwirtschaftlich genutzte Land-

---

[25]) Vgl. G. OSBURG: Untersuchungen zum Besuch allgemeiner öffentlicher Grünflächen in der gemeinsamen Standrandzone der Städte Essen und Gelsenkirchen. Dissertation, Hannover 1973.
[26]) Vgl. L. CZINKI und W. ZÜHLKE: Erholung und Regionalplanung. In: Raumordnung 4/1966.

schaft in der näheren Umgebung des Siedlungsbereiches. Erfahrungen lehren, daß bis auf Wälder die unmittelbare Umgebung der Siedlungen oft gemieden, gleichsam übersprungen wird, wenn die Störungen durch Verkehrsbänder und Leitungstrassen, durch Industrie- und Siedlungskulissen den Raum indifferent, nicht mehr eindeutig als „Landschaft" erscheinen lassen;

7. entferntere Ziele außerhalb der Regionalstadt, die durch naturräumliche Eigenarten (Wald, Gebirge, Heide, Wasser, Ortsbild oder besondere Einrichtungen, etwa für den Wasser- oder Wintersport) attraktiv sind und vielfach zugleich der Ferienfreizeit, wenn auch meist nicht aus den unmittelbar benachbarten Räumen, dienen. Dazu gehören auch Naturparks. Als gewerbliche Unternehmungen werden in diesen Bereichen auch „Safari"-Parks, „Vogelparks", „Blumenparks" zusammen mit Gaststätten betrieben und vertrauen auf ihre Attraktivität in Entfernungen von den Ballungsgebieten, die zugleich erwünschte Ziele für die kürzere und längere Spazierfahrt im eigenen Pkw abgeben.

8. Grün- oder grünbestimmte Verbindungen. Sie vernetzen — teils in naturräumlich, teils in städteplanerisch vorgegebenen Strukturen — die Grün- und Freiflächen miteinander und mit den Wohngebieten und in Teilen auch den Geschäfts- und Arbeitsgebieten. Wenn das optisch so planwirksame, von der Innenstadt bis in die freie Landschaft kontinuierliche Grünsystem wegen der großen Entfernungen bestenfalls noch in einer Mittelstadt relevant werden kann, so bedeutet in der Realität die durch die Vernetzung gegebene Kontinuität nichts weiter als die Überlappung unzähliger kürzerer oder längerer Spazierwege „um den Block herum" bis hin zu solchen mit Zwischenaufenthalten in Parks oder der Berührung freier Landschaftsteile;

9. grünbestimmte urbane Räume wie Stadtpromenaden und Stadtplätze in Verbindung mit Einkaufs- und Kulturzentren von City- bis zu bloßer Wohngebietsbedeutung, pflanzliche Elemente in Fußgängerbereichen, die zum gelegentlichen Verweilen und zur Kommunikation anregen. Zu Grünflächen umfunktionierte ehem. repräsentative Stadtplätze in Altbaugebieten sind in der Regel Notbehelfe, die die Funktionen wohngebietsnaher kleiner Parks nur unvollkommen — ohne Spazierwege und Liege- und Spielwiese — wahrnehmen, aber zur Kommunikation anregen.

Auf die besonderen Bedürfnisse der verschiedenen Altersgruppen soll hier nicht mehr eingegangen werden, das Kinderspiel wurde im einleitenden Kapitel schon gestreift. Auch die Probleme unterschiedlicher Gruppen — so scheinen die Bedürfnisse je nach der Schulbildung zu variieren — und Randgruppen, z. B. der Gastarbeiter, müssen übergangen werden. Es soll nur noch kurz auf den Sport und die Sportflächen eingegangen werden.

Der Sport, und besonders der Leistungs- und der Zuschauersport, wird in seiner gesellschaftlichen Bedeutung zunehmend kritisch beurteilt. Anderseits zeigt die „Trimm-dich-Welle", die auf einen informellen und zugleich Breitensport hinzielt, deutlich, daß wirtschaftliche Interessen der Sportartikelindustrie auch dabei handfest mitwirken. Derartige Kritiken lassen Rückschlüsse auch auf die Fragwürdigkeit bisheriger flächen- und lagemäßige Ausweisungen, des formalen („Aufforderungs"-)Charakters der Anlagen und des heutigen Betriebs (institutioneller, formeller, informeller Sport) zu[27]. So ist auch eine Überprüfung in der bisherigen Systematik — Feldspiele und Leichtathletik einerseits, Sondersportanlagen anderseits und die Aufteilung in regionale oder überregionale Sta-

---

[27] Vgl. F. BLECKEN: Wissenschaftliche Beiträge zur Funktion des Sports und der Sportstätten in der heutigen Gesellschaft. In: Das Gartenamt 4/1972.

dien, Bezirkssportanlagen, die vielfach nichts anderes als addierte Vereinssportanlagen sind, und ergänzende Sportanlagen, auch für den Schulsport — angebracht. Dabei spielen auch die entgegengesetzten Zielvorstellungen von einer möglichst großen Wohngebietsnähe, die in locker besiedelten Räumen völlige Dezentralisation bedeutet, und die eines möglichst breiten Angebotes an Sportarten, Übungsplätzen und Betreuern, die zu einer gewissen Zentralisation führt, eine Rolle. Durch die notwendige Integration in die Schulplanung und die wünschenswerte Anlagerung an andere Freizeitbereiche wird das Problem Sportflächenplanung noch komplexer. Was diese Integration oder bloße Benachbarung unterschiedlicher Freizeitbereiche angeht, so muß zwischen Zusammenfügen aus stadtklimatischen und stadtgliedernden, verkehrsmäßigen oder organisatorischen Gründen unterschieden werden und echter Integration aus Nutzungsgründen. Hierzu mögen einige Hinweise genügen: Institutionellen und formellen Sport treiben, wegen der Kleidung auch das Baden, weiter das Kleingärtnern sind so auf bestimmtes Tun gerichtete Aktivitäten, daß die entsprechenden Einrichtungen eigenständige Besuchsziele sind und in der Regel nicht der Wunsch aufkommt, sie zwischenzeitlich zu wechseln. Spiele aller Art und informeller Sport, Sitzen, Lagern, Gehen, sich Unterhalten werden dagegen weitgehend von der momentanen Gelegenheit initiiert. Diese Gelegenheiten müssen vielfältig und gleichsam überall angeboten, d. h. integriert werden. Der z. B. für die Revierparke des SVR gegebene Hinweis, daß eine weitgehende Integration unterschiedlicher Elemente besonders familiengerecht sei, um den unterschiedlichen Wünschen zu entsprechen, zieht nur dann, wenn man bereits die gemeinsame An- und Abfahrt als ausreichend ansieht.

Insgesamt ist für die Freizeitfunktion der Freiräume festzustellen:

1. Bereits die Charta von Athen hat die Bedeutung der Freiräume als Erholungsflächen hervorgehoben und damit längst eingeleitete Entwicklungen — vom Fürstengarten über den Volkspark nach den Vorstellungen eines Bildungsbürgertums zum modernen Volkspark, wie ihn zuerst literarisch LICHTWARK formulierte[28] fortgesetzt. WAGNER[29] und WOLF[30] befaßten sich als erste mit Versuchen einer Quantifizierung der Freiraumansprüche.

2. Die heutige Bedeutung der Freiräume für eine durch zunehmenden Wohlstand und vermehrte Freizeit gekennzeichneten Gesellschaft führt einerseits zu ihrer Differenzierung nach unterschiedlichen Nutzungen und damit unterschiedlicher Lage, Größe und Ausstattung, andererseits zur Integration der unterschiedlichen Nutzungen in ein Gesamtsystem. Sie erfordert weiter eine offene Planung angesichts noch ungeklärter Sachverhalte und der möglichen Veränderungen in den Ansprüchen und Verhaltensweisen, z. B. durch verlängerte Ferienzeiten und eine fortschreitende Emanzipation.

3. Die Bedeutung der Freiräume für die Freizeit und die Erholung macht es notwendig, daß die Siedlungsstandorte selbst nicht nur nach ihrer Verkehrslage, nach der Tragfähigkeit des Baugrundes und nach sonstigen Kriterien ausgewählt werden, sondern vor allem auch nach ihrer Ausstattung mit gegebenen oder potentiellen Freiräumen. Im Interesse einer möglichst hohen Effektivität aller Freiräume müssen auch die Folgen von geplanten und ungeplanten Flächenumwidmungen bedacht werden, z. B. die allenthalben zu beobachtende Entwertung älterer Grünflächen, denen durch Einsickern von tertiärem Gewerbe in die benachbarten Wohngebiete

---

[28] Vgl. H. KLAUSCH: Beiträge Alfred Lichtwarks zu einer neuen Gartenkunst in seiner Zeit. Dissertation, Hannover 1971.
[29] Vgl. M. WAGNER: Das sanitäre Grün der Städte. Dissertation, Berlin 1915.
[30] Vgl. P. WOLF: Grundsätze für die Berechnung der erforderlichen Freiflächen für die städtische Bevölkerung. In: Jahrbuch für Volks- und Jugendspiele, 26. Jahrgang, 1917.

ihr Publikum und damit ihre Bedeutung, ggf. sogar ihre Berechtigung, genommen wird.

4. Das Modell einer Regionalstadt mit band- oder netzartiger Struktur unter Einbeziehung naturräumlicher Gegebenheiten kommt in der Regel einer Freiraumplanung für den Bereich der Freizeit und Erholung entgegen, weil die großen gliedernden Einheiten die Sportflächen, Kleingärten und Parkanlagen mit größerem Einzugsbereich sowie spezielle Erholungszentren aufnehmen können. Dagegen müssen die flächenmäßig kleineren Einheiten der wohngebietsnahen Parks, Promenaden und Stadtplätze den — in wesentlichen Teilen verdichteten — Baugebieten an- und eingegliedert werden.

X. Schlußbemerkungen und Zusammenfassung

Dem Verfasser schien es wesentlich, zu prüfen, in wieweit von der vielfältigen Kritik am heutigen Städtebau die *Grün- und Freiflächen* mitbetroffen sind. Dabei sollte auch erörtert werden, welche Auswirkungen dabei ein verändertes Verständnis vom Städtebau hat und ob das Modell der Regionalstadt in bezug auf die Freiräume und ihre Funktionen zu gegensätzlichen Auffassungen gegenüber dem der gegliederten und aufgelockerten Stadt Anlaß bietet. Es zeigte sich, daß die Kritik nur vereinzelt Freiräume als Grünräume im Sinne einer „Entlarvung" eines stadtfeindlichen Biologismus grundsätzlich in Frage stellt. Die breite Öffentlichkeit, das dokumentieren auch die Werbesprüche der Verkehrsämter und der Wohnungsunternehmen von der Industriestadt im Grünen, der grünen Wohnstadt, der Parkstadt, dem Wohnpark, hält Grünflächen und landschaftliche Freiräume weiterhin für unabdingbar. Vermehrter Wohlstand und wachsende Freizeit einerseits, ein geschärftes Umweltbewußtsein andererseits, führen im Gegenteil zu höheren Ansprüchen in bezug auf die Quantitäten und die Qualitäten der Freiraumangebote. Sie geben Anlaß zur Kritik am Städtebau überhaupt, dem vorgeworfen wird, die natürlichen Elemente nicht ausreichend zu berücksichtigen — ein Thema der Großstadtkritik seit jeher. Die Kritik an der mangelnden Zugänglichkeit und Ausbildung vieler Freiräume zielt nur vordergründig auf die physische Beschaffenheit, hintergründig aber auf gesellschaftliche Restriktionen in ihrem Gebrauch und auf fehlende Anleitung und Freizeit- und Spielbetreuung.

Die wenig gezielte und oft ungenaue emotionelle Kritik an den Grün- und Freiflächen war wiederum Anlaß zu einer generellen Betrachtung der Wertigkeit aller denkbaren Funktionen des Freiraums und insbesondere im Modell der Regionalstadt.

So konnte festgestellt werden, daß stadthygienischen Funktionen eine ganz wesentliche Bedeutung zukommt. Wenn wir dabei in zwei Komplexe unterscheiden, einen gleichsam negativen, der in der Verhinderung und Verminderung von Umweltschäden besteht, und einen, der positiv eine lebenswerte Umwelt schafft, dann können die Grün- und Freiflächen für den ersten Komplex nur Mithilfen, aber keine Abhilfen anbieten. Im Gegenteil, Freiräume sind selbst schutzbedürftig. Der zweite Komplex, die Schaffung lebenswerter Umwelt, sollte zwar in allen Lebensbereichen, auch in der Arbeitswelt, zum Tragen kommen, betrifft unser Problem aber vorwiegend als Vorsorge für die Freizeit.

Die Freizeitfunktion kann somit als die wichtigste und herausragende Funktion des Stadtgrüns und der landschaftlichen Freiräume betrachtet werden. Ebenso, wie sich jetzt erst eine spezielle Freizeitsoziologie, auf deren Hintergrund sich planerische Überlegungen abspielen können, herausbildet, steht die Ermittlung und Quantifizierung der Freizeitbedürfnisse — von denen die innerhalb der Freiräume zu befriedigenden nur im Gesamtzusammenhang betrachtet werden dürfen — noch in den Anfängen.

In enger Verbindung zur Freizeitfunktion steht auch die stadtgestalterische Funktion der Freiräume, die ebenfalls die Schaffung lebenswerter Umwelt zum Ziel hat und wo besonders die individualisierenden und charakterisierenden Möglichkeiten durch Erhalten, Überhöhen oder urbanes Übersetzen naturräumlicher Gegebenheiten hervorzuheben sind. Charakterisierende Freiräume können vor allem wesentlich zur Identifikation der Bürger mit ihrer Stadt, ihrem Ortsteil, ihrer näheren Wohnumgebung beitragen.

Die Funktionen des Flächenvorhaltes und der Produktion der land- und forstwirtschaftlichen Freiflächen stehen in engem Zusammenhang miteinander. Die mißliche wirtschaftliche Lage der Landwirtschaft und ihre Strukturschwächen machen es bei der Großräumigkeit der regionalplanerisch zu betrachtenden Räume besonders erforderlich, sich in Zukunft mehr mit ihrer Eigengesetzlichkeit auseinanderzusetzen. Die Innovation der Städte ist eine ständige Gefahr für den Bestand und die Wirksamkeit der vorhandenen Grünflächen. Die Freiraumplanung muß, vor allem wegen ihrer Bedeutung für Freizeit und Umweltschutz, aus der Rolle des schwächsten Planungspartners in die eines gleichwertigen überführt werden. Das setzt Abkehr von bloßem fiskalischem und Renditedenken voraus, aber auch die Entwicklung von Methoden, den Nutzen der Freiräume meßbar zu machen, damit er in gesamtwirtschaftliche Rechnungen eingehen kann.

Die Gliederungsfunktion der Freiflächen schließlich bleibt nach wie vor bedeutsam, wobei allerdings die Strukturen der abzugliedernden Siedlungseinheiten selbst wesentlicher über den Gliederungseffekt entscheiden als die abgliedernden Freiräume, deren Inhalte bedeutsam und auf die iSedlungseinheiten bezogen sein müssen, wenn sie einem Siedlungsdruck gegenüber widerstandsfähig sein sollen. Gerade wegen des zumeist geringen Bezuges der landwirtschaftlichen Freiflächen zum Wirtschaftssystem Stadt müssen sie besonders sorgfältig und nur als großräumige Gliederungseinheiten ausgewiesen werden.

Generell fordern alle angesprochenen Funktionen eine vermehrte Beachtung naturräumlicher Gegebenheiten heraus. Das gilt besonders für die Ausweisung stadtklimatisch wirksamer, die Stadt charakterisierender und die Freizeitbedürfnisse berücksichtigender Freiräume. Deren Vielfalt setzt bei aller erwünschten Multifunktionalität eine differenzierte Betrachtung nach Lage, Größe, Nutzung und Ausbildung innerhalb eines Freiraumsystems voraus. Dies kann nicht erst in einer Nachfolgeplanung durch die Verteilung unterschiedlicher Nutzungen auf generell als Gliederungselemente ausgewiesene oder bloß übrig gebliebene Freiräume geschehen. Vielmehr müssen je nach dem Konkretisierungsgrad der Planungen allgemeine oder spezielle Zielvorstellungen zur Freiraumplanung in die Gesamtplanung eingebracht werden, bis hin zu detaillierten Planungsprogrammen für definierte Siedlungseinheiten bestimmter Größe und Struktur, einschl. einer Beurteilung der Bauflächen selbst aus freiraumplanerischer Sicht.

Im Modell der Regionalstadt sind die Freiräume jedenfalls nicht weniger wichtig als im Modell der gegliederten und aufgelockerten Stadt. Vielmehr sind die Akzente eindeutiger gesetzt: Der Landschaft kommt als großräumigem Freiraumelement und als Basis des Gesamtsystems eine tragende Bedeutung zu. Die in Teilen verdichteten Stadteinheiten bedürfen andererseits ergänzender und kontrastierender urbaner Freiräume.

Aussagen des Buchanan-Reports und des Berichts der deutschen Sachverständigenkommission zur Stadtstruktur*)

von

Friedrich Tamms, Düsseldorf

Im Dezember 1963 erschien in London ein Bericht über die Verkehrssituation in den Städten: COLIN BUCHANAN „Traffic in Towns". Diese Untersuchung erfolgte auf Veranlassung des britischen Verkehrsministeriums vom Juni 1961. Neben der Arbeitsgruppe von Colin Buchanan wurde ein Lenkungsausschuß (Steering Group) ernannt; dessen Aufgabe war dreigeteilt: Er stand der Buchanan-Gruppe zur Befragung und Unterrichtung über den Gang der Arbeiten zur Verfügung; sodann hatte der Ausschuß gegenüber dem Minister zu dem abschließenden Bericht Stellung zu nehmen; schließlich sollte er zu den Schlußfolgerungen von Buchanan Angaben über Art und Inhalt der zu ergreifenden Maßnahmen von Seiten der öffentlichen Hand machen.

Die Stellungnahme des Lenkungsausschusses ist knapp und zurückhaltend. Sie verweist auf die Arbeitsergebnisse der Buchanan-Gruppe, betont den Ernst der Lage und versucht, die öffentliche Diskussion anzuregen. Da Buchanan sich nicht mit einer Darstellung des Verkehrs in den Städten begnügt hat, sondern deren totale Umgestaltung fordert (... wir brauchen neue Städte ...), geht auch der Lenkungsausschuß auf dieses Thema ein. Er konstatiert, daß „der bedeutendste Beitrag des Buchanan-Berichts in seinem Versuch liegt, aufzuzeigen, welcher Art diese Städte sein müssen und wie wir dazu kommen können... Ausgangspunkt ist der Grundsatz, daß Verkehr und Gebäude nicht verschiedene Dinge, sondern zwei Seiten desselben Problems sind. Für den Straßenbauer mögen Gebäude bloß Bauwerke sein, die seine Straßen säumen und manchmal behindern. Tatsächlich sind sie Urheber und Ziel des Verkehrs. Ohne Gebäude gäbe es keinen Verkehr. Umgekehrt gäbe es ohne Verkehr nur wenige Gebäude. Infolgedessen dürfen die Planer und Erbauer von Gebäuden nicht einfach davon ausgehen, daß das Straßensystem zu deren Bedienung ausreicht. Die Gebäude, aus denen der Verkehr entsteht, sollten mit den Verkehrsbauten in einem umfassenden städteplanerischen Konzept zusammengefaßt werden. Soweit dies nicht durch Gebote und Verbote... erreicht werden kann, muß es durch umfassende aktive Umgestaltung geschehen. Das gilt natürlich in erster Linie für Industrie- und Geschäftsgebiete in den Städten, ist aber auch auf Wohngegenden anwendbar."

---

*) 1. COLIN BUCHANAN: Verkehr in Städten. Essen 1964. 2. Bericht der Sachverständigenkommission über eine Untersuchung von Maßnahmen zur Verbesserung der Verkehrsverhältnisse der Gemeinden (Bundestagsdrucksache IV/2661, Bonn, 29. 10. 1964).

Die Stadt der Zukunft soll als ein System von Environmentzonen (environmental areas) gestaltet werden, die für den Verkehr, soweit er nicht innerhalb der Zone Ursprung und Ziel hat, verschlossen sind: „Ein Netz von Verteilerstraßen soll die Zonen zugleich trennen und miteinander verbinden. Bildhaftes Beispiel ist ein großes Gebäude, in dem Hallen und Flure den Verkehr aufnehmen, während die einzelnen Räume den Zonen entsprechen.

Auf den ersten Blick mag die Unterscheidung zwischen reinen Verkehrsstraßen und verkehrsfreien Zonen recht gewaltsam erscheinen. Aber die Unterscheidung zwischen Räumen und Fluren ist ebenfalls eine verhältnismäßig neue Erfindung in der Geschichte der Architektur. Bis ins siebzehnte Jahrhundert hinein bewegte sich der ganze menschliche — sogar der tierische — Verkehr durch die Salons von Versailles. Genauso benutzen wir heute die Oxford Street für den Durchgangsverkehr zu den Werften, für die örtliche Warenanlieferung mit Lieferwagen, für Omnibusse voller Büroangestellter und für Fußgänger, die zum Einkaufen unterwegs sind, alles vermischt und durcheinander. Die Environmentzonen, deren Schaffung im Buchanan-Bericht vorgeschlagen wird, mögen vorwiegend Wohncharakter, Geschäftscharakter oder Industriecharakter haben. Die Arten mögen auch — und sollten in vielen Fällen — gemischt sein. Aber jede Zone würde zu einer Endstation für den Verkehr werden, der nur eindringen dürfte, wenn er in dem Gebiet etwas zu tun hat...".

BUCHANAN hat die Schaffung von Environment-Zonen in Städten verschiedener Größe untersucht. Er stellte fest, daß die zentral gelegenen Teile der größten Städte, vor allem Londons, ein besonderes Problem darstellen. „In kleineren Städten und Orten wird in der Regel genügend Raum vorhanden sein, um die Environmentzonen und die verkehrsführenden Hauptverteilerstraßen nebeneinander unterzubringen. In den großen Städten wird es sich vielleicht als nötig erweisen, in zwei oder sogar drei Ebenen zu bauen, wenn man Environmentzonen schaffen und gleichzeitig Raum für etwas mehr als nur den allernotwendigsten Verkehr erhalten will." Danach soll die wichtigste Hauptverkehrsstraße unter die Erdoberfläche gelegt werden; die Verteilerstraßen und die Parkflächen werden zu ebener Erde geplant; eine neue Environmentzone, die frei von Verkehr wäre, würde auf einer neuen, künstlichen Grundfläche einige Meter über der jetzigen Erdoberfläche entstehen.

Der Lenkungsausschuß glaubt, daß der zur Verwirklichung der Gedanken aus dem Buchanan-Bericht erforderliche Umbau kaum über die Kräfte von einigen Jahrzehnten unseres Jahrhunderts hinausgehen wird: „Die Aufgabe ist nicht größer als die, der das ländliche England vor zweihundert Jahren durch die industrielle Revolution und die nachfolgenden Eisenbahnen gegenübergestellt war."

Aus dem Buchanan-Report dürfte hinsichtlich neuer Stadtstrukturen folgendes von Interesse sein; zunächst zum Thema Environment. Buchanan führt dazu aus, daß „das Eindringen der Kraftfahrzeuge in alle Stadtgebiete Unannehmlichkeiten mit sich bringt: Unfälle, Angst, Erschrecken vor zu großen oder zu schnellen Fahrzeugen, Lärm, Qualm, Erschütterungen, Schmutz und visuelle Beeinträchtigungen in großem Ausmaß. Zu letzterem gehört auch das Auswuchern der Einrichtungen und Unternehmungen, die im Dienste des Kraftfahrzeugs stehen ... Wir benötigen einen passenden Begriff, der uns die Vorstellung eines Ortes, einer Gegend oder gar einer Straße vermittelt, die von den Gefahren und Belästigungen des Kraftverkehrs frei sind. Sofort drängt es sich auf, zu sagen, die Gegend habe ein gutes Environment. Dies würde jedoch für die Mehrzahl der Leute, die mit städteplanerischen Begriffen vertraut sind, erheblich mehr bedeuten als nur das Freisein von den lästigen Auswirkungen des Verkehrs. Es würde z. B. auch beinhalten, daß die Gegend ästhetisch ansprechend ist."

BUCHANAN vergleicht seine Vorstellung vom Environment mit einem Krankenhaus: „Patienten kommen zur Aufnahme, werden auf die Stationen gefahren, kommen in den Operationssaal und wieder zurück auf die Station. Ärzte, Schwestern, Pfleger und Fürsorgerinnen machen ihre Gänge. Nahrung, Bücher, Briefe, Arzneimittel und viele Geräte müssen verteilt werden. Die Grundidee, nach der alles ausgerichtet ist, ist die Anlage von Environmentzonen (Stationen, Operationsräume, Sprechzimmer, Laboratorien, Küchen, Büchereien), die von einem System von Fluren und Korridoren für die Primärverteilung des Verkehrs bedient werden. Das soll nicht heißen, innerhalb der Tätigkeitsbereiche gäbe es keine Bewegung. Auch auf einer Station gibt es Hin- und Herbewegung, aber sie wird strikt in Grenzen gehalten, damit die Umgebung (Environment) davon nicht beeinträchtigt wird... Eine Environmentzone wird niemals für den Durchgangsverkehr geöffnet. Wenn Essenwagen durch Operationsräume geschoben würden, wäre das ein Zeichen für grundlegende Fehler in der Planung der Bewegungsabläufe."

Aus diesem Beispiel folgert Buchanan, daß man „Bereiche mit günstigen environmentalen Bedingungen braucht, städtische Räume, in denen die Menschen vor den Gefahren des Kraftverkehrs geschützt sind, leben, arbeiten, einkaufen, umherschauen und zu Fuß gehen können". Die Environmentzonen sind nicht völlig verkehrsfrei, aber durch ihre Anlage soll sichergestellt sein, daß nur der Verkehr Zutritt hat, der dort hingehört.

Aus der Weiterführung dieses Gedankens ergibt sich, daß die gesamte Stadt eine Art Zellenstruktur erhält, die aus Environmentzonen besteht; sie werden durch ein Netz von Verteilerstraßen miteinander verbunden sein. Die Idee ist nicht neu (siehe: „Town Planning and Road Traffic", H. ALKER TRIPP, Arnold 1942). Auch die Siedlungsbereiche und Nachbarschaften des „County of London Plan" basieren auf ähnlichen Gedankengängen.

Buchanan fordert, daß die Kapazitäten des Straßennetzes und der Environmentzonen jeweils voneinander abhängig sein müssen. In der Regel soll ein Straßennetz so angelegt werden, daß es für die Kapazität der Zonen ausreicht, genauso wie eine Wasserleitung der Größe des Abnehmerverbrauchs angepaßt wird. „Es wäre unklug", sagt er, „breite Straßen zur Stadtmitte anzulegen und dadurch große Verkehrsbewegung aus den Außenbezirken heranzuziehen, wenn die zentral gelegenen Stadtteile gar nicht in der Lage sind, mit diesem Verkehr fertig zu werden". Umgekehrt wäre es natürlich unsinnig, eine Innenstadt mit großen Bürokomplexen und riesigen Parkflächen auszustatten, wenn das Straßennetz für den daraus entstehenden Verkehr nicht entsprechend leistungsfähig gemacht werden kann.

Die Größe einer Environmentzone findet nach Buchanan ihre Grenze dort, wo der eigene Verkehr ein Volumen erreicht, das eine neue Unterteilung durch Einfügung einer weiteren Verbindung in das Verteilernetz erfordert. Mit der Idee von einer Environmentzone werden nun keinerlei soziologische Gedankengänge verknüpft. „Sie hat nichts mit dem Gedanken der ‚Nachbarschaft' zu tun. Es geht um nicht mehr und nicht weniger als um eine Methode für die Gruppierung von Gebäuden im Hinblick auf den Kraftfahrzeugverkehr. Tatsächlich würde eine Nachbarschaft von 10 000 Einwohnern — das war die in dem County of London Plan vorgesehene Standardgröße — sicherlich eine Unterteilung in eine größere Zahl von Environmentzonen erfordern." Daraus entsteht ein Miteinander von Verkehrsanlagen und Hochbauten: Die Verkehrsarchitektur! „Wir stoßen hier in ein neues und weitgehend unerforschtes Planungsgebiet vor. Das bedeutet aber, daß wir den

Gedanken aufgeben müssen, städtische Gebiete müßten notwendigerweise aus Gebäuden bestehen, die an Straßen gebaut werden, wobei es einen Plan für die Häuser und einen anderen für die Straßen gibt. Das ist konventionelles Denken. Wenn Gebäude und Zugangswege als Einheit gesehen werden, die die Grundsubstanz unserer Städte darstellt, können sie auf die verschiedensten Arten miteinander vermischt und verbunden werden, und zwar größtenteils vorteilhafter als in der herkömmlichen Straße."

Mit einem Blick auf Amerika heißt es, daß die aus der Zersiedlung entstandenen Probleme zu zwei wichtigen Reaktionen geführt haben. Die eine betrifft die künftige Struktur der Stadt, die sie erhalten muß, um mit den Verkehrsproblemen fertig werden zu können, die andere die Suche nach einem wirksamen Planungsverfahren, mit dem die Ergebnisse dieser Gedankengänge verwirklicht werden können. „Eine der interessantesten Untersuchungen ist der Frage gewidmet, wie Washington im Jahre 2000 aussehen könnte (‚The Nation's Capital, A Plan for the Year 2000'. National Planning Commission and the National Capital Regional Planning Council, 1961). Alle erdenklichen Möglichkeiten werden darin erörtert: Beschränkung auf die gegenwärtige Größe durch einen Grüngürtel; eine Reihe neuer, unabhängiger Städte in einer Entfernung von etwa 100 Kilometern; ‚geplante' Zersiedlung; ein Ring neuer Satellitenstädte; ein geschlossener Ring von Städten an einer kreisförmig angelegten Verkehrsverbindung; Randgemeinden und schließlich der Plan radikaler Korridore." Dieser letzte Plan besteht aus sechs Strahlen, die sich über eine Entfernung von etwa 40 km in das Land hinein erstrecken. Jeder Strahl besteht aus einer Reihe halb unabhängiger, vorstädtischer Gemeinden, die mit einem radial verlaufenden Verkehrskorridor, der aus einer leistungsfähigen Straße und einer Schienenbahn besteht, mit der Zentralstadt verbunden sind. Das Problem der Zentralstadt, ihr Umbau zu lebensfähigen Environments ist jedoch ein Thema sui generis. „Der Menge des Verkehrs, die eine Stadt aufnehmen kann, ist je nach Größe und Bebauungsdichte eine absolute Grenze gesetzt. Bis zu dieser Grenze gilt, wenn man von der Erhaltung oder Schaffung eines menschenwürdigen Environments ausgeht, der Grundsatz: Welcher Grad an Zugänglichkeit für die Fahrzeuge in der Stadt erreicht wird, hängt davon ab, in welchem Maße sie bereit ist, die erforderlichen äußeren Veränderungen hinzunehmen und dafür zu bezahlen. Die Entscheidung liegt bei der Gesellschaft." Unvernünftig und auf lange Sicht unmöglich sei es, weiterhin unbegrenzte Mittel für den Kauf und Betrieb von Kraftfahrzeugen auszugeben, heißt es, ohne entsprechende Summen für die Unterbringung des daraus entstehenden Verkehrs zu investieren.

Diese Feststellung trifft sich mit den Ergebnissen der Untersuchungen der deutschen Sachverständigenkommission, die sich in den Jahren 1962—1964 mit dem gleichen Problem auseinandergesetzt hat. Beide Untersuchungen haben gezeigt, daß die Bereitschaft, für Kraftfahrzeuge beliebig viel Geld auszugeben, die Verkehrsprobleme erst richtig hat entstehen lassen.

Im Zusammenhang damit stehen Überlegungen, welche Grenzen dem Individualverkehr gesetzt werden können. Dafür werden folgende Möglichkeiten angedeutet:

a) Der Zugang für Fahrzeuge in bestimmte Gebiete wird durch besondere Erlaubnisse oder Ausweise kontrolliert. Die Ausstellung solcher Ausweise richtet sich nach der wirtschaftlichen und sozialen Bedeutung des jeweiligen Autoverkehrs.

b) Es wird ein Verfahren entwickelt, bei dem die Benutzung von innerstädtischem Straßenraum gebührenpflichtig ist. Es beruht auf dem Einsatz von elektronischen Kontrollgeräten. „An allen Einfahrtsstellen zu bestimmten Gebieten würde ein elektronischer Detektor in die Straßenoberfläche eingelassen werden, der mit einem zentralen Rechengerät verbunden ist. Jedes Fahrzeug müßte mit einer eigenen elektronischen Erkennungsmarke ausgestattet werden. Das Rechengerät würde Ein- und Ausfahrt jedes Fahrzeuges notieren und die Aufenthaltsdauer berechnen."

c) Mit Hilfe einer sorgfältigen Bewirtschaftung aller Flächen, die dem Abstellen von Pkw dienen können, wird der allgemeine Parkbedarf quantitativ (nicht qualitativ) geregelt (Parkpolicy).

d) Subventionierung des öffentlichen Nahverkehrs, so daß er gegenüber der Benutzung privater Personenwagen praktische und finanzielle Vorteile bietet.

Die Auswirkung solcher Vorschläge, die nicht nur von Buchanan stammen, sind inzwischen vielfältig untersucht worden. Einhellige Meinungen und exakte Durchführung konnten bisher nicht registriert werden. Selbst die Förderung des öffentlichen Nahverkehrs, die seit Jahrzehnten in der ganzen Welt betrieben wird, hat das kommunale Verkehrsproblem bisher nicht entschärfen können. Der Versuch, in Großstädten den Schienennahverkehr niveaufrei auszubauen, unter oder über dem Straßenniveau, dürfte — wenn er in 20 bis 25 Jahren als Netz wirksam werden sollte — nur etwa 10 bis 15 % der Stadtbevölkerung berühren, weil alle anderen Staatsbürger in Gemeinden leben, in denen dank ihrer geringen Kapazität solche Einrichtungen gar nicht entstehen können. Hier regiert das Auto. Buchanan bekennt offen, daß mit seiner Untersuchung nur das Anfangsstadium einer großen Aufgabe durchschritten wurde, bei der es um das gesellschaftliche Problem der Formung und Gestaltung unserer Städte geht. Die Stadtforschung steht erst am Anfang. Einige einer Antwort harrenden Fragen sind folgende:

— Welche Gestalt und Anordnung städtischer Gebiete führt zu einem Minimum an Bewegungsvorgängen?

— Welche mengenmäßigen Beziehungen bestehen zwischen verschiedenartigen Flächennutzungen, den Arten menschlicher Tätigkeit und dem Verkehrsaufkommen?

— Welches theoretische Straßennetz bietet die größten Kapazitäten für die Versorgung städtischer Gebiete?

— Gibt es environmentale Grundformen, läßt sich eine Methodik für environmentfördernde Maßnahmen darlegen?

— Wie kann man bessere Mittel und Methoden zur Fortbewegung von Personen und Gütern in städtischen Gebieten entwickeln, die zweckmäßiger und wirtschaftlicher sind als die heutigen Verfahren?

Abschließend bekennt Buchanan, daß das Kraftfahrzeug oder etwas Gleichartiges eine bleibende Erscheinung sein wird: „Seine Zahlen werden sich bis gegen Ende des Jahrhunderts verdrei- oder vervierfachen, und die Hälfte dieses Zuwachses wird wahrscheinlich innerhalb der nächsten zehn Jahre über uns kommen ... Vergleicht man die geschilderten Maßnahmen mit dem Anwachsen des Verkehrs, so kommt man ... zu dem Schluß, daß wir auf lange Zeit mit der Entwicklung des Verkehrs nicht werden Schritt halten können ...

Die schöpferische Gelegenheit, mit dem Kraftverkehr fertig zu werden, bietet sich uns im Zusammenhang mit der uns bevorstehenden ungeheuren Aufgabe der Erneuerung und des Ausbaues der Städte."

Mit dem gleichen Hinweis auf die Notwendigkeit, bestimmte Fragen methodischer Forschung zu unterziehen, endet auch der deutsche Sachverständigenbericht über die Verkehrsprobleme der Gemeinden. Wenn man diesen deutschen Bericht mit dem englischen

Buchanan-Report vergleicht, so zeigt sich, daß beide Untersuchungen nicht sehr weit auseinanderliegen. Beide wollen unabhängig voneinander dasselbe, nämlich die Menschheit vor der „geliebten Geißel" — dem Auto — schützen. Sie wollen einen Weg weisen, wie die Stadt gestaltet sein muß, damit Mensch und Maschine miteinander leben können. Buchanan sieht in der Schaffung von environmentalen Zonen die Kernaufgabe zur Bewältigung des Verkehrsproblems in den Städten; dies zielt auf strukturelle Stadtgliederung. Seine Untersuchung ist in dieser Hinsicht ergiebiger als der deutsche Sachverständigenbericht. Dieser ist dagegen gegenwartsnäher. Er nennt die ökonomische Größe, die bezwungen werden muß, um das Problem in etwa 25 bis 30 Jahren zu lösen. Der englische Report spricht von seiner gesellschaftspolitischen Tiefe. An seinem Ende stehen folgende Worte: „Wer sich eine Weile mit dem Studium der Zukunft des Stadtverkehrs beschäftigt hat, den ergreift unweigerlich Entsetzen vor der Größe des auf uns zukommenden Notstandes, aber ebenso Begeisterung über die in dieser Aufgabe liegenden Möglichkeiten... Der Verkehr ist kein Problem, das einer Lösung harrt, sondern eine soziale Institution, der nur mit geduldigem Handeln über längere Zeiträume hinweg und unter ständiger Anpassung an veränderte Umstände beizukommen ist." Der deutsche Sachverständigenbericht schließt dagegen mit den nüchternen Feststellungen: „Die Gesamtkosten für den Verkehrsausbau in 25 bis 30 Jahren betragen 246,8 Milliarden DM (Index 1963). Die Kommission ist der Meinung, daß eine Rangordnung festgelegt werden sollte, damit mit den vorhandenen Finanzmitteln bei den verschiedenen Baulastträgern der Verkehrsausbau dort vorgenommen werden kann, wo am dringlichsten Abhilfe geschaffen werden muß. Die Lösung der Verkehrsprobleme kann nur als eine gemeinsame Aufgabe von Bund, Ländern und Gemeinden betrachtet werden."

Soweit im deutschen Sachverständigenbericht Aussagen und Tendenzen zur Stadtstruktur enthalten sind, sind ihre Ausgangspunkte bereits in dem auslösenden Bundesgesetz vom 1. August 1961 zu finden. Dort heißt es: „Zur Prüfung, welche Maßnahmen zur Verbesserung der Verkehrsverhältnisse der Gemeinden unter dem Gesichtspunkt einer gesunden Raumordnung und eines neuzeitlichen Städtebaus erforderlich sind, ist eine Untersuchung durchzuführen. Dabei ist vor allem die Notwendigkeit zu berücksichtigen, die Ballungsgebiete zu entlasten und ein leistungsfähiges Netz der Straßen von Bund, Ländern, Gemeinden und Gemeindeverbänden zu schaffen."

Die Kommission hat aus der gesetzlichen Aufgabenstellung neun grundsätzliche Fragen herauskristallisiert; davon interessieren in diesem Zusammenhang nur die nachstehenden:

— Wie können durch Maßnahmen der Raumordnung und des Städtebaus die Verkehrsverhältnisse der Gemeinden verbessert, insbesondere die Ballungsgebiete vom Verkehr entlastet werden? (1.)
— In welchem Umfang können die innerstädtischen Verkehrswege durch die Erschließung weiterer Verkehrsebenen entlastet werden? (5.)
— Durch welche Maßnahmen können die Schutzbedürfnisse der Bevölkerung gegen die nachteiligen Auswirkungen des Verkehrs (Lärm, Luftverunreinigung) Berücksichtigung finden? (8.)

Die Kommission stellte zum Thema Stadtstruktur folgendes fest:

Daß zwischen Siedlung, Wirtschaft und Verkehr enge Wechselbeziehungen bestehen, liegt außer jedem Zweifel. Die moderne Arbeitsteilung hat ständig neue Verkehrsbeziehungen zur Folge gehabt. Das gilt sowohl für Städte als auch für Regionen und ländliche Gebiete.

In der Bundesrepublik gibt es eine große Anzahl von Gebieten, die sich durch besonders enge räumliche Zusammenhänge auszeichnen. Diese Gebiete, die man als Verkehrsregionen bezeichnen kann, decken sich in der Regel nicht mit den bestehenden Verwaltungsbezirken. Sie sind jedoch sinnvolle Planungsräume. In ihren Grenzen bestehen zwischen Wirtschaft und Siedlung viele Verkehrsbeziehungen. Infolgedessen wird die amtliche Verwaltungsstruktur von einer sich ständig weiter entwickelnden Verkehrsstruktur überlagert. Man kann auf der einen Seite von einer statischen, auf der anderen von einer dynamisch sich verändernden Struktur reden.

Um dieser sich öffnenden Schere entgegenzuwirken, hat man als Planungsträger für Verkehrsregionen Regionale Planungsverbände vorgeschlagen. Deren Aufgabe soll es sein, die Gesamtentwicklung in der Verkehrsregion durch Regionalpläne zu steuern. Wörtlich heißt es: „Um vor den Folgen einer übermäßigen Verdichtung zu schützen, sollten Planungen zur Neuordnung ihrer Struktur aufgestellt werden. Solche Planungen könnten entscheidend dazu beitragen, ungesunde Wohngebiete zu sanieren, notwendige Einrichtungen für Erholung, Gesundheit und Bildung zu schaffen und die Verkehrsverhältnisse zu verbessern. Bei extrem einseitiger Wirtschaftsstruktur müssen diese Sanierungsmaßnahmen mit Strukturverbesserungen verknüpft sein... Eine gewisse Abschwächung der Wachstumsvorgänge in den größeren Ballungsräumen könnte durch planmäßige Förderung von mittleren und kleineren Orten erreicht werden." Weiter fordert der Bericht, daß sich die städtebauliche Entwicklung nach Richtung, Umfang und Art an die Leistungsfähigkeit vorhandener und erweiterungswürdiger Verkehrsanlagen anzupassen habe. Die städtebauliche Struktur soll unter den Gesichtspunkten einer besseren Verkehrsbedienung überprüft werden: „Die Konzentrierung von Bauten mit großem Bedarf an Verkehr, soweit er nicht nurch Verkehrsanlagen gedeckt werden kann, ist zu vermeiden ... Am Rande der Kernstadt sind, unabhängig von den kommunalen Grenzen, Baugebiete mit vorhandener niedriger Besiedlungsdichte zu Gebieten mit städtischer Struktur zu entwickeln ... Wohnflächen sollen in der Regel nicht mit einer so niedrigen Besiedlungsdichte ausgewiesen werden, daß sie vom öffentlichen Nahverkehr nicht wirtschaftlich bedient werden können." Über Geschäftsgebiete und Kerngebiete heißt es, daß der städtebaulichen Anordnung und Zulassung von Gebäuden mit intensiver Nutzung für wirtschaftliche, soziale oder kulturelle Zwecke, die bevorzugt ihren Standort in den Kerngebieten haben, wegen ihrer verkehrserzeugenden Wirkung Grenzen gesetzt sind. Ein möglichst hoher Anteil derjenigen Funktionen, die Verkehr erzeugen, sollte im eigenen Stadtteil erfüllt werden können. Entfernt knüpft dies an die Forderung im Buchanan-Report an, wo verlangt wird, daß in einer Enviromentzone nur soviel Verkehr zugelassen werden soll, wie zu ihr gehört.

Um dieses Ziel zu erreichen, wird „eine räumliche Begrenzung, die annehmbare Fußwegentfernungen zum Zentrum eines Stadtteils als Nebenzentrum erlangt", empfohlen; außerdem soll „eine städtische Struktur, die zu einer soziologisch gemischten Bevölkerung führt", angestrebt werden. „Soweit die Standorte für gewerbliche und industrielle Anlagen, abgesehen von raum- und wirtschaftspolitischen Gesichtspunkten, nicht an Grundbesitz und Rohstoffvorkommen, Energiequellen und Wasserwege gebunden sind, sollten außer anderen städtebaulichen Belangen, wie Flächen- und Bodenneigung, Landschaftsschutz und Windrichtung, die Gesichtspunkte einer zweckmäßigen Verkehrsbedienung durch Schiene und Straße für die Standortwahl maßgebend sein... Gewerbe- und Industrieanlagen, die nicht durch Abgase, Lärm und andere Nachteile stören, sollten in der Nähe zugehöriger Wohngebiete liegen." Weiter wird empfohlen, „zur Verhinderung von Verkehrsballungen in größeren Städten... eine zweckmäßige Verteilung von Gewerbe-

und Industriegebieten, d. h. die Ausweisung mehrerer größerer zusammenhängender Flächen für Gewerbe und Industrie in verschiedenen geeigneten Teilen des Gemeindegebietes oder der Verkehrsregion" vorzunehmen.

Es gibt noch eine Reihe von Einzelhinweisen, die sich auf besondere, vor allem auf „öffentliche Einrichtungen, Anlagen und Gebäude" beziehen, und die auf die Stadtstruktur je nach ihrer örtlichen Einfügung von Einfluß sein können. Mit Ausnahme von Universitäten und Hochschulen, die selten als „geschlossene Baugebiete ausgewiesen werden, weil derartige Einrichtungen aller Art über das Gebiet einer Gemeinde und einer Verkehrsregion verteilt sind", haben andere öffentliche Einrichtungen ihren bestimmten Platz. So sollen „Volksschulen in der Nähe des zugehörigen Wohnbezirks und Mittelschulen (Realschulen) in naher Entfernung zu mehreren Wohnbezirken liegen. Für Oberschulen sollen Standorte bevorzugt werden, zu denen gute Verbindungen mit öffentlichen Nahverkehrsmitteln bestehen". Ähnliche Hinweise werden für die Standortwahl für Sonderschulen, Berufs- und Fachschulen, Krankenhäuser und andere charitative Anstalten gemacht. Auch für Sport- und Badeanlagen, für Friedhöfe, Grünanlagen, Kleingärten und Erholungsflächen finden sich entsprechende Empfehlungen. Großmärkte und Schlachthöfe sollen „nicht nur nach den Gesichtspunkten einer guten Verkehrslage für den Abtransport der Güter und Waren (angelegt werden), sondern auch im Hinblick auf einen guten Anschluß an das Straßennetz der Verkehrsregion... Bauliche Anlagen mit starkem Spitzenverkehr, wie Theater- und Konzertgebäude, Kongreß- und Messehallen, verlangen Standorte, die durch den öffentlichen Nahverkehr wie durch den Straßenverkehr gleich gut bedient werden können... Gebäude der öffentlichen und privaten Verwaltungen mit zenralen Funktionen und starkem Publikumsverkehr sollten so nahe beieinander liegen, daß sie leicht erreichbar und von benachbarten Anlagen für den ruhenden Verkehr gemeinsam zugänglich sind". Ganz allgemein wird festgestellt, daß „die Baugebiete aller Nutzungsarten... durch öffentliche Verkehrsmittel möglichst gut, in der Regel nicht in Randlage, erschlossen und mit der Kernstadt und den Nebenzentren einer Verkehrsregion möglichst ohne Umwege verbunden werden".

Für Neue Städte sollen nach dem Sachverständigenbericht folgende Gesichtspunkte Beachtung finden:

— Ausreichende Besiedlungsdichte und Mindestgröße,
— geschlossene Siedlungsformen, die alle wichtigen Wohnformen umfassen,
— Ausstattung mit allen notwendigen Gemeinschafts- und Versorgungseinrichtungen,
— Anbindung an den öffentlichen schienengebundenen Nahverkehr sowie an leistungsfähige Straßen,
— annehmbare Wege zu zentralen Einrichtungen, Arbeitsstätten und zur freien Landschaft.

Unter der Frage 5 hat die Sachverständigenkommission die Auswirkungen „weiterer Verkehrsebenen" untersucht. Die verschiedenen Systeme, ihre Vor- und Nachteile, vor allem der schienengebundenen öffentlichen Nahverkehrseinrichtungen, werden dargelegt. Während ihre technischen Sonderheiten auf die Stadtstruktur wenig Einfluß haben können, kommt den großräumigen Verkehrssträngen sowohl in städtischen Bereichen wie in Verkehrsregionen strukturbildende Bedeutung zu. Dabei ist es gleichgültig, ob es sich um Straßenbahnen, U- oder Hochbahnen oder um S-Bahnen handelt. Sie unterscheiden sich sowohl graduell voneinander als auch vom System her; denn dieses ist auf Größe des

Einzugsbereichs, auf Reisegeschwindigkeit und Fassungsvermögen von Einfluß. Eine Stadt, die über eines der drei Systeme verfügt, kann ihre Struktur anders entwickeln als eine. der zwei oder gar keines dieser Systeme zur Verfügung stehen. Die Kommission hat folgende Grundsätze dargelegt, die für die Entwicklung des Verkehrs in den Städten und damit für diese selbst bedeutungsvoll sind:
— Die Wahl der für die zweite Ebene vorzusehenden Verkehrsmittel kann nur anhand der Einzelergebnisse einer umfassenden Verkehrsplanung, die sich nicht allein auf das Stadtgebiet beschränken darf, sondern auch die Region mitumfassen muß, getroffen werden.
— Die Anwendung der U-Straßenbahn in Straßenbahnart sollte auf einfache Fälle, z. B. kleinere Städte und kurze Strecken, etwa Platzunterfahrungen, beschränkt bleiben.
— Städte, die sich für die U-Straßenbahn entscheiden, sollten sie im Interesse der Leistungsfähigkeit, der Schnelligkeit und der Sicherheit des Verkehrs in U-Bahnart bauen, also unter Vermeidung höhengleicher Gleiskreuzungen sowie einer Zusammenführung von Gleisen auf freier Strecke.
— Im Zeichen der steigenden Motorisierung, der immer stärkeren Verdichtung der Arbeitsgebiete in den Stadtzentren einerseits und der Ausweitung der Siedlungsflächen andererseits liegt die Stadtgröße, von der ab Schnellbahnen vertreten werden können, heute niedriger als früher. Die vielfach zitierte Faustregel, nach der U-Bahnen nur in Millionenstädten vertretbar sind, ist nicht mehr gültig.

Weitere Verkehrsebenen kommen auch für den Kraftfahrzeugverkehr in Frage; sie haben ebenfalls Einfluß auf die Struktur der Stadt. So ist zum Beispiel „der Ausbau von durchlaufenden kreuzungsfreien Strecken innerhalb bebauter Gebiete nicht nur von erheblicher städtebaulicher Bedeutung, sondern auch von wesentlichem Einfluß auf die vorhandene Verkehrsstruktur. Durch Straßenzüge in einer zweiten Ebene, die eine schnelle Verbindung zwischen weiter entfernten Stadtteilen herstellen und für den Verkehr vom und zum Stadtkern — besonders aus den äußeren Stadtbezirken und dem Umland der Stadt — von Bedeutung sind, werden viele Straßen entlastet." Die Komission hat festgestellt, daß die Verkehrsverhältnisse in den Städten mit Hilfe weiterer Ebenen für den Kraftverkehr zwar verbessert werden kann, daß aber mehrere Ebenen nicht in allen Fällen die sinnvollste Lösung zur Behebung der Schwierigkeiten des Straßenverkehrs darstellen. So sind durchgehende Strecken in einer Ebene über dem allgemeinen Gelände- und Straßenniveau in dicht bebauten Gebieten nur sehr schwer in das vorhandene Stadtbild einzufügen. Im allgemeinen stehen hierfür selten genügend breite Straßen zur Verfügung. Dagegen können in Sanierungs- und Neubaugebieten Hochstraßen vorteilhaft angelegt werden.

In der Regel werden solche Straßen-Brücken in Form von aufgeständerten Fahrbahnen ausgeführt. Die Flächen unter der tragenden Konstruktion können für das Abstellen von Kraftwagen genutzt werden. Eine Aufständerung hat gegenüber der Ausführung als Erddamm den Vorteil, daß der zusammenhängende Stadt- oder Landschaftsraum weniger zerschnitten wird und der Flächenbedarf geringer ist. In manchen Fällen ist die Tieflage für durchgehende Straßen günstig. Auch hier wird ein Teil des Verkehrs vom übrigen Verkehr abgetrennt; der Verkehrslärm kann durch die Böschungen oder durch Stützmauern weitgehend abgefangen werden. Der Straßentunnel bietet natürlich noch bessere Schutzmöglichkeiten gegen Lärm und Luftverschmutzung, doch sind mit ihm technische Schwierigkeiten und höhere Kosten verbunden. Man kann dem Bericht der Kommission entnehmen, daß „in Großstädten in zunehmendem Maße der Bau von Straßen außerhalb des allgemeinen Straßenniveaus etwa im Verlauf der Hauptverkehrsrichtung und als innerer Ring oder als Tangenten um den Stadtkern notwendig wird. Da die gegenwärtige intensive Nutzung der Kerngebiete sich voraussichtlich in Zukunft noch verstärken wird, soll durch diese Straßen auch eine Verbindung zwischen den Ausfallstraßen am Stadtrand und dem Stadtkern geschaffen werden."

In einem besonderen Abschnitt hat sich die Kommission auch mit den Verkehrsebenen befaßt, die ausschließlich für Fußgänger und Radfahrer geschaffen werden. Da die Ausführungen zu diesem Thema im Bereich der städtebaulichen Details verbleiben, kann in diesem Zusammenhang auf ihre Darlegungen verzichtet werden. Einzelheiten sind in der Bundestagsdrucksache (S. 153—155) nachzulesen. Parallelen zu der Form der Buchanan'schen Environmentzonen ergeben sich zwangsläufig.

Lärm und Luftverunreinigung spielen im Stadtleben eine ständig zunehmende Rolle. Die Kommission hat versucht (8.), insoweit zu diesem Problem Stellung zu nehmen, als es durch Verkehr hervorgerufen wird. Das Ergebnis ist nicht sehr vielseitig, da zu der Zeit, als die Sachverständigenkommission arbeitete, fundierte Untersuchungen und Forschungsarbeiten über das Verhältnis Verkehrsemission zu Stadtstruktur noch nicht vorlagen. Infolgedessen hat sie sich sehr allgemein dahin geäußert, daß

— der Auffassung, daß der Lärm als unabänderliche Begleiterscheinung unseres täglichen Lebens hingenommen werden müsse, entgegenzutreten ist,

— allgemeingültige Zahlen über den prozentualen Anteil des Verkehrs an der Luftverunreinigung nicht angegeben werden können,

— feststehe, daß das Ausmaß der Abgase bei Verbrennungsmotoren von der Verkehrsdichte, den Geschwindigkeiten, den Brems- und Anfahrvorgängen, der Kraftstoffbasis und den Straßenverhältnissen abhängt.

Die Kommission zieht aus ihren Untersuchungen die Folge, daß durch Maßnahmen der Stadt- und Verkehrsplanung darauf hingewirkt werden kann, die Belästigungen durch Lärm und Luftverunreinigung zu vermindern. Schon bei der Bauleitplanung sei durch eine sinnvolle Zuordnung von Wohn- zu Arbeitsgebieten Verkehr zu vermeiden. Obschon ein gewisses Maß an Belästigungen immer hingenommen werden müsse, bleibe es doch Aufgabe der Stadt- und Verkehrsplanung, diesen unvermeidlichen Lärm auf ein erträgliches Maß herabzusetzen. Schnellverkehrsstraßen, Hauptverkehrsstraßen und Verkehrssammelstraßen sollen in Wohnbereichen anbaufrei und in genügendem Abstand von der Wohnbebauung geführt werden; auch Umgehungsstraßen können den Lärmpegel eines Ortes erheblich senken. Bei der Gestaltung der Bauleitpläne sollen auch die Erfahrungen beachtet werden, die mit der Abschirmung des Lärms durch Schutzwälle, Verkehrswege im Einschnitt, Grünanlagen und Schutzpflanzungen gemacht wurden. Ganz allgemein heißt es, daß alle Maßnahmen, die einen gleichförmigen, ungestörten Verkehrsfluß ohne allzu häufiges Abbremsen und Anfahren ermöglichen, dem Ziel der Eindämmung von Lärm und Luftverunreinigung dienen. Insbesondere kann die Erzeugung von Emissionen durch die Trennung der Verkehrsarten, durch grüne Wellen, Anliegerfahrbahnen für den arbeitenden Verkehr, kreuzungsfreie Knotenpunkte sowie Straßen und Rampenneigungen von höchstens 5 bis 6 % erheblich eingeschränkt werden.

Inwieweit derartige Hinweise für die Bildung einer annehmbaren Stadtstruktur von Bedeutung sind, mag man aus der wiederholten Bezugnahme auf die Bauleitplanung durch die Kommission ablesen. In der „Zusammenfassung" am Schluß der Frage 8 heißt es wörtlich: „Die Bauleitplanung muß eine sinnvolle Zuordnung unterschiedlich genutzter

Flächen fördern. Insbesondere ist eine Trennung der Geschäfts- und Industriegebiete von den Wohngebieten sowie den Schulen und Krankenhäusern anzustreben. Der Verkehr ist von den Erholungs- und Grünzonen fernzuhalten. Das Straßennetz ist entsprechend der Verkehrsbedeutung zu gliedern. Verkehrsstraßen sind möglichst anbaufrei und abseits der Wohnbebauung zu führen; für den Durchgangsverkehr sollten besondere Umgehungsstraßen geschaffen werden. Wohngebiete sind nach Möglichkeit durch Einschnitte, Schutzwälle, Grünanlagen und Schutzpflanzungen von den Verkehrsflächen zu trennen. Ähnliches gilt auch für die Anlage von Garagen und Einstellplätzen. Wendeschleifen und Rangieranlagen für Straßenbahnen sollten außerhalb der Wohnbebauung angelegt werden."

Natürlich kann man auch bei anderen im Bericht behandelten Fragen Bezugspunkte zur Stadtstruktur aufdecken. Die Überschrift eines Abschnittes in der Antwort zu Frage 3 heißt z. B. beziehungsvoll „Stadtstruktur, Verkehrsflächen und Verkehrsmengen". Unter diesem Titel werden Ausführungen zur Größe von Stadtzentren (bezogen auf das Gesamtstadtgebiet) und über die Zahl der in ihnen Beschäftigten gemacht. Auch einige Verhältniszahlen von registrierten Kraftfahrzeugen zu qkm Stadtfläche werden angeführt. Die Folgerungen, die daraus für Verkehrsdichte, Verkehrsströme und Verkehrsspitzen zu ziehen sind, haben selbstverständlich Einfluß auf die Stadtstruktur.

Nicht uninteressant dürften auch die Hinweise sein, die sich mit dem Ausbau der städtischen Straßen befassen. Besonders dort, wo eine Definition der verschiedenen Arten von Stadtstraßen (von Stadtautobahn bis Anliegerstraße) und ihrer speziellen Aufgaben im Stadtbereich gegeben wird, sollten die Beziehungen zur Stadtstruktur gesehen werden. Auch die größere Einheit, die Verkehrsregion, wird in ihrer Bedeutung für den Verkehr genannt. Die sie durcheilenden Verkehrsströme verlangen nach einer strukturellen Gliederung dieses Raums; andererseits bedingen die strukturellen Schwerpunkte im Raum die Lage der Verkehrswege.

Besondere Bedeutung wird dem ruhenden Verkehr beigemessen. Es heißt in der Zusammenfassung zu diesem Thema: „Der ruhende Verkehr ist eine notwendige Folge des fließenden Verkehrs... Das Parkproblem hat sich in den letzten Jahren durch die starke Zunahme der Zahl der Pkw erheblich zugespitzt... Nicht nur in den Innenstädten, wo schon seit Jahren ein Mangel an Stellflächen herrscht, sondern auch in Wohngebieten, zeigt sich in zunehmendem Maße, daß eine umfassende Ordnung erforderlich wird." An dieser Stelle muß der Hinweis genügen, daß eine alles erfassende Parkpolitik in die Strukturen der Städte dank des vielfältigen Flächenbedarfs für das Abstellen von Autos und dessen Zuordnung zu den verschiedenen Verkehrswegen sowie den kommunalen Schwerpunkten eingreifen wird.

Wenn man rückblickend die Äußerungen der deutschen Sachverständigenkommission zum Thema „Verkehr in den Gemeinden" überblickt, muß man feststellen, daß sie das Thema „Stadtstruktur" im großen und ganzen als Randproblem gesehen hat. Ihr Kernproblem war der Stadtverkehr und die Ausarbeitung von Vorschlägen, wie die Verkehrsverhältnisse der Gemeinden verbessert werden könnten — nicht umgekehrt: Wie können die Gemeinden verbessert werden, um mit dem Verkehr besser fertig zu werden? Dies war das Thema des Buchanan-Reports „Traffic in Towns". Dennoch sind auch dem deutschen Sachverständigenbericht Ausblicke auf die Makro- wie auf die Mikrostruktur der Städte zu entnehmen.

Colin Buchanan hat 1971 in einem Vortrag in Hannover ausgeführt, daß er den Gedanken einer Unterteilung der Städte in environmental areas weiterverfolgt habe. Für die Praxis sei ein Environment-Analyser konstruiert worden, ein Apparat, mit dem man einerseits die Grenzwerte eines Environments — bezogen auf die vorhandene Verkehrsmenge —, andererseits die zulässige Verkehrsmenge — bezogen auf ein intaktes Environment — bestimmen könne. Ob auf diesem Weg Stadtstrukturen entstehen können, muß die praktische Arbeit im planerisch-politischen Raum ergeben, in dem Ziele und Tendenzen aller Modellvorstellungen ihre Bewährung zu bestehen haben.

Der deutsche Verkehrsbericht hat bisher nicht die Beachtung gefunden, die er seiner Substanz nach verdient. Die zuständigen offiziellen Stellen setzen sich weniger mit seinen gravierenden Anregungen für eine Umgestaltung der Verkehrs- und Stadtstrukturen auseinander als vielmehr mit dem Kostenaufwand und den prozentualen Anteilen für Bundesfernstraßen, Regionalstraßen, Stadtstraßen und öffentlichem Personen-Nahverkehr an diesem. Das eigentliche Problem ist immer noch nicht erkannt.

Verkehrssysteme als Elemente der Siedlungsstruktur

von

Karlheinz Schaechterle, München

Wir leben in einer Zeit, in welcher neue technische Entwicklungen und Fortschritte immer sichtbarer unseren Siedlungsraum und unsere Umwelt prägen. Dabei spielt u. a. der schon immer drängende Wunsch des Menschen nach Erweiterung seines Bewegungsraumes und rascher und leichter Überwindung großer Entfernungen eine maßgebliche Rolle. Dieses bereits beim Kleinkind feststellbare psychologische Verhaltensbild ist mit die Ursache für Verkehrsbedürfnisse, die mit dem Entstehen von Siedlungen, Dörfern und Städten in immer ausgeprägterer und massierter Form in Erscheinung getreten sind.

Mit der Ausdehnung und Entwicklung der Städte wird die Nachfrage nach Verkehrsleistungen der in diesen Siedlungsräumen lebenden und tätigen Menschen weiter gefördert. Zwangsweise sind schon seit dem Altertum vor allem in den Städten Verkehrsprobleme aufgetreten. Andererseits haben weitsichtige Maßnahmen zur Verbesserung der Verkehrssysteme in größeren Siedlungsräumen der Stadtentwicklung neue Impulse gegeben und die verstädterten Gebiete eindeutig mitgestaltet.

Wichtigste Merkmale unserer Siedlungsräume und speziell der Städte sind noch immer wohnen, arbeiten, sich versorgen, sich bilden und sich erholen. Jede Siedlung wird getragen von der Wirtschaft, lebt also von der Produktion und ihrer Verteilung. Zu allen diesen Funktionsmerkmalen unserer Siedlungsräume gehört der Verkehr als Bindeglied, da er die volle Nutzung der gesamten materiellen Raumstruktur in unseren besiedelten Gebieten zur Befriedigung der Grunddaseinsfunktionen des Menschen gestattet[1]. Dem dadurch entstehenden, ständig zunehmenden Mobilitätsbedürfnis der vor allem in Städten lebenden Bevölkerung und der Wirtschaft dient eine verbesserte Ausstattung unserer Siedlungsräume mit Verkehrssystemen aller Art und kommen technische Entwicklungen auf dem Gebiet privater und kollektiver Transportmittel entgegen.

Die Tatsache, daß bereits in der Frühzeit der Städte die Verkehrslage eine entscheidende Rolle für das wirtschaftliche Gedeihen dieser Siedlungen und ihres Umlandes gespielt hat[2], macht verständlich, daß auch heute noch mit der Verbesserung der Verkehrsinfrastruktur von weniger begünstigten Siedlungsräumen die Voraussetzung für eine raumordnerische Initiative zur Anhebung des wirtschaftlichen, gesellschaftlichen und sozialen Niveaus dieser Gebiete gesehen wird. Es bleibt aber unumstritten, daß Stadt-

---

[1] KH. SCHAECHTERLE: Stadt- und Verkehrsentwicklung von morgen. In: Technische Möglichkeiten von morgen, Düsseldorf 1971.
[2] K. LEIBBRAND: Verkehrsingenieurwesen. Stuttgart 1957.

und Regionalentwicklung einschließlich der wirtschaftlichen Expansion unserer Siedlungsräume engstens mit Art, Qualität und Intensität der Verkehrssysteme zusammenhängen und sich gegenseitig beeinflussen.

Solange sich die räumliche Situation, die Größe und Struktur unserer Siedlungen nur langsam verändert haben, war das Eingehen auf die siedlungsstrukturellen Merkmale bei der Bestimmung der Verkehrsbedürfnisse relativ unproblematisch. Neue Wege mußten die Stadt- und Verkehrsforschung erst dann einschlagen, als sich durch die technischen und wirtschaftlichen Fortschritte die Lebens- und Verkehrsgewohnheiten der Bevölkerung stärker zu ändern begannen. Vor allem die Entwicklung und neue technische Fortschritte bei Verkehrsmitteln haben die Verflechtungen in Industrie, Handel, Kunst, Wissenschaft und Bildung intensiviert und die Kommunikation über die Städte hinaus erheblich verstärkt. Die wachsende Mobilität einer zunehmenden Wohlstandsgesellschaft führt zu einer raschen Änderung der räumlichen Strukturen und der Lebensgewohnheiten in unseren Siedlungsräumen und damit auch zu rascheren Wandlungen der früher einigermaßen stabil erschienenen und nur langfristig zunehmenden Verkehrsbedürfnisse.

Die strukturellen Veränderungen in unseren Siedlungsräumen müssen daher in die Aspekte der Verkehrsplanung und der Verkehrsbewältigung einbezogen werden. Denn alle überbauten Grundflächen in unseren Städten und Regionen einschließlich der für Freizeit und Erholung geeigneten Flächen und Landschaften sind stets Quellen und Ziele von Verkehrsvorgängen, wobei bauliche Struktur, Dichte und Flächennutzung wesentlichen Einfluß auf die Art, die Stärke und den Zeitpunkt der Verkehrsnachfrage haben. Mit dem Ausbau der Verkehrssysteme wird dem verstärkten Kommunikationsbedürfnis von Wirtschaft und Bevölkerung in Stadträumen und Regionen entsprochen, das sich durch die horizontale und vertikale Ausdehnung der Siedlungsräume ständig erhöht hat. Andererseits werden mit der Bereitstellung eines ausreichenden Angebotes an verkehrsinfrastrukturellen Einrichtungen auch Verkehrswünsche und Verkehrsbedürfnisse permanent neu geweckt.

Diese Interdependenzen gilt es in der Stadt-, Regional- und Verkehrsplanung besonders zu beachten, seit der Kraftwagen im Zeitalter der Massenmotorisierung einen ungeahnten Einfluß auf Bestand, Weiterentwicklung und Qualität unserer Siedlungsräume gewonnen hat.

Seit der Urzeit hat das Rad die Bewegung von Mensch und Gut erleichtert. Im Laufe der Jahrhunderte änderte sich allerdings die Antriebskraft für das Rad oder das Transportgefäß auf Rädern. Vom Menschen über das Tier bis zum Dampf-, Benzin-, Gas- oder Elektromotor hat eine Entwicklung stattgefunden, die gleichzeitig den Aktionsradius, die Geschwindigkeit und die Wirtschaftlichkeit des Transports von Menschen und Gütern wesentlich verbessert hat. War ursprünglich das Fahrzeug ausschließlich ein individuell genutztes Transportgefäß, so sind überall dort, wo gleichartige und gleichgerichtete Verkehrsbedürfnisse konzentriert auftraten, zusätzlich kollektive Verkehrsmittel entwickelt und eingesetzt worden.

Erst in allerjüngster Zeit treten neuere technische Entwicklungen im Transportmittel- und Fahrzeugbau ins Blickfeld, die zu einem Ersatz für das Rad als Urelement der erdgebundenen Fortbewegung führen können[3]).

---

[3]) LEUSSINK: Förderung neuer Verkehrs- und Transportsysteme. In: Transportmanagement, Dezember 71 / Januar 72.

Trotz der gerade in den Städten vor der Jahrhundertwende bevorzugt geförderten Entwicklung kollektiver Transportmittel war es stets und immer der Wunsch und ein erstrebtes Ziel des Menschen, sich freizumachen vom Kollektiv, sich individuell zu jedem beliebigen Zeitpunkt und zu frei wählbaren Zielorten hin bewegen zu können. Mit dem Kraftfahrzeug wird dieses Ziel in optimaler Weise erreicht. Dank der Steigerung des Lebensstandards und dank der industriellen Fortentwicklung im Automobilbau konnte dieses Streben und dieser Wunsch einem wachsenden Bevölkerungskreis zugänglich gemacht werden. Die Etappen auf dem Wege zur Massenmotorisierung in den USA zwischen dem Ersten und Zweiten Weltkrieg sowie in Europa und in der Bundesrepublik vor allem nach dem Zweiten Weltkrieg sind ein sichtbares Zeugnis dieser unaufhaltsamen Weiterentwicklung der individuellen Fortbewegung.

Heute gehört der Kraftwagen zum selbstverständlichen Gebrauchs- und Konsumgut der Bevölkerung. Selbst in den „sozialistischen" Ländern des Ostblocks zeichnet sich deutlich eine Entwicklung ab, bei der wachsender Wohlstand und eine vom Staat geförderte Automobilproduktion zu einer sichtbaren Steigerung des privaten Pkw-Besitzes mit allen seinen positiven und negativen Folgen auf die Verkehrssituation vor allem der Großstadtzentren führen.

Mit der intensiven Zunahme des Kraftwagenverkehrs speziell in Städten, Stadtregionen und im ländlichen Einzugsgebiet der Verdichtungsräume wurde es notwendig, die bestehenden Verkehrssysteme dieser Gebiete ständig dem Bedarf an Verkehrsflächen, Verkehrsmitteln und Verkehrseinrichtungen anzupassen. Jahrzehnte hat der Verkehrsplaner und Verkehrswissenschaftler nach der klaren Devise gehandelt, die Investitionsmittel zur Planung, zum Bau und zur Unterhaltung von Verkehrswegen und von Verkehrseinrichtungen sinnvoll, d. h. in gesamtwirtschaftlichem Sinne *effektiv* einzusetzen. Darüber hinaus war er bestrebt, die geschaffenen technischen Lösungen für die Verkehrswegenetze nicht nur mit den Maßstäben eines effizienten Mitteleinsatzes und Kriterien technischer Perfektion zu beurteilen, sondern mit der Verwirklichung der Planungen auch allgemeinen sozialen Zielsetzungen zu entsprechen. Dies führt zu einer stets bestmöglichen Ausnutzung der Verkehrsanlagen bei Gewährleistung eines einwandfreien Verkehrsablaufes auf Straßen, Schienen und auf sonstigen Verkehrsmitteln. Dazu war es notwendig, die raumbezogenen und betrieblichen Voraussetzungen zu schaffen, d. h. eine Abstimmung mit der Siedlungsstruktur durch unterschiedlich festzulegende Grade der Erschließungsqualitäten vorzunehmen. Bei dieser Auffassung über die Ingenieurplanung wird davon ausgegangen, daß die Zielvorstellungen aus der politisch-strategischen Ebene unkontrolliert übernommen werden können.

Erst in jüngster Zeit bricht sich die Erkenntnis Bahn, daß es auch in der Verkehrsplanung notwendig ist, die erforderlichen Maßnahmen zur Bewältigung des zunehmenden Verkehrsumfanges nicht isoliert, sondern im Zusammenhang mit der insgesamt angestrebten Erhaltung oder Verbesserung der Lebensqualität in unseren Siedlungsräumen zu sehen. Dazu ist eine gründliche Analyse der Entwicklungstendenzen innerhalb des Fortentwicklungsprozesses der menschlichen Gesellschaft notwendig. Dieser äußert sich in demographischen, soziologischen, wirtschaftlichen, gesellschaftspolitischen Veränderungen des heutigen Zustandes in quantitativer und qualitativer Hinsicht. Das Eingehen auf die strukturelle Entwicklung unserer Siedlungsräume und die Beachtung sozioökonomischer Zusammenhänge resultieren aus der Erkenntnis, daß das Verkehrsgeschehen keineswegs weitgehend als Selbstzweck einer nun einmal dem Auto oder z. B. Transportmitteln mit Schallgeschwindigkeit verfallenen Gesellschaft bezeichnet werden darf. Auf der anderen

Seite kann einfach nicht ignoriert werden, daß der Kraftwagen wesentlich dazu beigetragen hat, die Bewegungsmöglichkeiten und die Kommunikation sowohl im wirtschaftlichen als auch im gesellschaftlichen Dasein der Menschheit zu fördern. Trotzdem bleibt auch die Verkehrsplanung nicht frei von der Verantwortung, zu prüfen, ob diese gewaltigen Vorteile noch in vernünftiger Relation zu den Einflüssen und Schäden stehen, die da und dort die Umweltqualität unserer Siedlungsräume beeinträchtigen.

Die zahlreichen Einflußfaktoren, die das Verkehrsgeschehen in unseren Siedlungsräumen bestimmen, lassen sich im wesentlichen drei Komplexen zuordnen. Deren Kennzeichen sind die folgenden *Hauptkomponenten*

    1. die Siedlungs- und Flächennutzungsstruktur,
    2. die Verkehrsgewohnheiten bzw. Verhaltensweisen der Bevölkerung,
    3. die Verkehrsinfrastruktur.

Jede Konstellation der Einflußfaktoren der drei Hauptkomponenten ist in sich wiederum Ergebnis komplexer, interner und wechselseitiger Abhängigkeiten und Einflüsse. Der tägliche Verkehr in unseren Siedlungsräumen muß als das Ergebnis des Zusammenwirkens dieser drei Komponenten verstanden werden. Gleichzeitig sind diese drei Komponenten in ihren Erscheinungsformen Ausdruck des Verkehrsgeschehens und der Kommunikationsmöglichkeiten. Hier findet also ein komplexer, wechselseitiger Vorgang statt, bei dem die Ursachen und die Wirkungen sich gegenseitig bedingen[4].

Diese, für die Beurteilung der Verkehrssysteme innerhalb unserer Siedlungsstrukturen wichtigen Feststellungen seien im folgenden näher begründet.

I. Flächennutzung und Verkehrsaufkommen

Unbestritten ist heute die Erkenntnis, welchen relevanten Einfluß die Flächennutzung, d. h. die Art und Verteilung von Aktivitäten bzw. die räumliche Ordnung und Gestaltung aller Lebensvorgänge in unseren Siedlungs- und Wirtschaftsräumen, auf das tägliche Verkehrsgeschehen hat. Mit der Entwicklung unserer Stadt- und Siedlungsräume werden permanent Änderungen und vielfach Ausweitungen der bestehenden Flächennutzungsstruktur ausgelöst. Vor allem die Veränderungen innerhalb der ökonomischen und sozialen Funktionsbereiche unserer Siedlungsräume sind Ursachen für gewandelte Flächennutzungen, d. h. von Konzentration und Dichte einerseits sowie Streuung und Differenziertheit andererseits[5].

Zwischen Verkehrsaufkommen bzw. Verkehrsintensität und den Merkmalen der Flächennutzung einschließlich demographischer, soziographischer und soziologischer Kenndaten zur Bevölkerungs- und Arbeitsplatzstruktur, zur Erwerbsquote und Einkommenssituation sowie den aus der geographischen Lage resultierenden räumlichen Verhältnissen einschließlich Erreichbarkeit bestehen engste Wechselbeziehungen. Daher seien nachfolgend einige spezielle Einflußfaktoren auf die Verkehrsstruktur aus der Sicht des Verkehrsplaners herausgestellt.

---

[4] M. WERMUTH: Methoden zur Abschätzung künftiger Verkehrsverhältnisse — Teil 1. In: Schriftenreihe des Lehrstuhls für Verkehrs- und Stadtplanung und des Instituts für Verkehrsplanung und Verkehrswesen an der TU München, Heft 1/1969.
[5] E. SPIEGEL: Stadtstruktur und Gesellschaft. Manuskript der Universität Dortmund, Abteilung Raumplanung, 1970.

1. Der in unseren Siedlungsräumen seit Jahrzehnten feststellbare Verstädterungsprozeß hat sich nachhaltig auf das Entstehen der Verkehrsprobleme ausgewirkt. Der in den meisten größeren Städten und Stadtregionen sich vollziehende Strukturwandel, gekennzeichnet durch ein besonders intensives Wachstum der Wohngebiete am Stadtrand oder in den Gemeinden des Umlandes, hat die Nachfrage nach Verkehrsleistungen rapid erhöht (Abbildung 1).

Diese Verlagerung großer Wohngebiete an die Peripherie der Städte und die weitere Konzentration von Arbeitsplätzen im Stadtzentrum sind die Ursache für den vor allem in den Berufsverkehrsspitzen überdurchschnittlich starken Verkehrsaustausch und die länger

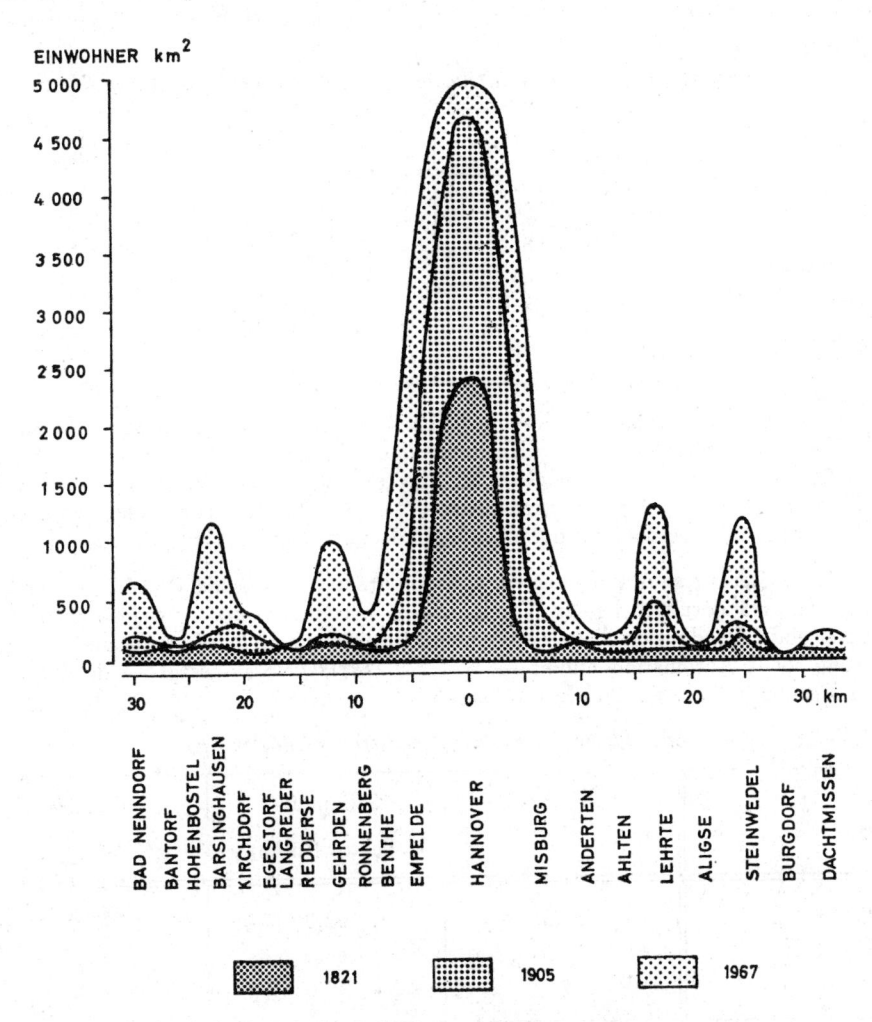

Abb. 1: Wandlung in der Siedlungs- und Wirtschaftsstruktur (Hannover)
Quelle: LEHNER: Schriftenreihe „Verkehr und Technik", Heft 48.

werdenden Fahrtwege zwischen Wohnung und Arbeitsplatz für einen wachsenden Teil der Berufstätigen[6]).

Unter der Voraussetzung, daß auch künftig die Menschen ihre Wohnungen und Arbeitsplätze unabhängig und frei wählen können, treten bei zunehmendem Lebensstandard bisher verdrängte Bedürfnisse und Antriebskräfte mehr und mehr in den Vordergrund. Dazu gehören vor allem höhere Ansprüche an den Wohnraum und an die unsere Wohngebiete umgebenden Umweltbedingungen. Typisch für diese Entwicklung sind u. a. die seit 1952 von ca. 55 auf 85 qm erhöhte durchschnittliche Wohnfläche einer Neubauwohnung mit verbessertem Wohnkomfort und Ausstattung sowie die überall feststellbare rückläufige Belegung pro Wohneinheit, wie dies am Beispiel West-Berlin die folgende Tabelle zeigt:

Tabelle 1: *Entwicklung der durchschnittlichen Wohnungsbelegung in Berlin-West*

Jahr	Personen / WE
1950	3,2
1956	2,8
1961	2,6
1965	2,4
1966	2,3

In unmittelbarer Abhängigkeit von diesem Wandel der Wohnstruktur steht eine in Mittel- und vor allem in Großstädten immer mehr zunehmende Zahl der Einpersonenhaushalte. Schon heute sind in manchen Städten bis zu 40 % der Wohnungen sogenannte Kleinstwohnungen und Einzelappartements, die durch Einzelpersonen belegt sind. Hierbei handelt es sich überwiegend um einen besonders mobilen Bevölkerungskreis.

2. Ein weiteres Kennzeichen der vor allem in Städten bei wachsendem Lebensstandard sichtbaren Veränderungen ist der Wandel in der Wirtschafts- und Beschäftigtenstruktur. Mit steigender Produktion in enger Wechselbeziehung zur Mechanisierung und Rationalisierung sowie Automation nimmt — von FOURASTIÉ[7]) vorausgesagt — die Zahl der dienstleistungsorientierten Berufe zu (Tabelle 2).

Tabelle 2: *Entwicklung der Beschäftigtenstruktur in der BRD*

Jahr	Primär-	Sekundär-	Tertiär-
	Sektor (in %)		
1925	30,5	42,0	27,5
1961	13,6	48,6	37,8
1975 (Prognose)	9,0	43,0	48,0

---

[6]) F. LEHNER: Wechselbeziehungen zwischen Städtebau und Nahverkehr. In: Schriftenreihe für „Verkehr und Technik", Heft 29, 1966.
[7]) FOURASTIÉ: Die große Hoffnung des 20. Jahrhundert. Köln-Deutz 1954.

Die fortschreitende Arbeitsteiligkeit der Wirtschaft wird außerdem den historischen Entwicklungsprozeß zur räumlichen Trennung von Arbeitsplatz und Wohnplatz fortsetzen. Die Suche nach einem Arbeitsplatz mit höherem Wertzuwachs führt gerade in Städten und Verdichtungsräumen zu größer werdenden Fluktuationsraten innerhalb der erwerbstätigen Bevölkerung[8]).

Alle diese Entwicklungen schlagen sich in der Flächennutzung nieder. In Stadtregionen und in Orten mit zentralörtlicher Bedeutung nimmt die Streuung der Arbeitspätze im tertiären Sektor innerhalb der bebauten Flächen zu. Nebenzentren werden gestärkt und damit in manchen Fällen eine gewisse Dekonzentration der Arbeitsplätze in den Innenstadtregionen eingeleitet.

Natürlich wird diese Entwicklung in der Flächennutzung in erheblichem Umfang getragen und gefördert durch die mit der Motorisierung gewonnenen Mobilität der Bevölkerung, die auch bei Beibehaltung des Wohnortes geeignetere und zum Teil auch einkommensmäßig bessere Arbeitsplätze außerhalb der Kerngebiete wählen kann. Wenn es in einer Gesellschaft von hoher Mobilität möglich ist, von einem ökonomisch orientierten „Leitbild der Konzentration" wieder mehr zu einem „Leitbild der ökologisch orientierten, räumlichen Dekonzentration" zu gelangen[9]), bei der städtische Bauformen in geschlossenen, relativ dicht besiedelten Teilbereichen der Region an hochwertigen öffentlichen Nahverkehrssystemen liegen, so kann dadurch ein Beitrag zur Begrenzung der mit der Konzentration einhergehenden Umweltbeeinträchtigung erreicht, die Zersiedlung gestoppt und vor allem die Bewältigung der Verkehrsprobleme erleichtert werden.

3. Mit dem zunehmenden Pro-Kopf-Einkommen aufgrund des wirtschaftlichen Wachstums werden sich auch die Ansprüche der Bevölkerung an eine angemessene Versorgung mit Waren, Dienstleistungen und Bildungsmöglichkeiten kurzfristig ändern und das Verlangen nach ständig neuen Attraktionen in der Freizeitgestaltung zunehmen[10]). Je mehr aber die Einrichtungen zur Befriedigung der menschlichen Grunddaseinsfunktionen eigengesetzlichen Standortansprüchen folgen, um so bedeutender wird die Mobilität als Mittel der Kontaktaufnahme und als Indikator für die Zuordnung dieser Einrichtungen zum Wohnstandort. Unter Benutzung von Verkehrsmitteln aller Art steigt der Verkehrsumfang. Um den Ablauf dieses Verkehrs in den Verkehrssystemen erträglich zu halten, zwingen diese sich in der Flächennutzung niederschlagende Differenzierung der Funktionsbereiche, ihre Vermehrung, Vergrößerung und zunehmende Standortstreuung über das Gesamtstadtgebiet zu einem Ausbau der für die Stadtgestaltung und Funktionsfähigkeit des Siedlungs- und Wirtschaftsraumes maßgebenden Kommunikationsnetze. Aus verkehrlicher Sicht führen diese aus der Verbesserung und Ausweitung der materiellen Raumstruktur resultierenden Veränderungen der Siedlungsstruktur nicht nur zu erhöhten Verkehrsbedürfnissen innerhalb des Siedlungsraumes, sondern auch zu verstärkten regionalen Mobilitätsvorgängen im Kontakt der Bevölkerung mit diesen Einrichtungen. Die dabei festzustellenden höheren Anforderungen an die Qualität werden mit Kriterien wie

---

[8]) JÜRGENSEN: Individualverkehr versus öffentlicher Nahverkehr — Kosten und Nutzen in langfristiger Sicht. Beitrag zur Tagung „Stadt und Verkehr", Stuttgart 1971.
[9]) E. ZEPF: Der raumordnerische Aspekt des Umweltschutzes. Vortrag im Rahmen des Studium Generale der Universität Hohenheim 1971.
[10]) GANSER: Untersuchungen zur regionalen Mobilität als Grundlage für die räumliche Planung. In: Veröffentlichung des Seminars für Planungswesen der TU Braunschweig, Heft 5/1969.

Komfort, Privatheit, Unabhängigkeit bei jeder einzelnen Verkehrsbeziehung gekennzeichnet[11]).

4. Diese genannten Veränderungen der Siedlungsstruktur und der Flächennutzung in den Siedlungsräumen als Folge einer vermehrten Bedeutung der mit der Versorgung, Vermittlung, Verwaltung, Forschung und Bildung verbundenen Tätigkeiten des tertiären und quartären Sektors schlagen sich schon deshalb in einem gravierenden Anstieg der Verkehrsnachfrage nieder, weil viele dieser Tätigkeiten auf Kontakt-Kooperation und Kommunikation angewiesen sind. Das Verkehrsvolumen entwickelt sich daher weniger proportional dem Wirtschaftswachstum; es wird sich vielmehr in einer allgemeinen Ausweitung des Mobilitätsspielraumes im individuellen wie im industriellen eBreich auswirken und daher die künftige Verkehrsstruktur unserer Siedlungsräume entscheidend bestimmen.

Diese bisher feststellbaren und auch künftig maßgebenden Entwicklungen und Änderungen der Flächennutzungs-, Bevölkerungs- und Beschäftigtenstruktur haben zu unterschiedlich zu bewertenden *verkehrlichen Konsequenzen* geführt:

Im *positiven Sinne* kann es gelingen, den Verkehrsdruck auf die Kernbereiche der Städte und Stadtregionen zu mildern oder zumindest ein weiteres, überdurchschnittliches Anwachsen der Verkehrsbedürfnisse im Stadtzentrum zu verhindern, wenn es unter bewußter Ausnutzung der erhöhten Mobilität der Bewohner gelingt, Nebenzentren und Siedlungsachsen außerhalb der Kerngebiete zu stärken und damit die ausschließliche Ausrichtung der kommunalen Infrastruktur auf das Zentrum der Stadtagglomeration zu vermeiden.

Im *negativen Sinne* wird sich die verstärkte Aufspaltung und Differenzierung der Funktionsbereiche und damit der Verkehrswünsche innerhalb der Verdichtungsräume und verstädterten Siedlungsgebiete dadurch auswirken, daß hierbei in starkem Maße die Eigenarten und Qualitäten des individuellen Verkehrs zum Tragen kommen. Als Beispiel sei die Region Rhein-Neckar erwähnt. Die mit wachsender Motorisierung und damit Mobilität der Bevölkerung in Gang gekommene Verlagerung der siedlungsstrukturellen Aktivitäten vom Kerngebiet Mannheim—Ludwigshafen in die Region wird an unterschiedlichen Zuwachsraten des Berufspendlerverkehrs sichtbar. Während die Zahl der Pendler aus dem Umland in das Kerngebiet der Region zwischen 1961 und 1970 nur um 9 %/o stieg, betrug der Zuwachs der Auspendler in den Nahbereich um das Kerngebiet 33 %/o.

Das Bestreben, den Wohnstandort zu halten, jedoch günstigere Arbeitsplätze in anderen Gemeinden im Umland der Großstadt aufzusuchen, trägt zu diesen Wandlungen im Berufspendlerverkehr bei. Derartige Veränderungen der Siedlungs- und Verkehrsstruktur zwingen, eine allzu diffuse Streuung von Einrichtungen zentralörtlicher Bedeutung, von Arbeitsplätzen und Dienstleistungen sowie von Wohnungen innerhalb eines Siedlungsraumes einzuschränken. Statt dessen muß mit Hilfe von städtebaulichen und regionalplanerischen Maßnahmen die räumliche Entwicklung geordnet und verstärkt auf die geeignete Verkehrsinfrastruktur in Gestalt öffentlicher Verkehrsmittel ausgerichtet werden.

Diese Veränderungen der Siedlungs- und Verkehrsstruktur können nur dann günstig beeinflußt werden, wenn es durch ordnende städtebauliche Maßnahmen gelingt, die räumliche Entwicklung, insbesondere die Standorte von Einrichtungen zentralörtlicher Bedeutung einschließlich konzentrierter Wohngebiete und Arbeitsplätze, den geeigneten öffentlichen Verkehrsmitteln optimal zuzuordnen.

---

[11]) FARENHOLTZ / HARTENSTEIN / WILLEKE: Innerstädtischer Verkehr heute und morgen. In: Schriftenreihe des Verbandes der Automobilindustrie e. V. (VDA), Heft 12/1971.

5. Als Ursache für die täglichen Verkehrsvorgänge in einem Siedlungsraum gilt dessen Attraktivität oder Anziehungskraft, wobei Häufung und Art der örtlich vorhandenen Aktivitäten maßgebend sind. In erster Linie bietet sich als statistisches Material zur Beschreibung dieser Attraktivitäten eines Teilgebietes die Zahl der Arbeitsplätze und der Einwohner an. So konnte z. B. in der Region Ingolstadt[12]) für die Verkehrsanziehung einzelner Landkreisgemeinden eine Korrelation von hohem Bestimmtheitsmaß mit der gewichteten Zahl der Einwohner und Arbeitsplätze festgestellt werden (Abb. 2). Der Vergleich mit gleichartigen Korrelationen zwischen Verkehrsaufkommen und Flächennutzung in Frankfurt zeigt, daß trotz unterschiedlicher Größe und Bedeutung der beiden Siedlungs- und Wirtschaftsräume nahezu gleichartige Zusammenhänge bestehen (Abb. 3).

Auch die räumliche Zuordnung der einzelnen Aktivitätsschwerpunkte innerhalb eines Siedlungsraumes zueinander, d. h. die zeitliche und teilweise auch bereits die räumliche Distanz zwischen den verkehrsanziehenden und verkehrserzeugenden Teilbereichen, wirkt sich auf die Größe der Verkehrsrelationen aus. So wird am Beispiel der Region Ingolstadt der Einfluß der Entfernung — hier gleichbedeutend mit dem Einfluß der Fahrzeit — auf die Anziehungskraft des Stadtzentrums eindeutig nachgewiesen (Abb. 4).

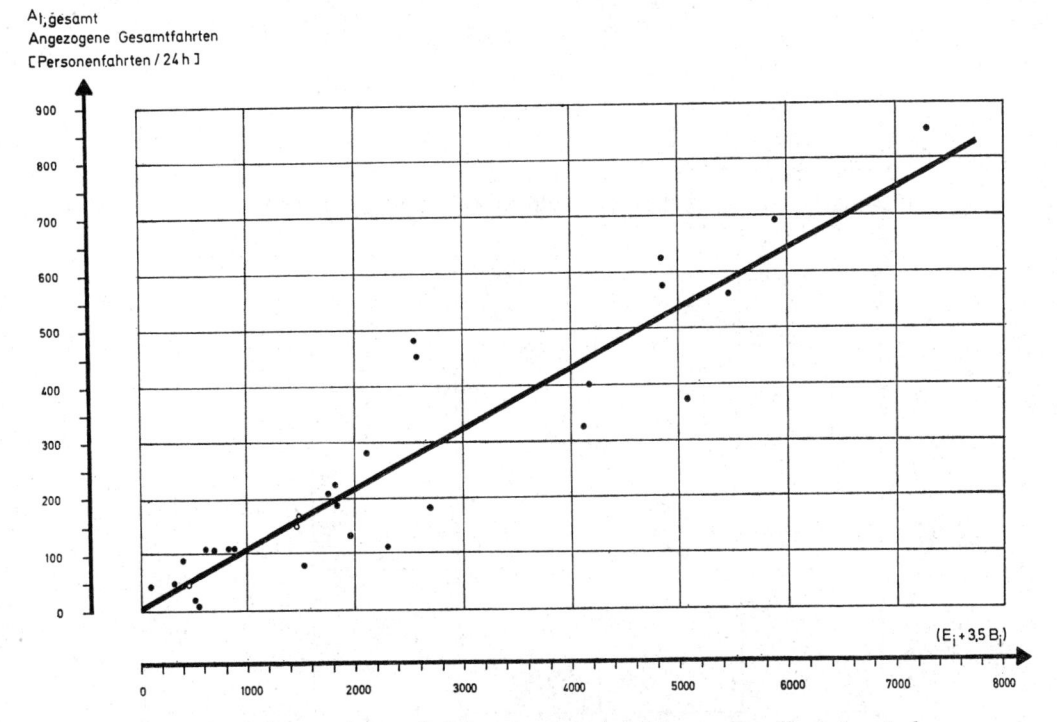

Abb. 2: Verkehrsanziehung als Folge der Attraktivität von Landkreisgemeinden (Region Ingolstadt)

---

[12]) Plan GmbH München, Geograph. Institut TUM, Institut für Verkehrsplanung und Verkehrswesen TUM: Entwicklungsplan Ingolstadt. Im Auftrag von Stadt und Landkreis Ingolstadt 1968/70.

ERZEUGTE HEIMGEBUNDENE FAHRTEN
FAHRTEN/ha netto

EINWOHNER/ha netto

ANGEZOGENE HEIMGEBUNDENE UND NICHT HEIMGEBUNDENE FAHRTEN
FAHRTEN/ha netto

ARBEITSPLÄTZE/ha netto

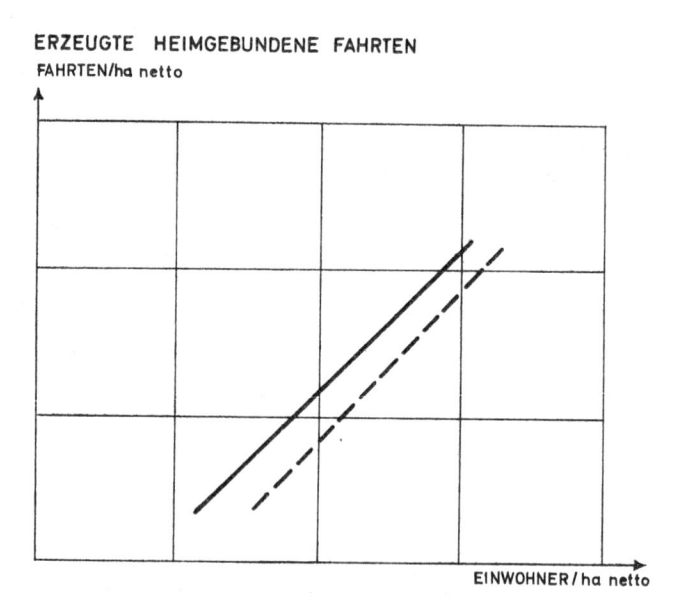

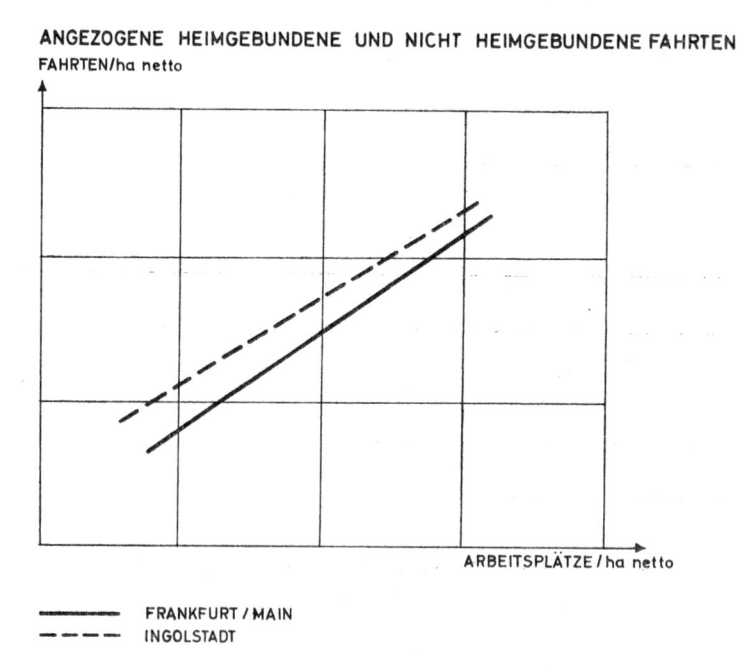

——— FRANKFURT / MAIN
– – – INGOLSTADT

Abb. 3: Korrelation zwischen Verkehrsaufkommen und Flächennutzung

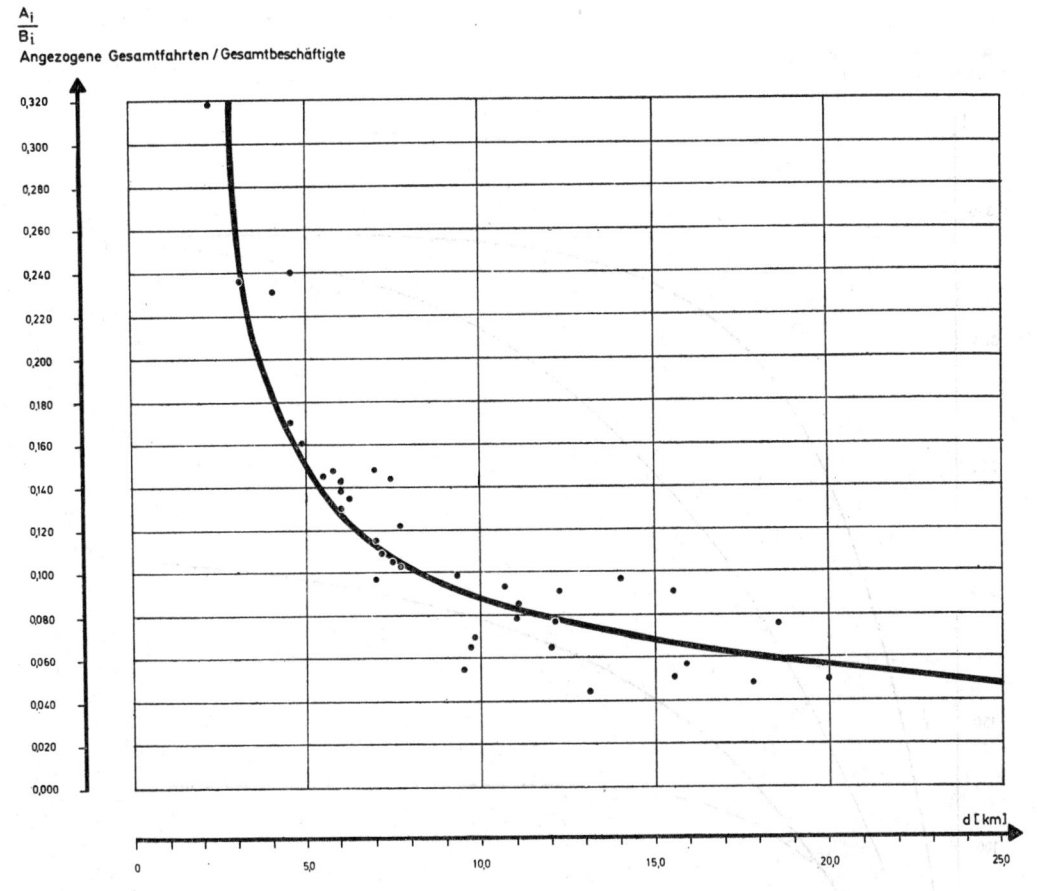

$\frac{A_i}{B_i}$
Angezogene Gesamtfahrten / Gesamtbeschäftigte

Abb. 4: Entfernungseinfluß auf die Gesamtattraktivität der Altstadt (Region Ingolstadt)

Die Attraktivität des Umlandes einer Gemeinde i kann mit $R_i = \Sigma_i B_i \cdot g(d_{ii})$ definiert werden, wobei B_i die Attraktionen, z. B. Arbeitsplätze in den Gemeinden des Umlandes, und $g(d_{ii})$ eine mit wachsender Entfernung oder Fahrzeit abnehmende Funktion darstellen. Je nach zentralörtlicher Bedeutung der Gemeinde i hängt deren tägliches Verkehrsaufkommen (in angezogenen und erzeugten Fahrten/1000 E) von der geringeren (beim Unterzentrum) oder größeren (beim Kleinzentrum) Attraktivität des Umlandes ab (Abb. 5).

Mit der Einflußgröße „Entfernung" wird im übrigen unterstrichen, daß neben der Art der Flächennutzung und der Verteilung von Aktivitäten in einem Siedlungsraum vor allem die *Qualität* der Verkehrssysteme entscheidenden Einfluß auf die Größe der Verkehrsnachfrage hat. Je besser und höherwertig die Verkehrsverbindungen zwischen einzelnen Teilbereichen sind, desto geringer wird die Fahrzeit und desto intensiver ist der Verkehrsaustausch aufgrund erhöhter Kontakt- und Kommunikationsbedürfnisse (Abb. 6).

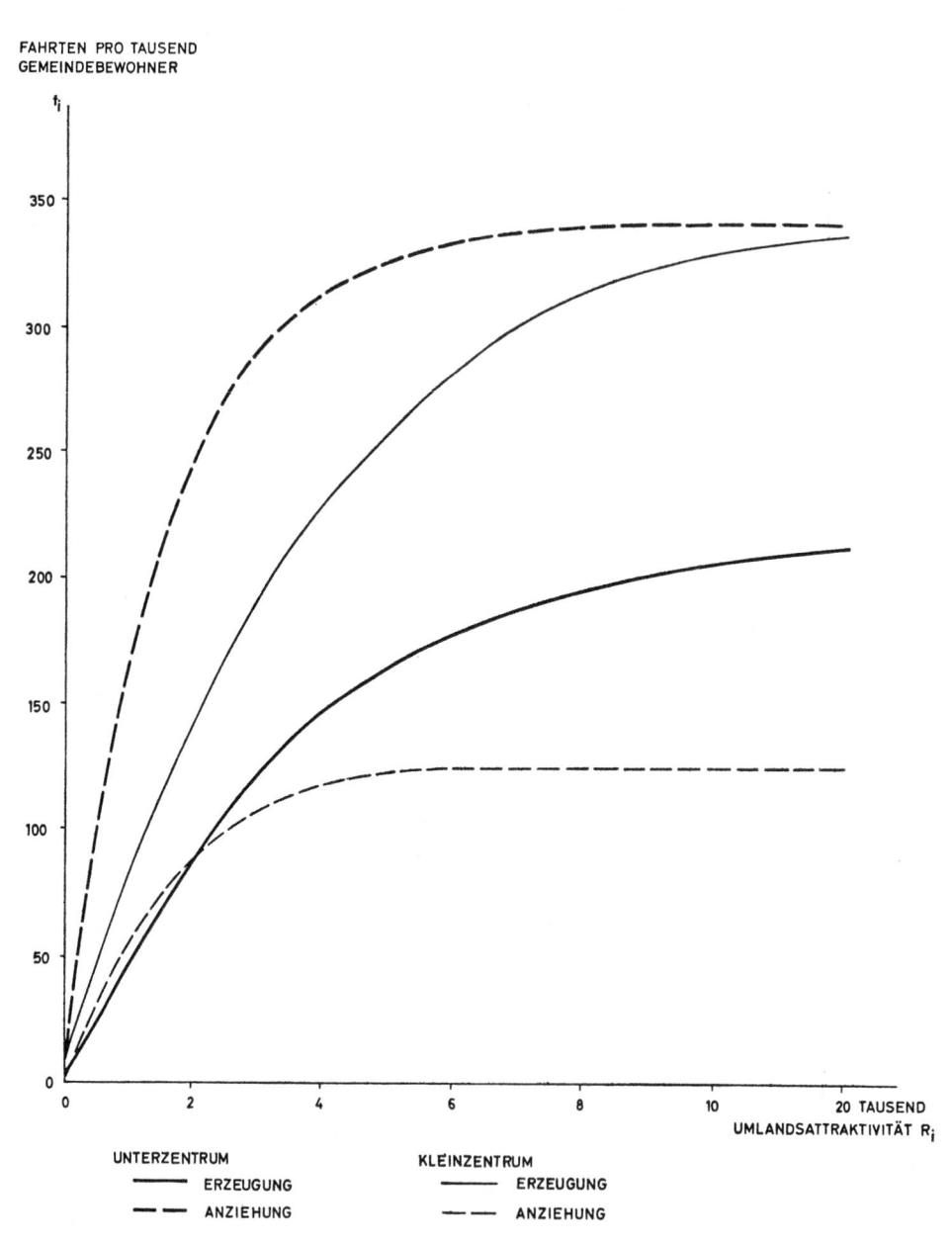

Abb. 5: Verkehrserzeugung und Verkehrsanziehung (nach zentralörtlicher Bedeutung)

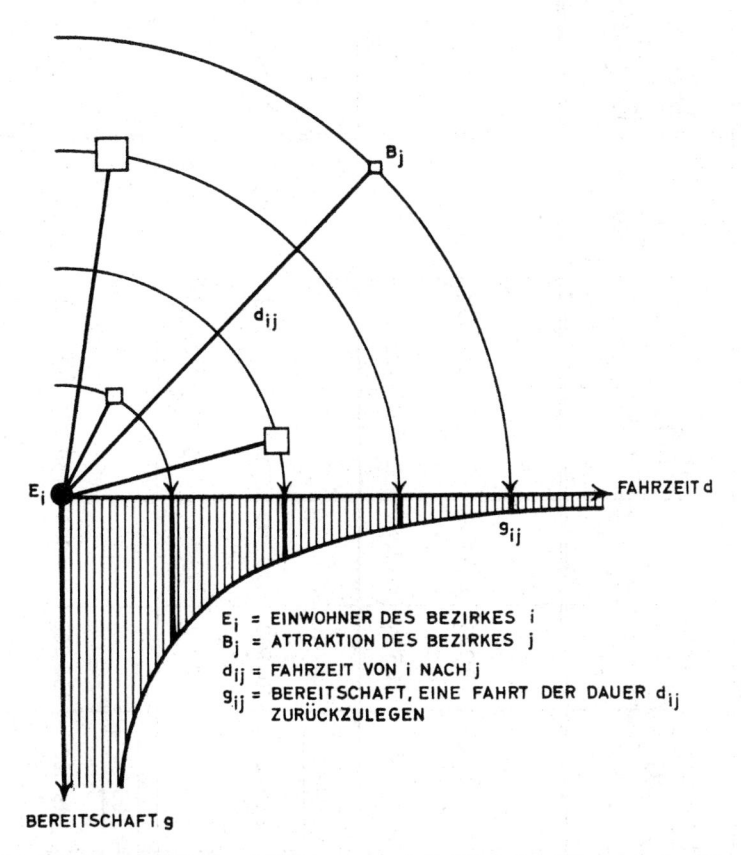

Abb. 6: Einfluß der Umlandaktivitäten auf die Wohnbevölkerung eines Bezirkes unter Berücksichtigung der spezifischen Erreichbarkeit

Aufgrund von einheitlichen Erhebungs- und Untersuchungsmethoden in verschiedenen Siedlungs- und Wirtschaftsregionen verschiedenartiger Größe konnten Informationen über Größe, Zusammensetzung und Struktur des Gesamtverkehrsaufkommens ermittelt und einander gegenübergestellt werden. Als repräsentatives Kriterium der Flächennutzungsstruktur ist in Tabelle 3 die Einwohnerzahl angegeben.

Bemerkenswert ist die Tatsache, daß in den kleineren Siedlungsräumen ein pro Einwohner höherer Verkehrsaufwand anfällt. Dementsprechend sind bei den hier verglichenen Stadtregionen die Zuwachsraten des Verkehrsumfanges geringer als die der Bevölkerungszahl. Dabei ist zu berücksichtigen, daß z. B. in den Regionen Salzburg und Ingolstadt der Anteil der Stadtbevölkerung einschließlich der verstädterten Nahzone bei etwa 70 bis 80 % liegt, während in den Großregionen der Konzentrationsanteil von Bevölkerung und Aktivitäten städtischer Räume geringer und die Distanzen im gesamten Raum insgesamt erheblich größer sind.

Tabelle 3: Gesamtverkehrsaufkommen (Personenfahrten / 24 Stunden)

Region (Einwohner)	IV (R)	IV (Kfz)	ÖNV	DG	ZV+QV	BV	Auswärtige	Regionsbewohner	Spezifisches Fahrtenaufkommen (Regionsbewohner)	Motorisierung Kfz/1000 E
Ingolstadt (125 000 E) 1968	61 200 19 %	228 900 71 % 90 %	321 100 = 100 % 31 000 10 %	38 500 (o. DB) 12 %	69 000 21,5 %	213 600 66,5 %	93 500 29 %	227 600 71 %	1,82	236
Salzburg (167 000 E) 1970	40 500 10 %	261 100 65 % 75 %	403 900 = 100 % 102 300 (o. ÖBB) 25 %	19 700 (o. ÖBB) 5 %	78 800 20 %	305 400 75 %	79 200 20 %	324 700 80 %	1,94	280
Bielefeld (372 000 E) 1969	75 000 11 %	467 000 71 % 82 %	659 000 = 100 % 117 000 18 %	43 000 (o. DB) 6 %	157 000 24 %	459 000 70 %	159 000 24 %	500 000 76 %	1,30	225

(Fortsetzung nächste Seite)

Fortsetzung Tabelle 3

			1 710 670 = 100 %						
Mittelfranken (1 320 000 E) 1966	1 231 380		479 290	37 300 (o. DB)	197 030	1 476 340	187 300	1 523 370	1,2	196
	72 %		28 %	2 %	12 %	86 %	11 %	89 %		
			2 645 000 = 100 %						
Rhein-Neckar (1 700 000 E) 1969	354 000	1 620 000	671 000	99 000	310 000	2 236 000	314 000	2 331 000	1,4	235
	13 %	62 %	25 %	4 %	12 %	84 %	12 %	88 %		

EINWOHNER   *VERKEHRSUMFANG*

INGOLSTADT   100 %   100 %
SALZBURG   133 %   126 %
BIELEFELD   297 %   205 %
MITTELFRANKEN   1056 %   533 %
RHEIN–NECKAR   1 360 %   824 %

Institut für Verkehrsplanung und Verkehrswesen TU München.

Mit dieser unterschiedlichen Nutzungsintensität und Bebauungsdichte in den einzelnen Siedlungsräumen sind u. a. diese Zusammenhänge zu erklären. Die sich durch bauliche Verdichtung, Konzentration und ein gleichzeitiges Angebot an häufig genutzten Funktionselementen auszeichnende Struktur in Städten und Siedlungsregionen, die vorwiegend aus einem verstädterten Kerngebiet bestehen, hat ein besonders hohes Verkehrsaufkommen im individuellen und öffentlichen Verkehr zur Folge. Dazu kommen in Großstädten gemäß Tabelle 4 erhebliche Anteile an Verkehrsbewegungen, die ohne Inanspruchnahme von Beförderungsmitteln zu Fuß erfolgen (Verkehrsaufkommen als Fußgängerbeziehungen in Tabelle 3 nicht enthalten).

Diese inzwischen auch in Modellansätzen zur Beschreibung der Verkehrsstruktur aufgenommenen Gesetzmäßigkeiten führen in der praktischen Verwertung zu der Aussage, daß die Größe der Verkehrsbeziehung zwischen zwei Teilbereichen von einer die Fahrzeit repräsentierenden „Widerstandsfunktion", den Kriterien der Attraktivität der beiden Räume und einer vom Fahrtmotiv abhängigen Gewichtung bestimmt wird. Dies bedeutet für Siedlungsräume:

Der mit der Verbesserung der Verkehrsinfrastruktur und mit schnelleren Verkehrsmitteln reduzierbare Zeitaufwand läßt größere Entfernungen innerhalb eines Siedlungsraumes oder einer Stadtregion schrumpfen und erhöht den Lagewert und die Attraktion der einzelnen Teilbereiche. Mit dem Ausbau der Verkehrssysteme und den dadurch entstehenden Veränderungen im Raum-Zeit-Gefüge der Siedlungsräume steht dem Planer ein wirkungsvolles Instrument zur Verfügung, gewünschte Strukturverbesserungen einzuleiten und die Förderung örtlicher Siedlungsschwerpunkte oder Entlastungszentren zu erleichtern.

Diese Erkenntnis gilt hauptsächlich für Stadtagglomerationen und Verdichtungsräume. Inwieweit die Verbesserung der Verkehrsinfrastruktur in schwächer besiedelten, weniger entwickelten Siedlungsräumen zu einer gewünschten Aufwertung einschließlich erhöhter wirtschaftlicher Bedeutung führt, ist noch keineswegs schlüssig und wissenschaftlich untermauert nachgewiesen worden. Frühere Untersuchungen über Veränderungen der Siedlungs- und Wirtschaftsstruktur im Einzugsgebiet neu entstandener Autobahnen haben nur begrenzt brauchbare Ergebnisse gezeigt. Zumindest dürfte es sich hier um sehr langfristige Entwicklungsprozesse handeln, die noch einer sehr gründlichen Untersuchung bedürfen[13]).

II. Verhaltensweisen und Verkehrsbedürfnisse

Soziologische, ökonomische und gesellschaftliche Entwicklungen beeinflussen die Siedlungsstruktur und die Verhaltensweisen der Bevölkerung. Wirtschaftliches Wachstum und die damit in Verbindung stehenden generellen Einkommenssteigerungen führen zu einer Erhöhung des Lebensstandards und des Wohlstandes. In Verbindung damit verändern sich die täglichen Verkehrs- und Lebensgewohnheiten der Bewohner unserer Siedlungsräume.

Trotz Unsicherheiten der Aussagen über die Verwendung der vermehrten Kaufkraft gilt es als sicher, daß mit einer Verlagerung der Ausgabenanteile des Familienhaushaltes gerechnet werden muß. Nach Untersuchungen über das Konsumverhalten der Bevölke-

---

[13]) KUBIN: Autobahn und Umland. In: Straßenbau und Straßenverkehrstechnik, Forschungsberichte des BMV, Heft 105/1970.

Tabelle 4: *Erreichen des Arbeitsplatzes bzw. der Ausbildungsstätte*

	Anteil der Verkehrsbewegungen zu Fuß am Gesamtverkehrsaufkommen		
	Einwohner mit Wohnsitz Innenstadt	Einwohner mit Wohnsitz nahe der Innenstadt	Einwohner mit Wohnsitz in den Außenstadtgebieten
Bielefeld 1969	65 — 70 %	40 — 50 %	20 — 30 %
Salzburg **) 1971	ca. 68 %	ca. 46 %	ca. 28 %
München 1965	50 % z. Arbeitsplatz 54 % z. Ausbildung im Mittel ca. 52 %	18 % zum Arbeitsplatz 40 % zur Ausbildung im Mittel ca. 22,5 %	
Mannheim *) 1969/70	ca. 47 %	25 — 44 %	6 — 27 %
Ludwigshafen *) 1969/70	ca. 37 %	17 — 34 %	10 — 12 %

*) nur Berufspendler.
**) erzeugte heimgebundene Fahrten (alle Fahrtmotive).
Institut für Verkehrsplanung und Verkehrswesen TU München.

rung werden die Ausgabenanteile für Nahrung und Lebensmittel künftig zurückgehen. Dagegen muß mit einer Zunahme des Ausgabenanteiles für den Verkehr infolge des vermehrten Mobilitätsbedarfes, d. h. mit einer quantitativen Steigerung der Verkehrsnachfrage gerechnet werden[14].

Sicher ist auch, daß mit wachsendem Einkommen die Beanspruchung von Dienstleistungen aller Art zunehmen wird, was zu einer Attraktivitätssteigerung von größeren Zentren für andere Bedürfnisse als Konsumgüterdeckung führt und einen entsprechenden Mobilitätszuwachs der Bevölkerung erwarten läßt[15].

Einige relevante Einflüsse auf Verkehrsverhalten und Verkehrsbedürfnisse seien nachfolgend herausgestellt.

---

[14] Stat. Bundesamt: Ergebnisse der Einkommens- und Verbrauchsstichprobe 1969. In: Wirtschaft und Statistik, Heft 10, 1972.
[15] H. JENSEN, W. H. MÜLLER: Gutachterliche Stellungnahme zum Ordnungsplan „Zentrale Standorte" unter Berücksichtigung der städtebaulichen Entwicklung im Hamburger Raum, Hamburg 1966.

1. Steigende Einkommen und wachsender Wohlstand fördern mit einer manchmal geradezu unheimlichen Konsequenz die Motorisierung der Bevölkerung (Abb. 7). Mit einer allmählichen Nivellierung starker Einkommensunterschiede wird dieser Trend zum Pkw noch verstärkt. Aber nicht nur die Motorisierung, also der Kraftwagenbesitz, steigt mit zunehmendem Brutto-Inlandsprodukt, sondern auch die Mobilität, d. h. die Anzahl der täglichen Fahrten je Einwohner, nimmt mit wachsender Motorisierung zu (Abb. 8)[16].

Erhebungen über das Verkehrsaufkommen großer Wohnbezirke Münchens haben ebenfalls eine klare Abhängigkeit von der Sozialstruktur (mittleres Einkommen der Bevölkerung des Stadtteils) und daher auch von der Motorisierung gezeigt (Abb. 9).

Ohne Zweifel ist das mit dem Kraftwagenbesitz wachsende sogenannte spezifische Verkehrsaufkommen pro Einwohner als ein Kennzeichen der Mobilität der Bevölkerung eines der wichtigsten Kriterien zur Erklärung der Verkehrssituation in unseren Siedlungs-

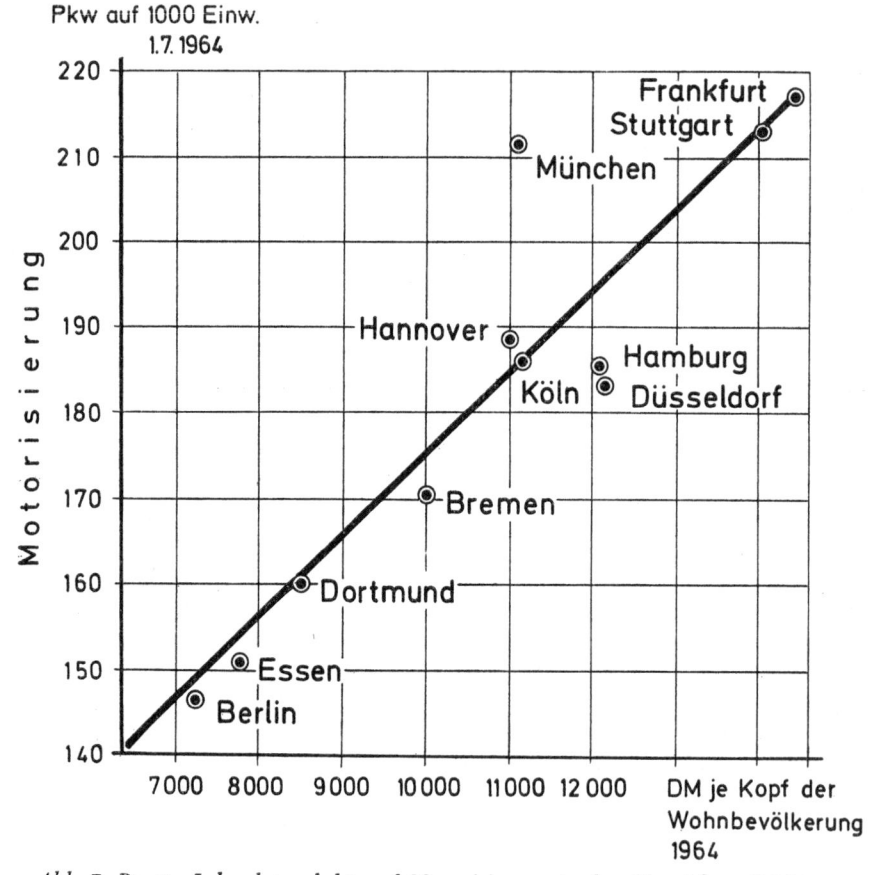

Abb. 7: Brutto-Inlandsprodukt und Motorisierung in den 10 größten Städten der Bundesrepublik und West-Berlin

---

[16] KESSEL: Verhaltensweisen im werktäglichen Personenverkehr. In: Straßenbau und Straßenverkehrstechnik, Forschungsberichte des BMV, Heft 132/1972.

SPEZ.VERKEHRSBEDÜRFNIS [Y]
(FAHRTEN/E/TAG)

Nr.	PLANUNGSRAUM	JAHR	E/PKW	F/E
1	LÜNEN	1966	6,44	1,06
2	HANNOVER	1962	6,23	1,21
3	WUPPERTAL	1964	6,00	1,30
4	BRÜHL	1964	6,03	1,29
5	UNTERE WERRE	1967	5,95	1,13
6	OPLADEN	1960	6,00	1,08
7	WORMS	1969	5,71	1,28
8	HAMM	1965	5,50	1,40
9	GÜTERSLOH	1966	5,50	1,44
10	FÜRTH	1967	5,25	1,37
11	KREFELD	1968	5,14	1,34
12	MÜNCHEN	1965	4,90	1,50
13	ERLANGEN	1967	4,80	1,49
14	NÜRNBERG	1967	4,73	1,34
15	LUDWIGSHAFEN	1969	4,47	1,37
16	MANNHEIM	1969	4,39	1,47
17	HEIDELBERG	1969	4,29	1,55
18	INGOLSTADT	1969	4,25	2,13
19	SALZBURG	1969	4,15	2,11

$Y = 2,96 - 0,2948 \cdot X$
$r = 0,7743$

$Y = 2,09 - 0,1756 \cdot X$
$r = 0,90025$

MOTORISIERUNGSZIFFER (E/PKW) [X]

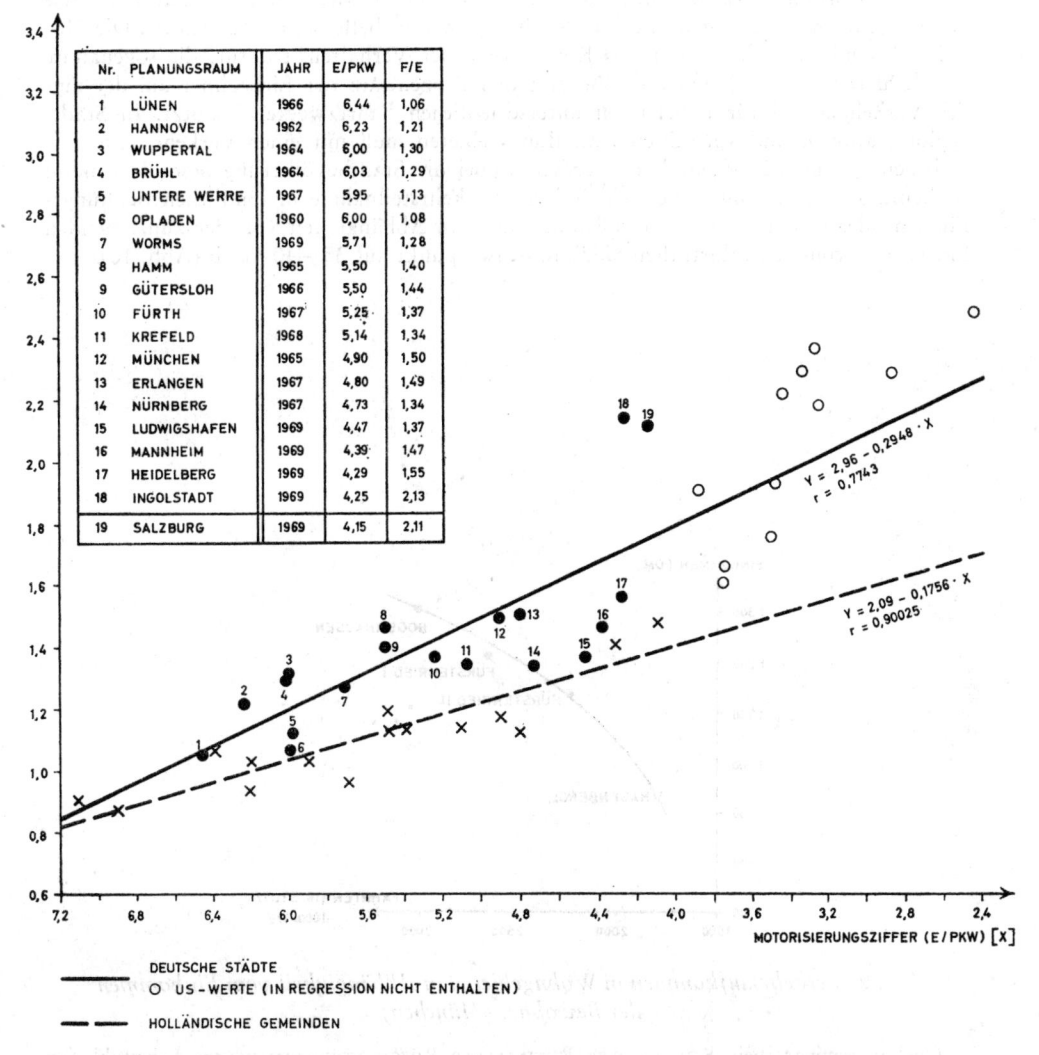

——— DEUTSCHE STÄDTE
O US-WERTE (IN REGRESSION NICHT ENTHALTEN)
— — — HOLLÄNDISCHE GEMEINDEN

Abb. 8: Mobilität als Funktion der Motorisierung — Personenverkehr über alle Reisemittel —

Quelle: KESSEL: Verhaltensweisen im werktäglichen Personenverkehr. In: Schriftenreihe „Straßenbau und Straßenverkehrstechnik", Heft 132, 1972.

räumen. In verschiedenen bisher in der Bundesrepublik untersuchten Regionen wurde gemäß Tabelle 5 ein tägliches Verkehrsaufkommen von rd. 2,5 — 4,0 Fahrten pro Verkehrsteilnehmer ermittelt.

Die durchschnittliche Mobilität der Stadtbewohner wächst mit der Stadtgröße, wie aus Verkehrsuntersuchungen in ca. 40 Städten gemäß Tabelle 6 zu erkennen ist. Die Mobilität beeinflußt auch ein weiteres Kennzeichen der Verhaltensstruktur, die sogenannte „Verkehrsteilnahme"[17]). Diese Größe gibt den Prozentsatz der Einwohner an, der täglich Verkehrsmittel für Fahrten zu unterschiedlichen Fahrtzwecken benutzt. In Stadtagglomerationen und verdichteten Siedlungsgebieten muß mit einer Verkehrsteilnahme zwischen 50 und 70 % gerechnet werden, wobei die Stadtbevölkerung besonders mobil erscheint. Dagegen nimmt die so definierte Verkehrsteilnahme in ländlichen Siedlungsräumen oder im Umland von Großstädten u. a. in Abhängigkeit von der zunehmenden Entfernung vom zentralörtlichen Siedlungsschwerpunkt auf 35—40 % ab (Abb. 10).

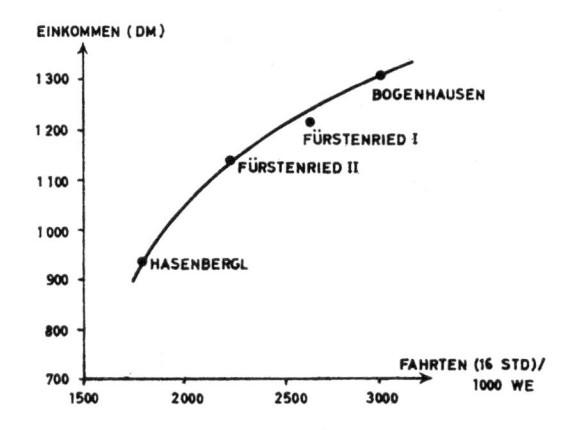

Abb. 9: Verkehrsaufkommen in Wohngebieten in Abhängigkeit vom Einkommen der Bewohner (München)

Quelle: Seminararbeit KORNBICHLER/RHEINFELDER/RÖSCH/STIEVERMANN am Lehrstuhl für Verkehrs- und Stadtplanung der TUM über „Verkehrsaufkommen in Wohngebieten", 1966.

---

[17]) SCHAECHTERLE und Mitarbeiter: Beitrag zur Beurteilung von Straßenplanungen im Rahmen von Verkehrsprognosen für den zweiten Ausbauplan. In: Straße und Autobahn, Heft 1/1969.

Tabelle 5: *Spezifisches Verkehrsaufkommen*

Stadt bzw. Region		Verkehrs-teilnahme	Fahrten pro Verkehrs-teilnehmer	Fahrten pro Einwohner über 6 Jahre
Stadt Utrecht		67 %	3,90	2,60
Region Utrecht (KMU-Gebiet)*)		71 %	4,10	2,90
Gesamtgebiet		68 %	4,00	2,70
Industrieregion Mittelfranken	Städte	60 %	2,6 — 2,9	1,5 — 1,8
	Landkreise	44 %	2,3 — 2,5	1,05
	Gesamtgebiet	52,5 %	2,45	1,30
Stadt Ingolstadt		60 %	3,90	2,30
Landkreis Ingolstadt		59 %	2,80	1,70
Gesamtgebiet		60 %	3,40	2,05
Stadt Mannheim		55 %	2,92	1,47
Stadt Ludwigshafen		54 %	2,78	1,37
Stadt Heidelberg		56 %	3,07	1,55
Stadt Salzburg		61 %	3,82	2,35

Institut für Verkehrsplanung und Verkehrswesen TU München.
*) KMU = Kring Midden Utrecht.

Tabelle 6: *Mobilität der Stadtbewohner*

Stadtgröße (Einwohner)	spezifisches Verkehrsaufkommen pro E und Tag	Anteil öffentlicher Nahverkehr
20 000 — 50 000	0,8 — 1,0	10 — 20 %
50 000 — 150 000	1,0 — 1,2	20 — 35 %
150 000 — 1 000 000	1,2 — 1,8	35 — 50 %

Institut für Verkehrsplanung und Verkehrswesen TU München.

2. Mit dem Pkw-Besitz erhöht sich die spezifische Fahrtenzahl der Einwohner. In Mittelfranken haben lt. Tabelle 7 die Pkw-Besitzer je nach Sozialstruktur bis zu 40 % mehr Fahrten unternommen als die nicht-motorisierten Verkehrsteilnehmer, die auf Fahrrad und öffentlichen Verkehr angewiesen waren oder zu Fuß gehen mußten.

Ebenso gravierend ist der Einfluß der Motorisierung auf den Rückgang des öffentlichen Verkehrs (Tabelle 8).

Ähnlich wie für die kreisfreien Städte Mittelfrankens hat auch die Motivationsuntersuchung für Hamburg gleichartige und eindeutige Hinweise auf diesbezügliche Veränderungen der Verhaltensnormen erbracht[18]) (Abb. 11). Die Untersuchungen in der Randstadt Holland und in der Region Utrecht bestätigen diese Zusammenhänge: Mit dem Zwei- und Mehrwagenbesitz pro Haushalt steigt das spezifische Verkehrsaufkommen pro Einwohner um 15—35 % an; gleichzeitig gehen die Anteile des öffentlichen, des Fahr- und des Fußgängerverkehrs zurück[19]). Diese von der Motorisierung ausgelösten typischen Veränderungen der Verhaltensweisen sind bei allen sozialen Gruppen, also bei allen Bevölkerungsschichten mit unterschiedlichem Einkommen, festzustellen (Abb. 12). Damit konnten in Westdeutschland und in Westeuropa enge Zusammenhänge zwischen der Motorisierung und der Mobilität nachgewiesen werden, wie sie auch aus amerikanischen Untersuchungen — etwa im Raume New York — hervorgehen[20]) (Abb. 13).

Daß gerade in den verstädterten Regionen dieser Mobilitätszuwachs vor allem dem individuellen Kraftwagenverkehr zufällt, hängt entscheidend mit der durch den Kraftwagen entstehenden größeren Freizügigkeit u. a. bei der Wahl des Arbeitsplatzes, der Wohnung und aller sonstigen im Gesamtstadtraum bestehenden Angebote unserer sozialen und gesellschaftlichen Existenz zusammen. Dementsprechend nimmt laut Tabelle 9

Tabelle 7: *Spezifische Fahrtenzahl in Abhängigkeit von der Motorisierung (Region Mittelfranken)*

Pkw-Besitz	Wohnort	spezifische Fahrtenzahl / Verkehrsteilnehmer			
		Arbeiter	Angestellter Beamter	Selbständiger / Landwirt	Nicht-Erwerbstätiger
ohne Pkw	kreisfreie Stadt	100 %	100 %	100 %	100 %
	Landkreis	100 %	100 %	100 %	100 %
mit Pkw	kreisfreie Stadt	117 %	123 %	138 %	122 %
	Landkreis	112 %	125 %	127 %	114 %

Institut für Verkehrsplanung und Verkehrswesen TU München.

---

[18]) Ingenieurgruppe IVV Aachen: Motivation der Reisemittelwahl — Untersuchungen zum Modal-Split. Im Auftrag der Freien und Hansestadt Hamburg 1972.
[19]) COMMISSIE / VOLMÜLLER: Rapport: „bevordering openbaar vervoer westen des lands". s'Gravenhage, Februar 1972.
[20]) H. CASSOFF, H. D. DEUTSCHMAN: The link between people and jobs. In: Highway Research Record, Heft 322, Washington 1970.

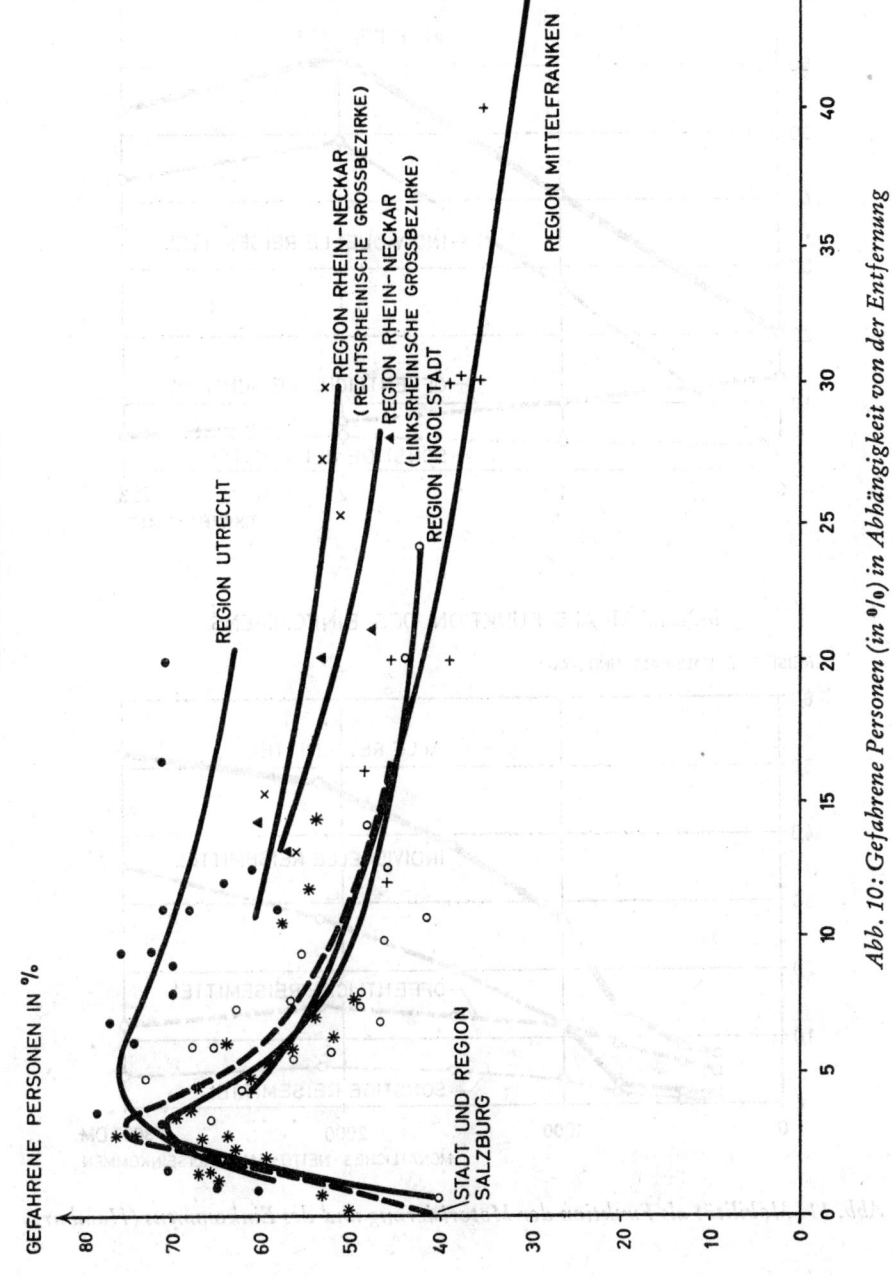

VERKEHRSTEILNAHME

GEFAHRENE PERSONEN IN %

REGION UTRECHT

REGION RHEIN-NECKAR
(RECHTSRHEINISCHE GROSSBEZIRKE)

REGION RHEIN-NECKAR
(LINKSRHEINISCHE GROSSBEZIRKE)

REGION INGOLSTADT

STADT UND REGION SALZBURG

REGION MITTELFRANKEN

Abb. 10: *Gefahrene Personen (in %) in Abhängigkeit von der Entfernung*

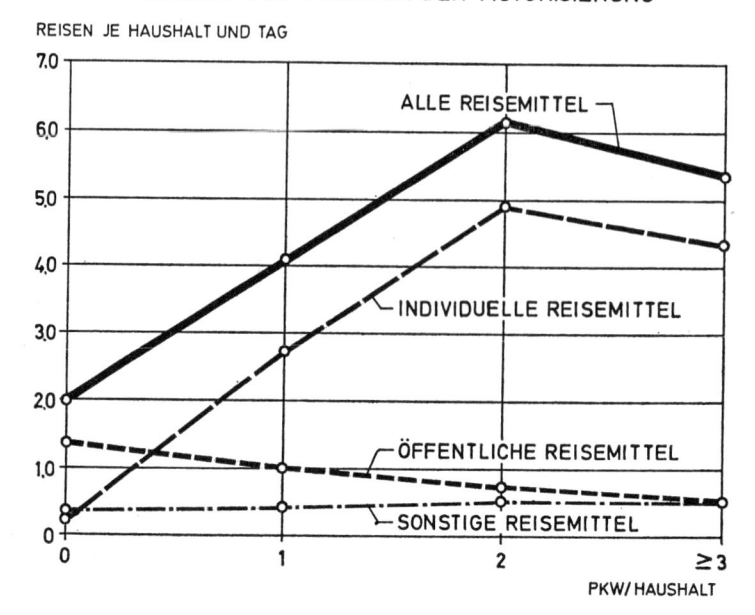

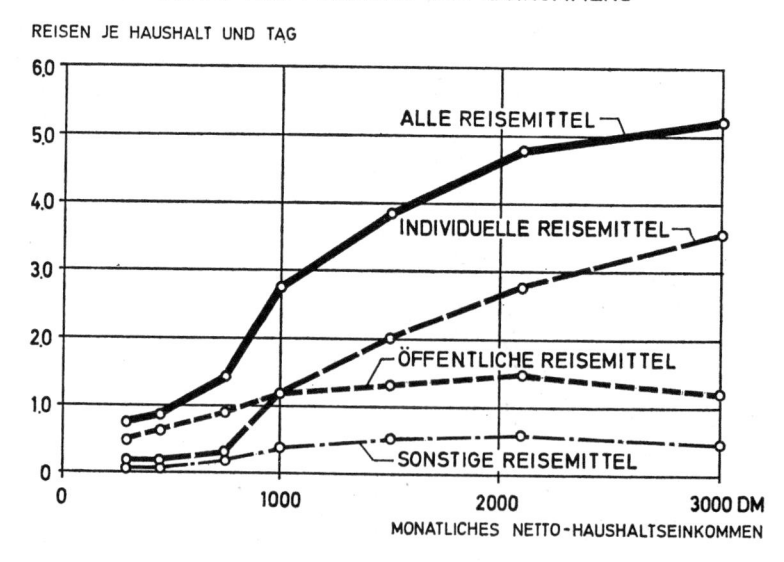

Abb. 11: Mobilität als Funktion der Motorisierung und des Einkommens (Hamburg)

Mittleres spez. Verkehrsaufkommen (Fahrten/E und Tag) bei verschiedenem Pkw-Besitz in West-Holland

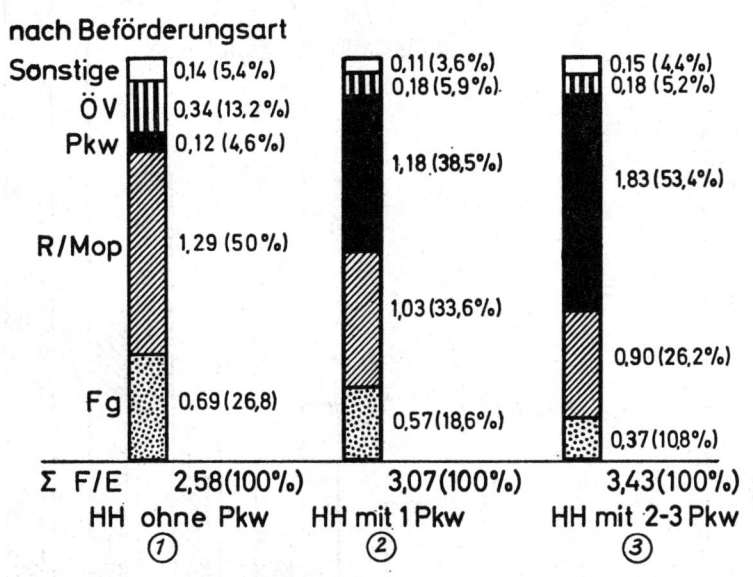

nach Beförderungsart

	HH ohne Pkw (1)	HH mit 1 Pkw (2)	HH mit 2-3 Pkw (3)
Sonstige	0,14 (5,4%)	0,11 (3,6%)	0,15 (4,4%)
ÖV	0,34 (13,2%)	0,18 (5,9%)	0,18 (5,2%)
Pkw	0,12 (4,6%)	1,18 (38,5%)	1,83 (53,4%)
R/Mop	1,29 (50%)	1,03 (33,6%)	0,90 (26,2%)
Fg	0,69 (26,8)	0,57 (18,6%)	0,37 (10,8%)
Σ F/E	2,58 (100%)	3,07 (100%)	3,43 (100%)

nach Einkommen/Haushalt

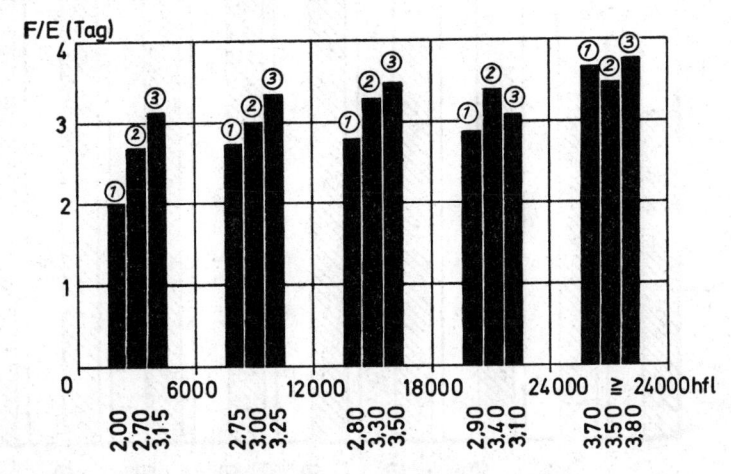

F/E (Tag)

6000	12000	18000	24000	≥ 24000 hfl
2,00 / 2,70 / 3,15	2,75 / 3,00 / 3,25	2,80 / 3,30 / 3,50	2,90 / 3,40 / 3,10	3,70 / 3,50 / 3,80

Quelle: Prof. J. Volmüller, T.H. Delft, Thema I
10. Intern. Studienwoche für Straßenverkehrstechnik 1970

Abb. 12: Mittleres spezifisches Verkehrsaufkommen (Fahrten/E/Tag) bei verschiedenem Pkw-Besitz in West-Holland

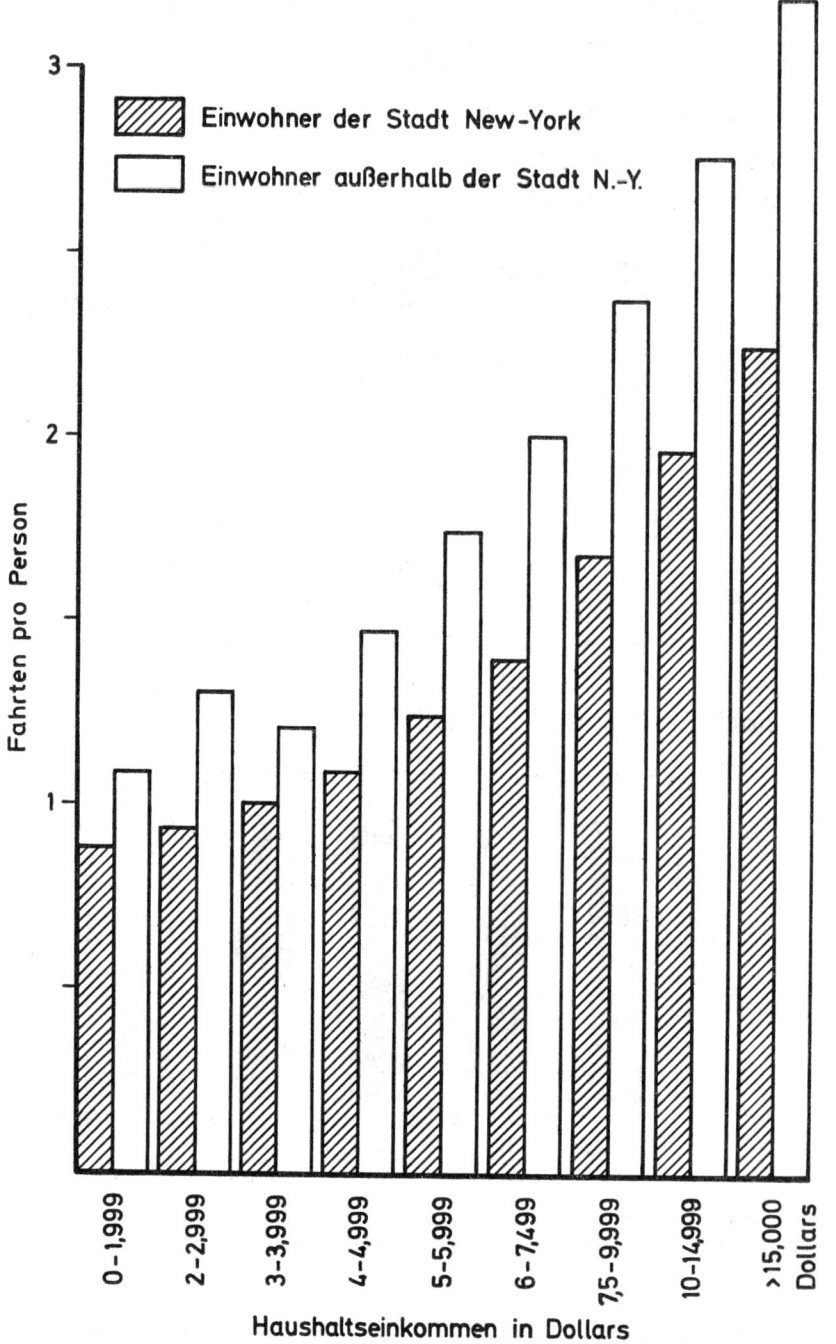

Abb. 13: Fahrten pro Person nach Einkommen und Wohnort

Tabelle 8: *Fahrten pro Verkehrsteilnehmer*

Stellung	Pkw-Besitz	Gesamtfahrten mit individ. u. öffentlichen Verkehrsmitteln		Fahrten mit öffentlichen Verkehrsmitteln	
		kreisfreie Städte	Landkreise	kreisfreie Städte	Landkreise
Arbeiter	ohne	2,3—2,4	2,1—2,3	0,5—0,7	0,6—1,0
	mit	2,4—3,1	2,3—2,6	0,03—0,1	0,03—0,3
Angestellte / Beamte	ohne	2,4—2,8	2,2—2,6	0,6—1,1	0,7—1,2
	mit	3,0—3,4	2,7—3,3	0,06—1,0	0,02—0,2
Selbständige / Landwirte	ohne	2,2—3,1	2,2—2,6	0,3—0,5	0,1—0,4
	mit	3,3—4,0	2,6—3,5	0,01—0,02	0,01—0,1
nicht erwerbst. Personen	ohne	2,3—2,6	2,1—2,3	0,2—0,6	0,4—0,7
	mit	2,6—3,4	2,3—2,7	0,1—0,2	0,03—0,2
Summe	ohne	2,3—2,6	2,1—2,3	0,3—0,7	0,5—0,8
	mit	2,9—3,3	2,5—3,0	0,06—0,08	0,02—0,1
Mittel	mit/ohne	2,6—2,8	2,3—2,5	0,2—0,5	0,2—0,6

Institut für Verkehrsplanung und Verkehrswesen TU München.

das Verkehrsaufkommen der Spitzenstunde von Wohngebieten je nach Größe und Motorisierungsziffer etwa linear zu.[21]

3. Etwa 70—85 % aller täglichen Fahrten mit Verkehrsmitteln in Städten und verstädterten Siedlungsräumen hängen mit der Wohnung des Verkehrsteilnehmers zusammen. Die in Groß- und Mittelstädten anzutreffende Gliederung des Verkehrsaufkommens nach Fahrtzweckgruppen zeigt gemäß Tabelle 10 eine annähernd übereinstimmende Aufteilung des täglichen Personenverkehrs mit Verkehrsmitteln. Werden die Heimfahrten nach der Tätigkeit am Quellort der Fahrt aufgeteilt, entsteht im Mittel folgende Aufteilung:

    Berufs- und Ausbildungsfahrten   ca. 48 — 64 %
    Geschäfts- und Dienstfahrten   ca. 10 — 24 %
    Sonstiges   ca. 26 — 33 %

Im allgemeinen fallen etwa 50 % aller Personenfahrten im Berufs- und Ausbildungsverkehr an.

[21] E. MARTIN: Verkehrswegenetze in städtischen Siedlungen — Ein Versuch zur Koordinierung siedlungsspezifischer und verkehrsplanerischer Forderungen. In: Schriftenreihe des Institutes für Städtebau und Landesplanung der Fakultät für Bauingenieur- und Vermessungswesen, Universität Karlsruhe, Heft 1/1971.

In Mittel- und Kleinstädten führt die hohe Mobilität der Bewohner zu einer vermehrten Zahl von Fahrten im Geschäfts-, Privat-, Freizeit- und Einkaufsverkehr. Die Zusammensetzung der Tagespegel nach Fahrtzwecken für ein Wohngebiet und das Kerngebiet einer Großstadt bestätigen, welche Bedeutung der Wirtschafts- und Privatverkehr außerhalb der Berufsverkehrszeiten besitzt[22]) (Abb. 14).

Schon heute lassen spezielle Untersuchungen über die Fahrtzwecke erkennen, daß die zunehmende Mobilität infolge Pkw-Besitz den Berufsverkehrsanteil am täglichen spezifischen Verkehrsaufkommen pro Einwohner reduziert, wie dies u. a. aus amerikanischen Erhebungen hervorgeht (Abb. 15). Es ist daher verständlich, wenn Verkehrswissenschaftler auch in Zukunft erwarten, daß im Zusammenhang mit der weiteren Motorisierung in Stadt und Land die Zusammensetzung des Gesamtverkehrsaufkommens nach Fahrtzwecken einer weiterhin beachtenswerten Wandlung unterzogen sein wird (Abb. 16).

Tabelle 9: *Stündliches Verkehrsaufkommen (Spitzenstunde) in Abhängigkeit von der Motorisierungsziffer unter der Annahme, daß seine Größe 50 %/o der beheimateten Fahrzeuge entspricht*

Wohngebiet mit	Spitzenstundenverkehr bei einer Motorisierungsziffer von				
	2,0 E/Pkw	3,0 E/Pkw	4,0 E/Pkw	5,0 E/Pkw	6,0 E/Pkw
500 Einwohnern	130	80	60	50	40
1 000 Einwohnern	250	170	130	100	80
2 000 Einwohnern	500	330	250	200	170
5 000 Einwohnern	1 200	800	600	500	400
10 000 Einwohnern	2 500	1 700	1 250	1 000	800

Institut für Verkehrsplanung und Verkehrswesen TU München.

---

[22]) KH. SCHAECHTERLE / G. HOLDSCHUER: Generalverkehrsplan Mannheim, Band 1: Verkehrsanalyse individueller, öffentlicher und ruhender Verkehr. Im Auftrag der Stadt Mannheim 1971.

FAHRTANTRITTE IM TAGESABLAUF - INNENSTADT

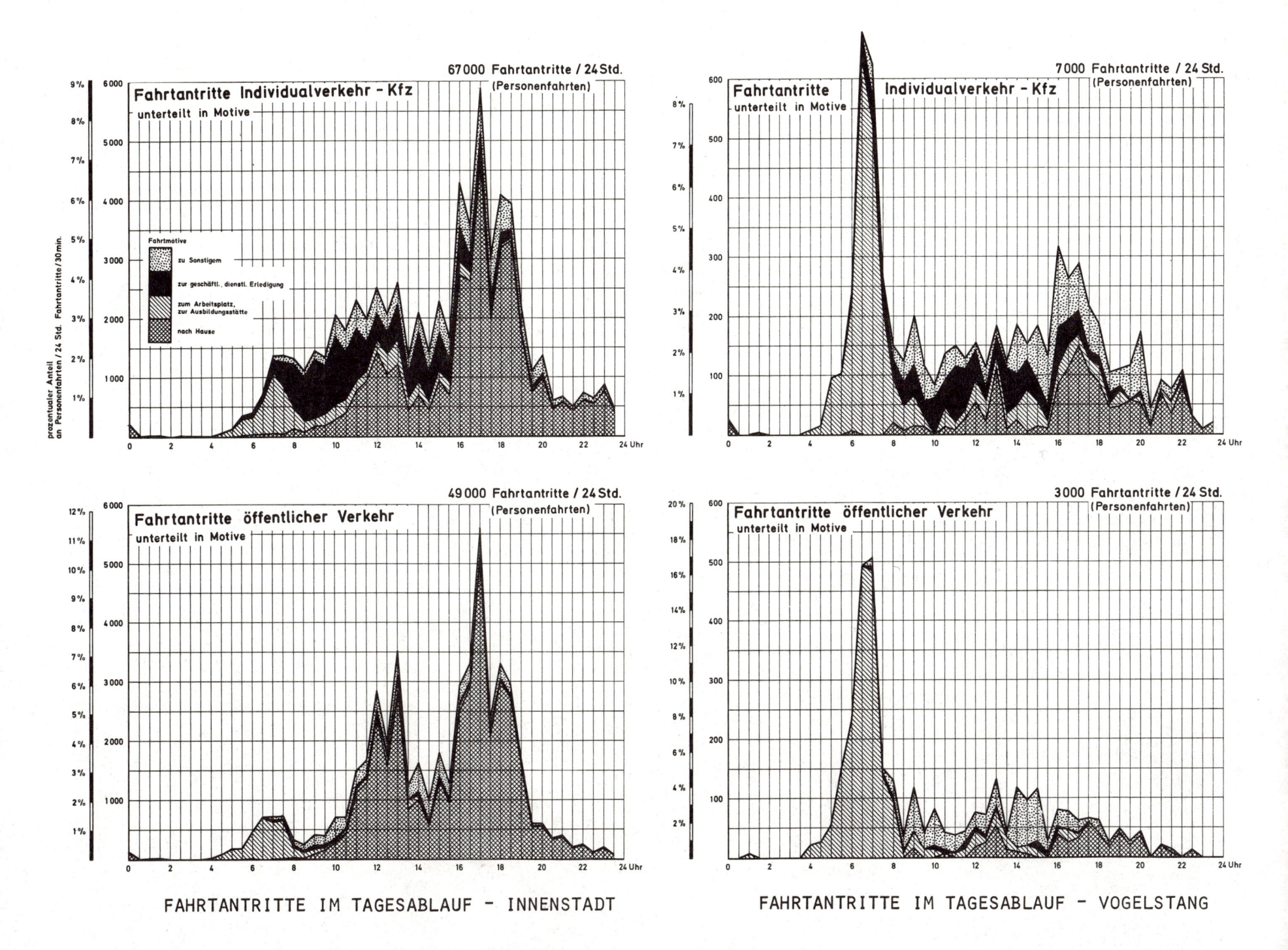

FAHRTANTRITTE IM TAGESABLAUF - VOGELSTANG

Abb. 14: Tagespegel nach Fahrtzwecken (Mannheim)

Tabelle 10: *Personenfahrten pro Tag (Rad, Moped, Pkw, ÖNV) — getrennt nach Fahrtzwecken*

Stadt bzw. Region	Fahrtzweck				Summe
	zum Arbeitsplatz zur Schule	zur Geschäftsfahrt, dienstl. Erledigung	zum Einkauf zu Sonstigem	nach Hause	
Mittelfranken 1967 ohne Nürnberg/Fürth	31 %	12 %	11 %	46 %	100 %
Nürnberg/Fürth 1968	30 %	10 %	16 %	44 %	100 %
Region Bielefeld 1969	27 %	8 %	65 %		100 %
München 1965	36 %	7 %	14 %	43 %	100 %
Böblingen 1967	29 %	15 %	14 %	42 %	100 %
Sindelfingen 1967	28 %	11 %	17 %	44 %	100 %
Geislingen 1968	26 %	15 %	17 %	42 %	100 %
Göppingen/Eislingen/Faurndau 1968	33 %	14 %	11 %	42 %	100 %
Heidelberg 1967	30 %	14 %	16 %	40 %	100 %
Ludwigshafen 1967	30 %	7 %	18 %	45 %	100 %

Stadt bzw. Region	Personenfahrten ohne Wirtschaftsverkehr (Lf, Lkw, Lz) für			
	Beruf und Ausbildung	Geschäft und Dienst	Sonstige	Summe
München 1965	64 %	10 %	26 %	100 %
Nürnberg/Fürth 1968	53 %	18 %	29 %	100 %
Heidelberg 1967	48 %	24 %	28 %	100 %
Ludwigshafen 1967	54 %	13 %	33 %	100 %
Sindelfingen/Böblingen 1967	49 %	20 %	31 %	100 %

Institut für Verkehrsplanung und Verkehrswesen TU München.

Auch Untersuchungen über die Entwicklung der Fahrleistungen im Güter- und Personenverkehr[23]) mit Kraftfahrzeugen bestätigen diese Entwicklung, wie Tabelle 11 zeigt.

Tabelle 11:   *Entwicklung der durchschnittlichen Fahrleistung beim Pkw nach Fahrtzwecken*

Jahr	Mot.-Grad BRD (Pkw/ 1000 E)	Fahrtzwecke					
		Beruf	Geschäftsreise	Ausbildung	Urlaub	Wochenend-Erholung	Sonstiges
1963	128	13 %	44 %	4 %	5 %	11 %	23 %
1969	208	22 %	24 %	2 %	24 %		28 %

(1969: Urlaub und Wochenend-Erholung zusammengefasst zu 24 %)

Insgesamt müssen aufgrund amerikanischer Erfahrungen etwa 2,5—3,5 Fahrten/Einwohner als obere Grenze der Mobilität erwartet werden (ohne Fußgängerbeziehungen), wobei man offenbar davon ausgeht, daß der Mensch willens ist, für Verkehrsbedürfnisse[24])

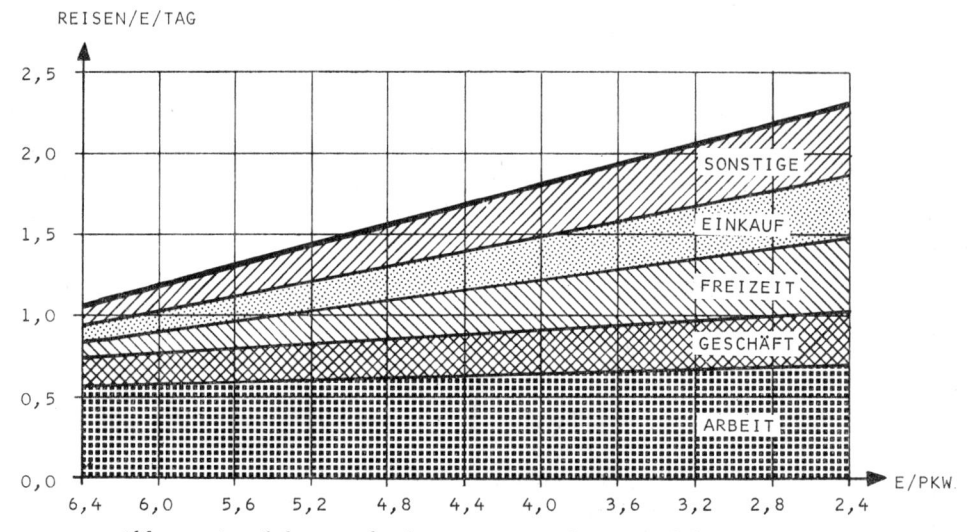

Abb. 15: Anteil der verschiedenen Reisezwecke am Mobilitätszuwachs (abgeleitet aus Untersuchungen in Deutschland und in den USA)

Quelle: KESSEL: Verhaltensweisen im werktäglichen Personenverkehr. In: „Schriftenreihe „Straßenbau und Straßenverkehrstechnik", Heft 132, 1972.

---

[23]) DIW, Berlin: Die künftige Entwicklung der Fahrleistungen im Güter- und Personenverkehr mit Kraftfahrzeugen, des Kraftstoffverbrauches und des Mineralölsteueraufkommens, insbesondere im Innerortsverkehr. Forschung Stadtverkehr des BMV, Heft 6, 1972.
[24]) S. BREUNING: Gastvorlesung im Sommersemester 1972 an der TU München.

bis zu 25 % seiner Tageszeit außerhalb der Nachtruhe zu opfern. Für die Bundesrepublik wird mit erreichter Sättigung in der Motorisierung etwa 1985/90 mit rd. 2,0—2,4 Fahrten/Einwohner zu rechnen sein. Dieses ausgeprägte Mobilitätsbedürfnis wird ausgelöst durch eine an sich erwünschte, umfassende Nutzung aller Einrichtungen unserer sozialen und gesellschaftlichen Existenz, durch erhöhte Beanspruchung von Dienstleistungen und Flächennutzungen sowie verstärkte Kommunikation auf allen Gebieten, die bei steigendem Wohlstand und vermehrtem Angebot speziell in den Städten festzustellen sind.

Derartige Auswirkungen zunehmender Mobilität beeinflussen die Länge der täglichen Fahrten und selbstverständlich auch die Verteilung der künftigen Verkehrsbedürfnisse auf die dabei bevorzugten Transportmittel. So sehr bisher die Begründung für den Ausbau der öffentlichen Verkehrsmittel in Städten unter dem Gesichtspunkt einer möglichst weitgehenden Verlagerung des gesamten Berufs- und Ausbildungsverkehrs auf diese Verkehrsmittel verständlich war, wird künftig unter dem Aspekt der sich ändernden Gliederung des Gesamtverkehrsaufkommens nach Fahrtzwecken infolge erhöhter Mobilität die Effektivität der öffentlichen Verkehrsmittel danach zu beurteilen sein, inwieweit sie über den Berufsverkehr hinaus in der Lage sind, weitere Motivgruppen des Gesamtverkehrs an sich zu ziehen.

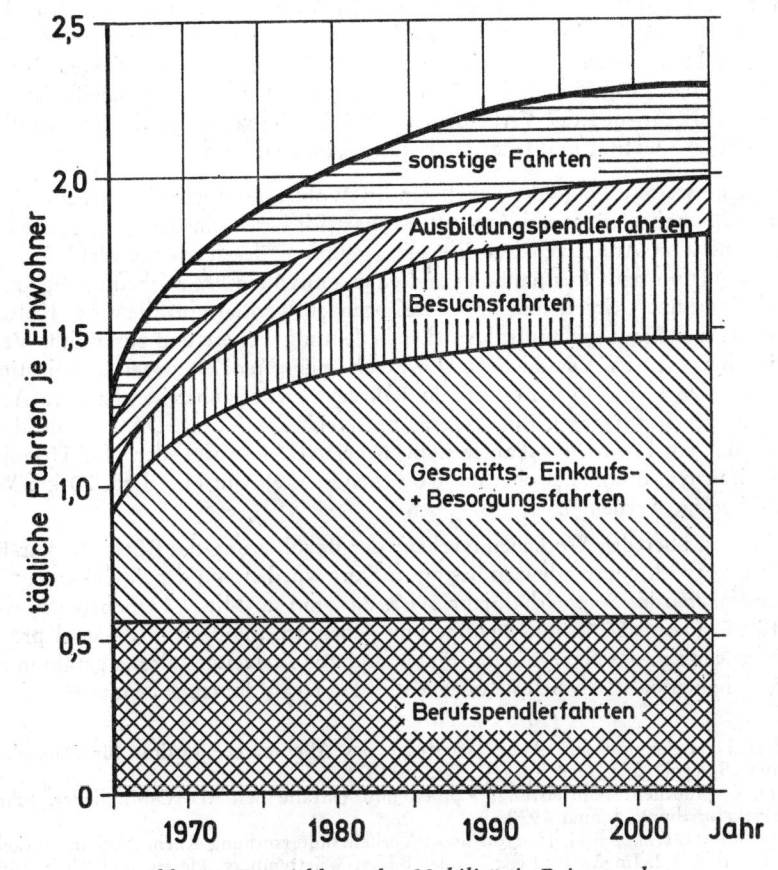

Abb. 16: Entwicklung der Mobilität je Reisezweck

4. Diese Entwicklung innerhalb unserer Gesellschafts- und Wirtschaftsstruktur und die dadurch beeinflußten Verhaltensweisen müssen bei der Abstimmung zwischen Verkehrssystemen und Siedlungsstruktur beachtet werden. Die verstärkte Mobilität hat zur Folge, daß die Zahl der Fahrten mit relativ kurzen Fahrweiten von rd. 2—4 km Länge in Stadtgebieten u. a. auch infolge zunehmender Streuung der Teilfunktionen in unseren Siedlungsräumen erheblich zunimmt, wobei der Kraftwagenverkehr besonders begünstigt wird. Die Effektivität öffentlicher Verkehrsmittel kann nur dadurch erhöht werden, daß außer für den Berufsverkehr für weitere Fahrtzweckgruppen des Gesamtverkehrs möglichst zahlreiche Aktivitäten entlang leistungsfähiger Schnellbahnen zur Verfügung gestellt werden.

In all denjenigen Siedlungsräumen, die aufgrund einer geringen Ausdehnung oder einer starken Untergliederung in kleinere Siedlungseinheiten im allgemeinen keinen qualitativ hohen Ansprüchen genügenden öffentlichen Verkehr aufweisen, muß bei solchen Entwicklungen auch künftig mit einem weiterhin wachsenden Umfang des Kraftwagenverkehrs gerechnet werden. Da auch heute noch mehr als 60 % der Bevölkerung Westdeutschlands in Gemeinden und kleineren Städten unter 50 000 Einwohnern leben[10]), also in Siedlungsräumen, die durch öffentliche Verkehrsmittel jeglicher Art nur beschränkt bedürfnisgerecht und wirtschaftlich bedient werden können, wird man in realistischer Einschätzung der Gegebenheiten davon ausgehen müssen, daß die weitere Motorisierung gerade dieser Bevölkerung die Chance geben wird, annähernd den gleichen Mobilitätsbedarf wie in den größeren Städten zu befriedigen. Voraussetzung hierfür ist die Verbesserung und Ergänzung der Verkehrsinfrastruktur, die vorwiegend durch Straßennetze unterschiedlicher Qualität und Charakteristik gekennzeichnet ist.

5. Als eine weitere Folge des zunehmenden Wohlstandes und der Arbeitszeitverkürzung durch Mechanisierung und Automation hat sich bereits in den vergangenen Jahren das Verhältnis von Arbeitszeit zur Freizeit zugunsten der letzteren verschoben. Damit steigt das Bedürfnis nach Ausspannung und einer sinnvollen Freizeitbetätigung an. Neben Naherholungsräumen, Spiel- und Sporteinrichtungen werden vor allem der Kultur- und Freizeitwert einer Stadt mit zentralörtlicher Bedeutung weitere und zusätzliche Verkehrsbedürfnisse hervorrufen. Verschiedene Umfragen in jüngster Zeit zeigen übereinstimmend, daß etwa 68—78 % der Pkw-Besitzer ihr Fahrzeug zu Urlaubsreisen bzw. zu Ausflügen an Wochenenden benutzen[25]). Eine Repräsentativ-Umfrage des ADAC ergab, daß etwa 29—30 % der jährlichen Pkw-Fahrleistungen bei ADAC-Mitgliedern für Urlaubs- und Wochenendfahrten anfallen, wobei im Wochenendverkehr im Mittel rd. 70 km/Wochenende zurückgelegt werden[26]).

Erhebungen über den Wochenendverkehr der Bevölkerung des Rhein-Neckar-Raumes haben diese Entwicklungstendenzen bestätigt. Dort wurden von der Bevölkerung 20 Mill. Wochenendfahrten im Sommerhalbjahr 1969, das sind im Mittel 13 Fahrten/Einwohner, durchgeführt. Knapp 50 % der Bevölkerung gaben an, mindestens 2—3mal pro Monat zum Wochenende in die Naherholungsräume und zur Freizeitgestaltung gefahren zu sein. Etwa 75 % haben dabei als Selbst- oder Mitfahrer Kraftfahrzeuge benutzt[27]).

---

[25]) „Der Deutsche und sein Auto." Umfrage des Allensbacher Institut für Demoskopie im Auftrag des „Spiegel". In: „Der Spiegel", Nr. 53/1971.
[26]) ADAC München: Fahrleistung, Pannen und Unfälle der ADAC-Mitglieder. Schrift der ADAC-Marktforschung, Januar 1972.
[27]) KH. SCHAECHTERLE / G. HOLDSCHUER: Verkehrsuntersuchung Rhein-Neckar, Verkehrsanalyse Teil 1 und Teil 2. Im Auftrag der Länder Baden-Württemberg, Hessen und Rheinland-Pfalz, 1971/72.

Vergleichende Erhebungen in zwei süddeutschen Siedlungsregionen zeigen, daß das Verhalten der Bevölkerung im Wochenendverkehr nur wenig differiert (Tabelle 12).

Tabelle 12: *Verkehrsmittelbenutzung im Wochenendverkehr*

	Region Rhein-Neckar		Großraum München*)	
	Stadt Mannheim	Landkreise	Stadt München	Landkreise
Öffentlicher Nahverkehr	20 %	13 %	25 %	5 %
Individualverkehr (Kfz)	77 %	84 %	70 %	87 %
Sonstige	3 %	3 %	5 %	8 %

*) Quelle: RUPPERT / MAIER: Der Naherholungsraum einer Großstadtbevölkerung — dargestellt am Beispiel München. In: Informationen des Institutes für Raumordnung Bad Godesberg, Nr. 269.

Im Urlaubsreiseverkehr ist der Autotourismus von Jahr zu Jahr verstärkt in Erscheinung getreten. Während 1954 noch 14 % der in den Sommerurlaub fahrenden Bundesbürger einen Kraftwagen benutzten, waren es 1968 bereits 57 %. Für 1990 kann angenommen werden, daß 77 % der Urlaubsreisenden mit Urlaubszielen innerhalb der Bundesrepublik den Pkw benutzen werden[28]. Wichtigste Motivation für diese Entwicklung ist die Tatsache, daß der Pkw den bequemen Transport der ganzen Familie einschließlich Reisegepäck zuläßt und — dies zeigen übereinstimmende Motivationsstudien und Erhebungen — am Urlaubsort eine wesentlich höhere Mobilität durch den Kraftwagen gesichert ist.

6. Der wachsende Lebensstandard wird nicht zuletzt den Zweitwagenbesitz fördern. Zur Zeit verfügt etwa jeder 12. deutsche Haushalt über 2 oder mehr Pkw's, davon etwa 6 % der Arbeitnehmer-Haushalte. Nach Umfragen muß damit gerechnet werden, daß sich die Zahl der Haushalte mit einem Zweitwagen in den nächsten Jahren verdoppeln und im Laufe der weiteren Zeit verdreifachen wird[25]. Als ein bedeutsames Motiv für den Kauf des Zweitwagens muß der Einfluß des Alters auf Motorisierung und Fahrleistung genannt werden. Die Ergebnisse verschiedener Meinungsumfragen und Repräsentativ-Erhebungen in den vergangenen Monaten lassen erkennen, daß in der Altersgruppe 18—24 Jahre jährlich eine gegenüber der durchschnittlichen Jahresfahrleistung aller Pkw's um 15 % höhere Kilometerleistung gefahren wird, und daß Jugendliche und Arbeiter im Wochenendverkehr zum Teil 50 % mehr Fahrten unternehmen als die übrigen Bevölkerungs- und Sozialschichten[27]. Auch die Motivationsuntersuchung im Raume Hamburg bestätigt die besonders hohe Mobilität der Altersgruppe 20—35 Jahre im Individualverkehr (Abb. 17). Hierbei sind es vor allem Zeitvorteile, das Gefühl der Unabhängigkeit und die Bequemlichkeit neben einem verstärkten Kommunikationsbedürfnis, die bei jüngeren Menschen zu einer Bevorzugung individueller Verkehrsmittel führen.

---

[28]) KH. SCHAECHTERLE / M. WERMUTH: Analysen und Prognosen des Erholungsverkehrs in der Bundesrepublik Deutschland. Beitrag zum Thema X der 11. Int. Studienwoche für Straßenverkehrstechnik und Verkehrssicherheit, Brüssel 1972.

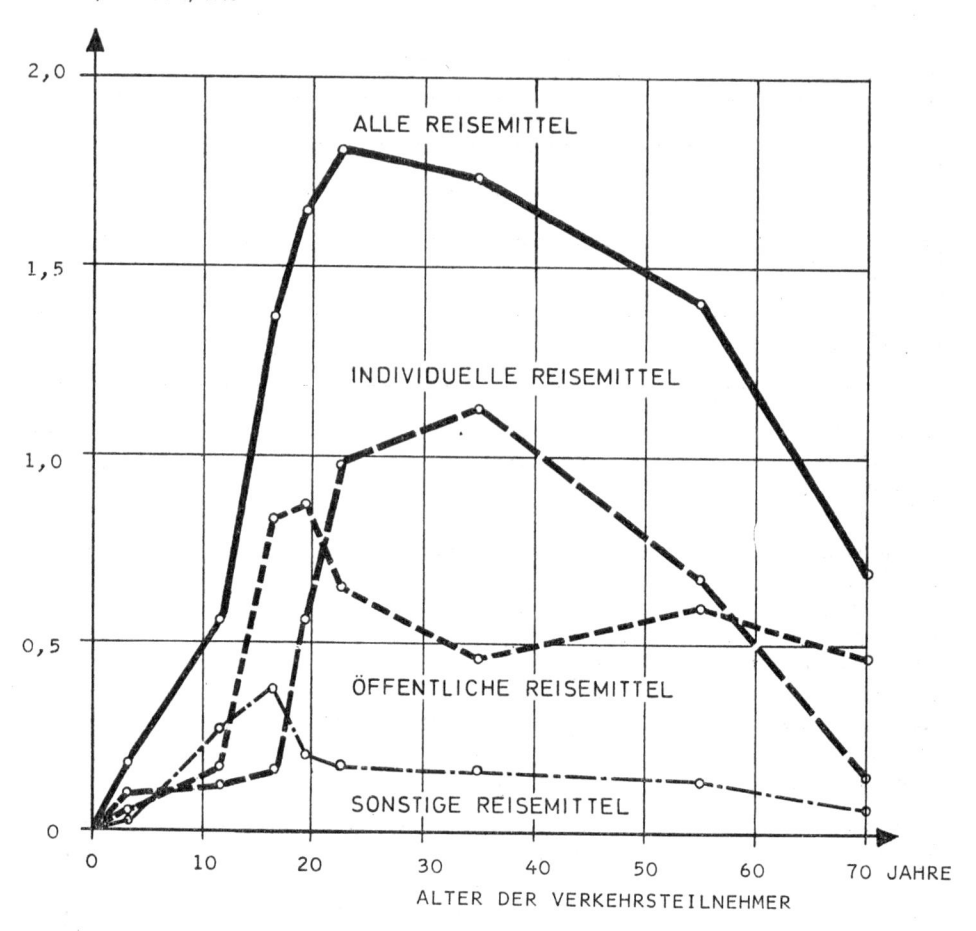

Abb. 17: Mobilität als Funktion der Altersstruktur

Quelle: Ingenieurgruppe IVV Aachen: „Motivation der Reisemittelwahl". Untersuchungen zum Modal Pplit in der Region Hamburg.

Mit der stärkeren Motorisierung gerade auch der jüngeren Bevölkerung muß daher eine vermehrte Nutzung des Kraftwagens in städtischen und in ländlichen Siedlungsräumen erwartet werden.

7. Mit den Wandlungen der Sozialstruktur der Bevölkerung durch Anhebung und Verbesserung des allgemeinen Bildungsniveaus wird der Trend zum individuellen Reisemittel ebenfalls gefördert. In Hamburg werden von der Bevölkerung mit **akademischer** und ähnlicher Bildung ca. 70 % der täglichen Fahrten mit Kraftfahrzeugen unternommen, wie Tabelle 13 zeigt.

Tabelle 13: *Anzahl der Fahrten je Bildungsgruppe und Reisemittel*

Bildung	individueller	öffentlicher	sonstiger
	Reisemittel-Anteil in Prozent		
Volksschule	35,0	54,5	10,5
Berufsschule	51,0	41,0	8,0
Realschule (mittlere Reife)	45,0	47,0	8,0
Gymnasium (Abitur)	48,0	42,0	10,0
Fachschule, Handelsschule	47,0	46,0	7,0
Akademie, Ing.-Schule	72,0	23,0	5,0
Universität, Hochschule	69,0	26,0	5,0

Bestätigt werden diese Feststellungen über Verhaltensweisen und Verkehrsgewohnheiten einschließlich der Auswirkungen auf die Verkehrssituation der Siedlungsräume durch Erhebungen, die 1970/71 an der TU München durchgeführt worden sind. Wie Tabelle 14 zeigt, hatten zum Erhebungszeitpunkt

rd. 56 % der Stundenten und
rd. 68 % der Hochschulbediensteten

ein Kraftfahrzeug zur ständigen Verfügung. Nur rd. 26 % der erfaßten Studenten und 23 % der erfaßten Hochschulbediensteten besaßen überhaupt kein Fahrzeug.

Tabelle 14: *Fahrzeugbesitz TU München 1970/71*

	Studenten	Hochschulbedienstete
kein Fahrzeug	26,5 %	23,5 %
Fahrrad	17,5 %	9,0 %
Moped	2,0 %	0,5 %
Roller/Krad	2,5 %	0,5 %
Pkw	51,5 %	66,5 %
Summe	100,0 %	100,0 %

Institut für Verkehrsplanung und Verkehrswesen TU München.

Bei den Studenten werden 50 %, bei den Hochschulbediensteten 75 % der verfügbaren Pkw's für die Fahrt zur Hochschule eingesetzt. Nicht zuletzt ist neben dem Sozial- und Bildungsniveau das bestehende Parkraumangebot im Bereich der Hochschule ein weiterer Einflußfaktor für die unterschiedliche Nutzungsquote.

Feststellungen über die Entwicklung des Motorisierungsgrades an den verschiedenen Universitäten zeigen besonders eindrucksvoll den seit 1959 vorhandenen Trend zum Kraftwagenbesitz (Tabelle 15).

Tabelle 15: *Motorisierungsgrad an Universitäten*

TH Stuttgart	SS 1959	96 Pkw / 1000 Studenten
Universität Heidelberg	WS 1963/64	130 Pkw / 1000 Studenten
TH Stuttgart	WS 1963/64	180 Pkw / 1000 Studenten
WH Mannheim	WS 1963/64	210 Pkw / 1000 Studenten
TH Karlsruhe	1. 6. 1963	200 Pkw / 1000 Studenten
TH Karlsruhe	WS 1964/65	260 Pkw / 1000 Studenten
Universität Würzburg	SS 1966	300 Pkw / 1000 Studenten
TU München	WS 1970/71	515 Pkw / 1000 Studenten

Diese Entwicklung der Motorisierung bei der Hochschuljugend beleuchtet erneut den Einfluß der Einkommensentwicklung, des Alters und der Einstellung zum Kraftwagen in dieser speziellen Bevölkerungsschicht.

Vergessen wir nicht bei dieser Bilanz, daß das ganz allgemein festzustellende zunehmende Bedürfnis nach Selbstentfaltung und erhöhter Mobilität die Bevölkerung aller Siedlungsräume in- und außerhalb der Großstädte und in den Klein- und Mittelstädten sowie alle Bevölkerungsschichten, insbesondere aber auch die Jugend in oder nach abgeschlossener Ausbildung, dazu anreizt, sich aller, mit hohem Kostenaufwand ständig verbesserter Einrichtungen unserer kommunalen Infrastruktur zu bedienen, wodurch das Attraktivitätsgefälle zwischen Stadt und Land sowie das Sozialgefälle zwischen den unterschiedlichen Einkommenskategorien erheblich verringert wird.

III. Verkehrsinfrastruktur und Verkehrsmittelwahl

Die heutigen und künftigen Verkehrsverhältnisse werden entscheidend von den bestehenden oder geplanten Verkehrssystemen, gekennzeichnet durch die Qualitätsmerkmale der Wegenetze und der Verkehrsmittel aller Verkehrsträger, geprägt. Wichtigstes Kriterium ist die mittlere Reisezeit zwischen dem Ausgangspunkt und dem Ziel einer Fahrt. In Gestalt der bereits zu Anfang erwähnten Widerstandsfunktion, die sich aus den qualitativen Eigenschaften der Verkehrs- und Transportsysteme ableiten läßt, kann das tägliche Verkehrsaufkommen und seine Verteilung mit der räumlichen Zuordnung der einzelnen Bestandteile der Siedlungsstruktur zueinander sowie mit deren Erreichbarkeit und Anziehungskraft auf umliegende Gebiete in einen eindeutigen und gesicherten Zusammenhang gebracht werden. Auch Aspekte wie Leistungsfähigkeit und Beförderungskapazität, Sicherheit und Wirtschaftlichkeit, Bequemlichkeit und Komfort sind Merkmale der Verkehrssysteme, die mit unterschiedlicher Gewichtung durch die Widerstandsfunktion repräsentiert werden.

Bis an die Grenze ihrer Aufnahmefähigkeit belastete Straßen stellen für den Verkehrsteilnehmer Bestandteile der Gesamtverkehrsinfrastruktur dar, die reduzierte Geschwindigkeit, höhere Betriebskosten und geringeren Fahrkomfort verursachen. Auch die Art der Zuordnung von Siedlungsteilen zu öffentlichen Nahverkehrsmitteln, je nach Haltestellenlage unterschiedlich lange Fußwege und je nach Transportangebot differenzierte Wartezeiten an den Haltepunkten, sind qualitative Kennzeichen der Verkehrssysteme, die sich in der Widerstandsfunktion ausdrücken lassen. Einige Untersuchungsergebnisse der vergangenen Jahre mögen dies unterstreichen.

1. Gezielte Auswertungen der durch Haushaltbefragungen 1965 im Stadtgebiet von München ermittelten Binnenverkehrsbeziehungen haben ergeben, daß im Durchschnitt aller Verkehrsbeziehungen die mittleren Fahrzeiten für Fahrten in das Stadtzentrum und für Verkehrsbeziehungen zwischen den einzelnen Stadtgebieten außerhalb der City im Individualverkehr um ca. 50—80 % günstiger waren als bei Benutzung öffentlicher Verkehrsmittel (Abb. 18). Ähnliche Feststellungen können auch in anderen Städten getroffen werden.

Da der tägliche Berufsverkehr in einer Stadt wie München aus einer Vielzahl von Verkehrsbewegungen besteht, die sich über den gesamten Stadtraum verteilen, wird erklärlich, daß im allgemeinen nur diejenigen Berufstätigen unter dem Aspekt des Zeitaufwandes öffentliche Verkehrsmittel bevorzugen, bei denen Wohnung und Arbeitsplatz günstig zu den vorhandenen Nahverkehrslinien gelegen sind. Angesichts der weitflächigen Struktur unserer Städte bei relativ geringen Wohndichten ist jedoch unbestritten, daß stets ein nicht geringer Anteil des Berufsverkehrs über das außerhalb der Innenstädte und verdichteten Zonen bestehende Straßenangebot günstiger zu seinem Arbeitsplatz gelangen kann. Zudem hat die bereits mehrfach erwähnte erhebliche Streuung von Arbeitsplätzen in Gewerbe, Verwaltung, Industrie etc. im Gesamtstadtraum die Relationen im täglichen Fahrzeitaufwand des Berufsverkehrs zum Individualverkehr hin verschoben. Nur städtebauliche Maßnahmen in Gestalt von konsequenten Verdichtungen entlang

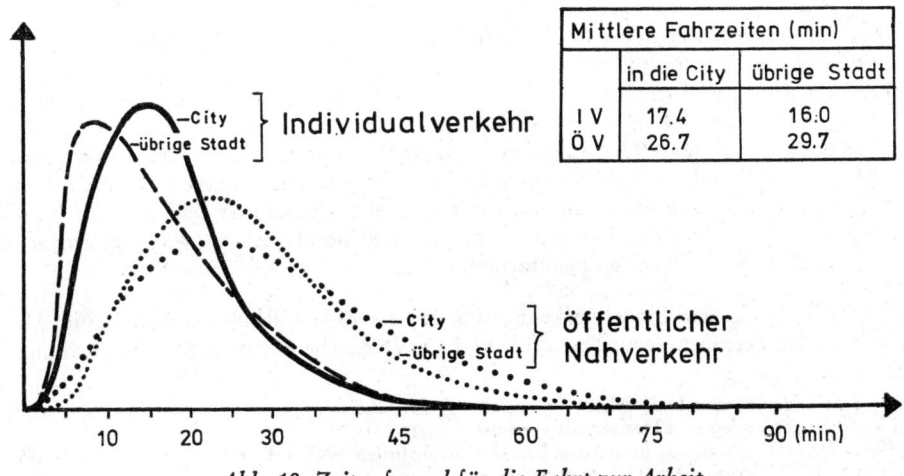

Mittlere Fahrzeiten (min)		
	in die City	übrige Stadt
IV	17.4	16.0
ÖV	26.7	29.7

Abb. 18: Zeitaufwand für die Fahrt zur Arbeit
(München 1965 Binnenverkehr; Häufigkeitsverteilung)

leistungsfähiger, schneller öffentlicher Verkehrsmittel mit hohem Leistungsangebot und dichter Zugfolge werden die notwendige Bündelung von Verkehrsbeziehungen verstärken, die für einen größeren Bevölkerungskreis günstige Verhältnisse im Fahrzeitvergleich zwischen Individual- und öffentlichem Verkehr schaffen[29]).

Die Aufteilung der täglichen Verkehrsnachfrage auf individuelle und öffentliche Verkehrsmittel ist somit eindeutig auf qualitative Aspekte der Verkehrssysteme zurückzuführen. Trotz der vor allem in den Verdichtungsräumen inzwischen durch die zunehmende Motorisierung eingetretenen angespannten Verkehrsverhältnisse gilt bis heute der Grundsatz der freien Wahl der Verkehrsmittel. Unter Beibehaltung dieser Maxime folgt, daß das Bestreben, in Zukunft größere Anteile des täglichen Personenverkehrs den öffentlichen Verkehrsmitteln zuzuordnen, nur dann verwirklicht werden kann, wenn diese öffentlichen Verkehrsmittel in ihrem Leistungsangebot als echte Alternative zum Kraftwagen akzeptiert werden. Maßstab für die Beurteilung der öffentlichen Verkehrsmittel ist in unserer heutigen Zeit der Kraftwagen mit seinen vielfach idealen Voraussetzungen des Haus-Haus-Verkehrs[30]). In den Kernzonen und Großstadtzentren wird allerdings der begrenzte Verkehrsraum dazu zwingen, durch vertretbare Parkraumrestriktionen die Benutzung der die Innenstädte im allgemeinen besonders günstig erschließenden öffentlichen Verkehrsmittel zu beeinflussen.

2. In Großstadtregionen mit bereits vorhandenen leistungsfähigen Schienenschnellverbindungen übernimmt trotz wachsender Motorisierung der öffentliche Nahverkehr dank verstärkter Initiativen zur Erhöhung seiner Attraktivität und infolge begrenzten Parkraumangebots für Dauerparker den Hauptanteil des täglichen Berufsverkehrs der Kernbereiche. In München, Hamburg, Paris und London werden im öffentlichen Verkehr täglich zwischen 70 und 90 % des zur Innenstadt gerichteten Berufsverkehrs der Frühspitze 6—9 Uhr transportiert (Abb. 19). Die restlichen 10—25 % sind motorisierte Verkehrsteilnehmer, die ihren Kraftwagen zur Berufsausübung bzw. im Wirtschafts-, Andienungs- und Lieferverkehr benötigen[31]). In den Großstädten kann daher mit einer weiteren gravierenden Reduzierung des Individualverkehrs im Bereich der Innenstädte in den Frühspitzen des Berufsverkehrs kaum gerechnet werden.

Auch in den größeren Städten des Rhein-Neckar-Gebietes ist der Beförderungsumfang der öffentlichen Transportmittel im Berufspendlerverkehr annähernd gleich oder nur geringfügig geringer als im Individualverkehr. In Mannheim z. B. benutzen 38 % den Kraftwagen und knapp 30 % öffentliche Verkehrsmittel zwischen Wohnung und Arbeitsplatz; dazu kommen noch 9 % Radfahrer und 24 % Berufstätige, die unter noch günstigeren Lage- und Standortverhältnissen zu Fuß den Arbeitsplatz erreichen. Dagegen dominiert in den Landkreisen mit zahlreichen Klein- und Mittelstädten eindeutig der Kraftfahrzeugverkehr mit im Mittel rd. 50 % am gesamten Berufsverkehr, während nur etwa 20 % öffentliche Verkehrsmittel benutzen[27]).

Im Ziel-, Quell- und Binnenverkehr (Abb. 20) der Region Rhein-Neckar sind im Mittel 78 % aller Personenfahrten im Ziel- und Quellverkehr mit benachbarten Siedlungs-

---

[29]) Leitlinien für den Nahverkehr in Hamburg. In: Schriftenreihe der Behörde für Wirtschaft und Verkehr der Freien und Hansestadt Hamburg, Heft 7/1970.
[30]) F. PAMPEL: Probleme und Aufgaben des öffentlichen Nahverkehrs — gezeigt am Beispiel Hamburg. In: Nahverkehrspraxis, Januar 1972.
[31]) O. SILL: Hamburg und seine Verkehrswege. In: Straßenverkehrstechnik, Heft 11—12/1968.

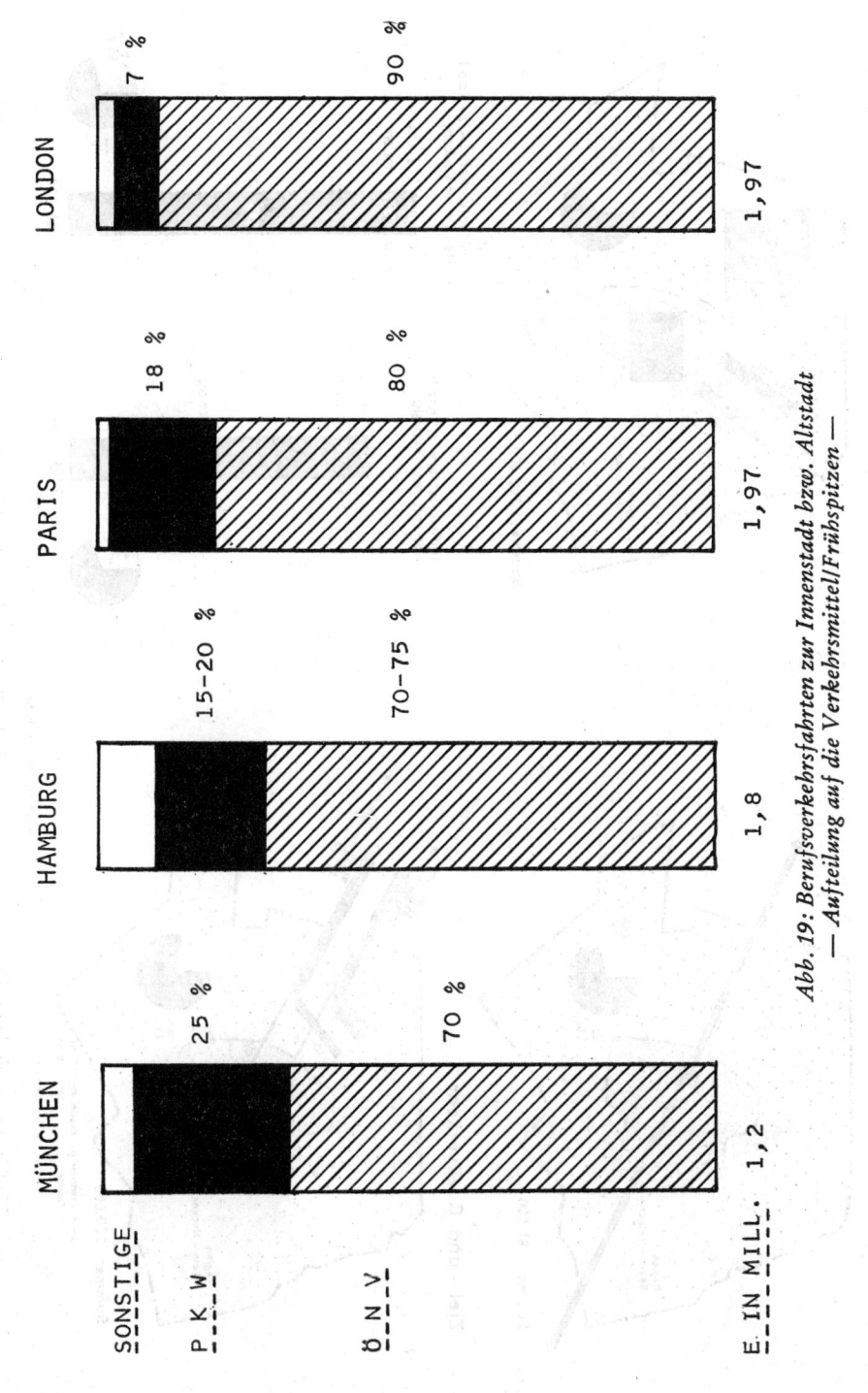

	MÜNCHEN	HAMBURG	PARIS	LONDON
SONSTIGE				
PKW	25 %	15–20 %	18 %	7 %
ÖNV	70 %	70–75 %	80 %	90 %
E. IN MILL.	1,2	1,8	1,97	1,97

Abb. 19: Berufsverkehrsfahrten zur Innenstadt bzw. Altstadt
— Aufteilung auf die Verkehrsmittel/Frühspitzen —

Durchgangsverkehr

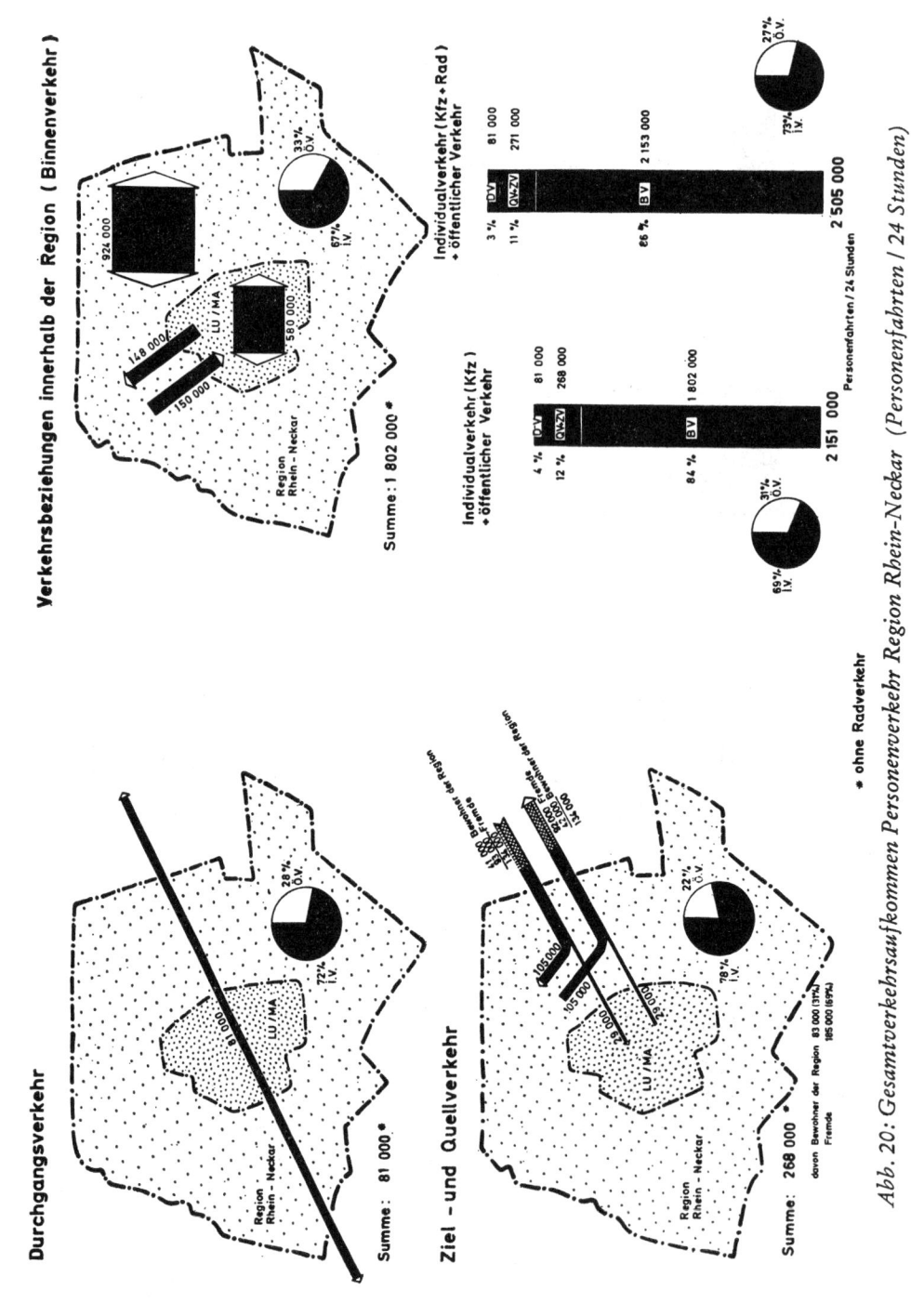

Verkehrsbeziehungen innerhalb der Region (Binnenverkehr)

Summe: 81 000 *

Summe: 1 802 000 *

Individualverkehr (Kfz) + öffentlicher Verkehr

4 %	Ö.V	81 000
12 %	Ö.V.Z.V	268 000
84 %	B V	1 802 000

2 151 000

69% I.V. / 31% Ö.V.

Individualverkehr (Kfz + Rad) + öffentlicher Verkehr

3 %	Ö.V	81 000
11 %	Ö.V.Z.V	271 000
86 %	B V	2 153 000

2 505 000

Personenfahrten / 24 Stunden

73% I.V. / 27% Ö.V.

Ziel - und Quellverkehr

Summe: 268 000 *

davon Bewohner der Region 83 000 (31%)
Fremde 185 000 (69%)

* ohne Radverkehr

Abb. 20: Gesamtverkehrsaufkommen Personenverkehr Region Rhein-Neckar (Personenfahrten / 24 Stunden)

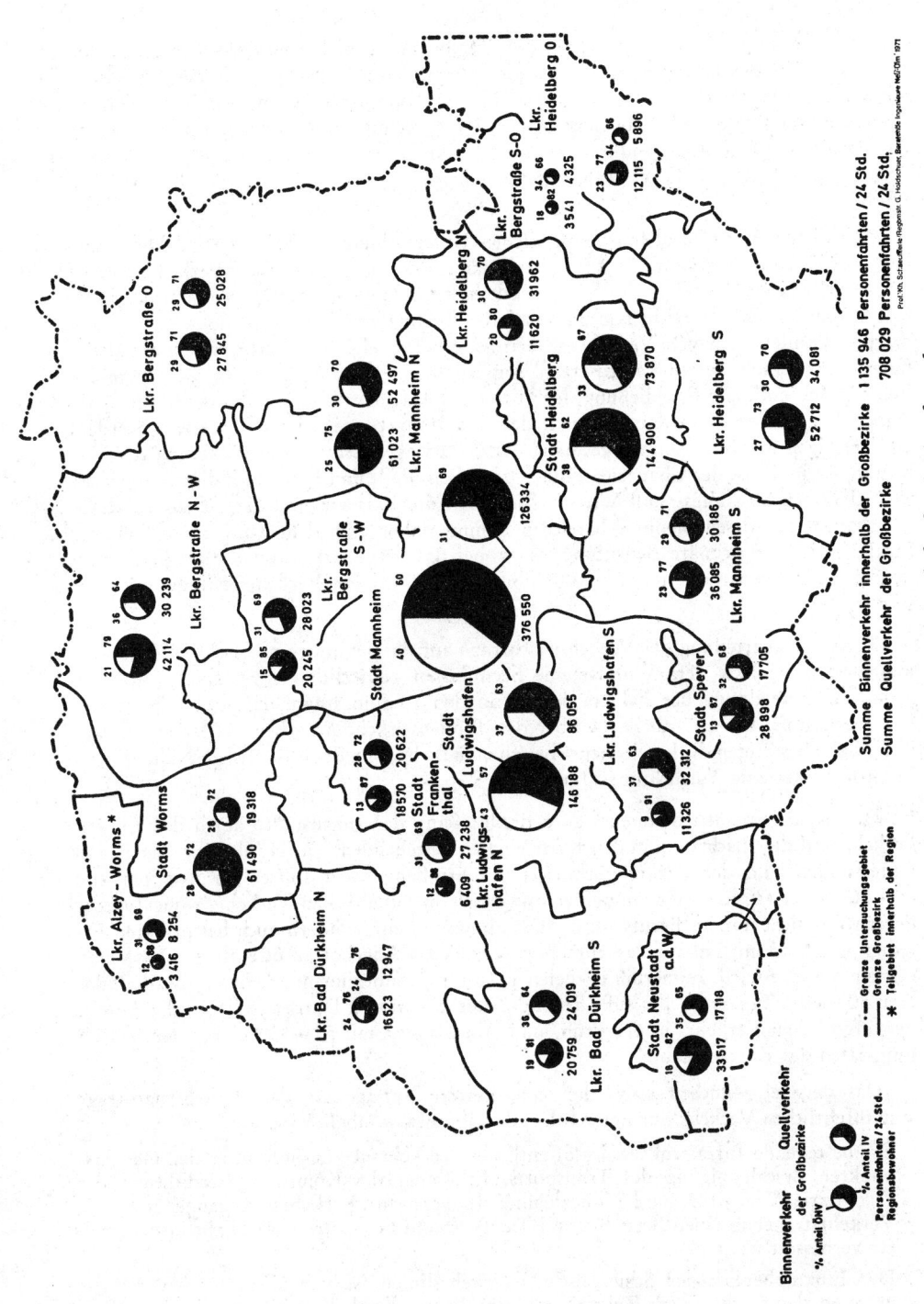

Abb. 21: Verkehrsaufkommen Personenverkehr der Regionsbewohner (Region Rhein–Neckar) — unterschieden in BV und QV je Großbezirk (Aufteilung in IV und ÖNV)

räumen, dagegen nur 67 % innerhalb der Region mit dem Kraftwagen erfolgt. Neben der jeweiligen Siedlungsstruktur ist es die unterschiedliche Ausstattung der Teilräume mit öffentlichen Verkehrsmitteln, die zu höheren Nutzungsraten speziell in den Großstädten dieser Region führt. Bemerkenswert ist daher auch die dominierende Bedeutung des Kraftwagens in den Landkreisen und Landkreisgemeinden im Binnen- und Quellverkehr außerhalb der Großstädte zur Gewährleistung der Mobilität der Bevölkerung (Abb. 21).

Aus diesen wenigen, aber exemplarischen Untersuchungsergebnissen wird klar sichtbar, welche Rolle die Qualität des Leistungsangebotes der öffentlichen Verkehrssysteme auf den Grad der Nutzung durch den Verkehrsteilnehmer spielt. Dabei ist zu beachten, daß es ökonomische Gesichtspunkte verbieten, in Siedlungsbereichen mit wenig ausgeprägten Bündelungen von Verkehrsbedürfnissen kostspielige und nicht entsprechend benutzte Nahverkehrssysteme einzusetzen. Außerhalb der Großstädte wird daher heute wie künftig eine optimale Erschließung der Mittelstädte, Kleinstädte und des meist landwirtschaftlich orientierten Umlandes durch den Kraftfahrzeugverkehr sichergestellt werden. In derartigen Siedlungsräumen gestattet der Kraftwagenbesitz der Bevölkerung die Mobilität, die im Zuge der Chancengleichheit zwischen Stadt und Land auch diesen mittleren und kleineren Siedlungs- und Wirtschaftsräumen die Existenz und die Lebensgrundlage verschafft[5]). In diesen Siedlungsbereichen kommt daher auch dem weiteren Ausbau der Straßennetze die primäre Bedeutung zu, wobei das verbesserte Straßennetz gleichzeitig den im Nahverkehr operierenden Omnibuslinien günstigere Verkehrsbedingungen verschafft.

3. Bei der Aufteilung der Verkehrsnachfrage auf die qualitativ unterschiedlichen Verkehrswegenetze bzw. Transportsysteme beeinflussen zusätzlich die Fahrtwege und die räumliche Einordnung der Fahrtbeziehung in den Siedlungsraum das jeweilige Aufteilungsverhältnis. Die in Tabelle 16 über den Binnenverkehr München 1965 angegebenen Relationen bestätigen die bereits heute bestehende Bedeutung des öffentlichen Nahverkehrs in Großstädten und Verdichtungsräumen.

Die im allgemeinen besonders gute Erschließung der Innenstädte durch den Linienverkehr und die gleichzeitig in den Kerngebieten bestehenden Einschränkungen der Bewegungsfreiheit und der Parkmöglichkeiten im Straßenverkehr führen zu Anteilen von 60—80 % der täglichen Gesamtbeförderungsfälle im öffentlichen Verkehr, wobei erfreulicherweise nicht nur im Berufs- und Ausbildungsverkehr, sondern auch bei privaten Erledigungen und im Einkaufsverkehr überwiegend das Angebot an öffentlichen Verkehrsmitteln genutzt wird. Immerhin entfielen 1965 im Gesamtbinnenverkehr der Stadt München 50 % des Tagesverkehrs auf öffentliche Verkehrsmittel. Durchweg liegen die Anteile des öffentlichen Verkehrs in der Früh- und Abendspitze mit 52—53 % über den Verteilungsraten des Tagesverkehrs.

Das Beispiel München zeigt, daß eine weitere Verlagerung der Verkehrsnachfrage zum öffentlichen Verkehr nur unter folgenden Prämissen möglich ist:

Die bestehende Infrastruktur des öffentlichen Verkehrsnetzes muß unter den Gesichtspunkten Beschleunigung des Transports, Erhöhung des Komforts, Verdichtung der Zug- bzw. Wagenfolge und Einbeziehung des gesamten Verkehrsmittelangebotes aller Verkehrsträger in einen Betriebs- und Tarifverbund bei vertretbaren Fahrtkosten weiter verbessert werden.

Der Einzugsbereich der Schienenschnellverkehrslinien ist vor allem in den Außengebieten der Städte durch Zubringeromnibuslinien, durch Einschaltung des Pkw's als

Tabelle 16: *Relationen des Binnenverkehrs (München 1965)*

München 1965 Fahrten / Tag (BV)	Beruf	Aus-bildung	Geschäft	private Erledigungen, Einkauf	Sonstiges (Freizeit)	Summe
Anzahl[1]	%	%	%	%	%	%
Außenstadt[2]						
IV 400 000	55	5	15	7	18	100
ÖV 290 000	62	15	2	7	14	100
IV : ÖV ca.	55 : 45	30 : 70	90 : 10	60 : 40	65 : 35	60 : 40
Innenstadt[3]						
IV 370 000	45	10	18	10	17	100
ÖV 470 000	52	16	3	18	11	100
IV : ÖV ca.	40 : 60	35 : 65	85 : 15	30 : 70	55 : 45	45 : 55
Altstadt[4]						
IV 120 000	38	4	21	18	19	100
ÖV 220 000	47	8	3	31	11	100
IV : ÖV ca.	30 : 70	20 : 80	80 : 20	25 : 75	50 : 50	35 : 65
Gesamtstadt						
IV 770 000	50	7	17	9	17	100
ÖV 760 000	56	16	2	14	12	100
IV : ÖV ca.	50 : 50	30 : 70	85 : 15	40 : 60	60 : 40	50 : 50

[1] Personenfahrten (durchschnittlicher Besetzungsgrad = 1,5 Personen/Pkw).
[2] Ohne Fahrten zwischen Außenstadt und Innenstadt einschl. Altstadt.
[3] Einschl. Fahrten zwischen Außenstadt und Innenstadt einschl. Altstadt.
[4] Einschl. Fahrten zu/von der Altstadt.
Institut für Verkehrsplanung und Verkehrswesen TU München.

Zubringer und eventuell durch neue Technologien wie Fahr- bzw. Rollsteige oder Kabinensysteme zu erweitern.

Der Parkraum ist zur Entlastung der Kerngebiete und Stadtzentren vom Individualverkehr auf die Anforderungen des motorisierten Liefer-, Kunden- und Besucherverkehrs auszurichten, konsequent zu bewirtschaften und hinsichtlich seiner Standorte an die Ränder der Kerngebiete zu verweisen. Schon heute dominieren die Kurzzeitparker in den Innenstädten deutscher Klein-, Mittel- und Großstädte (Tabelle 17).

Tabelle 17: *Parkzeiten in Innenstädten*

Stadt	Einwohner	Anteil Kfz mit Parkzeit bis 1 Stunde *)
München	1 231 000	59 %
Frankfurt/Main	684 000	55 %
Stuttgart	630 000	—
Utrecht	280 000	48 %
Leverkusen	106 000	73 %
Ulm	92 000	65 %
Aschaffenburg	56 000	63 %
Bad Kreuznach	37 000	72 %
Villingen	36 000	74 %
Schwenningen	34 000	60 %
Neustadt/Weinstr.	30 000	69 %
Biberach	25 000	70 %

Institut für Verkehrsplanung und Verkehrswesen TU München.
*) Alle geparkten Kfz zwischen 8 und 18 Uhr = 100 %.

Eine optimale Integration zwischen Stadt- und Siedlungsentwicklung und den Hauptlinienstränge des öffentlichen Schnellverkehrs ist zur Verstärkung der täglichen Bündelung von Verkehrsbedürfnissen gleichen Fahrtzwecks notwendig.

4. Neben der Erhöhung der Attraktivität der öffentlichen Verkehrsmittel verlangt die Verbesserung der Verkehrsabwicklung eine ständige Anpassung an die technischen Entwicklungsmöglichkeiten und eine weitgehende Trennung der Wege des öffentlichen Verkehrs vom straßengebundenen Individualverkehr, wobei die Heranziehung der zweiten Ebene für den Schienenschnellverkehr und von Busspuren in stärker frequentierten Straßenabschnitten Maßnahmen darstellen, die Abwicklung zu erleichtern und die Schnelligkeit, Pünktlichkeit und Zugänglichkeit der öffentlichen Transportmittel zu verbessern[32].

Nicht zuletzt gilt es im Interesse einer bestmöglichen Nutzung der Verkehrssysteme in größeren Städten und Stadtagglomerationen, die Übergangsmöglichkeiten zwischen den individuellen und öffentlichen Verkehrsmitteln zu erleichtern und auf diese Weise dafür zu sorgen, daß alle Bestandteile der Verkehrsinfrastruktur ein sich gegenseitig ergänzendes System der Verkehrsbedienung darstellen, das für die Mehrzahl der täglichen Verkehrsbedürfnisse echte Alternativangebote schafft und damit eine gewünschte funktionelle Aufteilung der Verkehrsaufgaben zuläßt.

---

[32] P. BROUWER: Eigene Fahrspuren für Omnibusse — wie ist die Situation. In: UITP-Revue, Vol. 3/1969.

Die vorangegangenen, im einzelnen beleuchteten Aspekte und Erkenntnisse zur Verkehrs- und Siedlungsstruktur mit ihren soziologischen und gesellschaftspolitischen Bezügen zwingen zu nachfolgenden *Schlußfolgerungen und Konsequenzen:*

1. Das Benutzen moderner Verkehrsmittel individueller und kollektiver Art ist ein integrierender Bestandteil unserer modernen Arbeitswelt und die Voraussetzung für die stets angestrebte Erweiterung des Bewegungs- und Betätigungsbereiches des einzelnen Bewohners unserer Siedlungsräume. Solange die freie Wahl unter den verfügbaren Verkehrsangeboten fundamentaler Grundsatz der Verkehrspolitik und die Freiheit einer vernünftigen Entscheidung des einzelnen über seine Bedürfnisse ein Kernpunkt unserer Gesellschaftsordnung bleibt, werden ein individuelles Fortbewegungsmittel wie das Kraftfahrzeug oder entsprechende technische Weiterentwicklungen einschl. ihrer Nutzung als wirtschaftliche, technische, soziale und psychologische Phänomene den Verkehrsaustausch in unseren Siedlungsräumen gewährleisten. Diese Feststellung schließt notwendige und auf Teilbereiche unserer Siedlungsstruktur begrenzte Restriktionen zu Lasten bzw. zu ungunsten etwa des Kraftwagens nicht aus, wenn z. B. in unseren Stadtzentren andere Werte unserer Gesellschaft durch den übermäßigen Kraftwagengebrauch ernsthaft in Frage gestellt werden oder die Lebensqualität verdichteter Wohngebiete durch negative Auswirkungen des Individualverkehrs stark eingeschränkt wird[1]).

2. In unseren Städten, in Stadtregionen und darüber hinaus in allen übrigen Siedlungsräumen ist ein intensiver Verkehrsaustausch die Basis des Funktionierens des Wirtschaftssystems und die Grundlage der Existenz der Siedlungsräume und seiner Bewohner. Durch die mit Hilfe des Verkehrs erleichterte Kommunikation werden die Bewohner unserer Siedlungsräume in die Lage versetzt, alle kommunalen, kulturellen Freizeit- und sonstigen Infrastruktureinrichtungen der Siedlungsgebiete optimal zu nutzen. Da die Einrichtungen zur Befriedigung der menschlichen Grunddaseinsfunktionen wie wohnen, arbeiten, sich versorgen und erholen eigengesetzlichen Standortansprüchen folgen und dadurch eine stärkere Differenzierung der Funktionsbereiche, ihre Vermehrung, Vergrößerung und zunehmende Standortstreuung eintritt, muß folgerichtig aus den hieraus resultierenden Veränderungen, Ergänzungen und Wandlungen der bestehenden Flächennutzung ein überdurchschnittliches Zunehmen der Verkehrsbedürfnisse und Verkehrsbeziehungen zwischen den einzelnen Bereichen der Siedlungsstruktur erwartet werden. Dabei wird vor allem in den Großstädten unter dem Einfluß einer Ausweitung des Mobilitätsspielraumes bei gleichbleibendem Umfang der Anteil des Berufsverkehrs an der gesamten täglichen Verkehrsnachfrage zurückgehen. Die verstärkt in Erscheinung tretenden Fahrtzwecke anderer Art werden auch künftig dem Individualverkehr einen wesentlichen Anteil an den gesamten Verkehrsvorgängen innerhalb der Siedlungsräume sichern.

3. Durch die mit dem Kraftwagen gewonnene Beweglichkeit z. B. des Arbeitnehmers auf der Suche nach einem Arbeitsplatz mit höchstem Arbeitsergebnis und Wertzuwachs wird vor allem in den Klein- und Mittelstädten außerhalb der Verdichtungsräume ein Beitrag zur allgemeinen Produktivitätssteigerung in Stadt und Land geleistet[8]). Bei weiter anhaltendem Wirtschaftswachstum und damit weiterer Ausbreitung der Massenkonsumgesellschaft mit steigendem Wohlstand wird das Bedürfnis nach Kommunikation und nach Verkehrsaustausch weiter zunehmen. Sowohl unsere Stadtagglomeration mit ihren Kerngebieten als auch Orte mit geringerer zentralörtlicher Bedeutung müssen auch künftig erreichbar und zugänglich für alle Arten von Verkehr bleiben, wenn sie ihre Funktion zur Versorgung der Bevölkerung auf allen Gebieten behalten wollen. Gerade in den Siedlungsräumen außerhalb der Großstädte und der Verdichtungsgebiete hängt daher

deren Existenz entscheidend von der Qualität der Verkehrssysteme und hier speziell der Straßenverbindungen und der Straßenerschließung ab.

4. Die mit der weiteren Steigerung des Brutto-Sozialproduktes erwartete Einkommenssteigerung wird die Motorisierung weiter fördern, wobei neben dem Zweitwagenbesitz vor allem noch stärker als bisher junge und erst am Beginn des Berufslebens stehende Bewohner unserer Siedlungsräume dem Fahrzeugbesitz zugeführt werden. Solange die Bevölkerung bei wachsendem Lebensstandard einen Pkw erwerben kann und will, wird auch künftig mit dem Kraftwagenbesitz die nachgewiesenermaßen um 30—50 % höhere Mobilität der motorisierten Bevölkerung gegenüber den Nichtmotorisierten zu erwarten und bei der Beurteilung des künftigen Verkehrsgeschehens in unseren Siedlungsräumen zu beachten sein.

5. In Großstädten und Verdichtungsräumen muß der vorhandene Anteil des öffentlichen Verkehrs am Gesamtverkehr weiter gefördert werden. Dazu ist es notwendig, die bestehenden öffentlichen Verkehrsmittel technisch, betrieblich und organisatorisch weiterzuentwickeln, und dadurch das Leistungsangebot grundlegend zu verbessern und höheren Ansprüchen der Nutzer anzupassen. Nur öffentliche Verkehrsmittel mit hoher Attraktivität stellen eine echte Alternative zum Gebrauch individueller Transportmittel dar. Mit ihrem Einsatz wird der in größeren Städten und Verdichtungsräumen nur begrenzt zur Verfügung stehende Straßenraum vor Überbeanspruchung bewahrt, ohne den Benutzern öffentlicher Verkehrsmittel eine gegenüber den Pkw-Fahrern wesentliche Einschränkung ihrer Mobilitätsbedürfnisse abzuverlangen. Entscheidend für die Wirksamkeit der öffentlichen Verkehrsmittel als Transportalternative ist u. a. eine an den Wertmaßstäben des Pkw zu messende Gesamtreisezeit. Ein wesentlicher Einfluß auf Kriterien dieser Art und damit auf eine mögliche Steigerung des Transportanteiles öffentlicher Verkehrsmittel, speziell im Berufs-, Ausbildungs-, Einkaufs-, Privat- und Freizeitverkehr wird durch eine konsequente Integration von bestehenden und künftigen Transportsystemen untereinander und mit der Siedlungsstruktur ausgeübt. In Kerngebieten und Stadtzentren ergänzen vertretbare Parkraumrestriktionen die hier besonders notwendige Aktivierung des öffentlichen Verkehrs.

6. Die Nutzung der heute in unserer Gesellschaft dem einzelnen zur Verfügung stehenden Freizeit wird auch weiterhin den Wochenend- sowie den Urlaubs- und Erholungsverkehr anwachsen lassen. Die vor allem in verdichteten Siedlungsräumen schon heute sichtbaren Verkehrsspitzen vor und nach Feiertagen und an Wochenenden auf den Verbindungsstraßen zwischen den Städten und prädestinierten Naherholungsräumen werden zunehmen (Abb. 22). Auf den Ein- und Ausfallstraßen der Städte überwiegen heute bereits die Spitzenbelastungen z. B. am Sonntagabend gegenüber dem werktäglichen Normalverkehr (Abb. 23). In zahlreichen bevorzugten Erholungsgebieten wächst die Zahl der Zweitwohnsitze. Der dadurch entstehende zusätzliche wirtschaftliche Impuls in diesen im allgemeinen ländlichen Siedlungsräumen ist u. a. auch abhängig vom Ausbau des Fern- und Regionalstraßennetzes, das der in den Stadträumen lebenden Bevölkerung die sinnvolle Nutzung ihrer wachsenden Freizeit erleichtert.

Aber auch dem Freizeitwert der Städte selbst kommt bei der Betrachtung derartiger Entwicklungen mehr und mehr Bedeutung zu. Die damit zusammenhängenden Verkehrsvorgänge werden mit erhöhtem Freizeitangebot ebenfalls in noch stärkerem Maße als heute das Verkehrsgeschehen in unseren Siedlungsräumen beeinflussen.

Diese in den vergangenen Jahren erkennbar gewordenen und mutmaßlich auch künftig zu beachtenden Entwicklungstendenzen in unserer Gesellschaft, in unserer Wirtschafts-

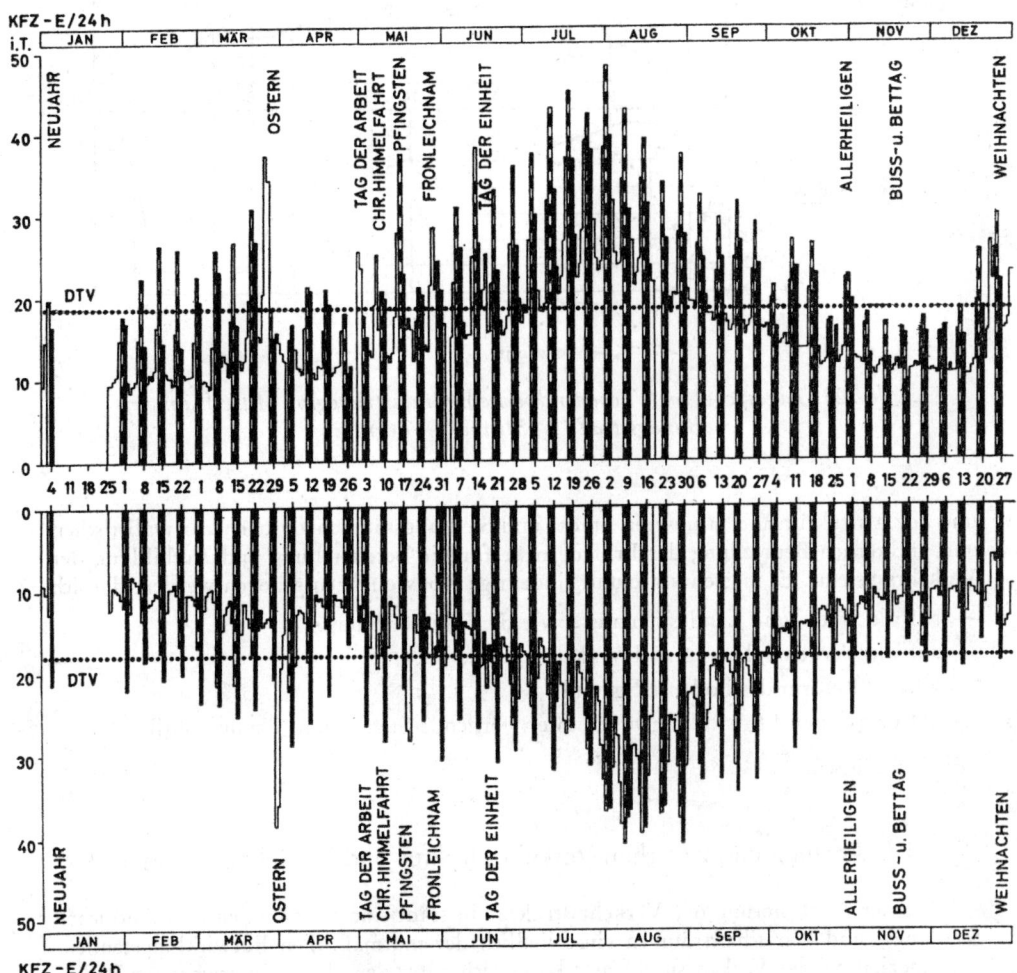

*Abb. 22: Jahrgangslinie der täglichen Verkehrsmengen
(Ein- bzw. Ausfallstraße München)*

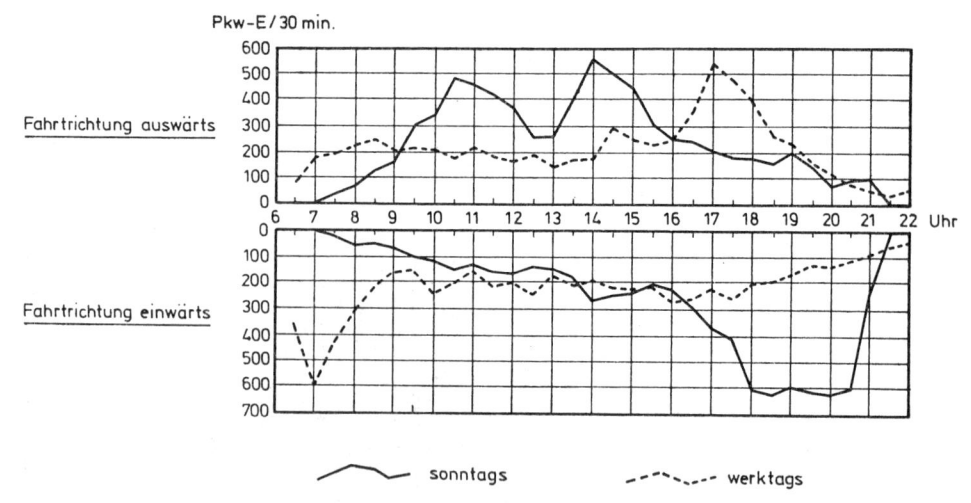

Abb. 23: Tagespegel im Wochenendverkehr (Industrieregion Mittelfranken; Bundesstraße 2 Nürnberg—Pegnitz)

und Sozialstruktur und in unseren Stadt- und Siedlungsräumen zwingen zur realistischen und nüchternen Beurteilung der Erofrdernisse für die Bereitstellung und Ausbildung der Verkehrssysteme. Es müssen klare und eindeutige Konsequenzen gezogen werden, die sich

— auf die Stadt- und Landesplanung sowie die Raumordnung,
— auf die Verkehrsplanung und Verkehrspolitik,
— auf die Reform des Bodenrechts und
— auf eine diesen Entwicklungen gerechter werdende Steuer- und Finanzpolitik

beziehen müssen.

IV. Abstimmung zwischen Verkehrsstruktur und Verkehrssystemen

Aus der Analysierung der Verkehrsstruktur in städtischen, regionalen und ländlichen Siedlungs- und Wirtschaftsräumen einschließlich der mutmaßlichen Entwicklungstendenzen, speziell bei der Verkehrsnachfrage, lassen sich unter den allgemein erwarteten Bedingungen eines weiteren wirtschaftlichen Wachstums und damit Wohlstandes bestimmte Aussagen über die Eignung, Anpassung und Ergänzung der Verkehrssysteme als Elemente der Siedlungsstruktur machen.

1. Im ländlichen Raum sowie in Klein- und Mittelstädten erfordert die zunehmende Motorisierung den weiteren Ausbau, teilweise auch die Ergänzung der bestehenden Straßennetze. Vorrangig müssen dabei die Erschließungs- und Verbindungsstraßen im Einzugsgebiet der Siedlungsschwerpunkte mit zentralörtlicher Bedeutung verbessert werden, um den wirtschaftlichen Status dieser Räume anzuheben, der Bevölkerung die Nutzung der mit der Motorisierung gewonnenen Mobilität zu ermöglichen und damit das soziale Gefälle zwischen Stadt und Land abzubauen.

In Großstädten und Verdichtungsräumen muß bei einem erhöhten Kommunikationsbedarf der Bevölkerung und weiter zunehmender Mobilität eine sinnvolle Aufteilung der Verkehrsnachfrage auf öffentliche und individuelle Verkehrsmittel angestrebt werden. Die für die Stadträume maßgebenden Kommunikationsnetze gilt es derart zu ordnen und zu dimensionieren, daß die räumliche Entwicklung der Stadtregionen positiv unterstützt wird und die aus dem Mobilitätszuwachs zu erwartenden verstärkten Verkehrsbedürfnisse bewältigt werden. Es kommt darauf an, denjenigen Schnellbahnverbindungen eine Ausbaupriorität zu gewähren, die für eine Entwicklungsachse mit hohen baulichen Verdichtungen und vielfacher Nutzung besonders geeignet sind. Neue Groß-Wohnsiedlungen in den Außengebieten dürfen nur dann verwirklicht werden, wenn ihre Größe und Lage eine Erschließung durch öffentliche Verkehrsmittel gestatten, die ein Minimum an objektbezogenen Belastungen der öffentlichen Haushalte ergeben[33]). Die Verbesserung und Ergänzung der Straßennetze durch hochwertige Straßenkategorien muß gefördert werden unter der Devise, daß die Effektivität bestehender oder geplanter Nahverkehrssysteme nicht ernsthaft durch entstehende Konkurrenzsituationen gefährdet wird bzw. daß intensiv genutzte Wohnbereiche oder Stadtteilzentren von vermeidbarem zielfremden Verkehr wirkungsvoll befreit werden.

2. Trotz vermehrter Anstrengungen zur Verbesserung der Bedienungsqualität öffentlicher Verkehrsmittel in Stadtregionen wird die eng mit den Charakteristiken städtischer Siedlungsstrukturen und mit den Verhaltensweisen der Bevölkerung im täglichen Verkehrsgeschehen zusammenhängende Entwicklung des Straßenverkehrs die häufig geforderte generelle Einschränkung des Straßenausbaues nicht zulassen. Eine Vernachlässigung des Gesamtstraßennetzes in Verdichtungsräumen wird deren Wirtschaftskraft und bevorzugte Stellung in der Befriedigung der vielfältigen Ansprüche der Stadtbewohner an ihren Lebensraum ernsthaft gefährden.

3. Die bestehenden Großstädte und deren Zentren sind aufgrund des nur begrenzt zur Verfügung stehenden Verkehrsraumes im allgemeinen nicht in der Lage, den erwarteten Zuwachs an Mobilität ohne Einschränkung der individuellen Freizügigkeit in der Fortbewegung des einzelnen zu verkraften. Daher müssen bestimmte *Rangordnungen* nach verkehrsplanerischen und verkehrspolitischen Zielvorstellungen beim Ausbau der Verkehrsinfrastruktur festgelegt werden[29]):

In den inneren Zonen der Großstädte wird der öffentliche Personennahverkehr in Gestalt von Schnellbahnsystemen und Omnibuszubringerlinien bevorzugt. Der nur gering erweiterungsfähige innerstädtische Straßenraum wird vorrangig dem Wirtschafts-, Geschäfts-, Dienstleistungs-, Bewohner- und motorisierten Kundenverkehr zugewiesen. Ergänzend stellt der nur begrenzt zur Verfügung stehende Parkraum ein weiteres Regulativ für Fahrten mit Kraftfahrzeugen in die Stadtzentren und Kerngebiete dar.

Die Verkehrsnachfrage muß in den sogenannten Übergangs- und in den äußeren Zonen der Städte gleichrangig auf individuelle und öffentliche Verkehrsmittel aufgeteilt werden. Die im unmittelbaren Einzugsgebiet leistungsfähiger und öffentlicher Transportmittel liegenden Wohn-, Gewerbe- und Dienstleistungsbereiche werden auch in diesen Räumen bevorzugt bedient. Wenn es gelingt, die Merkmale der Flächennutzung wie Bebauungsdichte und Konzentration von Aktivitäten diesen Nahverkehrslinien bestmöglich zuzuordnen, kann deren Beförderungskapazität wirksamer genutzt werden.

Die bebauten Flächen zwischen den Hauptlinien der Schienenverkehrsmittel werden in

---

[33]) H. KERN: Wirtschaftlicher Nahverkehr als Grundlage moderner Stadt- und Regionalpolitik. In: Schriftenreihe für „Verkehr und Technik", Heft 51/1972.

den Übergangs- und äußeren Zonen der Stadtregionen durch Omnibuslinien und den Pkw erschlossen. Dazu ist ein ausreichend dimensioniertes Erschließungsstraßennetz erforderlich, das die zwischen den einzelnen Siedlungsachsen vermehrt auftretenden Tangentialbeziehungen außerhalb der regionalen Kernbereiche übernimmt.

In Stadtagglomerationen kann durch Auffangparkplätze an den Schnellbahnhaltestellen und durch ein attraktives „Park-and-Ride"-Angebot eine nützliche Symbiose zwischen dem flächenerschließenden Pkw und dem den Raum schnell und leicht überwindenden Linienverkehr der Schnellbahnen hergestellt werden, wobei die bei den öffentlichen Verkehrsmitteln hoher Kapazität angestrebte Bündelung und Verdichtung der Verkehrsnachfrage unterstützt wird[34]).

4. Die Verkehrsbedienung und Erschließung der Verdichtungsräume und Großstädte entweder nur durch den Kraftwagen oder nur durch öffentliche Verkehrsmittel ist Utopie. Den Zwängen in der Struktur der Verdichtungsräume folgend, wird es daher künftig mehr denn je erforderlich sein, „integrierte Verkehrssysteme" zu entwickeln und dabei individuelle und öffentliche Verkehrsmittel zu koordinieren und arbeitsteilig einzusetzen[35]).

Dieses Leitbild einer zweckmäßigen Verkehrserschließung von größeren Stadt- und Siedlungsräumen durch integrierte Verkehrssysteme verlangt ein konsequentes Abgehen von den bisherigen Gegebenheiten in der Stadt- und Umlandentwicklung einschließlich der diese mitbeeinflussenden Boden-, Finanz- und Steuerpolitik. Mit Hilfe neuer gesetzlicher Grundlagen muß die weitere strukturelle Ausstattung unserer Stadträume durch Funktionsbereiche aller Art stärker als bisher auf die Nahverkehrssysteme hoher Qualität ausgerichtet werden. Die schon seit Jahren geforderte langfristige Stadt- und Verkehrsstrukturplanung mit einer bestmöglichen Zuordnung bestehender und neuer Siedlungsschwerpunkte zu entsprechend leistungsfähigen Schnellbahnsystemen ist eine Voraussetzung für eine Vergrößerung des trotz Motorisierungsentwicklung beachtlichen Beförderungsanteiles des öffentlichen Verkehrs am Gesamtpersonenverkehr. Dazu gehört allerdings auch die Kooperation des gesamten öffentlichen Verkehrs eines zusammenhängenden Siedlungsraumes, z. B. durch Schaffung eines Verkehrsverbundes.

Als flankierende Maßnahmen dienen ausreichende, vom Stadtzentrum nach außen hin zunehmend differenzierte Hauptverkehrsstraßennetze, die den vornehmlich auf die Flächenerschließung ausgerichteten öffentlichen und individuellen Transporteinrichtungen die Möglichkeit einer ungestörten Verkehrsabwicklung bieten.

Diese Feststellungen sind ein Hinweis, wie mit einem auf die Entwicklung stärker als bisher abgestimmten Städtebau und einer ebenso konformen Regionalplanung die entscheidenden Impulse geschaffen werden, das Verhalten der Bewohner unserer Siedlungsregionen zu beeinflussen und einen gewünschten intensiven Gebrauch der integrierten Verkehrssysteme unter bevorzugter Heranziehung der öffentlichen Verkehrsmittel zu garantieren.

5. Die weiterhin erforderlichen Straßennetze zur Erschließung unserer unterschiedlich strukturierten Siedlungsräume in Stadt und Land sind nach bestimmten verkehrstechnischen Funktionsmerkmalen zu gliedern. Aufgabe der Fernstraßen ist es, überregionalen Fernverkehr als täglichen Wirtschafts- und Berufsverkehr oder auch als Urlaubsreisever-

---

[34]) F. PAMPEL: Park and Ride — Organisation und Betrieb. In: Verkehr und Technik, Heft 4/1971.
[35]) ZIMNIOK: Integration von Verkehrsmitteln und Verbundproblemen. In: Der Mensch und die Technik. Beilage der Süddeutschen Zeitung München, August 1972.

kehr von den Kerngebieten und Orten zentralörtlicher Bedeutung fernzuhalten. Gleichzeitig muß aber das Fernstraßensystem in der Lage sein, den in die Stadtregionen der Groß-, Mittel- und Kleinstädte gerichteten Ziel- bzw. Quellverkehr an geeigneten Stellen an das regionale, großstädtische oder städtische Straßennetz abzugeben. Die bisher in zusammenhängenden größeren Siedlungsregionen durchgeführten Bestandsaufnahmen zur Verkehrsstruktur haben den im allgemeinen dominierenden intensiven Verkehrsaustausch innerhalb derartiger Siedlungs- und Wirtschaftsräume verdeutlicht und die Überlagerung durch einen meist weniger intensiven Fernverkehr sichtbar gemacht (Tabelle 18). Selbstverständlich schließt diese Grundstruktur saisonale Steigerungsraten im Fernverkehr, etwa zur Urlaubsreisezeit, nicht aus.

Tabelle 18: *Straßenverkehr 1969/70 (Region Rhein-Neckar)*

Verkehrsart	Personenfahrten (mit Pkw, Kr) Personenfahrten/ 24 Stunden	Personenverkehr (Pkw, Kr) Pkw-E / 24 Stunden	Wirtschaftsverkehr (Lkw, Lz) Pkw-E / 24 Stunden	Summe (100 %) Pkw-E / 24 Stunden	
Durchgangsverkehr	58 000	34 200 = 49 %	35 800 = 51 %	70 000	5 %
Ziel- und Quellverkehr	210 000	124 000 = 62 %	77 400 = 38 %	201 400	14 %
Binnenverkehr	1 212 000	981 800 = 84 %	182 600 = 16 %	1 164 400	81 %
Σ IV (Kfz)	1 480 000	1 140 000 = 79 %	295 800 = 21 %	1 435 800	100 %
IV (Rad)	354 000				
ΣΣ IV	1 834 000 Personenfahrten				

Institut für Verkehrsplanung und Verkehrswesen TU München.

Zur Abwicklung dieses überregionalen Verkehrsbedarfes genügen in Stadtregionen und Verdichtungsräumen im allgemeinen wenige ausreichend leistungsfähige Fernverkehrsstraßen oder Durchgangsautobahnen, die stets außerhalb der einzelnen Siedlungseinheiten verlaufen sollten.

Als weitere Straßenkategorie in Verdichtungsräumen müssen künftig sogenannte Verbindungs- oder Regionalautobahnen ausgewiesen werden, die in der Hauptsache den aus Fern- und Nahbereichen in die Siedlungs- und Wirtschaftsräume gerichteten regionalen Straßenverkehr an sich ziehen und über ein im Vergleich zur Fernautobahn wesentlich

Tabelle 19: *Knotenpunktabstände in Stadtstraßen*

Typ	Mindestabstand
1 Stadtautobahn	1 000 m (700 m Minimum)
2 Schnellverkehrsstraße	500 m
3 Hauptverkehrsstraße	200 — 300 m
4 Verkehrsstraße	80 — 90 m
5 Sammelstraße	< 80 m

Institut für Verkehrsplanung und Verkehrswesen TU München.

dichteres Anschlußstellennetz auf die örtlichen Erschließungssysteme verteilen[36]) (Tabelle 19). Dies erfordert, sämtliche Netze von Straßenkategorien außerhalb der Fernautobahnen gezielt zu planen, auszubauen und im Hinblick auf ihre Funktion als regionale und städtische Haupterschließungssysteme zu vervollständigen. Gleichzeitig ist anzustreben, Planung und Bau vorrangig mit den Zielvorstellungen der regionalen Siedlungs- und Wirtschaftsentwicklung abzustimmen und eine Koordinierung mit den für zweckmäßig erachteten öffentlichen Transportsysteme vorzunehmen.

In der Hierarchie verschiedener Straßentypen mit unterschiedlichen Verkehrsfunktionen besitzen ausschließlich dem Kraftfahrzeugverkehr dienende Schnellverkehrsstraßen und Stadtautobahnen in großstädtischen Regionen wichtige Aufgaben[37]). Sie verbinden außerhalb der eigentlichen Siedlungskerne bzw. Wohn- und Arbeitsplatzkonzentrationen die Schwerpunkte der Siedlungsräume miteinander und tragen zusammen mit den Hauptverkehrs- und Verkehrsstraßen zur Sammlung und Verteilung des Mittel- und Kurzstreckenverkehrs bei. Derartige, in Form von Ring- und Tangentenstraßen in den Siedlungsraum eingebettete Stadtautobahn- und Schnellverkehrsstraßen-Systeme verbessern die Zugänglichkeit der in der Stadtregion bestehenden Aktivitäten speziell für die nicht im Einzugsbereich der Schnellbahnen wohnende Bevölkerung und sichern den notwendigen Verkehrsaustausch mit benachbarten Wirtschafts- und Siedlungsräumen. Dank ihrer Kapazität und Ausstattung ziehen diese Straßen erheblichen Verkehr an sich, wobei eine erwünschte Trennung des großräumigeren vom lokalen Kurzstreckenverkehr innerhalb der einzelnen Siedlungsbereiche eintritt. Der angestrebte Entlastungseffekt auf Kerngebiete, auf rein innerstädtische Sammelstraßen und auf die ausschließlich der Wohnfunktion dienenden Stadtteile tritt ein, so daß die von Buchanan geforderten verkehrsberuhigten Stadtquartiere (Environmental Areas) wieder entstehen können[38]).

6. Soll die gerade in den Stadträumen unausbleibliche Zunahme der Verkehrsbedürfnisse unter gleichzeitiger Erhöhung der Verkehrssicherheit und Reduzierung störender

---

[36]) KH. SCHAECHTERLE: Entwurfskriterien für kreuzungsfreie Straßenknoten im Stadtgebiet. Generalbericht zu diesem Thema zur 9. Internationalen Studienwoche für Straßenverkehrstechnik, München 1968.
[37]) B. WEHNER: Ermittlung optimaler Netzformen für den Stadtverkehr. In: Planung, Bau und Betrieb des Schnellverkehrs in Ballungsräumen. Wissenschaftliche Tagung der TU Berlin 1964.
[38]) C. BUCHANAN: Traffic in Towns. London 1963. Deutsche Ausgabe: Verkehr in Städten. Essen 1964.

Umweltbeeinflussungen bewältigt werden, ist eine bessere Koordination und Organisation in der Stadt- und Verkehrsentwicklung erforderlich. Einen wichtigen Beitrag leistet hierbei die bereits erwähnte Integration aller Verkehrssysteme innerhalb eines Siedlungsraumes.

Mit Hilfe organisatorischer Überlegungen müssen unter ökonomischen Aspekten weitere Möglichkeiten geprüft werden, wie eine Mehrfachnutzung der sehr aufwendigen Infrastruktureinrichtungen wie Straßennetze und öffentliche Verkehrsmittelsysteme herbeigeführt werden kann. Hauptziel muß es sein, die auch heute noch bestehenden Verkehrsspitzen abzubauen und eine über den ganzen Tag möglichst gleichmäßige Auslastung der Verkehrssysteme zu erreichen[39].

7. Die Verbesserung der Verkehrssysteme wird durch eine dem Verkehrsgeschehen angepaßte Verkehrsregelung im Straßenverkehr und durch Automation des Betriebsmitteleinsatzes im öffentlichen Verkehr wesentlich gefördert. Mit Hilfe der Elektronik kann die Lenkung, Regulierung und Abwicklung des Verkehrs in unseren verschiedenartigen Verkehrssystemen erleichtert und auf diese Weise die Integration der Verkehrssysteme beschleunigt werden.

Weitere verkehrsorganisatorische und verkehrssteuernde Maßnahmen betreffen Informationssysteme zur Leistungssteigerung von Straßen und öffentlichen Verkehrssystemen, Leit- und Warnsysteme zur Erhöhung der Sicherheit und konsequente bauliche Maßnahmen zur horizontalen und vertikalen Trennung der einzelnen Verkehrserscheinungen.

Im Hinblick auf die angestrebte Aufteilung des Gesamtverkehrsaufkommens auf individuelle und öffentliche Verkehrsmittel ist das Parkraumangebot am Rande der Kerngebiete und in den übrigen aktiven Bereichen der Stadträume festzulegen. Durch eine eindeutige Zuordnung größerer Parkbauten zu den Hauptverkehrsstraßen am Rande und außerhalb der Stadtzentren kann die Verteilung des verbleibenden, innenstadtgebundenen motorisierten Verkehrs auf das Zubringerstraßennetz gesteuert werden[40]. Ein Funktionsschema der Erschließung für eine Mittelstadt ist in Abb. 24 dargestellt.

In den äußeren Siedlungsbereichen ist es nach wie vor erforderlich, für Industrie- und Gewerbegebiete, für Verwaltungen, für Naherholungsgebiete und sonstige, stark frequentierte kommunale Infrastruktureinrichtungen ausreichende Parkflächen bereitzustellen.

8. Neue Transporttechnologien sind dann ernsthaft in Erwägung zu ziehen, wenn sie einen Beitrag zur Erhöhung der Qualität des Schienenschnellverkehrs leisten können oder als eine echte Ergänzung der in einzelnen Siedlungskategorien vorhandenen Nahverkehrssysteme zum Einsatz kommen. Transportbänder und rollende Fußgängersteige sind imstande, das Einzugsgebiet der Schnellbahnhaltestellen zu vergrößern und so die Effektivität der öffentlichen Verkehrssysteme bei gleichzeitiger Einschränkung der sonst eintretenden Expansion des Individualverkehrs zu erhöhen.

Darüber hinaus müssen alle in der Diskussion stehenden Technologien daraufhin geprüft werden, ob sie in der Lage sind, der nun einmal mobil gewordenen Bevölkerung in unseren Städten und Stadtregionen eine individuelle, von Zeit, Motiv und räumlichen

---

[39] Verkehrsparlament der Südd. Zeitung e. V. München: Podiumsgespräche: „Das vermeidbare Chaos". In: Sonderdruck aus Nummer 295, 10. 12. 1971 der Süddeutschen Zeitung München.
[40] KH. SCHAECHTERLE: Verkehrsentwicklung in deutschen Städten. In: Schriftenreihe Straßenverkehr des ADAC, Heft 6/1970.

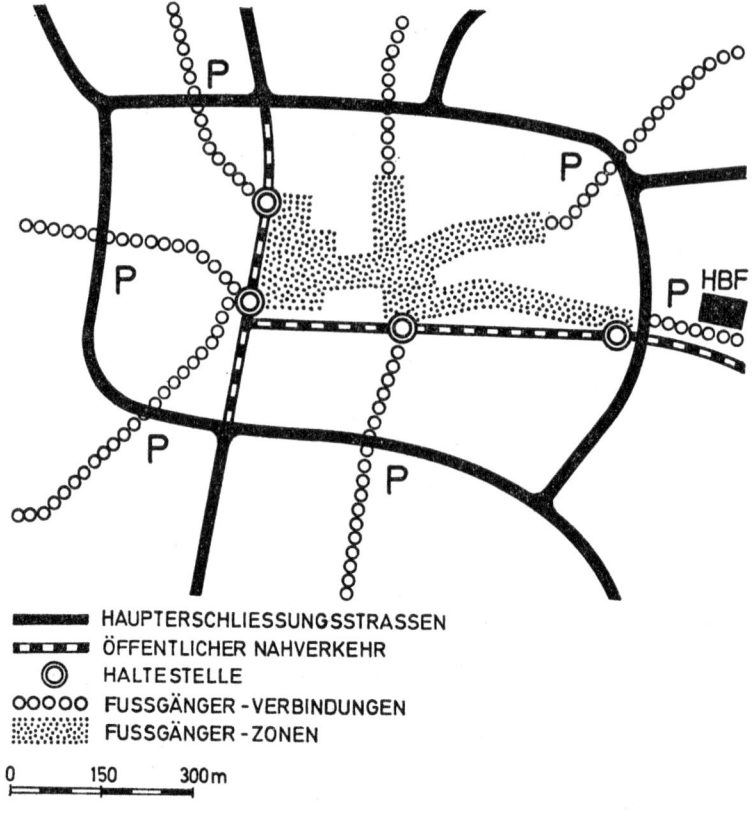

Abb. 24: Funktionsschema zur Erschließung des Zentrums einer Mittelstadt

Bezügen unabhängige, ständig verfügbare Bewegungsmöglichkeit anzubieten und dabei gleichzeitig unsere städtischen Räume und deren Milieu weniger hart zu beeinträchtigen, als dies beim Gebrauch des Kraftwagens zu erwarten ist. Sollen bestehende und in vielen Jahrzehnten entstandene Siedlungsräume ihre wesentlichen siedlungsstrukturellen Merkmale behalten, wirft ein übersteigerter technischer Aufwand nicht nur stadtgestalterische Probleme auf, sondern muß auch die gleichen Bedenken auslösen, die den Bemühungen zur Anpassung derartiger Stadträume an den verstärkten Individualverkehr entgegengehalten werden. Experimentiermöglichkeiten und Veränderungen bestehender Baustrukturen sind immer nur in Teilbereichen möglich. Hierzu gehören vor allem neue Siedlungseinheiten am Rande der Großstädte und in der Region oder größere Stadterneuerungs- und Sanierungsvorhaben. Hier ist am ehesten der Einsatz neuer Transporttechnologien als Bestandteil der anzustrebenden Integration aller Verkehrssysteme denkbar[41]).

---

[41]) KH. SCHAECHTERLE, M. WERMUTH: Moderne Methoden zur Ermittlung und Abstimmung des künftigen Stadt- und Regionalverkehrs. In: Städtebauliche Beiträge 1/1972 des Institutes für Städtebau und Wohnungswesen der deutschen Akademie für Städtebau und Landesplanung.

Abb. 25: Dichtemodell Hamburg

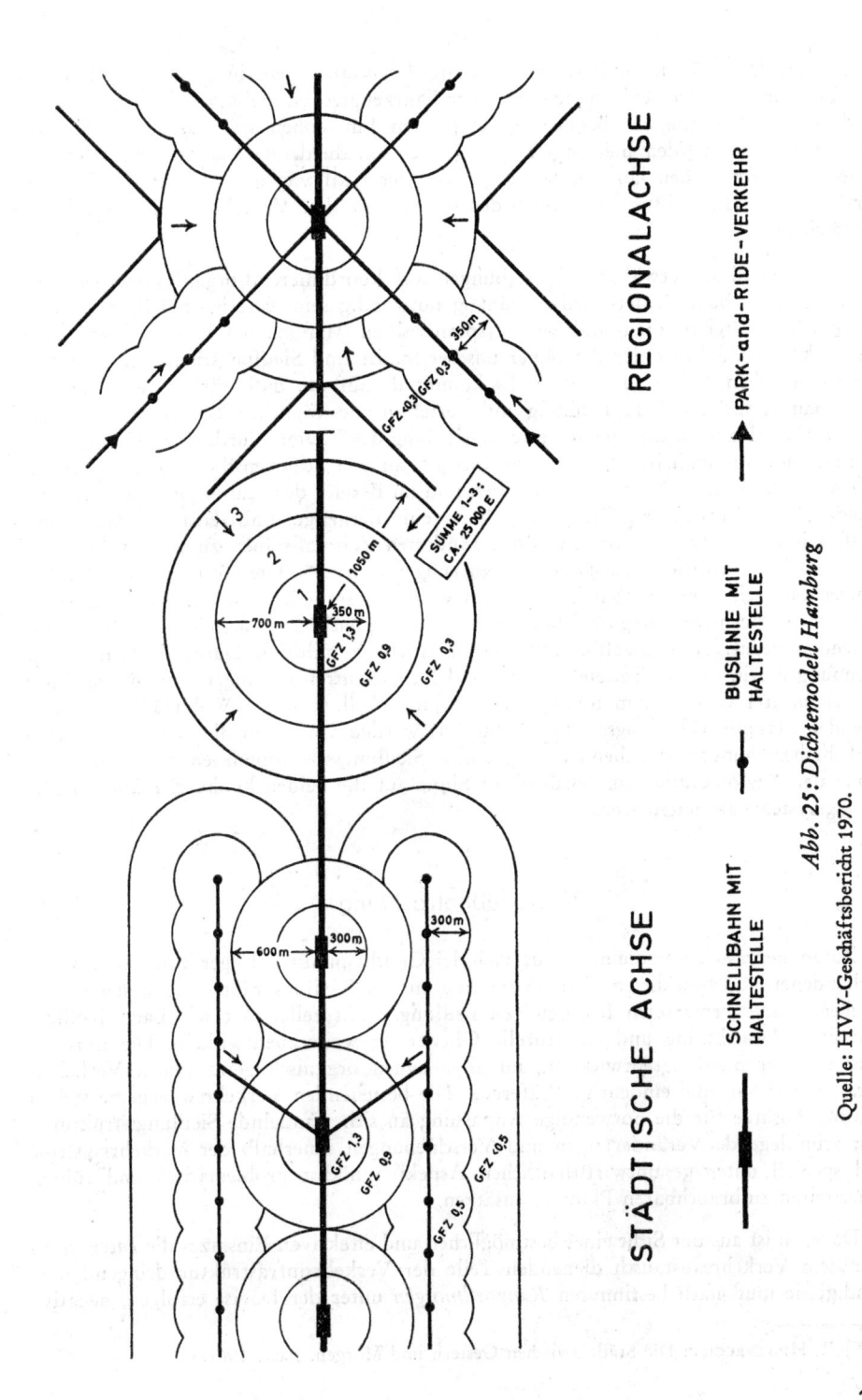

Quelle: HVV-Geschäftsbericht 1970.

Entscheidend für die weitere Verwendung des Kraftwagens in unseren verdichteten Siedlungsräumen wird sein, inwieweit es der Fahrzeugtechnik gelingt, mit den bei wachsendem Verkehrsvolumen ebenfalls zunehmenden Emissionen wie Lärm und Abgasen fertigzuwerden. Werden hier in wenigen Jahren entscheidende Verbesserungen erzielt, dann muß auch in den kommenden 20 Jahren der Kraftwagen als wichtigstes Element der Verkehrsinfrastruktur im Rahmen der Integration aller Verkehrssysteme berücksichtigt bleiben.

9. Neben diesen erwähnten Bestrebungen auf koordinierend-organisatorischem und fahrzeugtechnischem Gebiet wird es künftig notwendig sein, eine bestmögliche Abstimmung von städtebaulichen und verkehrsplanerischen Maßnahmen herbeizuführen, um die Verkehrsbedürfnisse der Bewohner unserer Städte und Siedlungsräume in einer umweltfreundlichen Weise zu erfüllen. Es kommt darauf an, daß stärker als bisher der Städtebau versucht, auf die Lenkung und Verteilung des täglichen Verkehrsaufkommens einzuwirken. Dazu ist die ungesteuerte Zersiedlung des Raumes durch eigenständige, verdichtete Siedlungseinheiten zu ersetzen, die sich an den Schienenschnellbahnen entlangreihen und vielfältige Nutzungen zwischen und im Bereich der Haltestellen von entsprechender Dichte aufweisen. Gleichzeitig kann eine derartige multizentrische Stadtlandschaft mit neuen Raumqualitäten und veränderten Zeitmaßstäben zu einer wünschenswerten Dekonzentration höchstwertiger Nutzungen führen[42]). Die Förderung von Nebenzentren und selbständigen Satellitenstädten wird den starken Druck auf innerstädtische Zentren der Kern- und Regionalstädte mindern und gleichzeitig die mit der Ballung entstehenden negativen Umweltbeeinflussungen erheblich mildern. Durch eine eindeutige Trennung der in die verdichteten Unter- und Nebenzentren hineingeführten öffentlichen Verkehrsmittel von den am Rande der einzelnen Siedlungs- und Wohneinheiten anzulegenden Haupterschließungsstraßen (Abb. 25) werden vor allem die radial gerichteten Verkehrsbeziehungen zwischen den regionalen Siedlungsschwerpunkten und dem Kerngebiet der Agglomeration im erwünschten Sinne auf die beiden konkurrierenden Beförderungssysteme aufgeteilt werden.

V. Schlußbetrachtung

Zusammenfassend erscheint es aus vielerlei Gesichtspunkten folgerichtig zu sein, die vorhandenen und bewährten Verkehrssysteme unserer Siedlungsräume unter den jeweils gegebenen oder erwarteten Bedingungen siedlungsstruktureller Art wie Lage, bauliche Intensität, Ausdehnung und strukturelle Gliederung weiterzuentwickeln. Die Existenz einer mit der Siedlungsentwicklung im allgemeinen organisch gewachsenen Verkehrsinfrastruktur hat eine eindeutige Präferenz. Die bestehenden Verkehrswegenetze stellen legitime Ansätze für die notwendige Anpassung an sich wandelnde Siedlungsstrukturen dar; grundlegende Veränderungen und Verschiebungen innerhalb der Verkehrssysteme sind speziell unter gesamtwirtschaftlichen Aspekten höchst problematisch und führen daher selten zu brauchbaren Planungsansätzen.

Dagegen ist aus der Sicht eines bestmöglichen und effektiven Einsatzes die *Integration* aller dem Verkehrsaustausch dienenden Teile der Verkehrsinfrastruktur dringend notwendig; sie muß nach bestimmten *Rangordnungen* unter der Devise erfolgen, negative

---

[42]) R. HILLEBRECHT: Die Stadt zwischen Gestern und Morgen. Basel 1961.

Auswirkungen auf die Bewohner des Siedlungsraumes, auf die Umwelt und die sonstigen Lebensgrundlagen zu vermeiden.

Die in den kommenden Jahren einsatzfähig entwickelten neuen Technologien sollten dazu dienen, die notwendige *Grundausstattung* unserer Siedlungsräume durch geeignete Verkehrssysteme zu ergänzen und zu verbessern.

Die aus heutiger Sicht empfehlenswerten Gesamtverkehrssysteme werden mit Sicherheit in der Lage sein, die eigentlichen Wohn- und Tätigkeitsbereiche innerhalb der Städte und Siedlungsräume so gründlich vom Individualverkehr zu entlasten, daß hier Bereiche mit höchster Umweltqualität entstehen, ohne daß der in den Städten besonders hohe Kommunikationsbedarf eingeschränkt werden muß. Bereits seit Jahren werden in den Kerngebieten der Städte wie in den Zentralbereichen der Siedlungsräume nachrangiger Zentralität verkehrsfreie Fußgängerbereiche geschaffen, ohne die Zugänglichkeit der Innenstädte für den motorisierten Wirtschafts- und Kundenverkehr völlig aufzuheben[43]).

Die Weiterentwicklung der in unseren Siedlungsräumen erforderlichen und jeweils geeigneten Verkehrssysteme verlangt ein planungsmethodisches Instrumentarium, mit dem bestimmte Kriterien zur Beurteilung der einzelnen Verkehrssysteme quantifiziert und in einer gründlichen Kosten-Nutzen-Analyse unter gesamtwirtschaftlichen, finanztechnischen, gesellschaftlichen und umweltkritischen Gesichtspunkten überprüft werden können. Von allergrößter Bedeutung ist hierbei eine frühzeitige Willensäußerung der politischen Entscheidungsträger mit der Absicht, geeignete Zielvorstellungen und Rangordnungen zur Stadtentwicklung, zur Raumordnung und zum Zusammenleben der Menschen in den Planungsprozeß aufzunehmen.

---

[43]) KH. SCHAECHTERLE: Verkehrsprobleme in Stadtkernen. Sonderdruck aus „Raumplanungsseminare 1965/66", Schriftenreihe des Institutes für Städtebau, Raumplanung und Raumordnung, TH Wien, Band 8.

Mathematische Modelle in der Stadtplanung

von

Walter Böhlk, Hamburg

I. Vorbemerkung

Im Verhältnis zur Komplexität der Materie und zum Umfang der mit der Stadtplanung gesteuerten Investitionen wird auf diesem Gebiet mit erstaunlich primitiven Methoden gearbeitet. Wo es um den Einsatz nur begrenzt vorhandener Mittel geht, wird nicht mit rationaler Kalkulation ihr optimaler Einsatz errechnet, sondern mehr oder minder verschleiert nach Ideologie und Intuition entschieden. Mit diesem suboptimalen Einsatz der Ressourcen wird der von den Sachzwängen ohnehin stark eingeschränkte Spielraum freier politischer Entscheidungen weiter eingeengt. Wenn diese so schlecht fundierten Entscheidungen dann noch zu Planungsruinen führen, schwinden die letzten frei verfügbaren Mittel schnell dahin.

In diesem Zusammenhang stellt sich einerseits die Frage, in welchem Maß die verschiedenen Konzepte der Siedlungsstruktur zum besseren Einsatz der vorhandenen Mittel beitragen können, und andererseits, ob eventuell mathematische Modelle mithelfen können, ganz allgemein oder für den Einzelfall dasjenige Strukturkonzept zu ermitteln, das einen besseren Erfolg verspricht.

Aber es geht ja nicht nur um den optimalen Einsatz der vorhandenen Ressourcen, sondern zur gleichen Zeit auch um Dinge wie Verbesserung von Transparenz und Flexibilität der Planung, Beseitigung der vorhandenen Schwierigkeiten bei der interdisziplinären Arbeit und vieles andere mehr.

Jeder, der heute in der Stadtplanung arbeitet, muß zugeben, daß unbedingt modernere Planungsmethoden entwickelt werden müssen, wenn sich die Fehler der Vergangenheit nicht wiederholen sollen.

II. Anforderungen an moderne Planungsmethoden

Modernität ist keine Garantie für Verbesserung. Es muß vielmehr ein Katalog von Anforderungen aufgestellt werden, an dem die Methoden gemessen und beurteilt werden können. Die Anforderungen an die Methoden ergeben sich aus den Anforderungen, die an das Ergebnis — den Plan — gestellt werden. Ohne Anspruch auf Vollständigkeit sei im folgenden ein solcher Katalog aufgeführt.

— Es muß eindeutig ersichtlich sein, welche Ziele mit dem Plan erreicht werden sollen. Die Sinnhaftigkeit einer Maßnahme muß an erster Stelle am Zielerreichungsgrad gemessen werden. Das aber ist nur möglich, wenn das Ziel — bzw. die Ziele — möglichst in quantitativ meßbarer Form angegeben wird.

— Es gibt keine Planung im luftleeren Raum. Es sind immer Gegebenheiten zu berücksichtigen, die von den Eigenschaften der zur Verfügung stehenden Fläche bis zum Umfang der finanziellen Mittel einschließlich ihrer zeitlichen Verfügbarkeit reichen. Diese Randbedingungen vollständig und explizite aufzuführen, ist die erste Voraussetzung für die Nachvollziehbarkeit der Planung durch Außenstehende.

— Ohne eine rationale Nachvollziehbarkeit wird die angestrebte Demokratisierung der Planung erschwert, wenn nicht gar unmöglich gemacht.

— Die Darlegung der Randbedingungen allein genügt nicht, um der Planung die Effizienz zu verleihen, die sich der Planer in der Diskussion mit dem Politiker und dieser sich in der Diskussion mit der Bevölkerung wünscht. Es muß vielmehr eindeutig dargelegt werden können, daß die vorgelegte Planung die festgelegten Ziele unter den gegebenen Bedingungen optimal erfüllt.

— Um einen Plan zu realisieren, müssen verschiedene Mittel eingesetzt werden. Bei der Debatte um die Sinnhaftigkeit der Planung muß der Umfang der erforderlichen Mittel mit größtmöglicher Sicherheit angegeben werden können.

— Die einzelnen Prognosen der Fachleute haben einen sehr unterschiedlichen Sicherheitsgrad hinsichtlich ihres Eintreffens. Darum muß der Plan auf seine Empfindlichkeit gegenüber Veränderungen der Randbedingungen und Ziele untersuchbar sein und untersucht werden.

— Trotz dieser Empfindlichkeitsuntersuchungen werden sich im Laufe der Zeit Konstellationen in den Randbedingungen und Zielen ergeben, deren Kombination nicht vorhersehbar war. In einem solchen Fall muß die Opportunität einer Planänderung abgeschätzt werden können.

— Die Auswirkungen solcher Planänderungen müssen schnell zusammenstellbar sein.

Die Liste der Anforderungen ließe sich sicher noch erheblich verlängern. Doch sollen die hier aufgeführten Punkte zunächst als Kriterien für die Beurteilung moderner Planungsmethoden genügen. Unter den modernen Planungsmethoden nehmen die mathematischen Modelle, die in diesem Beitrag näher behandelt werden sollen, einen besonderen Rang ein, da sie den Planer in die Lage versetzen, das umfangreiche Datenmaterial und die Fülle der Beziehungen zwischen den Daten simultan — und zwar mit Hilfe des Computers — zu berücksichtigen.

III. Einordnung der für die Stadtplanung erarbeiteten mathematischen Modelle

1. Die für die Stadt- und Regionalplanung erarbeiteten mathematischen Modelle gehören zu der großen Gruppe der Entscheidungsmodelle. Wie auf allen komplexen Gebieten wird auch hier versucht, mit Hilfe der Entscheidungstheorie, die ihrerseits sich wiederum unterschiedlichster Modelle bedient, die erforderlichen Entscheidungen sinnvoll vorzubereiten.

2. Zum anderen stellen die mathematischen Modelle die höchste Abstraktionsstufe unter den verschiedenen Modellen der Stadtplanung dar. Zur Beschreibung der Art der Abstraktion von der Wirklichkeit und damit zur Form der Nach- und/oder Abbildung wird nach drei verschiedenen Modelltypen unterschieden:

— Bildhafte Modelle:
dies sind die dem Architektenplaner geläufigen Modelle, wie das dreidimensionale Städtebaumodell oder auch die zweidimensionale Karte, der Flächennutzungsplan.

— Analoge Modelle:
dem Planer geläufig aus dem Bereich der Baustatik. Ebenso zählt dazu etwa die Nachbildung eines Flußbettes im wassertechnischen Modellexperiment oder der Test der Eigenschaften eines Flugkörpers im Windkanal.

— Formale Modelle:
diese entziehen sich weitgehend der Anschauung. Ihre Elemente werden mit Daten beschrieben; die Theorie über die Beziehungen wird mit den Mitteln der Logik und Methematik formalisiert.

IV. Einteilung der mathematischen Modelle für die Stadtplanung *)

Um einen Überblick über die in der Stadtplanung verwendeten Modelle zu erhalten, werden diese zweckmäßig anhand einer Systematik gegliedert. Es soll sowohl nach dem Verwendungszweck, nach der Methode und den zugrunde liegenden Theorien unterschieden werden. Dabei werden sich die Modelle häufig nicht eindeutig der einen oder anderen Kategorie zuordnen lassen, da einerseits große Modelle aus verschiedenen Einzelmodellen bestehen können und andererseits auch Mischformen vorkommen.

1. Unterscheidung nach dem räumlichen Umfang des Modells

Mathematische Modelle können für große und kleine Räume angefertigt werden. Die Skala reicht von Modellen für die gesamte Bundesrepublik Deutschland, wie sie z. B. für den zweiten Ausbauplan der Bundesfernstraßen angewandt wurden, bis hin zu solchen für einzelne Gebäude (z. B. Produktionsablauf in einer Fabrik). Beide Extreme sind keine Modelle für die Stadtplanung. Aus ihnen ergeben sich jedoch Einflüsse für die Planung von ganzen Regionen bzw. Teilen davon.

2. Unterscheidung nach sachlichen Gesichtspunkten

— Globalmodelle
In Globalmodellen werden alle Interdependenzen für eine räumliche Einheit berücksichtigt. Bisher gibt es für die Stadtplanung solche Modelle nicht. Es ist auch zweifelhaft, ob man sie je erhalten wird, da selbst, wenn man alle Zusammenhänge kennen würde, eine zu große Menge von Daten beschafft und bewegt werden müßte, wodurch das Modell für die Praxis sehr schwerfällig und unhandlich würde, ohne daß — bedingt durch die Unschärfe der dann in größerer Anzahl erforderlichen Prognosen — das Ergebnis wesentlich verbessert würde. Es wird aber zunächst darauf ankommen, in Globalmodellen die wichtigsten Einflüsse zu berücksichtigen, während die speziellen Probleme dann in Partialmodellen behandelt werden können.

— Partialmodelle
In Partialmodellen werden einzelne Probleme der Stadtplanung aus dem komplexen

---

*) Die Einteilung erfolgt in Anlehnung an M. D. KILBRIDGE: A conceptuel framework for urban planning models. Harvard University 1968.

System herausgenommen und dann zu lösen versucht. Solche Modelle werden bereits seit langer Zeit verwandt. Dazu zählen zum Beispiel Modelle zur Prognose der natürlichen Bevölkerungsentwicklung und Verkehrsmodelle.

3. Unterscheidung nach funktionalen Gesichtspunkten

Die Modelle können hinsichtlich ihrer Funktion in drei Gruppen unterteilt werden. Es handelt sich entweder um Prognosen von Größen, ihre Verteilung oder um die Ableitung neuer Größen. In komplexeren Modellen können alle drei Funktionen vorkommen.

— Prognosemodelle
Bei Prognosen wird ein künftiger Zustand von Mengen oder Aktivitäten berechnet. Als Ausgangspunkt dienen Daten, die mit Hilfe von funktionalen Beziehungen zu Prognosewerten am Ende eines Zeitraumes verarbeitet werden. Der Prognosezeitraum kann in einem Schritt durchquert oder in Einzelschritte unterteilt werden. Dabei ist die zweite Möglichkeit der ersten überlegen, da die Variablen im Gesamtzeitraum verändert werden können. Als bekanntester Fall dieser Art sei wiederum das Modell des Statistischen Bundesamtes über die Prognose der natürlichen Bevölkerungsentwicklung in der BRD genannt. Darin wird unter Berücksichtigung des Altersaufbaus der vorhandenen Bevölkerung, der durchschnittlichen Lebenserwartung und der Geburtenhäufigkeit die Anzahl der Einwohner am Ende eines jeden Jahres errechnet.

— Verteilungsmodelle
Die Verteilung einer Größe ist die Aufspaltung in einzelne Gruppen nach Nutzung oder Bedarf zu einem bestimmten Zeitpunkt. Beispiele hierfür sind die Verteilung von Flächen auf Nutzungsarten, Verkehrsmengen auf Verkehrsmittel beziehungsweise -wege und Beschäftigte auf Wirtschaftssektoren.

— Ableitungsmodelle
Durch Ableitungen werden aus vorhandenen Größen neue gewonnen. Mit Hilfe von Transformationsgleichungen, die die Beziehungen zwischen Variablen beinhalten, werden z. B. aus Bevölkerungsdaten Flächennutzungen oder aus Flächennutzungen Verkehrsbeziehungen und Verkehrsmengen zu einem bestimmten Zeitpunkt ermittelt. Ableitungen sind notwendigerweise immer mit Prognosen oder Verteilungen gekoppelt.

4. Unterscheidung nach der zugrunde liegenden Theorie

Die Theorien, die den jeweiligen Modellen zugrunde liegen, finden ihren Niederschlag in den Gleichungen, die die Beziehungen zwischen den berücksichtigten Größen angeben. Der Wissenschaftszweig, der sich mit der Erforschung der einzelnen Vorgänge, ihren Zusammenhängen und Wechselbeziehungen befaßt, ist unter dem Namen operations research (O. R.) bekannt. Operations research hat zunächst vor allem im militärischen und industriellen Bereich Verfahren entwickelt, mit denen der Ablauf bestimmter Vorgänge auf rein analytischem und mathematischem Wege nach optimalen Lösungen untersucht wurde.

Für die in der Stadt- und Regionalplanung auftretenden sehr komplexen Probleme ist bisher keine befriedigende Theorie entwickelt worden. Brauchbare Ansätze sind jedoch für einzelne Problemgruppen vorhanden. Dabei soll es in diesem Zusammenhang ohne Belang sein, ob sich die Theorie aus der Erkenntnis ergeben hat, daß das untersuchte Phänomen eine eindeutig definierbare logische Form hat (z. B. Warteschlangentheorie), oder ob die Theorie aus einem Analogieschluß zwischen beobachteten Werten und bekannten physikalischen oder anderen Gesetzen hervorgegangen ist (wie z. B. das gravitymodel in der Verkehrsplanung). Grundsätzlich lassen sich im Hinblick auf die Theorien zwei Gruppen von Modellen unterscheiden:

— Mikroanalytische Verhaltensmodelle
 Diese Modelle basieren auf dem Verhalten der einzelnen Bürger und Interessengruppen, ihren Handlungsmaximen und Entscheidungen. Als Beispiel seien die ökonomischen Marktmodelle erwähnt, die von einem Gleichgewicht zwischen Angebot und Nachfrage ausgehen.

— Makroanalytische Entwicklungsmodelle (Indexmodelle)
 Mit Hilfe der in der Statistik bekannten Methoden (Korrelationsrechnung usw.) werden Daten der Vergangenheit auf ihren Zusammenhang hin untersucht. Die so gefundenen „Gesetze" werden entweder auch in der Zukunft fortdauernd angenommen oder entsprechend begründet geändert. Dabei benutzen einfache Trendmodelle allein die Extrapolation, während komplexere Modelle die Änderung aller untersuchten Einflußfaktoren und die Einführung neuer gestatten. Die so entwickelten Modelle werden an den historischen Daten getestet und dann für die Beurteilung der zukünftigen Entwicklung verwendet. Ein typisches Beispiel dieser Gruppe ist das in der Verkehrsplanung benutzte Gravitations-Modell.

5. Unterscheidung nach der Arbeitsweise des Modells

Unter Arbeitsweise eines Modells soll hier die Technik verstanden werden, mit der aus den Eingabedaten die Prognose, die Verteilung bzw. die Ableitung erreicht wird.

— Volkswirtschaftliche Vergleichsmethoden
 Diese Arbeitstechnik kann angewandt werden, wenn mehrere alternative Lösungen ausgearbeitet vorliegen. Dabei werden sie hinsichtlich Aufwand und Ertrag miteinander verglichen (Cost-Benefit-Analysen).

— Mathematische Programmierung
 Modelle auf der Basis der mathematischen Programmierung sind in sich geschlossene analytische Systeme, die eine Zielfunktion unter gegebenen Bedingungen maximieren. In dieser Gruppe unterscheidet man
 — lineare Ansätze, hierzu werden weitere Ausführungen unter Punkt VI gemacht,
 — nicht lineare Ansätze, dafür liegen bisher nicht einmal brauchbare mathematische Formulierungen geschweige denn Rechenprogramme vor,
 — es können auch nicht lineare Zusammenhänge mit linearen Ansätzen bearbeitet werden, indem man die Kurven durch Polygonzüge ersetzt.

— Simulation
 Im Grunde sind alle mathematischen Modelle Simulationen, da sie alle versuchen, in rechnerischer Form die Wirklichkeit bis zu einem gewissen Grade zu „simulieren". Mit Simulationen im engeren Sinne aber werden nur solche Modelle bezeichnet, bei denen zeitliche Abläufe in einem Computerprogramm nachgebildet werden. In diesem Programm werden interne und externe Variable durch mathematische Funktionen miteinander zu einem offenen System verbunden. Das Ergebnis einer Simulation beschreibt den Zustand der berücksichtigten Aktivitäten am Ende eines Zeitabschnitts. Es kann als Ausgangswert für den nächsten Zeitabschnitt Verwendung finden.

Mit Hilfe der Simulation lassen sich optimale Lösungen nur bei wiederholten Durchläufen mit veränderten externen Variablen finden, indem man die Ergebnisse der Durchläufe miteinander vergleicht.

Die Simulation selbst führt nicht zu einem optimalen Ergebnis, sondern liefert nur statistische Aussagen über den Ablauf des Vorganges.

Die Simulation ermöglicht nach jedem Zeitabschnitt über die externen Variablen Eingriffe in den weiteren Ablauf des Modells. Dadurch hat man wie in der Realität die Möglichkeit, nach der Bewertung der Ergebnisse aus dem vorangegangenen Zeitabschnitt z. B. die Planungsstrategie zu ändern oder neue externe Daten einzugeben. Sollte dabei die Wahrscheinlichkeitsverteilung der externen Variablen analytisch faßbar sein, so kann nach einem Zeitabschnitt das Modell selbst sich mit Hilfe der Monte-Carlo-Methode neue Daten beschaffen, und dann kann die Simulation ohne Eingriff von außen den nächsten Zeitabschnitt durchlaufen.

6. Unterscheidung nach der Berücksichtigung der Streuung

— Ohne Berücksichtigung der Streuung
In diesen Modellen wird grundsätzlich nur mit Durchschnittswerten gearbeitet. Durch gesonderte Modelldurchläufe muß untersucht werden, ob und in welchem Umfange sich Abweichungen vom Mittelwert auf das Ergebnis auswirken. Dabei führt die erforderliche Kombination möglicher Abweichungen zu einer sehr großen Zahl von Rechengängen.

— Mit Berücksichtigung der Streuung
Diese Modelle berücksichtigen neben den Mittelwerten auch die Wahrscheinlichkeit der Streuung um diesen Mittelwert. Dabei wird nicht nur die Wahrscheinlichkeit der Abweichung eines Wertes angegeben, sondern gleichzeitig die Wahrscheinlichkeit des Aufeinandertreffens verschiedener Abweichungen berücksichtigt. Die Vorteile liegen auf der Hand. Die Ergebnisse beinhalten automatisch wiederum die Wahrscheinlichkeit des Eintreffens. Als wesentlicher Nachteil wird jedoch empfunden, daß erstens die Modelle erheblich komplizierter — und damit schwerfälliger — werden und zweitens alle Eingabewerte und Querbeziehungen einschließlich ihrer stochastischen Verteilung angegeben werden müssen, was bei den hier zu behandelnden Problemen auf erhebliche Schwierigkeiten stößt.

V. Bisherige Entwicklung und Stand der Arbeiten

Einfache, sehr spezielle Partialmodelle sind schon lange in der Stadtplanung verwandt worden. Aber erst mit dem Einsatz der EDV-Anlagen werden kompliziertere Zusammenhänge mathematisch handhabbar. Vorreiter auf diesem Gebiet waren die Verkehrsplaner, die überwiegend aus der Fachrichtung Bauingenieurwesen kommend versuchten, die im konstruktiven Ingenieurbau bekannten Methoden der Dimensionierung von Bauteilen auf die Ermittlung der erforderlichen Kapazitäten im Verkehrswegebau zu übertragen. Diese Verkehrsmodelle erforderten nicht nur die Eingabe der jeweils aus der Realität gewonnenen Daten der Flächennutzungen und Verkehrsgewohnheiten, sondern auch die prognostizierten. Auf der anderen Seite wirken jedoch auch die geplanten wie die erstellten Verkehrswege über die durch sie veränderten Erreichbarkeiten wiederum auf die Flächennutzung zurück.

Zur gleichen Zeit versuchten die Ökonometriker mit Hilfe mathematischer Modelle die Probleme bei der Ansiedlung neuer Industriebetriebe rational zu durchdringen, um die zu treffende Entscheidung besser vorzubereiten. Die Zunahme der Erkenntnisse hinsichtlich der quantitativen Zusammenhänge in der Stadtentwicklung brachte auch die überwiegend von der Gestaltung herkommenden Stadtplaner zu der Überzeugung, daß die Komplexität der Materie angemessenere Planungsmethoden erfordert. Als letzte — aber nicht unwichtigste — Gruppe schlossen sich die Sozialplaner den „Modellbauern" an. Auf diesem Gebiet stecken die Arbeiten noch sehr in den Anfängen, und die Schwierigkeiten der Quantifizierung von Zusammenhängen und Zielen machen sich hier besonders bemerkbar.

Die ersten Versuche mit mathematischen Modellen in der Stadtplanung, die neben der Verkehrsplanung auch schon die Rückwirkungen auf die Flächennutzung berücksichtigen, sind aus den USA bekannt. Sie sind jetzt gut 10 Jahre alt. 1959 entwicketete z. B. HANSEN ein hypothetisches Modell mit dem Titel „How Accessibility Shapes Land-Use". Danach wurden noch eine ganze Reihe von Modellen in den USA entwickelt, die zu einem Teil hypothetischen Charakter hatten, aber in der überwiegenden Mehrzahl sich definitiv mit einem bestimmten Gebiet und klar umrissenen Aufgaben beschäftigten.

Die neuesten Entwicklungen gehen dahin, alle Vorgänge, die sich in einer Stadt abspielen, in einem großen dynamischen Modell nachzubilden, das dann allen Gremien, die Entscheidungen auf den unterschiedlichen Gebieten zu fällen haben, als Hilfsmittel der Entscheidungsfindung zur Verfügung gestellt werden kann.

In der Bundesrepublik Deutschland versucht man im Augenblick durch Übertragung insbesondere der amerikanischen Erfahrungen auf deutsche Verhältnisse sich die ausländischen Vorarbeiten zunutze zu machen. So wird z. B. bei DATUM*) mit einer Kombination von Planspiel und Simulation gearbeitet, das nach dem Muster des amerikanischen „METRO"-Projektes**) aufgezogen ist.

Weitere Modelle werden zur Zeit an anderen Instituten und Forschungszentren erarbeitet. Dabei erheben die Hinweise auf andere Modelle im Anhang keinen Anspruch auf Vollständigkeit, da die Entwicklung auf diesem Gebiet sehr schnell voranschreitet, und so ein vollständiger Überblick jeweils kaum zu erreichen ist.

VI. Ein einfaches Beispiel zur Einführung in die Methode des linearen Programmierens

In den nächsten beiden Punkten soll eine Methode, nämlich die des linearen Programmierens, herausgegriffen und näher erläutert werden. Das wird zunächst an einem sehr einfachen Beispiel geschehen (Punkt VI) und dann auf ein städtebauliches Problem übertragen (Punkt VII).

1. Teile des linearen Programmierens

Die wichtigsten Teile des linearen Programmierens sind:

— die Variablen,

---

*) DATUM: Dokumentations- und Ausbildungszentrum für Theorie und Methode der Regionalforschung e. V.
**) METRO: Michigan Effectuation, Training und Research Operation.

— die Ziele (in Zielfunktion und Beschränkungen),
— die Beschränkungen,
— die Schattenpreise,
— die Empfindlichkeitsanalysen.

2. Ein Beispiel

Um die Probleme und Lösungswege des linearen Programmierens verdeutlichen zu können, muß man ein sehr primitives Beispiel mit nur 2 Variablen wählen, da mit den Variablen gleichzeitig die Dimensionen des Beispiels festgelegt werden und in der Ebene sich nur zweidimensionale Dinge darstellen lassen. Es muß immer wieder darauf hingewiesen werden, daß nur aus diesem Grunde ein so primitives Beispiel gewählt werden muß.

Eine Baugesellschaft hat eine Fläche, auf der sie entweder 200 Bungalows oder 1000 Mietwohnungen oder eine Mischung aus Bungalows und Mietwohnungen erstellen könnte. Die Variablen sind also Bungalows und Mietwohnungen. Das Ziel der Baugesellschaft möge zunächst die Gewinnmaximierung sein. Auf andere Zielmöglichkeiten wird später eingegangen. Unter der Voraussetzung, daß die Baugesellschaft an einem Bungalow 30 000,— DM gewinnt und an einer Mietwohnung 15 000,— DM, ergibt sich die Zielfunktion zu:

$$Z = 30\,000\,x + 15\,000\,y$$

wobei x die Anzahl der zu bauenden Bungalows und y die Anzahl der zu bauenden Mietwohnungen darstellen sollen.

Diese Zielfunktion ist unter Berücksichtigung einer Reihe von Beschränkungen zu maximieren. Die erste Beschränkung ist bereits durch die Tatsache gegeben, daß bis zu 200 Bungalows oder bis zu 1000 Mietwohnungen bzw. eine Mischung daraus hergestellt werden darf (s. Gerade Nr. 1 in Abbildung 1).

$$y \leq 1000 - 5\,x$$

Aus Gründen irgendwelcher Kapazitätsbeschränkungen (Schulkapazität, Sammlerkapazität o. ä.) kann die Stadtverwaltung nur eine Maximalzahl von 600 Wohneinheiten zulassen (s. Gerade 2 in Abbildung 1).

$$x + y \leq 600$$

Aus soziologischen Überlegungen heraus möge die Stadtverwaltung festgelegt haben, daß auf je 100 Wohnungen eines Typs mindestens jeweils 10 WE des anderen kommen müssen (s. Gerade 3 und 4 in Abbildung 1).

$$y \leq 10\,x$$
$$x \leq 10\,y$$

Das Mischungsverhältnis der zu erstellenden Bungalows und Mietwohnungen kann also nur im schraffierten Bereich der Abbildung 1 liegen.

Die oben erläuterte Zielfunktion entspricht ohne Fixierung der x- und y-Werte einer Schar paralleler Geraden, deren Neigung durch das Gewinnverhältnis DM je Bungalow zu DM je Mietwohnung fixiert ist (s. die Geraden 5, 6 und 7 in der Abbildung 1).

Dabei ist der Wert der Zielfunktion um so höher, je weiter die Gerade nach rechts oben verschoben wird. Für die Lösung des hier anstehenden Problems heißt das, daß die Gerade aus der Schar der Zielgeraden gesucht werden soll, die am weitesten oben gerade

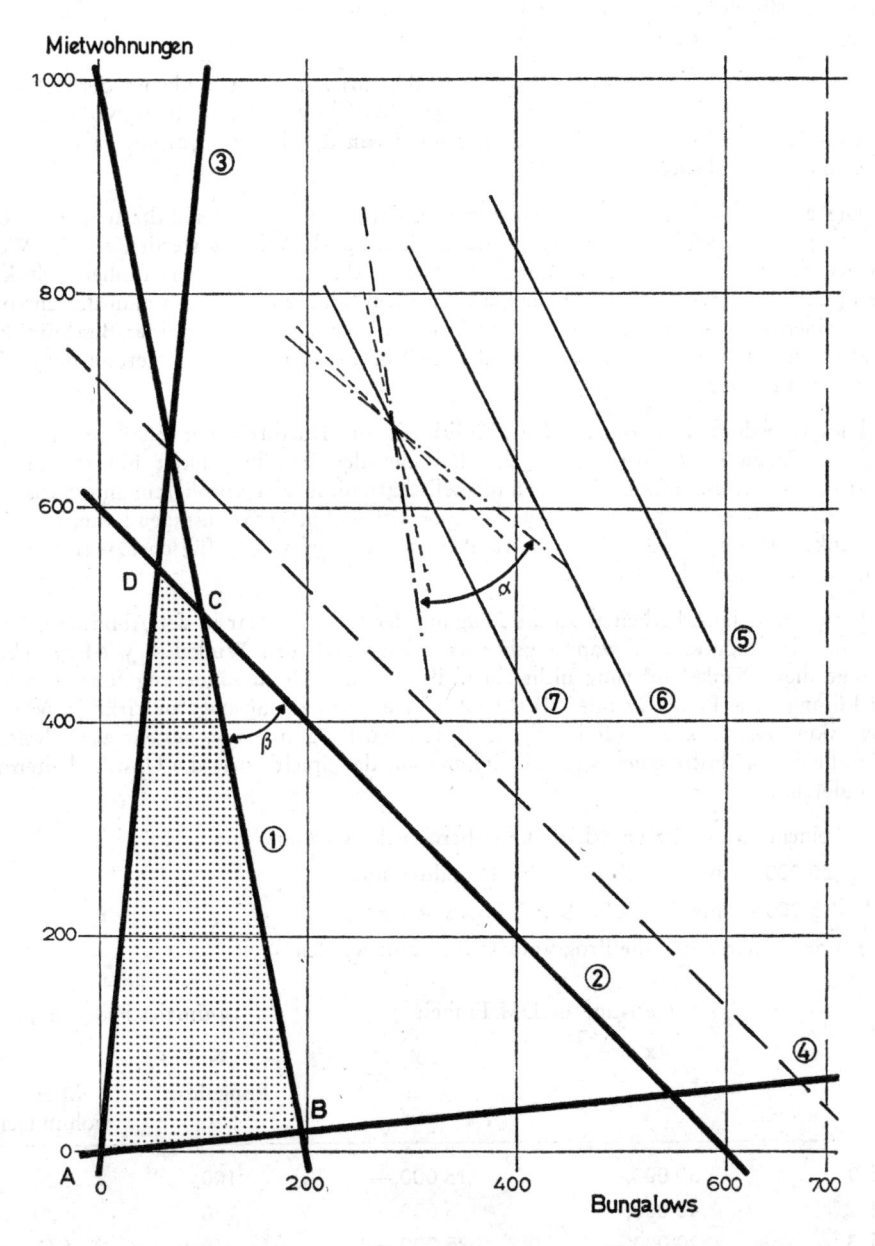

Abb. 1: Ermittlung des optimalen Bauprogramms auf graphischem Wege

noch den schraffierten Bereich der Abbildung berührt. Dies ist offensichtlich im Punkt C der Fall. Danach sollte die Baugesellschaft 100 Bungalows und 500 Mietwohnungen erstellen, um die Zielfunktion zu maximieren.

In den sogenannten Effizienzkurven wird der Zusammenhang zwischen der Beschränkung und dem Wert der Zielfunktion dargestellt. Daraus kann z. B. hervorgehen, um wieviel DM der Wert der Zielfunktion steigt, wenn die Stadtverwaltung mehr als 600 Wohneinheiten zulassen würde.

Die erste Ableitung der Effizienzkurve ergibt die sogenannten Schattenpreise. Der Schattenpreis einer bestimmten Beschränkung kann auch definiert werden als der Wert, um den die Zielfunktion sich erhöht, wenn die Beschränkung um eine Einheit gelockert wird (z. B. 601 statt 600 Wohneinheiten). Aus dem Schattenpreis kann man dementsprechend einen ersten Hinweis auf die Opportunität der Veränderung einer Beschränkung erhalten. Er zeigt an, wie empfindlich die Zielfunktion auf die Veränderung dieser Beschränkung reagiert.

Dies ist jedoch nicht die einzige Möglichkeit zur Durchführung einer Sensitivitätsanalyse. Genau so wichtig ist die Abschätzung der Empfindlichkeit hinsichtlich sich ändernder Gewinnchancen. Da die Baugesellschaft nicht von vornherein mit Sicherheit den Gewinn an einem Bungalow bzw. an einer Mietwohnung voraussagen kann, muß der Schwankungsbereich und die daraus resultierenden Folgerungen für das auszuführende Bauprogramm abgeschätzt werden.

Durch diese Unsicherheit wird die Neigung der Geradenschar in der Abbildung 1 beeinflußt. Der mögliche Schwankungsbereich wird durch den Winkel α wiedergegeben. Solange diese Winkeländerung nicht ebenfalls zu einer Lösungsänderung führt (Sprung der Lösung zum Punkt D oder B), bleibt C die optimale Lösung. Bewirkt jedoch die Schwankungsbreite eine Veränderung des optimalen Programms, so besteht weiterhin die Möglichkeit, mit Hilfe einer Strategieplanung aus der Spieltheorie die Unsicherheiten zu minimieren.

Bei einem abgeschätzten Schwankungsbereich der Gewinne von

20 000,— bis 40 000,— DM / Bungalow und

5 000,— bis 25 000,— DM / Mietwohnung

müssen drei unterschiedliche Programme untersucht werden.

	Gewinne in DM/Einheit		optimales Programm	
	x	y	x	y
			Bungalow	Mietwohnungen
Fall 1	30 000,—	15 000,—	100	500
Fall 2	40 000,—	5 000,—	196	20
Fall 3	20 000,—	25 000,—	55	545

Mit folgender, aus der Spieltheorie bekannten Matrix lassen sich die zu erwartenden Gewinne in Abhängigkeit von Planungsprogrammen und tatsächlicher Entwicklung darstellen.

Realisierung		Fall 1	Fall 2	Fall 3
Plan		30 000 DM/x 15 000 DM/y	40 000 DM/x 5 000 DM/y	20 000 DM/x 25 000 DM/y
Fall 1	x = 100 WE y = 500 WE	10,5 *)	6,5	14,5
Fall 2	x = 196 WE y = 20 WE	6,18	7,95	4,42
Fall 3	x = 55 WE y = 545 WE	9,825	4,925	14,7

*) Gesamtgewinne in Mio. DM.

Unter Berücksichtigung der Wahrscheinlichkeit des Eintreffens läßt sich eine optimale Strategie entwickeln.

Zum Schluß noch ein Hinweis auf weitere Möglichkeiten von Zielfunktionen. Wenn das Ziel der Untersuchung die Maximierung der Wohnfläche ist und man davon ausgehen kann, daß ein Bungalow 120 qm Wohnfläche und eine Mietwohnung 60 qm Wohnfläche hat, so hieße die Zielfunktion

$$Z = 120\,x + 60\,y$$

Mit dieser Zielfunktion kann man nun in die Abbildung hineingehen und eine Schar paralleler Geraden zeichnen. In diesem speziellen Fall wird wiederum die Lösung des Problems in Punkt C liegen. Der Schattenpreis würde dann nicht in DM pro zusätzlicher Wohneinheit angegeben, sondern in qm-Wohnfläche je zusätzlicher Wohneinheit. Aus dieser Analogie lassen sich noch eine ganze Reihe weiterer Folgerungen ableiten, auf die hier nicht weiter eingegangen werden soll.

Weitere Möglichkeiten zum Ausbau dieser Methode liegen in der Einführung von Faktoren sowie der Einführung von „Strafbestimmungen" für Abweichungen von den gegebenen Beschränkungen.

VII. Ein städtebauliches Beispiel

1. Beschreibung des Modells

Als Beispiel sei hier kurz ein mathematisches Modell beschrieben, das in zwei Fällen im Auftrag der Freien und Hansestadt Hamburg vom Israel Institute of Urban Studies angewandt wurde.

Es handelt sich um ein Flächennutzungsmodell, bei dem mit Hilfe des linearen Programmierens unter Berücksichtigung einer Fülle von Beschränkungen eine Zielfunktion maximiert wird. Die wichtigsten Bestandteile sind die gleichen wie sie in Punkt VI erläutert wurden. Die folgenden Angaben beziehen sich jeweils auf das Modell der „Westlichen Innenstadt", eines der beiden oben genannten Untersuchungsgebiete.

— Die Variablen
Im Modell der Westlichen Innenstadt wurden 13 Gruppen von Variablen mit insgesamt etwa 280 Einzelvariablen eingesetzt. Zu diesen Gruppen gehören z. B.:

zusätzliche Wohnungen,
zusätzliche Büroflächen,
zusätzliche Läden,
Abbruch von Wohnungen, Läden und Büros,
Bau öffentlicher Einrichtungen,
Anlage öffentlicher Freiflächen,
und einige andere, jeweils unterschieden nach Art, Lage und Zeit der Erstellung bzw. des Abbruchs.

Es wurden jeweils 10 Zonen und 2 zeitliche Phasen unterschieden.

— Die Zielfunktion
Mittelpunkt der Anwendung des linearen Programmierens auf Stadtplanungsprobleme ist die Formulierung einer Zielfunktion. In ihr soll die quantitative Abhängigkeit der Entscheidungsvariablen vom Ziel festgehalten werden. Im vorliegenden Beispiel wurde folgende Zielfunktion verwandt:

   Differenz von Nutzen und Kosten neuer Wohneinheiten
 + Differenz von Nutzen und Kosten neuer Läden und Büros
 — Wert abzubrechender Wohneinheiten, Läden und Büros
 — Kosten für die Erstellung öffentlicher Einrichtungen (Schulen, Kirchen, Parks)
 — Kosten für Stellplätze
 — Wert der verfahrenen Zeit zwischen den Aktivitäten (Wohnen, Arbeiten, Einkaufen).

Die Summe dieser Größen ergibt den Wert der Zielfunktion; sie ist ein Gemisch aus Nutzen und Kosten privater Investoren und den Belastungen der öffentlichen Hand. Als Kosten werden die jeweiligen Baukosten eingesetzt (kapitalisiert) und die Werte werden durch Marktpreise bzw. kapitalisierte Miete repräsentiert.

Wenn die Zielfunktion auch ein zentraler Punkt im Modell ist, so darf man sie doch nicht überbewerten, denn die Ziele, die durch die Beschränkungen in das Modell eingehen, wirken wesentlich stärker als die der Zielfunktion.

In mathematischer Form sieht die Zielfunktion folgendermaßen aus:

$$W_{max} = P - B + T$$

$$P = \sum_{itj} (V_{tj} - B_{tj}) D_{itj} + \sum_{itk} (V_{tc} - B_{tk}) C_{itk}$$

V_{tj} = diskontierter Wert (Gegenwartswert) einer Einheit Wohnfläche des Typs j, gebaut in Phase t

B_{tj} = diskontierte Baukosten einer Einheit Wohnfläche des Typs j in Phase t

V_{tc} = Gegenwartswert einer Einheit Zentrumsfläche in Phase t

B_{tk} = diskontierte Baukosten einer Einheit Zentrumsfläche des Typs k in Phase t

D_{itj} = Wohnfläche vom Typ j, gebaut in Zone i und Phase t

C_{itk} = Zentrumsfläche vom Typ k in Zone i, gebaut in Phase t

$$B = \sum_{itc} V_{itc} DH_{itc} + \sum_{it} V_{ith} CH_{it} + \sum_{it} B_{tza} ZA_{it}$$
$$+ \sum_{it} B_{tzc} ZC_{it} + \sum_{itp} B_{tp} A_{itp}$$

V_{itc} = Gegenwartswert einer bestehenden Einheit Wohnfläche im Zustand c in Zone i und Phase t

V_{ith} = Gegenwartswert einer bestehenden Einheit Zentrumsfläche in Zone i und Phase t

B_{tza} = diskontierte Baukosten einer Einheit öffentlicher bebauter Fläche in Phase t

B_{tzc} = diskontierte Entwicklungskosten einer Einheit öffentlicher Freiflächen in Phase t

B_{tp} = diskontierte Erstellungskosten eines Stellplatzes des Typs p in Phase t

DH_{itc} = Abbruch von Wohnfläche im Zustand c, in Zone i und in Phase t

CH_{it} = Abbruch von Zentrumsflächen in Zone i und Phase t

ZA_{it} = Gesamte öffentliche bebaute Fläche in Zone i, gebaut in Phase t

ZC_{it} = Gesamte öffentliche Freifläche, die in Zone i und Phase t hinzukommt

A_{itp} = Anzahl der Stellplätze vom Typ p in Zone i, gebaut in Phase t

$T = \sum_{it} P_{itq} Q_{it} + \sum_{it} P_{itu} U_{it} - \sum_{it} T_{itqz} Q_{itz} - \sum_{it} T_{ituz} U_{itz}$

P_{itq} = Gegenwartswert der Zeitersparnis für Arbeitsfahrten innerhalb der Zone i in Phase t je Beschäftigtem

P_{itu} = Gegenwartswert der Zeitersparnis für Zentrumsfahrten innerhalb der Zone i in Phase t je Haushalt

T_{itqz} = Gegenwartswert der zusätzlich erforderlichen Zeit (zu P_{itq}) für Arbeitsfahrten in Zone i und Phase t mit öffentlichem Verkehrsmittel je Beschäftigtem

T_{ituz} = Gegenwartswert der zusätzlich erforderlichen Zeit (zu P_{itu}) für Zentrumsfahrten in Zone i und Phase t mit öffentlichen Verkehrsmitteln je Haushalt

Q_{it} = Anzahl der Beschäftigten in Zone i und Phase t

Q_{itz} = Anzahl der Beschäftigten in Zone i und Phase t, die mit öffentlichen Verkehrsmitteln zur Arbeit fahren

U_{it} = Anzahl der Service-Einheiten in Zone i und Phase t

U_{itz} = Anzahl der Service-Einheiten, die mit öffentlichen Verkehrsmitteln erschlossen sind

— Beschränkungen (Nebenbedingungen)

Durch die in Form von linearen Gleichungen und Ungleichungen ausgedrückten Begrenzungen und Nebenbedingungen kommt es trotz linearer Zielfunktion zu einem Optimierungsproblem. Die Beschränkungen übernehmen zwei Aufgaben:

formallogische Zusammenhänge auszudrücken,
Forderungen und Ziele zu formulieren.

Als Beispiele formallogischer Beschränkungen seien hier genannt:
Es können nicht mehr Flächen ausgewiesen werden als vorhanden sind.
Es können nicht mehr Gebäude abgerissen werden als vorhanden sind.
Jeder Beschäftigte muß täglich von seinem Wohnplatz zum Arbeitsplatz und zurück gelangen.

Als Beispiele von Zielen in den Nebenbedingungen seien folgende genannt:
Zulässige Geschoßflächenzahlen.
Erforderliche Stellplätze in Abhängigkeit von der Nutzung.
Erforderliche Freiflächen je Einwohner.
Sonstige Wohnfolgeeinrichtungen je Einwohner.

Es folgen jetzt zwei Beispiele von Beschränkungen in mathematischer Form:

(MtiI) = Minimalbedarf an Wohnfläche in Zone i und Phase t

$$\text{atmin Fit} - \sum_{jt} Ditj + \sum_{ct} DHitc - \sum_{t} biCitk \leq R$$

atmin = Minimalwohnfläche pro Haushalt in Phase t
R = Bestehende Wohnfläche in Zone i
bi = Geschoßflächenzahl für Wohnen, das mit Zentrumsflächen vom Typ k in Zone i kombiniert ist
Fit = Gesamtzahl der Haushalte in Zone i und Phase t
Ditj = Wohnfläche vom Typ j gebaut in Zone i in Phase t
DHitc = Abbruch von Wohnfläche im Zustand c, in Zone i und Phase t
Citk = Zentrumsfläche vom Typ k in Zone i, gebaut in Phase t

(Ttis) = Gesamtnutzfläche in Zone i und Phase t

$$\sum_{jt} ajDitj + \sum_{kt} Citk + \sum_{t} ZAit + \sum_{t} ZCit - \sum_{tc} aciDHitc$$

$$- \sum_{t} ZAHit - \sum_{t} ZCHit - \sum_{t} CHit + \sum_{pt} apAitp \leq H$$

aj = Grundfläche / Geschoßfläche des Wohntyps j
aci = Grundfläche / Geschoßfläche von bestehenden Wohngebäuden in Zone i
ap = Grundfläche / Geschoßfläche für Stellplatzfläche vom Typ p
H = Gesamtfläche von Zone i minus bestehender Gesamtnutzfläche von Zone i
Ditj = Wohnfläche vom Typ j, gebaut in Zone i und Phase t
ZAit = Gesamte öffentliche bebaute Fläche in Zone i, gebaut in Phase t
ZCit = Gesamte öffentliche Freifläche, die in Zone i und Phase t hinzukommt
Citk = Zentrumsfläche vom Typ k in Zone i, gebaut in Phase t
DHitc = Abbruch von Wohnfläche im Zustand c, in Zone i und in Phase t
ZCHit = Aufgabe von bestehenden öffentlichen Freiflächen in Zone i und Phase t
CHit = Abbruch von Zentrumsflächen in Zone i und Phase t
Aitp = Anzahl der Stellplätze vom Typ p in Zone i, gebaut in Phase t

— Effizienzkurven

Durch Parameterisierung einzelner Beschränkungen kann der Zusammenhang zwischen den Beschränkungen und dem jeweiligen Wert der Zielfunktion aufgezeigt werden. Die dabei entstehenden sog. Effizienzkurven sind ein anschauliches Hilfsmittel bei der Diskussion um die Veränderung der in den Beschränkungen steckenden Zielvorstellungen.

Als Beispiel seien zwei Effizienzkurven aus der „Westlichen Innenstadt" wiedergegeben:
1. Anzahl der Haushalte (Abb. 2).
2. Zunahme an Zentrumsfläche in Abhängigkeit der Einwohnerzahl (Abb. 3).

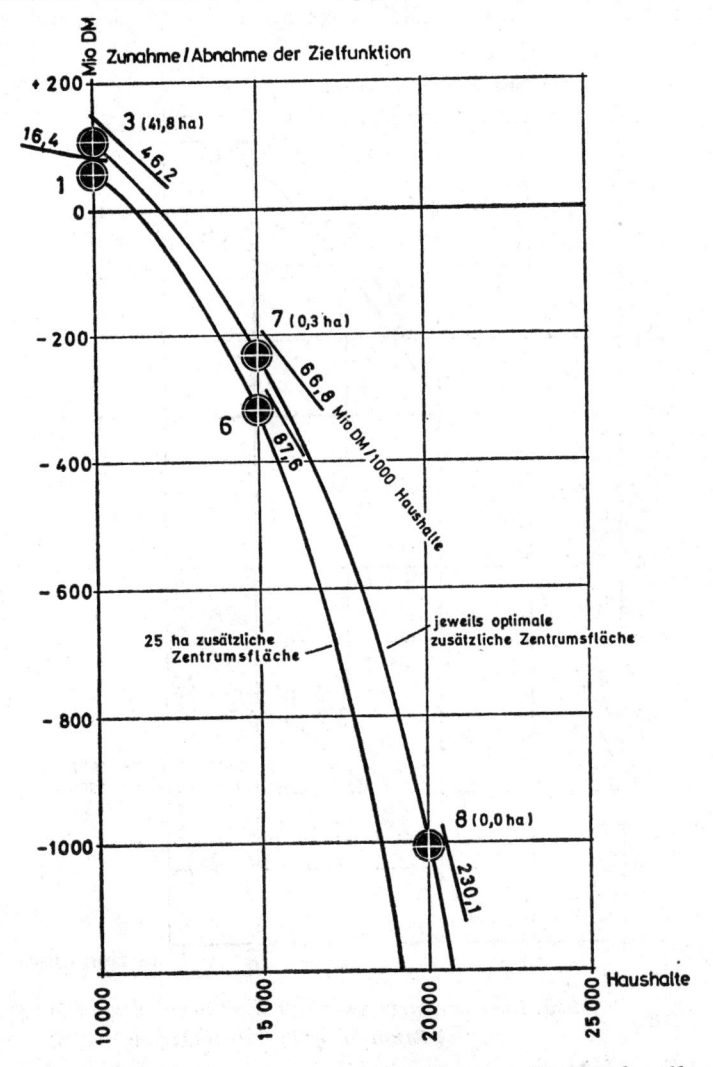

Abb. 2: Effizientkurve zwischen Zielfunktion und Gesamtbevölkerung

— Schattenpreise
Der Wert, um den sich die Zielfunktion ändert, wenn man eine Beschränkung um eine Einheit der jeweiligen Skala vermehrt oder vermindert, ist der sog. Schattenpreis. Mathematisch gesehen ist der Schattenpreis die erste Ableitung der entsprechenden Effizienzkurve.

Beispiele für Schattenpreise lassen sich am anschaulichsten aus den Effizienzkurven ablesen.

— Sensitivitätsanalysen
Es gibt verschiedene Möglichkeiten, die Empfindlichkeit des hier diskutierten Modells gegenüber Veränderungen der Randbedingungen und sonstiger Eingaben zu analysieren.

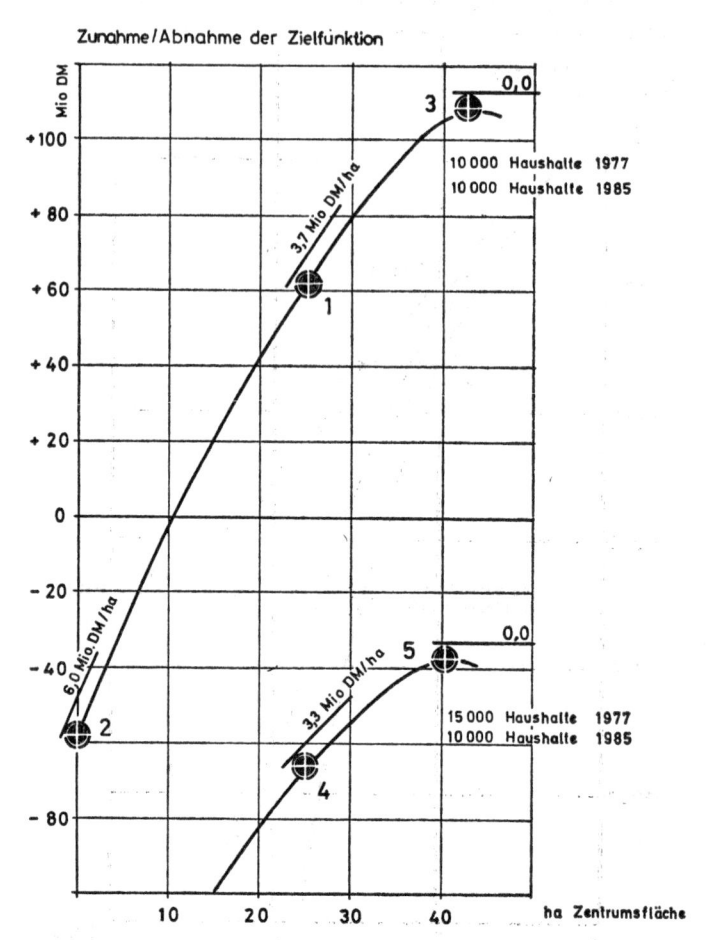

Abb. 3: Effizienzkurve zwischen Wert der Zielfunktion, neuer Zentrumsfläche und Bevölkerung

Einen ersten Hinweis für die Sensitivität geben die Schattenpreise, die automatisch vom Computer für jede Beschränkung ausgedruckt werden. Eine Beschränkung mit einem hohen Schattenpreis z. B. trägt bei ihrer Lockerung um eine Einheit wesentlich stärker zur Erhöhung der Zielfunktion bei als eine solche mit niedrigerem Schattenpreis. Dabei ist natürlich jeweils zu berücksichtigen, für welche Einheiten die Schattenpreise gelten.

Sollte man jedoch Auskünfte über Änderungen wünschen, die sich von den marginalen Änderungen ($\pm$ 1) entfernen, so gilt der Schattenpreis nicht mehr. Dann muß vielmehr die entsprechende Beschränkung neu festgesetzt und das Modell mit dem neuen Wert durchgerechnet werden. Der so ermittelte Wert der Zielfunktion wird mit dem zuerst errechneten verglichen. Aus der Differenz erkennt man die Empfindlichkeit des Modells hinsichtlich einer größeren Veränderung dieser einen Beschränkung.

Mit Hilfe dieser Methode können auch Entscheidungen vorbereitet werden, wenn die den Planungen zugrunde liegenden Prognosen einen breiten Unsicherheitsbereich aufweisen. Dabei werden zunächst aus dem Streubereich nacheinander einige Werte dem Modell zugrundegelegt und die daraus jeweils optimalen Planungen ermittelt.

In einem zweiten Schritt werden die so gefundenen Lösungen als feststehend vorausgesetzt und dann errechnet, wie hoch der Verlust ist, wenn abweichend von der jeweiligen Prognose einer der anderen Werte aus dem Streubereich realisiert wird. Die so entstandene Matrix ist ein gutes Hilfsmittel, das in allen Planungen steckende Risiko zu erkennen und zu vermindern.

Als Beispiel für eine Sensitivitätsanalyse im größeren Streubereich sei die Auswirkung unterschiedlicher Annahmen bei der Bewertung der Zeit wiedergegeben.

Für das Modell der „Westlichen Innenstadt" gelten folgende Zusammenhänge:

Wert der Zielfunktion bei alternativen Zeitwert-Kombinationen —
Sensitivitätsanalyse (in Mio DM bei V = 5,— DM/Stunde)
V = Wert einer Stunde Fahrzeit

Realisierung Programm	0,5 V	1,0 V	1,5 V
0,5 V	99,984	124,317	148,650
1,0 V	97,107	127,772	158,438
1,5 V	96,260	127,723	159,186

Auf die Bedeutung und Aussagefähigkeit soll in diesem Zusammenhang nicht näher eingegangen werden.

— Ergebnisse

Den vorher gewählten Variablen entsprechend enthält das vordergründige Ergebnis die räumliche Verteilung der verschiedenen Nutzungen in den gewünschten Kategorien von Art und Maß sowie die sie verbindende Infrastruktur einschließlich aller zeitlichen Veränderungen. In diesem Zusammenhang muß jedoch darauf hingewiesen werden, daß dieser sogenannte „optimale Plan" nur für denjenigen optimal ist, der die ins Modell eingegangenen Annahmen und Bewertungen akzeptiert. Davon kann jedoch nur in sehr seltenen Ausnahmefällen ausgegangen werden. Darum ist dieser Plan auch nur ein vordergründiges Ergebnis, während die eigentlichen Ergebnisse in den Empfindlichkeitsanalysen sowie in den darin zum Ausdruck kommenden quantitativen Zusammenhängen zwischen Zielfunktion, Beschränkungen und Plan stecken.

2. Einordnung des Modells

Das in Hamburg verwendete Modell läßt sich in das unter Punkt IV aufgestellte Schema nicht immer eindeutig einpassen, da es als sehr komplexes Modell insbesondere bei der Ermittlung der externen Variablen sich unterschiedlichster Methoden bedient.
Die folgende Einteilung entspricht der von Punkt IV/1 bis IV/6.

— Unterscheidung nach dem räumlichen Umfang des Modells
  Das Modell wurde für Hamburg in einer groben Form auf die Gesamtstadt und in einer differenzierten Form auf einen kleineren Bereich angewandt.

— Unterscheidung nach sachlichen Gesichtspunkten
  Obwohl das Modell sich insbesondere mit der Art und dem Maß der Flächennutzung auseinandersetzt, kann es nicht als spezielles Partialmodell bezeichnet werden, denn es bezieht eine Fülle anderer Gesichtspunkte in die Überlegungen mit ein.

— Unterscheidung nach funktionalen Gesichtspunkten
  Das Modell enthält sowohl Prognosen als auch Verteilungen und Ableitungen.

— Unterscheidung nach der zugrundeliegenden Theorie
  In das Modell fließen eine Fülle von Daten ein, die mit Hilfe von Makroanalysen ermittelt wurden. Im Inneren handelt es sich jedoch um ein ökonomisches Marktmodell.

— Unterscheidung nach der Arbeitsweise des Modells
  Grundlage des vorliegenden Modells ist die lineare Programmierung, die jedoch über die Effizienzkurven eine Art Kosten-Nutzen-Analyse erlaubt.

— Unterscheidung nach der Berücksichtigung der Streuung
  Das hier beschriebene Beispiel berücksichtigt die Streuung nicht.

3. Bewertung des Modells

Das hier als Beispiel aufgezeigte Modell bringt nicht (wie von Computergläubigen gern angenommen wird) automatisch die einzig richtige, optimale Lösung, sondern ist nur ein weiteres Hilfsmittel in der Planung, das allerdings die bisher praktizierten Methoden erheblich verbessert. Eine Gegenüberstellung der unter Punkt II ausgeführten Anforderungen mit der Leistungsfähigkeit dieses Modells zeigt diese Verbesserung.

— Die angestrebten Ziele werden entweder in der Zielfunktion oder in den Beschränkungen explizite angegeben.

— Die Gegebenheiten werden im Modell berücksichtigt. Der Inhalt der Eingabe kann von jedem Außenstehenden nachvollzogen werden*).

— Gesichtspunkte, die nicht explizite formuliert werden, gehen nicht in das Modell ein. Damit ist die Vollständigkeit der Nachvollziehbarkeit gewährleistet.

— Durch die Technik der linearen Programmierung ist sichergestellt, daß die aufgestellte Zielfunktion unter den gegebenen Randbedingungen maximiert wird.

— Aus dem nach dieser Methode ermittelten Plan geht hervor, welche Mittel zur Realisierung in vorgegebenen Zeiträumen zur Verfügung gestellt werden müssen. Allerdings muß auch in diesem Zusammenhang auf die Fußnote hingewiesen werden.

---
*) In dem bisher erstellten Modell wurden allerdings die durch die Haushaltsmittel gegebenen Beschränkungen noch nicht berücksichtigt. An dem Problem wird z. Z. noch gearbeitet.

— Die verschiedenen Formen der Sensitivitätsanalysen erlauben eine Untersuchung des Modells hinsichtlich seiner Enmpfindlichkeit gegenüber unsicheren Prognosen.

— Wenn das Modell dem Planer dauernd zur Verfügung steht, kann die Opportunität einer Planänderung durch Änderung der entsprechenden Randbedingungen und einer erneuten Durchbrechung geprüft werden.

— Solche Durchrechnungen können innerhalb kürzester Zeit erfolgen. Dabei wird automatisch sichergestellt, daß früher angestellte Überlegungen weder vergessen noch versehentlich verändert dargestellt werden.

VIII. Mathematische Modelle und Strukturkonzepte

Wie das Beispiel unter Punkt VII zeigt, sind mathematische Modelle durchaus in der Lage, einen Beitrag zur „räumlichen Verteilung von Nutzungsbereichen bestimmter Prägungen und sie verbindenden Infrastrukturelemente" (s. Beitrag ALBERS in diesem Bande) zu leisten. In den „Fließsystemen" sind mathematische Modelle zur Optimierung der Infrastrukturinvestitionen bereits seit langer Zeit üblich. Es sei hier nur an die Leitungsnetze der Ver- und Entsorgung sowie an die vielen Verkehrsplanungsmodelle erinnert. Leider werden diese Methoden in der Flächenplanung noch äußerst selten angewandt. Auf diesem Gebiet fehlt es sowohl an theoretischen Untersuchungen als auch an praktischen Versuchen, obwohl sich die mathematischen Modelle gerade für die Durchleuchtung theoretisch entwickelter Strukturkonzepte besonders eignen würden. Denn erstens wird bei den theoretischen Konzepten die Ausgangssituation, deren exakte Erfassung im mathematischen Modell so viel Schwierigkeiten bereitet, vereinfacht dargestellt, und zweitens sollen diese Konzepte — unter stets gleichen Randbedingungen — miteinander verglichen werden, wofür nun wiederum mathematische Modelle sehr gut geeignet sind. In diesem Zusammenhang sei nochmals auf die Möglichkeiten der linearen Programmierung hingewiesen, bei der z. B. die Anwendung mehrerer Zielfunktionen auf unterschiedliche Strukturkonzepte Auskunft über den Grad der Erreichbarkeit verschiedener Ziele in den untersuchten Konzepten geben kann. Auf diesem Gebiet steht der theoretischen und der praktischen Stadtforschung noch ein weites Feld offen.

IX. Hauptschwierigkeiten

Der Entwicklung und der Anwendung mathematischer Modelle für die Stadtplanung stehen zur Zeit noch eine ganze Reihe von Schwierigkeiten entgegen.

1. Daten

Dazu zählt in erster Linie der Mangel an Daten, die Schwierigkeiten bei ihrer Zusammenfassung und die Tatsache, daß nur wenige Daten so gespeichert sind, daß sie von Computern direkt gelesen und verarbeitet werden können. Es sei an dieser Stelle nur an Grundstücksdaten, ihre Erfassung in Katasterbüchern und die geringe Verwendbarkeit der dort angegebenen Nutzungskategorien für die Probleme der Stadtplanung erinnert.

Außerdem sind sie mit ihrer Aggregierung zu Fluren und Gemarkungen, die fast nie mit anderen räumlichen statistischen Einheiten übereinstimmen, ein Beispiel für die

Schwierigkeiten, die bei dem Versuch auftreten, Daten aus unterschiedlichen Dateien in einer gemeinsamen räumlichen Einheit miteinander zu kombinieren.

2. Zusammenhänge

Eine weitere Schwierigkeit liegt darin, daß sehr viele Faktoren, welche die Stadtentwicklung beeinflussen, heute zwar vermutet, aber noch nicht quantitativ erforscht sind. Hier kann nur eine ganz intensive Stadtforschung weiterhelfen. Dabei können die Experimente mit mathematischen Modellen wichtige Hinweise auf Forschungsschwerpunkte geben, da über Empfindlichkeitsanalysen an vorhandenen Modellen mit hypothetisch alternativ quantifizierten Zusammenhängen die Bedeutung bestimmter Faktoren abgeschätzt werden kann.

3. Modellentwicklung

Wie bereits weiter oben erwähnt, gibt es kein Modell, das die Wirklichkeit vollständig abbildet; und es wird auch bezweifelt, ob ein solches Modell erstrebenswert ist. Trotzdem sind sowohl die theoretischen Überlegungen als auch die praktizierten Ansätze noch weit von dem entfernt, was machbar oder wünschenswert ist.

4. Computer-Kapazität

Bei der vorhandenen Geschwindigkeit in der Entwicklung neuer Computergenerationen kann dieser Engpaß sicherlich als erster beseitigt werden. Heute jedoch stößt gerade bei den Optimierungsmodellen mit ihrer Fülle von Randbedingungen eine feinere Aufgliederung der Planungsfläche schnell an die Grenzen der Leistungsfähigkeit selbst großer Rechenanlagen.

X. Zusammenfassende Schlußbetrachtung

Die Komplexität der Zusammenhänge in der Stadtentwicklung wird den Planer in Zukunft in vermehrtem Umfang dazu zwingen, sich des Hilfsmittels mathematischer Modelle zu bedienen. Durch sie wird weder der Planer ersetzt, noch die Arbeit in den Planungsbüros vermindert. Es werden lediglich Teilbereiche auf eine Maschine übertragen, die dieser spezifischen Arbeit viel besser gewachsen ist als der Mensch. Der Planer bekommt nicht weniger Arbeit sondern mehr, aber mit diesem Mehr an Arbeit verschafft er sich überproportional mehr Informationen, die ihn in die Lage versetzen, seinen eigentlichen Aufgaben besser gerecht zu werden.

Es muß jedoch auch auf die Gefahren hingewiesen werden, die mit den mathematischen Modellen verbunden sind. Sie liegen in den beiden extremen Grundeinstellungen zu den Modellen.

Bei extrem negativer Einstellung kommt es nicht zu Experimenten und damit nicht zu den unbedingt erforderlichen Erfahrungen.

Beim anderen Extrem liegt eine Computergläubigkeit vor, die soweit gehen kann, daß jegliche Diskussion mit dem Hinweis auf das von der Maschine errechnete optimale Programm im Keim erstickt wird. Es wird dabei leicht vergessen, daß der Computer nur das ausführt, was ihm vorher einprogrammiert worden ist. Somit muß sich zwangsläufig die Diskussion auf das eigentlich Wichtige, die Zielformulierung, konzentrieren.

Es bleibt abzuwarten, ob es den Fachleuten gelingen wird, den politisch Verantwortlichen die Vorteile dieses Instruments so darzustellen, daß es nicht zu einer extremen Reaktion kommt, sondern daß die mathematischen Modelle für die Stadtplanung einen festen und selbstverständlichen Platz zwischen den anderen Hilfsmitteln der Planung einnehmen.

Literaturhinweise

1. ALONSO, W.: Location and Land Use, Harvard University Press 1965.
2. ALONSO, W.: Pridicting best with imperfect data, JAIP, Vol. 34, Nr. 4 (1968) S. 248 f.
3. AQUILAR, R. J.: Decision Making in Building Planning, Computers Engineering, Design, Education, College of Engineering, Vol. III. Ann Arbor, 1966.
4. BRAZER, H. E.: Some Fiscal Implications of Metropolitanism. In: City and Suburb, Hrsg.: B. Chinitz, Engelwood Cliffs (N. Y.) S. 127 f.
5. CHAPIN, STUART, F.: A Model for Simulating Residential Development. In: JAIP 31 (1965) S. 120 f.
6. DANTZIG, G. B.: A Procedure for Maximizing a Linear Funktion to Linear Inequalities, Washington 1948.
7. DANTZIG, G. B.: Linear Programming and Extensions, Princeton (N. Y.) 1963.
8. DIEDRICH, H.: Mathematische Optimierung: Ein Rationalisierungsbeitrag für die Stadtplanungspraxis. Diss. Hamburg 1970.
9. DINKELBACH, W.: Sensitivitätsanalysen und parametrische Programmierung: Berlin—Heidelberg—New York, 1969.
10. DORFMANN, R., SAMUELSON, P. A., SOLOW, R. M.: Linear Programming and Economic Analysis. New York—Toronto—London 1958.
11. FORRESTER, J. W.: Urban Dynamics, Cambridge/Mass. MIT 1969.
12. GALE, D.: The Theory of Linear Economic Models, New York—Toronto—London 1960.
13. DUKE, R. R., MEIER, R. L.: Gaming Simultation for Urban Planning, in JAIP, Vol. 32, Nr. 2, (1966) S. 3 f.
14. GALE, D., KUHN, H. W., TUCKER, A. W.: Linear Programming and the Theory of Games. In: Activity Analysis of Production and Allocation, Hrsg.: T. C. Koopmann, New York 1951.
15. GOMORY, R. E.: Outline of an Algorithm for Integer Solutions to Linear Programs. In: Bull. Americ. Math. Soc. 64 (1958), Nr. 5, S. 178 f.
16. HANSEN, W. G.: How Accessibility shapes Land-Use, Journal of the American Institute of Planners, 1959, Heft 2.
17. HANSEN: Simultationsmodelle als Entscheidungshilfen. In: Städtebauliche Beiträge 2/69 des Instituts für Städtebau und Wohnungswesen, DASL München.
18. HARRIES, B.: Linear Programming and the Projection of Land Use, Pen-Jersey Paper Nr. 20.
19. HARRIS, B.: Basic Assumption for a Simultation of the Urban Housing and Land Market, University of Pennsylvania, Philadelphia 1966.
20. HADLEY, G.: Linear Programming, Reading (Mass.) 1965.
21. HERBERT J. D., STEVENS B. H.: A Model for the Distribution of Residential Activity in Urban Areas ,PT Report No. 2, Pen-Jersey Transportation Study, Philadelphia 1960.
22. HILL, D. M.: A Growth Allocation Model for the Boston Region, AIP 1965.
23. KAIN, J. F.: The Development of Urban Transportation Models, Papers and Proceedings of the Regional Science Ass. 1964.

24. Joksch, H. C.: Constraints, Objectives, Efficient Solutions and Suboptimization in Mathematical Programming. In: ZfgSt. Bd. 122, Hl, (1966) S. 5 f.
25. Joksch, H. C.: Lineares Programmieren, Tübingen 1962.
26. Kotoaka, S.: A Stochastic Programming Model. In: Econemetrica, Vol. 31 (1963), S. 181 ff.
27. Kern, W.: Operations Research, Stuttgart 1964.
28. Lichtfield, N.: Cost Benefit Analysis in Urban Development; Research Report, Real Estate Research Program, Institute of Business and Economic Research, No. 20, Berkley 1962.
29. Lowry, Ira S.: A Model of Metropolis, Santa Monica, California, 1964, Rand Corporation.
30. Lowry, Ira S.: A short Course in Model Design. In: JAIP 31 (1965), S. 158 f.
31. Markowitz, H.: Portfolio selection, J. J. Finace 77—91 (1952).
32. Rothenberg, J.: The Measurement of Social Welfare, Eglewood Cliffs (N. Y.) 1961.
33. Schlager, K. J.: Simulation Models in Urban and Regional Planning, Technical Rep. SEWRPC, 1965.
34. Schlager, K. J.: A Land Use Plan Design Model, American Institute of Planners, 1965.
35. Stradal: Übersicht über die möglichen Anwendungen der Systemanalyse in der Landesplanung — Unveröffentlichtes Manuskript, Zürich 1969.
36. Weingartner, H. M.: Mathematical Programming and the Analysis of Capital Budgeting Problems, New York 1963.
37. Webber, Malvin M.: The Role of Intelligence Systems in Urban-Systems-Planning. In: JAIP 29 (1963), No. 4, S. 289 ff.
38. Webber, Melvin M.: Comprehensive Planning and Social Responsibility. In: Urban Planning and Social Policy, Hrsg. Frieden, B. J. and Morris, R. New York 1968, S. 5 ff.
39. Wilson, A.: Models in Urban Planning: A Synoptic Review of Recent Literature. In: Urban Studies, Glasgow 1968, Vol. 5, Nr. 3, S. 249 ff.
40. Wittgen, G.: Methoden zur einfachen Berücksichtigung von Veränderungen in der Zielfunktion oder in den Einschränkungen bei Problemen der linearen Programmierung. In: WZfAB, VIII. Jg. (1961), H. 5, S. 486 ff.
41. Wilks, Samuel, S.: Mathematical Statistiks, John Wiley & Sons Inc. New York—London, Second Printing 1963.
42. Zauche, G.: Über die Aufgaben und Probleme der Gebiets-, Stadt- und Dorfplanung bei der Anwendung neuer mathematischer Methoden. In: WZfAB, Weimar, 12. Jg. (1965), H. 4.

Forschungs- und Sitzungsberichte
der Akademie für Raumforschung und Landesplanung

Band 69: Stadtforschung 2

Die Mittelstadt – Untersuchungen ausgewählter Mittelstädte

Aus dem Inhalt:

		Seite
	Vorwort	VII
Herbert Michaelis, Kassel	Monographie der Stadt Kassel	1
Lydia Bäuerle, Braunschweig	Monographie der Stadt Oldenburg	35
Heinz Hollmann, Bremen	Monographie der Stadt Trier	77
Werner Röll und Hartmut Danneberg, Gießen	Monographie der Stadt Fulda	109
Hans Evers, Freiburg	Monographie der Stadt Freiburg i. Br.	143
Klaus Fraaz, Bonn	Monographie der Stadt Heilbronn	163
Heinz Günter Steinberg, Münster i. W.	Monographie der Stadt Wanne-Eickel	213
Wolfgang Meibeyer, Braunschweig	Monographie der Stadt Wolfsburg	237

Insgesamt 273 Seiten; Format DIN B 5; 1972; Preis 40,— DM

Band 70: Stadtforschung 3

Die Mittelstadt – Grundlagen und Entwicklungstendenzen der städtebaulichen Struktur ausgewählter Mittelstädte

von
Wolfgang Bangert

Der Band umfaßt 121 Seiten; Format DIN B 5; 1972; Preis 32,— DM

GEBRÜDER JÄNECKE VERLAG · HANNOVER

Forschungs- und Sitzungsberichte
der Akademie für Raumforschung und Landesplanung

Band 87:

Methoden der empirischen Regionalforschung

Aus dem Inhalt:

		Seite
	Zur Einführung	VII
Peter Treuner, Stuttgart	Fragestellungen der empirischen Regionalforschung	1
Gerhard Bahr, Hamburg, unter Mitarbeit von Ulrich Boner	Katalog aktueller Fragestellungen in der Stadtplanung	15
Paul Klemmer, Bochum, und J. Heinz Müller, Freiburg i. Br.	Zusammenfassender Methodenüberblick	27
Heinz Schaefer, Essen	Die Schätzung regionaler Bewegungskomponenten von Zeitreihen mit Hilfe traditioneller Methoden	33
Edwin v. Böventer, München	Regressionsanalyse	53
Johannes Hampe, München	Die Bedeutung der Regressionsanalyse in der Regionalforschung	85
Siegfried Geisenberger, Freiburg i. Br.	Spektralanalytische Methoden zur Untersuchung von Zeitreihen	101
Paul Klemmer, Bochum	Die Shift-Analyse als Instrument der Regionalforschung	117
Paul Klemmer, Bochum	Die Faktorenanalyse als Instrument der empirischen Strukturforschung	131
Günter Strassert, Saarbrücken	Nutzwertanalyse	147
Egon Dheus, München	Die Kosten-Nutzen-Analyse	161
Sigurd Klatt, Würzburg	Simulationsverfahren als Instrument der empirischen Regionalforschung	183
Walter Böhlk, Erlangen, und Heinz Diedrich, Hamburg	Lineare Programmierung	215

Insgesamt 230 Seiten; Format DIN B 5; 1973; Preis 36,— DM

GEBRÜDER JÄNECKE VERLAG · HANNOVER

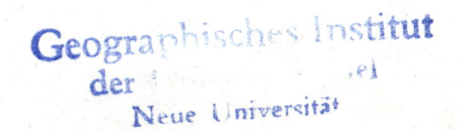